VTJ
旧約聖書注解

列王記上
1〜11章

山我哲雄●著

Vetus Testamentum Japonicum

日本キリスト教団出版局

「VTJ 旧約聖書注解」の刊行にあたって

　大小39の書からなる旧約聖書の成立はキリスト教よりも古い。そこには歴史書があり、預言書があり、詩歌があって、多様性に富む。と同時に、古代イスラエルの民の間に育まれた確乎とした唯一神信仰がその全体を貫いている。

　旧約聖書を残した古代イスラエルの民は、古代西アジア文明世界の辺境に歴史を刻んだ一弱小民族にすぎなかった。南の大国エジプトと両河地域に興亡するアッシリア、バビロニア、ペルシアなどの帝国とのはざまで、彼らは翻弄され続けた。その後も、ときにエジプトのプトレマイオス朝の、ときにシリアのセレウコス朝の支配下におかれた。古代西アジア文明史からみれば、古代イスラエルは、政治・経済面はおろか、物質文化という面においても、見るべきものを何ひとつもたなかった。ところが、彼らがまとめあげた旧約聖書は、後のユダヤ教の基礎となり、そこからキリスト教が誕生し、イスラム教にまで多大な影響を及ぼしたのである。人類の精神史に旧約聖書が果たした役割は計り知れない。

　旧約聖書とは、いうまでもなく、新約聖書の存在を前提にしたキリスト教側からの呼称である。旧約聖書のヘブライ語（一部アラム語）原典を伝えたユダヤ教徒はこれをミクラー（miqrā'）もしくはタナハ（TaNaKh）と呼びならわす。前者は「朗読すべきもの」というほどの意味、後者はトーラー「律法」、ネビイーム「預言者たち」、ケトゥビーム「諸書」の冒頭の子音を並べ（TNK）、これに補助母音を付した造語である。ヘブライ語聖書はこの順序で構成されている。「律法」は創世記から申命記までの五つの書、「預言者たち」とはヨシュア記から列王記下にいたる「前の預言者たち」（但し、ルツ記は除く）と、イザヤ書からマラキ書にいたる「後の

「VT」旧約聖書注解」の刊行にあたって

預言者たち」(但し、哀歌とダニエル書は除く)を指す。残りの書は「諸書」として一括された。

　キリスト教会はこのユダヤ教の聖書を自らの聖書として受容した。これをイエス・キリストを預言し、証しする神の言葉として受けとめたのである。ルカ福音書には、復活したイエスの言葉として「わたしについてモーセの律法と預言者たちと詩編に書かれたことはすべて成就する」と伝えられる(ルカ 24:44)。「詩編」は「諸書」を代表する。

　新約聖書における旧約聖書の引用は、おおむね、「七十人訳」と呼ばれる旧約聖書のギリシア語訳から採られている。古代キリスト教会ではギリシア語訳の旧約聖書がひろく用いられた。中世期にはラテン語版が標準とされた。それらは配列においてヘブライ語聖書と異なる。今日のキリスト教会で用いられる翻訳聖書はラテン語版の配列を踏襲する。そこにはヘブライ語聖書にない書も含まれる(新共同訳聖書の「旧約聖書続編」)。

　このように、旧約聖書には、一方に、ユダヤ教が伝えたヘブライ語聖書の伝統があり、他方に、キリスト教会の伝統がある。しかし、19世紀に近代の学問的方法に立つ聖書学が確立してからは、旧約聖書学はヘブライ語原典を研究の中心に据えるようになった。「七十人訳」をはじめとする古代訳聖書は補助手段として用い、ヘブライ語原典をいかに正確に理解するか、ということに重点がおかれてきた。ヘブライ語原典を正確に理解するといっても、語彙研究から思想研究まで、いくつもの段階が存在する。

　第一は、聖書ヘブライ語の本文研究。ここでは、語形・語根を確認し、同一ないし類似の表現を関連文書中にたずね、語句の意味を確定することが基本となる。ヘブライ語原典には語彙や文法の点で不明な箇所が少なくないのである。その点では、古代訳との対照作業も重要であれば、古くからのユダヤ人学者の貢献もある。加えて、楔形文字資料をはじめとする、19世紀中葉以降に発見された文書に基づく、比較セム語研究の成果も無視できない。

　第二は、歴史的、文化史的研究。ヘブライ語聖書の背後には古代西アジアの文明・文化が控え、各文書はそれぞれに時代史的背景をもつ。そうした歴史的、文化史的背景は、19世紀後半から急速に発達してきた古代オ

リエント学によって明らかにされつつある。また、パレスチナにおける遺跡の発掘調査は、旧約聖書時代の日常生活に大きな光を当ててくれる。

　第三は、文献学的研究自体の展開である。聖書文献学は、各文書・各単元の文学形態を見定め、それらが語り伝えられた経緯を見据えようとした。一定の文学形態をもつ文書や単元はどのような場で語られ、それらがどのように伝承されたのか、と問うたのである。最近では、各文書がまとめられ、編集されて、今日のような形態をとるまでの経緯を見きわめようとする。それに加え、各単元の文学構造の共時的分析も行われるようになった。

　第四に、こうした研究が積み重ねられるとともに、当該文書や単元にこめられた思想と信仰にも関心が注がれる。旧約聖書が人類精神史に及ぼした影響力の秘密もそこにあった。思想と信仰を考察するには、少なくとも二つの視点がある。ひとつは、当該文書や単元にこめられた思想や信仰がどのような特色を示し、それが旧約聖書のなかでどのような位置を占めるのか、という視点。もうひとつは、それが後のキリスト教（またユダヤ教）の思想と信仰にどのように関わるのか、という視点である。このような思想と信仰の考察は研究者自身の思想的・信仰的立場と無関係ではありえない。

　旧約聖書学はこれまでも、これらすべての段階で、夥しい研究を蓄積してきた。学問的であろうとする「VTJ 旧約聖書注解」には、これらの研究成果が生かされる。そのために、姉妹版である新約聖書注解シリーズ（NTJ）と同じ形式をとることにした。

　はじめに、単元ごとに本文の【翻訳】が掲げられる。そこには、上記第1の研究が生かされる。続く【形態／構造／背景】は、第二、第3の研究成果を踏まえた記述になるだろう。【注解】では、節ごとの翻訳説明に加えて、各節の伝承や編集に関する議論も加味される。【解説／考察】には、注解者による思想と信仰の理解が披瀝されるだろう。内容は高度、記述は平易であることを心がける。

　このような本注解シリーズが、現代の北東アジアという文化的脈絡のなかで、人類の精神史に多大な影響を及ぼしてきた旧約聖書の思想と信仰の、

ひいては旧約聖書を正典とするキリスト教信仰とその共同体の新たな可能性を探るよすがのひとつになれば、と願っている。

2017 年 11 月
「VTJ 旧約聖書注解」監修者
  月本 昭男（上智大学特任教授）
  山我 哲雄（北星学園大学教授）
  大島 力（青山学院大学教授）
  小友 聡（東京神学大学教授）

凡　　例

1、　本書が引用する『列王記』のテキストの翻訳は、断りがない限りすべて著者の私訳である。それ以外の聖書文書からの引用は、新共同訳を参考にした場合がある。

2、　注解部分の【翻訳】における各種記号については以下の通り。
　・訳文中の記号
　　訳文中の〈　　〉の囲みは、底本（BHS）の読みを何らかの理由で変更したことを示す。当該箇所の訳注をも参照。
　　訳文中の〔　　〕の囲みは、本文を理解しやすくするための訳者による補いである。原文の人称代名詞を固有名詞に置き換えた部分も含む。
　・注解部分の【翻訳】における、下線等について
　　「緒論」で詳述するように、本注解は、通説に従い、列王記はより大きい枠組みの「申命記史書」（ヨシュア記―列王記）の一環として成立したことを前提にする。さらに、その申命記史書は、王国時代末期のヨシヤ時代前後（前7世紀末）に「第1の申命記史家たち」により最初の形態が成立し、その後、ユダ王国の滅亡とバビロン捕囚という新しい事態を踏まえた「第2の申命記史家たち」によって増補改訂を加えられたとする、二重編集説の立場に立つ。このことに対応して、翻訳に当たっては目安として、テキストを以下のように区別する。
　　下線のない部分
　　申命記史家たち以前から存在していた伝承や資料に由来すると判断される部分。

凡例

<u>単線の下線</u>
ユダ王国とダビデ王朝が存続していた王国時代末期、おそらくはヨシヤ王の祭儀改革に関連していた「第1の申命記史家たち」の手によると判断される部分。

<u>二重下線</u>
ユダ王国が滅び、エルサレム神殿も破壊された捕囚時代の「第2の申命記史家たち」の手によると判断される部分。

【　】の囲み
本文中に点在する、申命記史家たちよりも後の――多くは祭司的な――付加と判断される部分。

3、参考文献は、注解本文中で（著者名　出版年：該当頁［必要と判断される場合］）を略記し、巻末の「参考文献」に詳細な書誌情報を掲載した。なお、出版年にアステリスク（*）が付されている場合は、その著作の該当箇所への参照指示である。また、辞書・事典類の略号にアステリスク（*）が付されている場合は、その文献の該当項目への参照指示である。

4、辞書・事典類、雑誌、シリーズ類等の略号は「参考文献」の冒頭に示した。

VTJ 旧約聖書注解

列王記上1〜11章
（統一王国時代）

目　次

「VTJ 旧約聖書注解」の刊行にあたって　　3
凡　例　　7

緒　論

書名、正典上の位置、形態　　17
内容と構成　　18
資料　　22
　（1）ソロモンの治世について　　22
　（2）イスラエル北王国について　　22
　（3）ユダ王国について　　23
　（4）神殿関係資料　　24
　（5）ダビデ王位継承史（ダビデ宮廷史）　　25
　（6）預言者的伝承群　　26
　（7）対アラム戦争物語群　　27
　（8）その他　　27
成立（申命記史書の一部として）　　27
思想、歴史観（執筆意図）　　33
歴史史料としての列王記　　40
本注解の方針　　43

目次

注 解

第Ⅰ部　ソロモンの治世（統一王国時代）（上 1:1–11:43）

47

第Ⅰ部へのまえがき　48

1. ソロモンによる統一王国の王位継承（上 1:1–2:46）　52
　（1）王位継承をめぐる争い——アドニヤ対ソロモン（上 1:1–53）　52
　（2）ダビデの死とソロモンの王権の確立（上 2:1–46）　84

　　　トピック
　　　　1　七十人訳における補遺について　117
　　　　2　テル・ダンにおけるダビデの「発見」について　117

2. ソロモンの知恵と統一王国の繁栄（内政）（上 3:1–5:14）　120
　（1）ソロモンの知恵（上 3:1–15）　120
　（2）ソロモンの名判決（上 3:16–28）　136
　（3）ソロモンの統治体制の確立（上 4:1–5:8）　147
　（4）ソロモンの知恵と名声（上 5:9–14）　178

3. 神殿建築（上 5:15–9:9）　186
　（1）神殿建設の準備（上 5:15–32）　186
　（2）エルサレム神殿の建設（上 6:1–38）　203

　　　トピック
　　　　3　シリア・パレスチナの神殿建設とソロモン神殿　231

　（3）王宮の建設（上 7:1–12）　233
　（4）神殿の備品の製作（上 7:13–51）　244
　（5）神殿建設の完了（上 8:1–13）　267
　（6）ソロモンの演説と祈り（上 8:14–61）　280
　（7）神殿奉献の祝祭（上 8:62–66）　319
　（8）ヤハウェの啓示——約束と警告（上 9:1–9）　326

4. ソロモンの知恵と統一王国の繁栄（外政）（上 9:10–10:29） 336
  （1）ソロモンの諸事績——その他の建築活動を中心に（上 9:10–28） 336
  （2）シェバの女王の来訪（上 10:1–13） 354
  （3）ソロモンの富（上 10:14–29） 365

5. ソロモンの過ちと統一王国分裂の予告（上 11:1–43） 380
  （1）ソロモンの妻たちとソロモンの過ち（上 11:1–13） 380
  （2）ソロモンへの敵対と反逆（上 11:14–40） 394
  （3）ソロモンについての治世結尾定式（上 11:41–43） 422

巻末地図　429
参考文献　431

装丁　　熊谷博人

緒　論

書名、正典上の位置、形態

　列王記は、キリスト教の聖書では旧約聖書中の11番目と12番目の文書であり、日本語の書名としては、文語訳（1887年）では「列王紀略（上下）」、口語訳（1955年）では「列王紀（上下）」、新改訳（1973年）では「列王記（第一，第二）」、新共同訳（1988年）では「列王記（上下）」とされている。最新のJBS共同訳（2018年）でも新共同訳と同様である。

　上下二巻に分かれた形になっているが、ユダヤ教のヘブライ語正典ではもともと単一の書物と見なされており、巻末マソラ（各書の巻末に置かれるマソラ学者による注記）は下巻25:30の後ろに一つあるだけである。ヘブライ語での書名は『（セーフェル・）メラキーム』で、「王たち（の書）」を意味する。ヘブライ語聖書では9番目の文書であり、「律法（トーラー）」、「預言者（ネビイーム）」、「諸書（ケトゥビーム）」のユダヤ教正典三区分上は、第二区分の「預言者」中、前半をなす「前の預言者（ネビイーム・リショニーム）」における4番目にして最後の位置を占める。

　ただし、古代ギリシア語訳である七十人訳聖書では、直前に位置するサムエル記（ヘブライ語聖書では同じく単一の文書と見なされた）と合わせて『王国（バシレイオーン）』とされ、しかもそれぞれ二つに分割されてアルファからデルタまでの4部に分けられている。ちなみに「バシレイオーン」とは、「王国」ないし「王の支配」を意味するギリシア語「バシレイア」の複数属格形で、先行詞「書（おそらくは「ビブリオン」）」の語が省略されている。複数形であるのは、列王記上12章以降で、イスラエル王国とユダ王国の歴史が交互に記述されていくからであろう。あるいは、サウルの王国、ダビデの王国、ソロモンの王国等が別個に数えられているのかもしれない。ラテン語訳ウルガタもこの方式に従っている（書名は liber regum I–IV）。キリスト教の旧約聖書におけるサムエル記、列王記の上下巻への分割は、この伝統に従ったものである。したがって、聖書間の対応関係は次頁の表のようになる。

元来のヘブライ語聖書	七十人訳聖書	キリスト教の旧約聖書
「(セーフェル・) シェムーエル」	バシレイオーン・アルファ	サムエル記上
	バシレイオーン・ベータ	サムエル記下
「(セーフェル・) メラキーム」	バシレイオーン・ガンマ	列王記上
	バシレイオーン・デルタ	列王記下

　ただし、列王記におけるこの上下への分割は、ほぼ同じ大きさの文書二巻を作り出すための極めて形式的、便宜的なもので、内容を全く顧慮しておらず、わずか2年間しかないイスラエルの王アハズヤの治世を前後に分断してしまう、はなはだ不適切な箇所で行われている。この上下二巻への分割は、16世紀前後からユダヤ教のヘブライ語聖書の写本や印刷本にも取り入れられるようになった。

内容と構成

　列王記の主たる内容は、イスラエル王国（とユダ王国）の歴史で、イスラエル第2代の王ダビデの死去とその息子ソロモンの即位（前965年頃）から、ソロモンの死後の王国分裂（前926年頃）、北王国イスラエルの滅亡（前722年頃）を経て、かろうじて単独で存続していた南王国ユダが結局は滅ぼされ、いわゆるバビロン捕囚が始まる時代（前587年頃）、ないし、捕囚地で幽閉されていたかつてのユダの王ヨヤキンが解放された時代（前561年頃）までの約400年間を扱う。したがって、列王記全体は、いま素描したような歴史の流れに沿って、おのずから次の三つの部分に分かれる。

Ⅰ　統一王国時代（ソロモンの治世）　　　　　　　列王記上 1–11 章
Ⅱ　南北王国並立時代（イスラエル北王国の滅亡まで）

　　　　　　　　　　　　　　　列王記上12章–列王記下17章
Ⅲ　ユダ単立王国時代（ユダ王国滅亡まで）　　列王記下18–25章

　第Ⅰ部のソロモン時代の記述では、まずソロモンの最大の事績と言えるエルサレム神殿の建設（王上6–8章）を中心に、この王の知恵と、彼の治世における国際交易等に基づく統一王国の繁栄と安泰ぶりが描かれる。しかし、最後の部分では、ソロモンの死後の王国分裂の遠因となる、老齢に至ったソロモンの宗教的な堕落と背教の罪が描かれ、それに対する神ヤハウェの罰が予告される（王上11章）。

　第Ⅱ部の南北王国並立時代の記述では、南北両王国の歴史がほぼ交互に描かれるが、個々の王の治世についての記述には通常、定型的な「治世導入定式」と「治世結尾定式」からなる「治世の枠」が付されており、「治世導入定式」では原則として、当該の王に対する神学的評価が加えられる。北王国イスラエルの王たちはおしなべて、後述する「ヤロブアムの罪」を繰り返したことで「ヤハウェの目に悪と映ることを行った」と否定的に評価されるが、南王国ユダの王たちについては、ヤハウェ一神のみの崇拝と唯一の正統的聖所（エルサレム神殿）のみでの礼拝という、「申命記主義」的な二つの神学的根本基準（後述）に照らして、是々非々で評価される。

　南北王国並立時代の記述の大きな特色の一つは、実際の歴史経過に即したものであろうが、南北における王朝の安定度の違いということである。列王記によれば、南王国ユダでは王国分裂後も一貫してダビデの子孫であるダビデ王朝が支配を維持したのに対し、北王国イスラエルではクーデターや王の暗殺による王朝交代が頻発した。北王国では、それが存続したわずか約200年のうちに8回も先王暗殺による王朝交代が繰り返され、3代以上続いたのはオムリ王朝（4代、約33年）とそれに取って代わったイエフ王朝（5代、約100年）の二つだけであった。これとは対照的に、南王国では、北王国出身の王妃アタルヤが事実上の支配権を握った6年間（王下11:1–3）を唯一の例外として、ユダ王国滅亡まで400年以上にわたってダビデ王朝の支配が保たれ、王が暗殺された場合でも、必ずダビデ王家の中から次の王が擁立された。列王記では、ダビデ王朝の存続が危機的状況に陥った場合でも、ヤハウェが「ダビデに免じて」ダビデ王朝を維持

19

したことがしばしば強調される（王上 11:36; 15:4; 王下 8:19）。

　第Ⅲ部のユダ単立王国時代の記述では、ヒゼキヤ王の治世のアッシリアのエルサレム侵攻（王下 18–19 章）と、マナセ王の背教行為（王下 21 章）、ヨシヤ王の祭儀改革（王下 22–23 章）が詳しく描かれ、特にヒゼキヤとヨシヤは前述の「申命記主義」的な基準を完全に満たした祭儀改革事業の故に絶賛されるが、ヨシヤの非業の死（王下 23:29–30）以後は、記述が加速度的に王国の衰退、滅亡、エルサレムの破壊、バビロン捕囚へと進む（王下 23:31–25:21）。王国滅亡に関連しては、その理由としてマナセ王の背教行為が特に強調される（王下 21:10–15; 23:26–27; 24:3–4）。最後の部分では、滅亡後にユダを治めた総督ゲダルヤの暗殺のエピソード（王下 25:22–26）と、最後から2番目の王で、捕囚となっていたヨヤキンの獄からの釈放（王下 25:27–30）が補遺的に報告される。

　後述するように、列王記（およびそれを含むものとしての申命記史書）は、おそらくそのほとんどの部分が南のユダの地で成立し、一貫してユダ側の視点から書かれている。しかし、中央部分をなす列王記上 12 章 – 列王記下 17 章の南北王国並立時代の記述を見ると、アタルヤ（北王国出身！）による王位簒奪の企て（王下 11 章）と、ヨアシュ王による祭儀制度改革（王下 12 章）、アハズ王の時代のいわゆるシリア・エフライム戦争（北王国からの攻撃！）についての記事（王下 16 章）を除けば、ユダ王国についての記述は意外に貧弱で（王上 14:21–31; 15:1–24; 22:41–51; 王下 8:16–29; 14:1–22; 15:1–7, 32–38）、圧倒的な紙幅が北王国を舞台とするエピソード群、特にオムリ王朝時代からイエフ王朝時代にかけての出来事に当てられている（王上 15:25– 王下 8:15; 9:1–10:36; 13:1–25; 14:23–29）。これは、この時期には南王国が、上述の三つの出来事を除けば比較的平穏で、歴史的に変化に乏しく、記録に値する劇的な出来事があまりなかったことと、前 722 年頃の北王国滅亡後、南王国に避難したと思われる大量の旧北王国からの難民が、（ヨセフ物語、士師伝承、ホセアの預言などと共に）北王国に関わる伝承を数多くユダにもたらした結果であろう。

　したがって、列王記を全体として見ると、前後の部分にはユダを中心としたダビデ王朝の物語が配置されているが、中央部分はオムリ王朝を中心とする北王国イスラエルの歴史伝承が支配的であり、左右対称的な一種の

集中構造（シンメトリー）をなしていると見ることもできる。

（A）ソロモン／統一王国（ダビデ王朝）　　　（王上 1:1–11:25）
　（B）北王国の成立（王国分裂）　　　　　　（王上 11:26–14:20）
　　（C）南北両王国　　　　　　　　　　　　（王上 14:21–16:22）
　　　（D）オムリ王朝　　　　　　　　　　　（王上 16:23– 王下 9:37）
　　（C'）南北両王国　　　　　　　　　　　　（王下 10:1–16:19）
　（B'）北王国の滅亡　　　　　　　　　　　　（王下 17 章）
（A'）ユダ単立王国（ダビデ王朝）　　　　　　（王下 18–25 章）

　ただし、列王記では、王たちを中心にイスラエル、ユダの王国の歴史が辿られるだけでなく、特に中央の部分を中心に、多くはその時々の王たちに絡むかたちで、さまざまな預言者や「神の人」と呼ばれる預言者的人物たちの活躍についても物語られる。したがって、内容から見れば、列王記を「王たちと預言者たちについて」の書（Campbell 1986）と呼ぶこともできる。登場する主要な預言者は、ナタン（王上 1 章）、シロ人アヒヤ（王上 11:29–39; 14:1–18）、シェマヤ（王上 12:22–24）、いずれも匿名のユダから来た神の人とベテルの老預言者（王上 13 章）、ハナニの息子イエフ（16:1–4）、ティシュベ人エリヤ（王上 17–19 章; 21 章; 王下 1–2 章）、イムラの息子ミカヤ（王上 22 章）、シャファトの息子エリシャ（王上 19:19–21; 王下 2:1–9:3; 13:14–21）、アミタイの息子ヨナ（王下 14:25）、アモツの息子イザヤ（王下 19–20 章）、女預言者フルダ（王下 22:14–20）などであるが、それ以外にも匿名の預言者的人物たちが大小さまざまな役割を演じる（王上 18:4, 13, 19–40; 20:13–14, 22–25, 35–43; 22:6–28; 王下 2:3–18; 4:1–7, 38–41; 6:1–7; 9:4–10, 25–26; 17:13, 23; 21:10–15）。歴史書としての性格を強く持つヨシュア記から列王記までの諸書が、ユダヤ教正典においては「前の預言者」としてまとめられているのも、後述するように預言者によって書かれたと考えられたことと並んで、このように多くの預言者的人物の活躍が描かれていることと関連があろう。

　列王記中では、特に預言者エリヤと「神の人」エリシャを扱うブロックがかなりの紙幅を占めている。したがって、列王記全体を、この 2 人の

預言者の物語を中心に置き、王たちの物語を両枠に配した集中構造として理解することも可能である。ちなみにエリヤとエリシャは、北王国におけるオムリ王朝からイエフ王朝への移行期に活動した預言者である。

(X) 　ソロモンの治世（ダビデ王朝）　（王上 1–11 章）
　　(Y) 　イスラエルとユダ（南北並立王国時代）　（王上 12–16 章）
　　　　(Z) 　エリヤ伝承群（王上 17 章 – 王下 2:14）
　　　　(Z') 　エリシャ伝承群（王下 2:15–9:13）
　　(Y') 　イスラエルとユダ（南北並立王国時代）　（王下 9:14–17 章）
(X') 　ユダ単立王国時代（ダビデ王朝）　（王下 18–25 章）

さまざまな個性を持った王たちと預言者たちのこのような頻繁な交差には、列王記の著者たちがイスラエルとユダの歴史を、背後で神ヤハウェの意志が動かす歴史として、また、預言者たちの語る「預言」がいかに「成就」するかを跡付ける歴史として認識していたことが示されている。

資料

列王記では、各王の治世結尾定式の中で、以下の三つの資料が名指しで挙げられる。

(1) ソロモンの治世について

『ソロモンの事績の書』（セーフェル　ディブレー　シェロモー）（王上 11:41）。

(2) イスラエル北王国について

『イスラエルの王たちの年代記』（セーフェル　ディブレー　ハッ・ヤミー

ム　レ・マルケー　イスラエール）（王上 14:19 等、全部で 18 箇所）。

（3）ユダ王国について

　『ユダの王たちの年代記』（セーフェル　ディブレー　ハッ・ヤミーム　レ・マルケー　イェフーダー）（王上 14:29 等、全部で 15 箇所）。

　「年代記」と訳された「セーフェル　ディブレー　ハッ・ヤミーム」の語は、直訳すれば「日々の事々の書」であり、旧約聖書中の『歴代誌』のヘブライ語の書名でもある。本注解では、聖書中の『歴代誌』自体への言及と誤解されないように、あえて「年代記」と訳した。歴代の王たちの事績を記す年代記的記述が公的に行われることは、古代オリエント世界、特にメソポタミアでは普通のことであった。古代イスラエルについては、リテラシー（文字使用）がどの時代まで遡るかについて議論があるが、すでにダビデやソロモンの宮廷に「書記官」がいたとされており（サム下 8:17; 20:25; 王上 4:3）、実際にそのような年代記が作成されたことや、列王記成立に際してそのような年代記的資料が利用されたという可能性を排除すべき理由はないであろう。

　「治世の枠」に引用されるそれぞれの王の統治年数や、王になった時の年齢、母親の名前や出自、各王の治世における戦争（王上 14:25–26, 30; 15:16–22; 王下 10:32–33; 12:18; 13:3, 7, 22, 24–25; 14:7, 8–14, 25; 15:29; 16:5, 7–9; 17:3–6; 18:13–16; 23:29–30）、建築活動や公共事業（王上 7:1–12; 9:15–19, 24; 12:25; 16:24, 34; 22:49; 王下 14:22; 20:20）、対外関係（王上 5:26; 9:26–28; 10:22, 28–29; 16:31; 22:45, 48; 王下 1:1; 3:4–5; 8:20–22; 15:19–20; 16:6, 7–9; 23:33–35; 24:1–2）、謀反とその結果（王上 15:27–28; 16:9, 11; 王下 12:21–22; 14:19–20; 15:10, 14, 16, 25, 30; 21:23–24）、王の病気（王上 15:23; 王下 15:5）などについてのさまざまな具体的な情報が、そのような年代記的著作から取り入れられたものと考えることは理に適っている。

(4) 神殿関係資料

　これと並んで、名指しこそされてはいないが、神殿に関係した諸資料が列王記に利用されている可能性も高い。列王記の内容的中心の一つが、エルサレム神殿であることは言うまでもない。後に見るように、列王記の著者である申命記史家たちにとって、エルサレム神殿は唯一の正統的なヤハウェ聖所である。前述のように、北王国の王たちは「ヤロブアムの罪」、すなわちエルサレム神殿に対抗するベテルとダンの聖所（王上 12:25–33）を維持し続けたが故に、ほぼ一貫して断罪されるのであるが、南王国の王たちは、エルサレム神殿の祭儀に対する態度により、称賛されたり非難されたりする。列王記はある意味で、少なくとも南王国側の文脈について見れば、エルサレム神殿がいかにして建設され、維持され――あるいは蔑ろにされ――、そしてついにはいかにして破壊されるかを語る歴史書であるとも言えよう。

　ソロモンの建設したエルサレム神殿の構造とその備品についての詳細な記述（王上 6:1–38; 7:13–51）は、現在の形ではかなり金ぴか趣味に理想化されている面があるが、すべてが空想の産物（Na'aman 1997 や van Seters 1997 などはそう言うが）とは思えず、神殿に関わる資料が利用されている可能性が考えられてよい（Noth 1943; Busink 1970; Hurowitz 2007; Zwickel 2011）。アサ（王上 15:12–14）やヨシャファト（王上 22:47）、ヒゼキヤ（王下 18:4）、さらにはヨシヤ（王下 23:4–15）による祭儀改革についての記述や、ヨアシュによる神殿の管理維持制度の改革（王下 12:5–17）、逆にアハズ（王下 16:10–18）やマナセ（王下 21:2–9）の神殿祭儀の改悪についての情報にも、（Hoffmann 1980 などの反対論にもかかわらず）神殿関係の伝承が応用されている可能性がある。さらには、エルサレム神殿の「宝物庫」の財宝の運命も、列王記における南王国についての記述の関心の焦点の一つである（王上 14:25–26; 15:18; 王下 12:18–19; 14:14; 16:7–8; 18:15–16; 24:13; 25:13–17）。それらは、神殿関係の資料から取り入れられたのであろう。

(5) ダビデ王位継承史（ダビデ宮廷史）

レオンハルト・ロストの画期的研究（Rost 1926）以来、列王記の最初の二つの章が、サムエル記後半から続く、かつて独立して存在していた文書「ダビデ王位継承史」（別名「ダビデ宮廷史」。サム下 9–20 章 + 王上 1–2 章。ただ、始まりをどことするかについては異説もある）の締め括りの部分をなすことは、旧約学上の最も基本的な（今では残念ながら数少なくなってしまった）定説の一つである（Whybray 1968; Würthwein 1974; Kaiser 1988. 最近では Seiler 1998; Rudnig 2006; de Pury/Römer 2000. なお研究史については McCarter 1984:9–16; Dietrich/Naumann 1995:169–295; Oswald 2008:151–160 等参照）。そこでは、アンモン人との戦争に際してのダビデのバト・シェバとの不倫（サム下 10–12 章）に端を発し、ダビデの腹違いの息子たちアムノンとアブサロムの対立と後者による兄殺し（サム下 13–14 章）、ダビデに対するアブサロムの乱とその失敗（サム下 15–19 章）といったダビデ王家内での混乱や、シェバの乱（サム下 20 章）のようなダビデ王国を揺るがす事件が描かれ、最後に生き残っているダビデの息子たちのうち、やはり腹違いのアドニヤとソロモンが王位の跡目をめぐって争い、結局ソロモンが王位を継承する次第が描かれる（王上 1–2 章）。

ダビデ王位継承史は――最近では異論もあるが――描かれた出来事に比較的近い時期に成立した独立した文書と考えられており、高い文学性と優れた歴史性を兼ね備えたものと評価され、ソロモンによる王位継承を正当化する目的で書かれたと解釈されてきた。現在それが分断された形になっているのは、サムエル記下 20 章の後ろで二次的にサムエル記の巻物と列王記の巻物が分離された後、もともと別に伝えられていたダビデに関わるさまざまな伝承がサムエル記下 20 章の後ろ（サム下 21–24 章）に順次付け加えられたためか（Noth 1943:62）、逆にダビデの死の記述の直前にさまざまなダビデ伝承が二次的に挿入されたことがきっかけになって、サムエル記と列王記が分離された（Rofé 2009:67–68）かのいずれかであろうと考えられている。本注解でも、列王記の資料の一部にこのダビデ王位継承史の最後の部分を含めて考える。

(6) 預言者的伝承群

「内容と構成」の項でも述べたように、列王記の大きな特徴の一つは、王たちの物語にしばしば預言者的な人物が絡み、場合によっては両者の対決や協働が描かれることである。列王記にどのような預言者伝承が含まれているかについては、「内容と構成」の項（21頁）を参照。

この種の預言者物語が、公式の年代記的文書の一部をなしていたとはまず考えられない。預言者物語の大部分は、北王国に関わり、しかもその多くが、オムリ王朝が打倒されてイエフ王朝に代わる時期に集中している。したがって、この時代の北王国の預言者的サークル、ないしその支持者たちの間で伝えられていたものが、後に南王国に持ち込まれ、列王記の文脈に組み入れられたと考えられる。列王記の実質上の作者である申命記史家たち（後述）との関係で見れば、すでに申命記史家たち以前の段階で、一連の北王国の預言者物語がかなり長い一続きの文書をなしていたとする見方もある（Campbell 1986; O'Brien 1989; Lehnart 2003）が、多くは申命記史家たち自身によって個別的に現在の文脈に組み入れられたり、創作されたものであろう（Dietrich 1972; Würthwein 1977; Hentschel 1984）。ただし、預言者物語の中には、例えばアヒヤの預言（王上11章；14章）やアハブに対するエリヤの預言（王上21章）、フルダの預言（王下22章）のように一部に顕著な申命記史家的文体や観念を示すものもある（各該当箇所への注解参照）が、そのような申命記史家的特色のほとんど見られないものもある（王上13章；20章；22章；王下3章等）。後者の場合については、最近では、申命記史家たちよりも後から付け加えられたものとする見方も提唱されている（Stipp 1987; McKenzie 1991; Otto 2001; Römer 2005）。ただし、そのように見る場合、後述するように申命記史書の最終的成立は早くとも捕囚中の前560年頃なので、それよりも遅い時代に至るまで、なぜユダの地か捕囚地で、よりによって北王国の預言者的人物たちについての古い物語が、それほど息長く、活き活きとした関心をもって語り続けられていたのかについて、納得のいく説明が必要である。

(7) 対アラム戦争物語群

ほとんどの場合は預言者的伝承と組み合わされているのであるが、列王記の中央近くの部分には、北王国イスラエルとダマスコのアラム王国との戦争についてのかなり長い物語が散見される（王上 20:1–21, 26–34; 22:1–4, 29–36; 王下 6:8–23; 6:24–7:20; 13:14–25）。これらの物語も、内容上当然北王国起源であろうが、やがて南王国に持ち込まれて、最終的に列王記の文脈に取り入れられたのであろう。この点についても、後の時代のユダで、なぜ北王国の対アラム戦争についての物語が、それほどの関心をもって長く語り伝えられ続けたのであろうか。

(8) その他

それ以外にも、形態的、内容的に見て、公的な年代記的資料や神殿に関わる資料に含まれていたとは思われない、いくつものかなりの大きさの物語がある。例えば、ソロモンの知恵についての一連の物語（王上 3–5 章；10 章）、王国分裂の経緯についての伝承（王上 12:1–19）、イエフのクーデターについての記述（王下 9:14–10:27）、アタルヤによる南王国の王位篡奪のエピソード（王下 11 章）、センナケリブのエルサレム侵攻の際のアッシリア側とユダ側のやり取り（王下 18:11–19:37）、そしておそらくはヨシヤによる律法の書発見（王下 22:3–23:3）と祭儀改革（王下 23:4–23）の記事にも、申命記史家以前の独立した資料が応用されている可能性は高い。それらの背後にそれぞれどのような資料や伝承が潜んでいるのかについては、可能な限り、本注解の個別釈義の中で考えていきたい。

成立（申命記史書の一部として）

列王記の著者（たち）について知るための手掛かりは、列王記自体の中には見当たらない。ユダヤ教正典で、ヨシュア記から列王記までの歴史書

が「前の預言者」とされるのは、主として、それらの文書がそれぞれの時代の預言者によって書かれたと考えられたからであり、『タルムード』では、列王記はエレミヤが書いたものとされている（ババ・バトラ15a）。これは、列王記の最後の部分が南王国の滅亡（前587年）とバビロン捕囚の始まりを描いており、まさに預言者エレミヤの活動期に符合することや、その締め括りをなす列王記下24:18–25:30の記述がエレミヤ書52章に再録されていることから、自然な発想であるといえよう。ただし、現代の文献学的研究で、列王記をエレミヤ自身の著作とする立場はごく例外的である（Friedman 1987）。

その冒頭の部分（王上1–2章）が前述のように「ダビデ王位継承史」を通じたサムエル記の続きであること（25頁参照）に端的に示されているように、列王記は独立した文書として単独で書かれたものではなく、より大きな文脈の一部をなしている。旧約聖書中の歴史書であるヨシュア記、士師記、サムエル記、列王記のあちこちに、用語的、思想的に申命記に酷似した文章が見られることは、すでに19世紀後半以来の文献学的研究でも注目されてきた（Wellhausen 1876; Eissfeldt 1934）。それらの文書が、文体的にも思想的にも申命記と密接な関連性を持つことは、例えば申命記6:4–5とヨシュア記23:14や列王記下23:3, 25を比較してみれば一目瞭然である。しかし、両者の関係が単なる個別的な加筆や間接的な影響ではなく、より本質的なものであることを示したのは、ドイツの旧約学者マルティン・ノートであった。ノートは1943年に発表された著作（Noth 1943. 日本語版は、M. ノート『旧約聖書の歴史文学——伝承史的研究』）で、これらの一連の歴史書が、さまざまな素材によりながらも、申命記主義的な精神のもとで、統一的な構想と年代体系と歴史観によってまとめられた一続きの歴史叙述をなすことを論証し、その全体を「申命記史書」と呼んだ。それは、申命記を神学的序文とし、イスラエルのカナン征服（ヨシュア記）から、周辺民族との戦い（士師記）や王国成立（サムエル記）、王国分裂を経て、イスラエル、ユダの南北両王国が滅亡するまで（列王記）を描く、統一的な神学的歴史書だったのである。申命記史書の最後で南王国の滅亡とバビロン捕囚の始まりが描かれることから、その成立時期が捕囚期であることは明白である。ノートは、申命記史書は捕囚時代（前6世紀中葉）

の単独の歴史家（著者は申命記史家［Deuteronomist, 略号 Dtr］と呼ばれる）の著作であり、その執筆意図は、エルサレム神殿の破壊、王国の滅亡、約束の地の喪失という破局的事態を、イスラエルの民の罪に対するヤハウェの正当な裁きとして意味づけることである、と見た。その際にノートは、申命記史書には（例えば、申 30:1–3; エレ 29:10–14; エゼ 34:23–31; 36:22–36 等に見られるような）王国の再建や捕囚からの帰還などの具体的な希望の示唆がどこにも見られないことから、申命記史家の目的はもっぱら破局の意味の解明にあり、史家は民族の未来の運命について積極的な希望を抱いてはいない、と論じた。

統一的な歴史叙述としての申命記史書についてのノートの基本的な見方は、20 世紀後半の旧約学界で国際的に広く受け入れられたが、その執筆意図についてのあまりにも悲観的な解釈は、批判をも生んだ。例えばフォン・ラート（von Rad 1947, 1957）は、サムエル記や列王記中にダビデ王朝の永続へのヤハウェの約束が繰り返される点（サム下 7:12–16; 王上 11:34–36; 15:4; 王下 8:19 等）や、申命記史書の最後がダビデ王朝の生き残りであるヨヤキンの解放の場面で終わることを指摘して、申命記史家にはダビデ王朝再興を願う「メシア的」な希望があると唱えた。これに対し、ハンス・ヴァルター・ヴォルフ（Wolff 1961）は、メシア的希望というよりも、破局の中にあってヤハウェへの「立ち帰り」を求める呼び掛け（王上 8:47 等）にこそ、申命記史家の積極的な「ケリュグマ」があると見た。

ノートは申命記史書の統一性を強調し、著者の申命記史家を単独個人と見たわけであるが、その後の研究では、申命記史家の歴史記述自体の中に見られる関心や思想の多様性により注意が向けられるようになった。ゲッティンゲン大学のルドルフ・スメント（Smend 1971）は、ヨシュア記と士師記の記述を詳しく検討し、もっぱら歴史記述そのものに関心を寄せる申命記史家（DtrH. H は Historiker の略）の記述とは区別される、同じく申命記主義的だが、特に律法主義的（nomistisch）な精神の編集者（DtrN）の手による部分を析出した。その後、スメントの弟子のディートリヒ（Dietrich 1972）は、列王記の預言者物語の研究を通じて、スメントの言う DtrH と DtrN の中間に、預言者の活動や預言と成就の図式に関心を寄せる預言者的（prophetisch）な申命記史家（DtrP）が存在しているという

仮説を提唱した。これにより、本来の申命記史家（DtrH）の歴史記述に同様の申命記主義的な思想を持つ預言者的な編集者（DtrP）と律法主義的編集者（DtrN）が順次加筆して、現在ある複雑な性格の申命記史書の形が出来上がったという「三重編集説」が成立し、それがやはりスメントの弟子であったヴェイヨラのサムエル記研究（Veijola 1975, 1977）や、この三重編集説を受け入れたヘンチェルやヴュルトヴァインの列王記注解（Würthwein 1977; Hentschel 1984）などによって発展させられた。この立場は、申命記史書が複数の文書層に分かれると想定することから、「成層モデル（Schichtenmodell）」とも呼ばれる。ただし、成立年代については、三つの層いずれについても捕囚時代（以降）が想定され、この点では申命記史書を本質的に捕囚時代の文学と見るノートの考え方の枠組みが受け継がれている。言わば、ノートの単独個人の申命記史家が、関心や思想を異にする3人に分けられたわけである。

　これに反し、ハーバード大学のフランク・ムーア・クロス（Cross 1973）は、列王記には北王国に関する「ヤロブアムの罪」と南王国に関する「ダビデ王朝への約束」の二つの主題が並存していることを指摘し、申命記史書の基本的部分はまだダビデ王朝が存続していた王国時代後期のヨシヤ王時代に、この王の祭儀改革を支持する「プロパガンダ的」な文書として第1の申命記史家（Dtr 1）によって書かれたと想定する。それが後に、ヨシヤの死、王国滅亡、捕囚という一連の破局的な事態を受けて、捕囚時代の第2の申命記史家（Dtr 2）によってヨシヤの死後から王国滅亡までの記述を補完され、また、いくつかの箇所に捕囚を予告するような加筆を受けた、というのである。すなわち「二重編集説」である。クロスの仮説は、主として英語圏のネルソン（Nelson 1981）、フリードマン（Friedman 1981）、ハルパーン（Halpern 1988）、シュニードヴィンド（Schniedewind 1999）、クノッパース（Knoppers 1993, 1994）、カー（Carr 2010）、ジョセフ（Joseph 2015）といった研究者により継承、発展させられた。この見方は、まずヨシヤ時代までの歴史記述のブロックが王国時代末期に成立し、その後、ヨシヤの死から王国滅亡までのブロックが追加されたと見るので、「ブロック・モデル（Blockmodell）」とも呼ばれる。

　スメント流の見方はヨーロッパで支持者が多く、クロス流の見方は英語

圏やイスラエル（Cogan 2001; Finkelstein/Silberman 2001; Na'aman 2006）で広く受け入れられているが、学界では二つの見方の対立がややふざけて「聖戦」などとも呼ばれ、40年以上にわたってほぼ拮抗した状態にある。両者の考え方の違いの重要な点は、編集層が二重か三重かという数の問題ではなく、申命記史書の本質的部分が成立したのがまだ王国が存続していた時代状況においてなのか、それとも王国が滅亡してしまった後なのかという、すぐれて歴史的な問題と、史書全体の中心的な執筆意図に関わるものである。しかし、二つの見方を調停、総合しようという試みも盛んである（Lohfink 1981; O'Brien 1989; Römer 2005; Schmid 2008）。その場合、申命記史書の最初の形態の成立をヨシヤ時代に引き上げたうえで、捕囚時代に律法主義的な編集を認めるという行き方が試みられる場合が多い。「成層モデル」と「ブロック・モデル」の差がなくなりつつあるのである。他方で、申命記史家を単独個人とするノートの見方も、少数派とはいえ一部に受け継がれていることも付記すべきであろう（Hoffmann 1980; van Seters 1983; Long 1984; Albertz 2001）。

　本注解執筆のために列王記全体を文献学的に検討した結果、改めて感じられたのは、これを単独個人の著作とすることにはやはり無理がある、ということである。申命記史書中の異なる正典文書の間については言うまでもないが、同じ列王記中でさえも、箇所によって素材への手の加え方にさまざまな流儀の違いが見られ、関心の多様性や内部的不調和も随所に観察される（特に、王上8章の釈義を参照）。したがって申命記史書については、単独個人の著作というよりも、複数の人間が分業で執筆、編集の作業に当たった学派的構成物であると見るのがより適切であろう（Weinfeld 1972; Person 2002; Schmid 2008）。そこで本注解では、申命記史書の著者たちについては、やや曖昧かつ煩瑣になるが、最近欧米の研究で主流になりつつあるように、「申命記史家たち」という複数形で語ることにしたい。年代的には、最終形態では、王国滅亡と捕囚という状況が前提とされており、（歴代誌とは異なり）捕囚からの解放の予兆は全く見られないので、捕囚中であることは間違いない。しかし、個々の単元についての注解で指摘するように、ユダ王国とダビデ王朝、エルサレム神殿が存続していることを明らかに前提としている部分が随所に見られ、すでに王国時代末期に基本的

部分が成立していたとする可能性は排除できない。それ故著者は、前述のクロス学派（30頁参照）に近い立場に傾いている。逆に、史書が最初に書かれたのが王国滅亡後でしかありえないことを示す、積極的理由は、私見によればほとんど見当たらない。そもそも、後述するように、エルサレム神殿を唯一の正統的聖所とし、この原理原則を尊重したかどうかで歴代の王たちを肯定的、もしくは否定的に評価する著作が、よりによってその聖所が破壊された後に初めて書かれたと想定することには、やはり無理があるように思われる。

　申命記史書が前述のように学派的構成物であれば、それがある程度の時間的幅をもって段階的に成立したとする仮説には、十分な蓋然性が帰されてよい。申命記との密接な用語的、思想的関連性から見て、その初期の形態が、クロスやその支持者たちの言うように、ヨシヤ王の祭儀改革と関連して、それを補完する目的で書かれたという可能性は十分考慮に値しよう。周知のように、ヨシヤ王の祭儀改革は、神殿から「律法の書」が発見されたことが発端になって行われたものとされる（王下22:3–23:3）。そこで問題にされている「律法の書」が、いずれかの形態における申命記であることは、19世紀初頭にデ・ヴェッテ（1805年の学位論文）が指摘して以来、旧約学界では広く受け入れられてきた（研究史についてはPreuss 1982参照）。申命記の精神に基づいて書かれた申命記史書が、時代的にも事柄上も、申命記とヨシヤ王の祭儀改革の双方に関連していると考えることは、極めて自然である。

　したがって本注解では、一定期間の幅を持った「申命記史家たち」の学派的な活動の中に、ヨシヤ王時代（前7世紀後半）の「第1の申命記史家たち」と、王国滅亡と捕囚という状況を踏まえた前6世紀中葉の「第2の申命記史家たち」の、二つの焦点的な活動期があったことを前提とする。

　申命記史家たちとは、そもそも何者であろうか。歴代の王たちとその政策への関心の高さ、歴史への精通ぶりと情報量の多さ、資料へのアクセス、想定上の当時の識字率に照らしたその読み書きの能力、エルサレムの神殿を重視しながらそこで行われる実際の祭儀の細部にほぼ無関心であることなどから、年代記の作成などを本務とする南王国の宮廷の書記たち（王下22:3–13参照）であったという可能性が高い（Weinfeld 1972; Preuss 1982;

Jones 1984; Person 2002)。彼らは一方でヨシヤ王の改革事業を支え、彼らの一部(ないし後任者たち)は、王国滅亡後も、後述するような同時代の思想的、信仰的危機を克服するために活動を続けたのであろう。

思想、歴史観(執筆意図)

　申命記史家たちが、南王国もダビデ王朝もエルサレム神殿もまだ健在であったヨシヤ王の祭儀改革の時代と、それらすべてが失われてしまった後の捕囚時代という、全く歴史的状況の異なる二つの時代のグループに分かれるとしたら、その思想や歴史観、さらには執筆意図についての考察も、その二つの時期に分けて行われるべきであろう。

　列王記で見る限り、ヨシヤ時代の第１の申命記史家たちの思想の中心は、まさに「申命記」主義にあり、申命記に記された原則を遵守し、その理念を実現することにある。肝要なのは、「モーセの律法(＝申命記)に記されている通りに、彼(＝ヤハウェ)の掟と、彼の命令と、彼の法と、彼の諭し」を守ることなのであり(王上 2:3)、歴代の王たちは、この基準を満たしたか否かによって是々非々に評価される。もちろん「モーセの律法(＝申命記)」は、前述のようにヨシヤ王の時代に初めて「発見」されたのであるから、ヨシヤ以前の王たちをその基準で測ることはある意味で時代錯誤であり、現代的に言えば法の不遡及の原則に反し、公正さに欠けるとさえ言えなくもない。しかし、申命記史家たちにとっては、そんなことは問題にすらならない。彼らによれば、前述の基準は、すでにダビデによってソロモンに命じられていたものなのである(王上 2:3！)。ことによると申命記史家たちは、「モーセの律法」はダビデ――それどころかヨシュア(ヨシュ 1:7–8！)――の時代から周知されていたのだが(王下 14:6 をぜひとも参照)、アハズ(王下 16 章)やマナセ(王下 21 章)の宗教的堕落の時代にいったん忘れられ、それがヨシヤの時代に「再発見」されたという前提に立っているのかもしれない。

　申命記には、十戒をはじめ多種多様な法が収録されているが、第１の

緒論　思想、歴史観（執筆意図）

申命記史家たちが関心を寄せるのは、個別的な法規ではなく、もっぱら申命記主義の二大原則、ヤハウェのみの一神崇拝（申 5:7; 6:4; 12:29–31; 13:2–19 等）と、唯一の正統的聖所であるエルサレム神殿での礼拝（申 12:4–28; 16:5–6, 11, 15–16 等）である。ドイツ語では、この二つを語呂合わせ的に、「祭儀の純潔性（クルトラインハイト）」と「祭儀の統一性（クルトアインハイト）」と呼ぶ。前者に反するのが、他の神々の礼拝や、異教的、偶像崇拝的な祭儀であり、その象徴が、北王国ではヤロブアムの造った金の若牛の像（王上 12:28–30）や、アハブが振興したバアル崇拝（王上 16:31–32）などであり、南王国では、ソロモンが築いた他の神々の聖所（王上 11:3–8）や、石柱（マッツェバ）やアシェラと呼ばれる木の柱、豊穣を祈願するための聖婚儀礼要員たち（王上 14:23–24; 15:13 等）、人身御供や天体の崇拝（王下 16:3; 21:3–6 等）などである。後者の唯一の正統的な聖所での礼拝に反するのは、原語で「バーマー」（複数形では「バモート」）と呼ばれる、各地に散在した高台聖所（サム上 9:12–14; 10:5; 王上 3:2–4 参照）の存在とそれらの場所での礼拝であり、北王国ではエルサレムに対抗する聖所としてヤロブアムがベテル（とダン？）にこれを造り（王上 12:31–33）、南王国でもヤハウェ礼拝用に各地に残されていた（王上 15:14; 22:44; 王下 12:4; 14:4; 15:4, 33 等）。前述のように、北王国のほとんどすべての王たちは、金の若牛の像と高台聖所を維持し続ける「ヤロブアムの罪」の故に否定的に評価され、南王国では、「ヤハウェの目に正しく映ることを行った」と肯定的に評価される王たちの場合でも、ほとんどが「高台聖所を取り除かなかった」ことでその評価がやや割引されている（直前に挙げた一連の箇所を参照）。高台聖所を破壊したことで、留保なしの絶賛を受けているユダの王は、ヒゼキヤ（王下 18:3–4）とヨシヤ（王下 22:2, 8–9, 23:8–9, 24–25）の 2 人だけである。これに反し、王たちの政治的施策や軍事的功績、経済的成功などは、評価に当たってはほとんど顧慮されない。このような歴史記述上のかなり一方的な関心は、地方聖所の廃止を伴う祭儀集中と、異教的祭儀の払拭を二つながらに成し遂げたヨシヤ王の祭儀改革（前 622 年頃）を背景にすれば、最もよく理解できる。しかもヨシヤは、ソロモンの築いた異教の聖所を汚し（王下 23:13–14）、ヤロブアムの造ったベテルの聖所を破壊した（王下 23:15）とされる。前述のように、

ヨシヤの同時代人である第 1 の申命記史家たちは、ヨシヤの祭儀改革を支持し、その歴史的、神学的正当性を基礎づけるために、列王記を含む申命記史書の「第一稿」を著したのであろう。

第 1 の申命記史家たちの歴史記述のもう一つの特色は、やはり前述したように、王たちと並んでエリヤやエリシャといった預言者たちが活躍するだけでなく、歴史記述の随所に、「預言」と「成就」の図式が張りめぐらされていることである（von Rad 1947; Dietrich 1972; Weippert 1991; Zevit 2001:481–489）。起こるべき重要な事件の多くは、あらかじめ預言者的な人物によって、神が行う業として予告される。そして後には、それがその通りに実現したことが確認される。申命記史書においては、アモスが言ったように、「まことに主なるヤハウェは、その定められたことを僕である預言者に示さずには何事もなされない」（アモ 3:7）のである（アモス書における申命記史家的編集？）。

以下に例示するのはその代表的な場合にすぎないが、その「預言」と「成就」の間の「緊張の弧（Spannungsbogen）」は、場合によっては現在ある正典文書の枠組みを超えて広がっている。

預言	成就	発言者	内容
ヨシュ 6:26 →	王上 16:34	ヨシュア	エリコの再建
サム上 2:27–36 →	王上 2:27	神の人	エリ家の没落
サム下 7:13 →	王上 8:20	ナタン	ソロモンの王位継承
王上 11:29–36 →	王上 12:15b	アヒヤ	王国分裂
王上 13:2 →	王下 23:15	神の人	ヨシヤ王の祭儀改革
王上 14:6–16 →	王上 15:29–30	アヒヤ	ヤロブアムの家の滅び
王上 16:1–7 →	王上 16:12	イエフ	バシャの家の滅び
王上 21:21–29 →	王下 9–10 章	エリヤ	アハブの家の滅び
王下 1:6 →	王下 1:17	エリヤ	アハズヤの死
王下 13:15–19 →	王下 13:25	エリシャ	ヨアシュの勝利
王下 19:6–7 →	王下 19:36–37	イザヤ	センナケリブの撤退と死
王下 21:10–15 →	王下 24:2	預言者たち	南王国の滅び
王下 22:16–17 →	王下 25:1–21	フルダ	ヨシヤの死と埋葬

緒論 思想、歴史観（執筆意図）

歴史上に展開する出来事は、単なる偶然でも、世俗的な政治や軍事の力学の帰結にすぎないのでもなく、あくまで神の意志によるものであり、しかもそれが預言者的人物によりあらかじめ告知されることにより、理解可能な意味を帯びてくる。その際に、預言者の発する言葉そのものが、出来事を生起させる歴史生成的な力を持つと見なされているかどうかは、微妙な問題である。少なくとも現在の申命記史書では、預言者の言葉は完全に神の意志に従属せしめられている（使者定式「ヤハウェはこう言われた」の頻用を参照）。

第1の申命記史家たちの段階での申命記史書の歴史記述の第3の特色は、ダビデ王朝とエルサレムに対するヤハウェの約束の強調である。すでにダビデに対するナタン預言を通じて、ヤハウェはダビデの子孫の「家」、すなわちダビデ王朝の「永遠の（アド・オーラム）」存続を約束した。しかもこの約束は、たとえダビデの子孫たちが罪を犯しても無効にならない、無条件で、撤回されることのないものであった（サム下 7:12–16）。これはおそらく、申命記史家たち以前から伝わる、南王国のダビデ王朝神学を反映するものであろう。ただし、申命記史家たちの理解によれば、「イスラエル」（すなわち十二部族）全体に対するダビデ王朝の支配については、ヤハウェに従って歩み、律法を守るという条件が付けられていた（王上 2:4; 8:25b; 9:4）。そしてソロモンは、異教の容認と高台聖所の建設によって、この条件を破ってしまった（王上 11:3–8, 33）。王国分裂は、これに対するヤハウェの裁きである。ただし、ユダとエルサレムに対する支配は、あくまでダビデ王朝の手に残される。それは、ダビデとエルサレムに対するヤハウェの選びの故に、「ダビデのためのともし火がいつまでもわたし（＝ヤハウェ）の前にあるようにするため」であるという（王上 11:36; 15:4; 王下 8:19）。すなわち、ソロモンの過ちの故に、イスラエル全体に対するダビデ王朝の支配権は無効となり、その支配の空間的領域は著しく削減されてしまったが、残されたユダとエルサレムに対しては、ヤハウェの約束があくまで依然として有効だ、というのである。

前述のように、このような思想が、エルサレムが破壊され、南王国が滅亡した後になってから初めて生じたとは到底思われない。むしろ、ダビデ

王朝と南王国がかろうじてまだ存続しており、エルサレム神殿もなお健在であって、しかもアッシリアの衰退と敬虔で精力的な若い王の活躍のもとで新たな未来への希望が生じてきた、ヨシヤ王の時代を背景にした方が、理解しやすいように思われる。

しかし、前587年の破局は、このような希望を完膚なきまでに打ち砕くものであった。それは南王国の滅亡、ダビデ王朝の断絶、カナンの地の喪失、エルサレム神殿の破壊、異教の地への捕囚という災禍を一挙にもたらした。このような事態は、生き残った人々に、多大な社会的混乱や深い精神的打撃（イザ 40:27; エゼ 37:11）だけでなく、深刻な信仰の危機をももたらしたはずである。失われたものはいずれも、従来からヤハウェからの賜物として信じられていた、「救済財」とも言うべき宗教的意義を持つものだったからである。カナンの地は、ヤハウェが族長たちに「永遠に」与えるとした「約束の地」だったはずである（創 13:14–17; 15:18–19）。ダビデ王朝も、ヤハウェの加護のもとに「永遠に」続くはずであった（サム下 7:12–16; 詩 89:4–5, 30）。エルサレム＝シオンは「神の都」として難攻不落なはずであり（詩 46:5–10; 48:2–9）、そこに建つエルサレム神殿は「神の家」として、ヤハウェの加護の目に見える象徴だったはずである（エレ 7:4, 10）。

ところが、南王国は滅び、神殿は瓦礫と灰の山となり、ダビデ王朝の最後の王は「目をえぐられ、青銅の足枷をはめられて」バビロンに引いて行かれた（王下 25:7）。これらのことは、ヤハウェの無力さを露呈し、バビロニアの強大な神々に対するその敗北を示すものとして解釈されかねなかったはずである。ヤハウェには、それらの約束を守り抜く力がなかったのか。ヤハウェへの信仰は動揺をきたし、その力には疑念が向けられ（イザ 50:2; 59:1）、勝利者たちの異教の神々に引かれる人々も少なくなかったはずである（イザ 46:5–7; エレ 44:15–19）。

このような信仰の危機の只中にあって、ヨシヤ時代の第1の申命記史家たちの精神を継ぐ第2の申命記史家たちは、ヤハウェに対する人々の信仰を繋ぎ止めようとした。そのために、彼らは一方において、上述の救済財自体が決して無条件で与えられた自明的なものではなく、あくまでヤハウェのみを崇拝するという法的条件を伴うものであることを強調した。

そのための第2の申命記史家たちの手法は、非常に特徴的である。すなわち彼らは、それぞれの「救済財」に最も密接に関わる当事者自身の口や耳を借りて、契約を破った場合にヤハウェからの制裁として生じる、その救済財自体の喪失の可能性について警告したのである。このような発想が、ヤハウェへの忠誠を守れば祝福が、それを破れば呪いが下るとする、申命記そのものの根本思想（申 28 章）から来ていることは明白である。

まず、カナンの地の喪失については、その地の征服の指導者ヨシュアに、カナン征服直後の段階でこう言わせている。「もし、あなたたちの神、ヤハウェが命じられた契約を破り、他の神々に従い、仕え、これにひれ伏すなら、ヤハウェの怒りが燃え上がり、あなたたちは与えられた良い土地から、速やかに滅び去る」（ヨシュ 23:16）。

王国の存立についても、ヤハウェへの服従次第であることを、王制導入の責任者である預言者サムエル自身にこう語らせる。「悪を重ねるなら、ヤハウェはあなたたちも、あなたたちの王も滅ぼし去られるであろう」（サム上 12:25）。

そしてエルサレム神殿については、神殿建設者であるソロモン自身に対し、ヤハウェの口を借りてこう警告する。「もしあなたたちとあなたたちの子孫たちがわたしに背いて身を転じるようなことをし、わたしがあなたたちの前に授けたわたしの命令、わたしの掟を守らず、あなたたちが出かけて行って他の神々に仕え、彼らにひれ伏すなら、わたしはイスラエルを彼らに与えた土地の上から断ち、またわたしがわたしの名のために聖別したこの神殿をわたしの顔の前から退ける」（王上 9:6–7）。

すなわち、約束の地の喪失も、王国滅亡も、神殿破壊も、ヤハウェの約束違反ではなく、イスラエルの側の契約違反、律法違反の罪に対するヤハウェの審判なのであり、その責任はあくまで民の側にある。それは決してヤハウェの無力や敗北を意味するのではなく、逆にヤハウェの義と、歴史におけるこの神の力を示すものなのである。究極の自虐史観とも言えるが、民の罪を強調することによって、ヤハウェへの信仰を守ろうとする、神義論的、弁神論的歴史観と見ることもできるであろう。

列王記の後半では、より具体的に南王国の滅亡に関連して、前述のようにマナセ王の背教行為が特に強調される。「ユダの王マナセはこれらの忌

むべきことを行い、……彼の偶像によってユダにも罪を犯させた。それゆえ、イスラエルの神ヤハウェはこう言われた。見よ、わたしはエルサレムとユダの上に災いをもたらす。それを聞けば皆、両耳が鳴るような災いを。わたしはサマリアに用いた測り縄とアハブの家に用いた下げ振りをエルサレムの上に差し伸べる。わたしはエルサレムを拭い去る」（王下 21:11–13）。ヨシヤの祭儀改革は、まことに敬虔で立派な振る舞いであったが、その前のマナセがあまりにも悪すぎたので、ヤハウェの怒りを鎮めることはできなかった、遅きに失した、というわけである（王下 23:26–27; 24:3–4 参照）。

　ただし、王国滅亡の原因を一人の王個人の悪業に帰す立場と、それを民全体の契約違反や律法への不服従の帰結として説明する立場では、物の見方にかなりの差異がある。おそらく両者の見方は、異なるグループに由来する。捕囚時代の第 2 の申命記史家たちも、完全に一枚岩ではなかったということなのであろう。スメント学派の用語法では、前者は DtrP の見方、後者は DtrN の見方にほぼ対応する。ただし、預言への関心と律法への関心が、いずれもすでにヨシヤ時代の第 1 の申命記史家たちにも見られたことは前述の通りである。第 2 の申命記史家たちは、そのような関心を受け継ぎ、新しい歴史的状況に適合するようにそれを発展させたのである。

　第 2 の申命記史家たちは、過去を振り返って破局の神学的原因を解明しようとしただけではない。彼らは同時に、現在と将来を見据えつつ、それではそのような絶望的にも見える状況の中で、何をなすべきか、ということについても、登場人物の口を通じて実践的な勧告を行っている。その代表的な例が、神殿献堂の際のソロモンの祈りである。そこでは、明らかに国家滅亡、捕囚という状況が前提にされ、そのような破局の中で何をなすべきかが、神への執り成しの祈りという形で示唆されている。

　「もし、彼らがあなた（＝ヤハウェ）に対して罪を犯し――罪を犯さない人間など 1 人もいないのですから――、あなたが彼らに対して怒りを発されて、彼らを敵にお渡しになり、彼らを捕らえた者たちが彼らを遠くや近くの敵の地に捕虜として連れて行くとき、その捕虜として連れて行かれた地で彼らが心を改め、立ち帰ってあなたに憐れみを乞い、彼らが捕虜となった地で、『私たちは罪を犯しました。私たちはよこしまに振る舞いまし

た。私たちは悪を行いました』と言い、彼らを捕虜として連れて行った彼らの敵の地で、心を尽くし、魂を尽くして彼らがあなたに立ち帰り、あなたが彼らの父祖たちに与えられた彼らの土地、あなたがお選びになったこの町、〈私が〉（私訳の該当箇所参照）あなたの御名のために建てたこの神殿の方角tに向けてあなたに祈るなら、あなたのお住みになる場所である天にいまして、あなたが彼らの祈りと彼らの嘆願を聞き取り、彼らの訴えをかなえてください」（王上 8:46-49）。

　すなわち、いたずらに絶望するのでも、ヤハウェの力を疑うのでも、他の神々の力を求めるのでもなく、自らの罪を悔い改め、ヤハウェに立ち帰ってあくまでこの神に救いを託し、その赦しを願うべきだ、という勧告である。このような第2の申命記史家たちのメッセージは、捕囚の民が信仰と民族としての同一性（アイデンティティ）を保ち、国家滅亡と捕囚という破局を乗り越えてそれらを維持していくうえで、少なからぬ力を与えたことであろう。

歴史史料としての列王記

　以上のように、申命記史書は、歴史を神ヤハウェの意志が動かすものとして意味づけ、究極的には王国の滅亡と捕囚という不条理を王たちや民の罪に対する神の裁きとして説明し、あくまでこの神への信仰を保たせようとする神学的営為の産物であり、近・現代的な意味での歴史書とはかなり性格を異にする。それは、何が起きたかを正確に記録しようとするものでも、出来事の原因と結果を歴史因果律的に説明しようとするものでもないからである。しかし、その成立に際しては、前述のように、実際に起きた事柄に関連する資料が豊富に用いられている可能性が高いので、列王記の記述は、古代イスラエル史研究にとっての貴重な——多くの場合ほとんど唯一の——史料としても用いられてきた。特に王国時代に関しては、従来の古代イスラエル史の通史的著作は——著者によるかつてのもの（山我2003）を含めて——多くの場合、サムエル記や列王記から預言者的要素や

奇跡的な要素を差し引いていわばそれを「非神話化」した、それらの文書の内容のパラフレーズのようなものになることが多かった。

　しかし、20世紀の末から21世紀の初頭にかけて、ヨーロッパの聖書学やイスラエル史学を中心に、旧約聖書の史料的価値を極端に疑問視する懐疑的な研究者たち（Garbini 1988; Thompson 1992; Davies 1995; Whitelam 1996; Lemche 1998 等）が活発に発言するようになった。論争相手から「ミニマリスト（最小限主義者）」とも呼ばれるこれらの研究者たちによれば、旧約聖書とは基本的に、ペルシア時代やヘレニズム時代のユダヤ人が、自分たちの民族的アイデンティティと存在意義の確立のために創作した「黄金の過去」を描くフィクションに他ならず、考古学史料や碑文史料によって裏付けられない限り、いっさい信用できないし、科学的なイスラエル史の再構成に利用されるべきでもない。したがって、聖書外史料の欠けているダビデ、ソロモン時代の統一王国など実在しなかったのであり、ダビデやソロモンの歴史的実在の信憑性は「アーサー王のそれと同程度」でしかない。歴史学的に確認できる最初の歴史上の「イスラエル王国」は、アッシリアやモアブの碑文に言及される前9世紀のオムリやアハブの王国であり、同時代のエルサレムなど考古学的痕跡から見て「丘の上の村」以上のものではなく、「ユダ」はまだ国家の体をなしていなかった。それがようやく何とか「王国」と言えるようになるのは、前8世紀末にイスラエルが滅亡し、大量の難民がユダに流入して人口の増えたヒゼキヤ時代だった、というのである。

　このような急進的な懐疑派と、サムエル記や列王記の史料的価値をより積極的に評価する伝統的な立場のイスラエル史学者（彼らは「ミニマリスト」からは「マクシマリスト」と呼ばれ、しばしば「ファンダメンタリスト」扱いされる）との間には、激しい論争が繰り広げられた。ところが、1993年から翌年にかけてイスラエル北部のテル・ダンで2回に分けて発見されたアラム語の石碑の碑文で、イスラエルの王ヨラムと「ダビデの家」（すなわち南王国）の王アハズヤの名が記されていたこと（117–119頁参照）から、ダビデの実在さえ否定するような極端な懐疑論は支持を失いつつある。しかし、この論争がきっかけになって、旧約聖書の歴史書を古代イスラエル史の再構成に利用する際には、より慎重で厳密な批判的検討が行わ

緒論　歴史史料としての列王記

れるようになった（Finkelstein/Silberman 2001; Gertz 2004; Miller/Hayes 2006; Grabbe 2007; Schmitz 2011; Frevel 2016; Oswald/Tilly 2016; Schipper 2018）。

　列王記を全体として見るとき、少なくとも前9世紀以降に関しては、そこに描かれた歴史的出来事は聖書外史料と多くの場合矛盾せず、かなりの程度の歴史的信憑性が認められる。前述のテル・ダン碑文からは、南王国の王朝創立者としてのダビデのほか、北王国のヨラム、南王国のアハズヤの実在も確認できる。南北王国並立時代の北王国の王たちでは、オムリ、アハブ、イエフ、ヨアシュ、メナヘム、ペカ、ホシェア、南王国の王たちでは、アハズ、ヒゼキヤ、マナセ、ヨヤキンの存在が聖書外碑文史料によって裏付けられており（各該当箇所への注解を参照）、時代的にも全く問題はない。エジプト王シシャクの遠征（王上 14:25–26）、モアブ王メシャの反乱（王下 3:4–5）、アラム王ハザエルやベン・ハダドの侵攻（王下 10:32–33; 13:3, 22–25 等）、アッシリア王ティグラトピレセル3世のダマスコやイスラエルに対する遠征（王下 15:19, 29; 16:9）、アッシリア王シャルマナサル5世のサマリア遠征（王下 17:3, 5–6）、ヒゼキヤによる水道の開削（王下 20:20）、センナケリブのエルサレム包囲（王下 18:13–16）、エジプト王ネコのアッシリア遠征（王下 23:29）、新バビロニアのネブカドネツァルのエルサレム遠征（王下 24:10–17; 25:1–12）なども、ほぼ列王記の記述通りであったことが碑文史料や考古学調査によって確認されている。今のところ聖書外史料のない出来事についても、「証拠がないことは、それがなかったことの証拠ではない（absence of evidence is not evidence of absence）」という原則を常に念頭に置く必要がある。したがって、列王記が描くイスラエルとユダの歴史像は、大筋においては歴史的であると認められてよい。その限りにおいて、列王記の記述は——もちろん厳密な史料批判をほどこした上での話であるが——、歴史を語ることを通じて歴史のうちに行為する神ヤハウェについて証言しようとした申命記史家たちの意図と思惑とは別の意味で、現代における古代イスラエル史研究の貴重な手掛かりともなり得るのである。

　ただし、申命記史家たちが歴史そのものを客観的に描こうとしたのではないことも、前述の通りである。本注解では、あくまで聖書文書としての

列王記が示す「物語」を分析し、それらについて注解や解説することが第1の目的である。それらの「物語」の背後にどのような歴史的事実が存在しているのか――あるいはいないのか――については、その都度「解説／考察」の中で付随的に説明することにしたい。

本注解の方針

　本注解では、VTJ 注解シリーズのフォーマットに従い、まず一つの単元のヘブライ語本文（底本は BHS）の私訳を必要最小限の訳注と共に示し、「形態／構造／背景」の項でその単元の形態や構造を共時的に分析すると共に、既存の資料が用いられている可能性や、申命記史家たちの編集が加わっている可能性が通時的に検討され、場合によってはテキスト成立の歴史的背景について説明される。次に「注解」の項で、個別的な釈義がなされ、テキストに用いられている個々の語や概念、文章の説明がなされる。最後に「解説／考察」の項で、改めてその単元の意味やその箇所の著者たちや編集者たち（申命記史家たち）の意図が検討され、また場合によってはその単元の持つ現代の世界や信仰にとっての意味について考察される。

　先行研究の紹介や、研究史や学説史との対話も必要最小限試みられるが、VTJ 注解シリーズでは脚注を付さない方針なので、個々の学説や解釈についての詳しい情報を提供することは断念せざるを得ない。巻末の文献表は本注解本文で触れられているものを中心に代表的なものを枚挙したものにすぎないが、列王記を研究した文献としては、膨大な注解書、研究書、学術論文の蓄積があり、そのうちの代表的なものに一通り触れることだけでも、与えられた紙幅ではおよそ不可能である。個々の箇所の解釈や理解について、主要な見方を網羅的に紹介し、それらといちいち釈義上の対話をしていけば、刊行された本注解の数倍のページ数を要するであろう。本注解を日本語の聖書注解として合理的なサイズ内に留め、不必要に値段を高沸させないためにも、ある箇所の理解にとって必要な学説や解釈について、代表的な文献を括弧内にメモ風に記すことで満足しておかねばならな

かった。読者のご理解とご寛恕をお願いする次第である。

注　解

第 I 部
ソロモンの治世（統一王国時代）（上 1:1–11:43）

第Ⅰ部へのまえがき

　列王記の最初の大きな単元は、ダビデの息子でイスラエルの第3代の王であるソロモンの治世を取り扱う。そこでは彼の波乱に満ちた即位事情に始まり、その王権の確立と支配の発展、エルサレム神殿の建設や彼の治下での文化的、経済的繁栄、そして晩年の彼の過ちなどが描かれる。全体を構造的に見ると、最初の部分にはソロモンの王位継承をめぐる謀略と政敵の粛清、最後の部分にはソロモンの宗教的な罪とそれに対する罰の予告という、いずれも暗い性格を持ったエピソードが置かれ、これが全体の枠組をなす。この枠組の内側に、ソロモンの知恵とそれに基づく統一王国の繁栄を描くより明るく肯定的な一連のエピソードが配置され、中央部分にソロモンの最大の事績であるエルサレム神殿の造営の記事が置かれるという、シンメトリカル（左右対称的）な構成になっている（個別的な解釈や区切り方の相違を含みつつ、集中的な構造を指摘したものとして、Radday 1974: 54-55; Frisch 1991:10-11; Brettler 1991:97; Walsh 1996:150-152; Kang 2003:192-196 等参照）。

(A) ソロモンによる統一王国の王位の継承（謀略と粛清）（1-2章）
　(B) ソロモンによる知恵と統一王国の繁栄　（3:1-5:14）
　　(C) 神殿建設　（5:15-9:9）
　　　(a) 神殿建設の準備　（5:15-32）
　　　　(b) 神殿建設とその備品の製作　（6:1-7:51）
　　　(a') 神殿の完成とソロモンの祈り　（8:1-9:9）
　(B') ソロモンの知恵と統一王国の繁栄　（9:10-10:29）
(A') ソロモンの過ちと統一王国分裂の予告　（11:1-43）

　全体を統一するテーマは、ソロモンの知恵（11:41 における「解説／考察」を参照）であり、それが最初の政治的狡猾さ（1-2章）から、神の恵みのもとで真の王者としての英知に代わり（3:5-12, 16-28）、それが統一王国の文化的、経済的繁栄、ソロモンの名声をもたらすこと（5:9-14; 10:1-9, 23-25）、さらには最大の事業である神殿建設も間接的にはそのよ

うな知恵の所産であること（5:21, 26）、しかし、ソロモンが晩年に至って——そう明記されているわけではないが——そのような知恵を失うに至ったことが示唆されている。

他方で、前述のように「ダビデ王位継承史」の結尾である列王記上 1–2 章を除外して、狭い意味でのソロモンの物語本体を観察する場合、ソロモンの治世を、一部に対称的要素をも含む、相似的構造を持った二つの並行的な部分、1–8 章と 9–11 に章に分けて考えることもできる（Parker 1992:42–43; Williams 1999:50, 66）。

 Ⅰ　ソロモンの統治——正の側面（3–8 章）
　（1）ソロモンへの啓示（ギブオン）（3:1–15）
　（2）ソロモンの内政（3:16–5:32）
　　　（a）ソロモンの知恵と女性（2 人の遊女）（3:16–28）
　　　（b）統治と繁栄と知恵（4:1–5:14）
　　　（c）ヒラムとの交渉（神殿建設の準備）（5:15–26）
　　　（d）強制労働（自国民）（5:27–32）
　（3）聖所の建設——正統的聖所としてのエルサレム神殿（6:1–8:66）

 Ⅱ　ソロモンの統治——負の側面（9–11 章）
　（1'）ソロモンへの啓示（エルサレム？）（9:1–9）
　（2'）ソロモンの外政（9:10–11:40）
　　　（c'）ヒラムとの交渉（町々の譲渡）（9:10–14）
　　　（d'）強制労働（異民族）（9:15–24）
　　　（a'）ソロモンの知恵と女性（シェバの女王）（10:1–13）
　　　（b'）交易と繁栄と知恵（9:26–28; 10:14–29）
　（3'）聖所の建設——異教の高台聖所（11:1–40）

前半の第Ⅰ部ではソロモンの知恵、強力な統治、経済的・文化的繁栄、正統的聖所の建設という、肯定的な面が描かれるが、後半の第Ⅱ部ではそれに影が差し、最終的には異教的な聖所の建設というソロモンの宗教的な堕落と罪、統一王国の瓦解の予告へと進む。第Ⅰ部と第Ⅱ部のいずれにお

いても、最初にソロモンに対するヤハウェの啓示が置かれているが、第1の啓示では、ソロモンの謙虚さと、知恵や富を与えるという神の約束が強調されるのに対し（3:6–14）、第2の啓示では、ソロモンとその子孫たちの罪による土地の喪失と神殿の破壊が示唆、予告される（9:6–9）。第Ⅰ部の中間部分では、主としてソロモンの内政が扱われ、第Ⅱ部の中間部分では主として対外関係が扱われる。その際には、第Ⅰ部でも第Ⅱ部でもソロモンの知恵と繁栄ぶりが強調されるが、第Ⅰ部での繁栄は国民の幸福に繋がるものであるのに対し（5:4–5）、第Ⅱ部での富と繁栄の描写は、もっぱらこの王個人の威信と権勢のためのもののようにも見える。特に、ソロモンが金や馬や妻を多く集めたという記述（10:1–11:3）を申命記の王の法（申 17:14–20）に照らして読むと、その描写は必ずしも肯定的なものとは思えなくなる。第Ⅰ部が唯一の正統的聖所であるエルサレム神殿の建設とその奉献で終わるのに対し、第Ⅱ部の最後では、異教の祭儀場としての高台聖所がエルサレムの郊外に建設され、その行為へのヤハウェの罰としての統一王国の崩壊が予告されるのである。

　「緒論」でも述べたように、ソロモンの治世の記述には、申命記史家たち以前のさまざまな資料が取り入れられていると考えられる。冒頭の「ダビデ王位継承史」の結末部分（1–2章）を別としても、ソロモンの宮廷の高官たちの名簿（4:1–6）や12の行政区と知事たちの表（4:7–19。おそらくは 5:7–8 もこれに属する）などは、宮廷関係の公的文書に由来すると思われるし、列王記上 11:41 で引き合いに出されている『ソロモンの事績の書』からとられた可能性があるものとして、ソロモンの結婚（3:1; 11:3a）、建築活動（7:1–12; 9:15–19, 24）、強制労働（5:27–32）、軍隊整備（5:6; 10:26）、交易（9:26–28; 10:11–12, 22, 28–29）、収入と富（10:14–21）、宮廷の財政（5:2–3）、ティルスの王ヒラムとの交渉（5:15–26; 9:10–14）などの情報が挙げられる（Jepsen 1956; Gray 1970; Hentschel 1984; Jones 1984; Na'aman 2006）。ソロモンに対する内外の敵対者たちについての記述（11:14–22, 23–25, 26–28, 40）にも、独自の（年代記的？）資料が用いられている可能性があるし、神殿の構造や装飾（6:1–38）、宝物庫（7:51）、神殿の備品や祭具（7:13–50）についての記述には、神殿の文書庫に由来する資料が用いられていると考えられる（「緒論」24頁参照）。

これとは別に、内容的、性格的に見て公的な文書に由来するとは思えない、一連の物語的、逸話的な伝承も、ギブオンでの啓示（3:4–15）、ソロモンの知恵（3:16–28; 5:9–14; 10:23–24）、シェバの女王の訪問（10:1–10, 13）などの形で見られる。それらが、すでに申命記史家たち以前の段階でかなりまとまった「ソロモン物語」の一つの文脈をなしていたのか（Liver 1967; Jones 1984; Wälchli 1999; Na'aman 2006）、あるいはそれらの伝承はあくまで断片的なものであって、申命記史家たちがそれらを集めて初めて一つの文脈に構成したのか（Noth 1943; Gray 1970; Würthwein 1977; Särkiö 1994）は、議論の分かれるところであるが、ほぼ確実に言えることは、後者のような物語的、逸話的な伝承の場合、ソロモンの知恵や富や繁栄ぶりが極端に理想化、伝説化されており、同時代的な記憶に基づく「歴史的な」伝承とは到底見なせない、ということである。それらが盛んに語り伝えられたのは、ソロモン自身の時代よりもはるかに後の時代なのである（10:10b, 12b 等参照）。そのような「栄華を極めたソロモン」（マタ 6:29 参照）のイメージが確立した具体的な時代としては、ソロモンが建築や交易や文化の振興者としてアッシリアの大王風に描かれていることなどから、新アッシリア時代（Römer 2005:99–100; Schipper 2018:30–31）、特にエジプトとの関係の密接さ（イザ 30:1–7; 31:1–3）や、知恵への関心の高まり（箴 25:1）などから、ヒゼキヤの時代（前 8 世紀後半）が考えられてよかろう（Wälchli 1999:195–198; Gertz 2004:22–23）。

　ソロモンの歴史的実在を裏付ける聖書外史料は、今のところは発見されていない。「証拠がないことは、それがなかったことの証拠ではない」という原則からは、ソロモンの実在を疑う必要はないが、前 10 世紀前後のエルサレムとその周辺におけるモニュメンタルな建造物の確実な痕跡の少なさなどから、彼の王国が「あの大河（ユーフラテス）から……エジプトとの国境に」（王上 5:1）達する大王国であったとはおよそ考えられない。それはせいぜい、エルサレムとその周辺を領土とする地方的な領主国家の規模を超えるものではなかったのであろう（Niemann 1993, 1997; Miller 1997; Gertz 2004）。古代イスラエル史研究では、ソロモンの治世は前 965– 前 926 年頃と考えられている。

1. ソロモンによる統一王国の王位継承
（上 1:1–2:46）

(1)王位継承をめぐる争い——アドニヤ対ソロモン
（上 1:1–53）

【翻訳】

1 章
ダビデの老衰とアドニヤの王位奪取の企て

[1] ダビデ王は年老い、年齢[a]を重ねていた。〔人々は〕[b] 彼に何枚も上掛けを掛けたが、彼〔の体〕はいっこうに暖まらなかった。[2] そこで、彼の家臣たちは彼に言った。「わが主君である王様のために、若い処女を探させてください。彼女は王様にお仕えし、王様の[c] 女介護師[d]になるでしょう。彼女があなたの懐（ふところ）に身を横たえれば、わが主君である王様は、〔お体が〕暖まるでしょう」。[3] 彼らはイスラエルの領土全域で美しい娘を探しまわり、シュネムの女のアビシャグを見つけ出して、彼女を王のもとに連れて来た。[4] その娘はこのうえなく美しかった。彼女は王の[e] 女介護師[d]となり、彼に奉仕したが、王は彼女を知ることがなかった。

[5] さて、ハギトの息子アドニヤは増長し[f]、「この私[g]が王になるのだ」と言った。そこで彼は、自分のために戦車と〔それを引く〕馬たち[h]を配備し、さらに自分の前を走る男たち 50 人をそろえた。[6] 彼の父はかつて一度たりとも、「お前はなぜこんなことをしたのか」と言って彼を咎めたことがなかった。彼もまた容姿の非常に優れた人物で、アブサロムの次に生まれた息子であった[i]。[7] 彼がツェルヤの息子ヨアブと祭司エブヤタルに声をかけた[j]ので、彼らはアドニヤを助けることにした。[8] しかし、祭司ツァドクとヨヤダの息子ベナヤ、預言者ナタン、シムイとレイ、およびダビデの勇士たちは、アドニヤを支持しなか

った[k]。 [9] アドニヤはエン・ロゲルのそばにあるゾヘレトの石のそばで羊、牛、肥えた家畜を屠り、王子たちである彼の兄弟全員と、王の家臣〔たちのうち〕ユダの人々全員[l]を招いた。[10] しかし彼は預言者ナタン、ベナヤ、〔ダビデの〕勇士たち、それに自分の弟ソロモンは招かなかった。

王妃バト・シェバと預言者ナタンの働きかけ

1：11 ナタンはソロモンの母であるバト・シェバに言った。「ハギトの息子アドニヤが王になったのをお聞きではないのですか。しかも、われらの主君ダビデはまだ〔そのことを〕御存じでないのです。[12] ですから、今、私が助言しますので、行ってあなたの命とあなたの息子ソロモンの命を救うのです。[13] すぐに出かけて、ダビデ王のもとに参内し、あなたは彼にこう言うのです。『わが主君である王様、あなたご自身があなたのこの端女(はしため)に、こう言って誓われませんでしたか。あなたの息子ソロモンが、私の跡を継いで王となる。彼こそ[m]が、私の王座に座す、と。〔それなのに、〕なぜアドニヤが王になってしまったのですか』、と。[14] よろしいですか、あなたがまだそこで王と話しているうちに、私があなたの後から参内して、あなたの言葉を裏付けます[n]」。

[15] そこで、バト・シェバは王のもとに出かけ、寝室に入った。王はひどく老衰し、シュネムの女のアビシャグが王に奉仕していた。[16] バト・シェバは礼をし、さらに王にひれ伏した。すると王は、「何の用か[o]」と言った。[17] すると彼女は彼に言った。「わが主君よ、かつてあなたご自身が、あなたの神ヤハウェにかけて、あなたのこの端女に誓われたのです。『あなたの息子ソロモンが、私の跡を継いで王となる。彼こそ[m]が、私の王座に座す』、と。[18]〔それなのに、〕今やアドニヤが王になってしまいました。しかし、あなたは[p]──お分かりください、わが主君である王様──〔そのことさえ〕御存じないのです。[19] 彼は、数多くの雄牛、肥えた家畜、羊を屠り、王子たち全員と、祭司エブヤタル、軍の司令官ヨアブを招きました。しかし彼は、あなたの僕(しもべ)であるソロモンは招かなかったのです。[20] わが主君である王様、今や[q]、全イスラエルの目があなたの上に〔注がれています〕。誰がわが主君である王様の王座に座し、その跡を継ぐことになるのかを、彼らに宣言してやってください。[21]〔そうしないと、〕わが主君である王様が御先祖様たちと共に眠りにつかれるとき、私と私の息子ソロモンは罪人ということにされてしまいます」。

53

²² すると、見よ、彼女がまだ王と話しているうちに、預言者ナタンがやって来た。²³ 〈人々が〉ʳ 王に「ご覧ください。預言者ナタン〔が参りました〕」と告げた。彼は王の前にやって来て、顔を床に着けて王にひれ伏した。²⁴ ナタンは言った。「わが主君である王様、あなたは『アドニヤが、私の跡を継いで王となる。彼こそᵐが、私の王座に座す』などと言われたのですか。²⁵ 彼は今日、下って行って、数多くの雄牛、肥えた家畜、羊を屠り、王子たち全員と、軍の司令官たち、祭司エブヤタルを招待したのです。彼らは彼の前で食べたり飲んだりし、『アドニヤ王万歳』などと言っています。²⁶ しかし、彼は私、あなたの僕であるこの私も、祭司ツァドクも、ヨヤダの息子ベナヤも、あなたの僕ソロモンも招かなかったのです。²⁷ こんなことがほんとうにわが主君である王様〔の御意向〕によるものなのでしょうかˢ。あなたはまだ、誰がわが主君である王様の王座に座し、その跡を継ぐことになるのか、あなたのこの僕ᵗにお知らせくださっていません」。

ダビデによる誓いと王位継承者ソロモンの指名

1：28 ダビデ王は答えて言った。「バト・シェバを私のもとに呼べ」。彼女は王の前にやって来て、王の前に立った。²⁹ すると、王は誓って言った。「すべての艱難から私の命を救い出してくださった、ヤハウェのお命〔にかけて誓うᵘ〕。³⁰ 私はかつて、イスラエルの神ヤハウェにかけてあなたに誓い、『あなたの息子ソロモンが、私の跡を継いで王となる。彼こそᵐが、私に代わって私の王座に座す』と言ったが、私は今日、そのことを実行する」。³¹ すると、バト・シェバは顔を床に着けて礼をし、王にひれ伏して言った。「わが主君であるダビデ王が永遠に生き永らえられますように」。

³² ダビデ王は言った。「祭司ツァドク、預言者ナタン、ヨヤダの息子ベナヤを私のもとに呼べ」。すると、彼らは王の前にやって来た。³³ 王は彼らに言った。「お前たちの主君ᵛの家臣たちをお前たちと一緒に連れて行き、私の息子ソロモンを私自身の雌ラバに乗せ、ギホン〔の泉〕に彼を下らせよ。³⁴ そして、祭司ツァドクと預言者ナタンはそこで彼に油を注ぎ、イスラエルの上に立つ王とせよ。そして、お前たちは角笛を吹き鳴らし、『ソロモン王万歳』と唱えよ。³⁵ それからお前たちは、彼の後に従って上れ。彼は来て私の王座に座す。彼こそᵐが私に代わって王となる。彼にこそʷ、私はイスラエルとユダの上に立

つ君主になるように命じたのだ」。

³⁶ すると、ヨヤダの息子ベナヤが王に答えて言った。「アーメン、わが主君である王様の神、ヤハウェもそのように仰せになるでしょう。³⁷ ヤハウェが〔これまで〕わが主君である王様と共におられたように、〔これからは〕彼がソロモンと共におられ、彼の王座をわが主君であるダビデ王の王座よりもさらに大いなるものとしてくださいますように」。

ソロモンの即位

1:38 そこで祭司ツァドク、預言者ナタン、ヨヤダの息子ベナヤ、およびクレタ人たちとペレティ人たちは下って行った。彼らはソロモンをダビデ王の雌ラバに乗せ、ギホン〔の泉〕に彼を連れて行った。³⁹ 祭司ツァドクは、天幕から油〔を満たした〕角を取り出し、ソロモンに油を注いだ。すべての民は角笛を吹き鳴らし、「ソロモン王万歳」と唱えた。⁴⁰ すべての民は彼の後に従って上った。民は笛を吹き鳴らし、大きな歓呼の声を挙げた。すると、彼らの声で地が裂けた。

アドニヤ派の総崩れ

1:41 アドニヤと、彼と一緒にいたすべての招待客たちは〔この声を〕ˣ 聞いた。彼らはちょうど祝宴を終えたところであった。ヨアブは角笛の音を聞いて、「町のあの騒々しい音は何事だろう」と言った。⁴² 彼がまだ話しているうちに、見よ、祭司エブヤタルの息子ヨナタンがやって来た。アドニヤは言った。「こっちに入って来い。お前は立派な男だから、きっと良い知らせを持って来たのだろう」。⁴³ しかし、ヨナタンはアドニヤに答えて言った。「そうではありません。われらの主君であるダビデ王がソロモンを王に指名されたのです。⁴⁴ 王は彼と一緒に祭司ツァドク、預言者ナタン、ヨヤダの息子ベナヤ、およびクレタ人たちとペレティ人たちを送り出しました。彼らは彼を王の雌ラバに乗せました。⁴⁵ そして、祭司ツァドクと預言者ナタンがギホン〔の泉〕で彼に油を注いで王としました。それから彼らは、歓呼しながら上って来ました。だから町は大騒ぎなのです。あなたたちが聞いたのは、その声なのです。⁴⁶ しかも、ソロモンはすでに王国の王座に座しました。⁴⁷ しかも、王の家臣たちがわれらの主君ダビデ王を祝福するためにすでにやって来て、『神ʸ がソロモンの名をあな

の名よりもさらに高め、彼の王座をあなたの王座よりもさらに大いなるものにしてくださいますように』と言いました。すると、王は寝台の上でひれ伏されました。⁴⁸ しかも、王はこう言われました。『今日、私の王座に座す者を私に与えてくださり、私自身の目でそれを見させてくださったイスラエルの神、ヤハウェが誉め讃えられますように^z』、と」。

⁴⁹ すると、アドニヤのもとにいたすべての招待客たちは震えおののきながら立ち上がり、散り散りばらばらになってしまった^{aa}。⁵⁰ アドニヤはと言えば、彼もソロモンを恐れて立ち上がり、〔聖所に〕行って祭壇の角をつかんだ。⁵¹ ソロモンに次のような報告が届いた^{ab}。「ご覧ください。アドニヤはソロモン王を恐れ、祭壇の角をつかんで、〔あろうことか〕こう言っています。『ソロモン王がまず、彼の僕を剣で殺さないと、今日にも私に誓ってほしい』と」。⁵² するとソロモンは言った。「もし、彼が立派な人間なら、彼の髪の毛１本たりとも地に落ちることはあるまい。しかし、もし彼に悪が見出されるなら、彼は死なねばならない」。⁵³ ソロモン王は〔人を〕遣わした。彼らは彼を祭壇から下ろした。彼はやって来て、ソロモン王にひれ伏した。すると、ソロモンは彼に言った。「自分の家に帰るがよい」。

a: 原文は文字通りには、「日々」。

b: 原文に主語はないが、動詞が男性３人称複数形（「彼らは……掛けた」）。

c: 原文は文字通りには、「彼にとっての」。王に向けられた言葉だが「王様（メレク）」について３人称で語っている。

d: 原語「ソケネト」。注解本文参照。４節についても同様。

e: 原文は文字通りには、「王にとっての」。２節に対応。

f: 原文は文字通りには、「自分自身を持ち上げ」。

g: 原文では、本来なら必要のない１人称単数形の人称代名詞（アニー）があえて冒頭に記され、「私」の語が強調されている。

h: 注解本文を参照。

i: 原文は文字通りには、「彼を彼女がアブサロムの後に産んだ」という奇妙な文。「彼女」に当たる先行詞がないし、そもそもアブサロムとアドニヤは母が異なる（サム下 3:3–4 参照）。

j: 原文は文字通りには、「彼の言葉が（２人の人物と）共にあった」。

k: 原文は文字通りには、「（一連の人物は）アドニヤと共にはいなかった」。

l: 原文は文字通りには、「王の家臣たちであるユダの男たち全員」。注解本文参照。

m: 原文では、本来なら必要のない3人称単数形の人称代名詞（フー）があえて冒頭に記され、「彼」の語が強調されている。17, 24, 30, 35 節でも同様。

n: 原文は文字通りには、「（あなたの言葉を）満たします」。

o: 原文は文字通りには、「あなたに何があったのか」。

p: 七十人訳等に従い、この節の二番目の「今や（アインを使った「アッター（עתה）」）」を「あなた（アレフを使った「アッター（אתה）」）」に読み替える（Burney 1903:6）。

q: 18 節とは逆に、この節冒頭の「あなた（アレフを使った「アッター（אתה）」）」を「今や（アインを使った「アッター（עתה）」）」に読み替える（Burney 1903:7）。

r: 原文に主語はないが、動詞が男性3人称複数形（「彼らは告げた」）。

s: 原文は文字通りには、「主君である王様から起こったのでしょうか」。

t: 原文（ケティーブ）は複数形で「僕たち」。ケレー（マソラ学者による読み替え指示）、および七十人訳に従って単数に読む。注解本文参照。

u: 注解本文参照。

v: 原文は複数形で「主君たち」。七十人訳に従って単数に読む。

w: ここでも「彼に（オトー）」の語が文頭に出されて強調されている。

x: 原文には目的語が欠けている。

y: ケレーに従う。原文（ケティーブ）では「あなたの神」。

z: 原文は文字通りには、「祝福されますように（バルーク）」。

aa: 原文は文字通りには、「それぞれ自分の道を行った」。

ab: 原文は文字通りには受動文で、「ソロモンにこう告げられた」。

【形態／構造／背景】

「緒論」でも触れたように、列王記上 1–2 章は、独立して成立した文書「（ダビデ）王位継承史」の最後の部分に当たり、内容的にはサムエル記下 9–20 章の続きをなすと一般的に考えられている（Rost 1926; Whybray

1968; Würthwein 1974; Langlamet 1982; Kaiser 1988. 最近では Blum 1984; Seiler 1998; Bartelmus 2001; Rudnig 2006. さらに Dietrich/Naumann 1995; de Pury/Römer 2000 をも参照)。おそらくは、サムエル記と列王記が別の文書として切り離された後に、ダビデに関わる別の雑多な諸伝承がサムエル記の最後（サム下 21–24 章）の部分に付け加えられたため、本来の文脈が分断されてしまっているのである。ここでは、「王位継承史」のこれ以前の部分の歴史的展開、登場人物とその人間関係等が前提とされており、それらについての予備知識なしには内容が理解できない。

「王位継承史」においては、これまでの部分でダビデの治世後半のさまざまな問題点や混乱について物語られてきた。すなわち、ダビデの腹違いの息子たちの間に（おそらく本来は王位継承権をめぐる）争いがおき、三男アブサロムが長男アムノンを殺し、逃亡する（サム下 13 章）。将軍ヨアブの仲裁で帰還が許された後（サム下 14 章）、アブサロムは軍を集めて父ダビデに反旗を翻し、王位簒奪を狙う（サム下 15–17 章）。いわゆる「アブサロムの乱」である。かつてダビデは、先王サウルの子孫を厚遇したが（サム下 9 章）、サウル家はこの混乱に乗じてゲラの息子シムイを中心にダビデへの反抗の動きを見せる（サム下 16:5–14）。しかし、アブサロムはエフライムの森での決戦でダビデの軍に敗れ、殺されてしまう（サム下 18 章）。アブサロムを避けてヨルダン東岸地方に逃れていたダビデがまだエルサレムに帰還する前に、今度はベニヤミン部族（サウルの出身部族）のシェバがダビデに反乱を起こすが、結局は鎮圧される（サム下 20 章）。申命記史書においては、これらのダビデ王国の政治的・社会的混乱が、ダビデによる臣下ヘト人ウリヤの妻バト・シェバとの姦淫とその夫の事実上の殺害（サム下 11–12 章）と結び付けられ、ダビデの罪に対する神の懲罰として意味づけられている（特にサム下 12:9–12 を参照）。

列王記上 1–2 章は、残ったダビデの息子たちのうち、ハギトを母とするアドニヤとバト・シェバを母とするソロモンの王位継承争いを描くが、申命記史書の文脈全体の流れの中で見れば、ダビデの治世の末期にもう一つの政治的混乱が引き起こされたことになる。したがって、この出来事もまた全体の文脈の中ではダビデの罪に対するヤハウェの懲罰という意味を帯びるが（サム下 12:10「剣はとこしえにあなたの家から去らないであろう」）、

列王記上 1 章の中では神の意志などの神学的要素は直接強調されず、ソロモンの王位継承がアドニヤ派、ソロモン派双方の人間たちの異なる思いとそれを実現するためのさまざまな策謀の帰結として、冷徹なまでに淡々と、あくまで世俗的に描かれる。

全体は大きく見て五つの場面からなり、それらがさらにそれぞれいくつかの小場面に分かれている。

〔X〕（ⅰ）ダビデの老衰とアドニヤの王位奪取の企て（1–10 節）
　（a）1–4 節　ダビデの老衰と美女アビシャグの奉仕
　（b）5–10 節　アドニヤの王位奪取の企て
　　　（1）アドニヤの野心と反乱の準備（5 節）
　　　（2）アドニヤの人となり（6 節）
　　　（3）アドニヤ派と反アドニヤ派（7–8 節）
　　　（4）アドニヤ派の祝宴（9–10 節）
〔Y〕（ⅱ）王妃バト・シェバと預言者ナタンの働きかけ（11–27 節）
　（a）11–14 節　ナタンの助言（ダビデの誓いへの訴え）
　（b）15–21 節　バト・シェバの訴え（ダビデの誓いへの訴え）
　（a'）22–27 節　ナタンの訴え（ダビデの誓いの問い質し）
　　〔Z〕（ⅲ）ダビデによる誓いと後継者ソロモンの指名（28–37 節）
　　　（a）ダビデの誓いの確認（28–30 節）
　　　（a'）バト・シェバのダビデ祝福（31 節）
　　　（b）ソロモンの即位式の指示（32–35 節）
　　　（b'）ベナヤのダビデ・ソロモン祝福（36–37 節）
〔Y'〕（ⅳ）ソロモンの即位（38–40 節）
　（a）38–39 節　ソロモンの即位式の指示の実行
　（a'）40 節　　人々のソロモン祝福
〔X'〕（ⅴ）アドニヤ派の総崩れ（41–53 節）
　（a）41–42 節　アドニヤ派の反応
　（b）43–48 節　ヨナタンの証言
　　　（1）ソロモンの即位式の実行報告（43–46 節）
　　　（2）臣下のダビデ・ソロモン祝福とダビデによるヤハウェ祝福

(47–48 節)
  (c) 49 節　アドニヤ派の驚愕と四散
  (d) 50–53 節　アドニヤの逃亡と屈服

　全体として見ると、アドニヤの王位奪取の企て（1–10 節）とその挫折（41–53 節）が外側の枠組（X, X'）を構成し、その内側に、この企てに対する「ソロモン派」の対抗措置（11–27 節）と、それを受けたソロモンの即位の記事（38–40 節）が置かれ（Y, Y'）、中央（Z）に、決定的な転換点をなすダビデの誓いと後継者ソロモンの指名の場面（28–37 節）が置かれており、全体として綺麗な左右対称の構成（集中構造）になっている（Long 1984:38; Walsh 1996:3）。中間部分（Y, Z, Y'）では、かつてダビデがバト・シェバに「誓った」とされるソロモンを後継者とするという約束が重要な役割を果たし、釈義においてはその真実性が問題となる。後半部分では、宮廷のさまざまな人々によるダビデ、ソロモンへの祝福や誉め讃えが強調される（31, 36–37, 40, 47–48 の各節）。

　「王位継承史」全体の特色でもあるのだが、文脈の中で会話の演じる役割が多く、劇的抑揚と起伏に富む。引用などを通じて内容的な繰り返しが目立つが、これはイスラエルの古代文学の特色の一つ（創 24:2–27 → 24:37–48 等を参照）で、物語の内容に散文詩的リズムを与え、同時に内容の重要性を強調する役割を果たす。例えば、ソロモンの即位の次第は、ダビデの指示（33–35 節）、指示の実行の報告（38–39 節）、ヨナタンの証言（43–46 節）の形で三度も繰り返されている。

　この章全体のキーワードは、「王となる」、「王として統治する」を意味する動詞「マーラク」（5, 11, 13 [2 回], 17, 18, 24, 30, 35, 43 の各節）で、この章での中心問題が、まさにダビデの跡を継いで誰が王になるのか、ということであることを表現している。同根の名詞「王（メレク）」もまた、「ダビデ王」、「ソロモン王」という称号や、「王様」という呼びかけの形で多用される。さらに、即位を表す「王座に座す（ヤーシャブ　アル・キッセー）」という表現も強調的に繰り返される（13, 17, 20, 24, 27, 30, 35, 46, 48 の各節）。さらに、「誓う（ニシュバア）」という動詞もこの章全体の中で重要なキーワード的な役割を演じている（13, 17, 29, 30, 51 の各節）。

なお、この章には申命記史家たちの手による加筆と見られる部分はほとんどなく、顕著な申命記主義的観念や用語法も特に見られない。列王記全体を構成した申命記史家たちは、サムエル記下の場合と同様、「王位継承史」の記述にほとんど手を加えることなくそのまま取り入れていると考えられる。ソロモンへのヤハウェの加護を祈念する36–37節や47–48節の祈願の言葉をダビデ王朝に好意的な申命記史家たちの一部による加筆と見る解釈者たちもあるが（Veijola 1975:16–17; Würthwein 1977* 等）、登場人物の媚びへつらいや偽善的な敬虔を表現する言葉として文脈の中で自然に解釈もでき、王位継承史の元来の部分と見てよいであろう（Schäfer–Lichtenberger 1995:236–244; Seiler 1998:29–40; Campbell/O'Brien 2000:329–332; Bartelmus 2001:18–20; Oswald 2008:180–190 等）。

【注解】

1–10節　ダビデの老衰とアドニヤの王位奪取の企て

　「王位継承史」の一部であることを反映して、列王記上1章は特に導入部を持たず、いきなりダビデの晩年の描写で始まる。ダビデやアドニヤ、ソロモンの人物像についての紹介も特にない。「ダビデ台頭史」（サム上16章–サム下5章）が正しく敬虔な、若く輝かしい英雄としてのダビデを描き出したのに対し、「王位継承史」（サム下9–20章）はダビデを必ずしも好意的な姿で描いてこなかった。すなわち彼は、権力を濫用して姦淫と殺人を犯した罪人であり（サム下11–12章）、為政者としても必ずしも有能ではなく、むしろ優柔不断であり、特に息子たちの起こす問題に毅然とした対処を行うことができず（アムノン：サム下13:21、アブサロム：サム下14:24–33; 18:5）、それが王家の中にさらなる混乱を引き起こした（サム下15–18章）。本章でもまた、ダビデは、甘やかして育てたアドニヤの身勝手な王位奪取の企てに対してすぐに適切に対処することができず、あたかも親ソロモン派の宮廷人たちの傀儡のようになって、彼らの思惑通りソロモンを後継者に指名する。

1–4 節　ダビデの老衰と美女アビシャグの奉仕

ダビデはイスラエルの第2代の王。ベツレヘム出身で、イスラエルの最初の王サウルの死後、まずは出身部族であるユダの単独の王となる（サム下 2:4）。その後、サウルの遺児イシュ・ボシェト（本名はおそらく「エシュバアル」。代上 8:33; 9:39 参照）との権力闘争に勝ち抜き（サム下 2:8–4:12）、イスラエルの王をも兼務するようになる（サム下 5:1–5）。エブス人の都市国家であったエルサレムを征服して首都とし（サム下 5:6–12）、そこにヤハウェ信仰の象徴であった契約の箱を搬入して（サム下 6:1–19）、統一王国体制を確立。イスラエルの宿敵ペリシテ人をはじめとして、周囲の諸民族をも次々と征服して強大な王国を築いたとされるが（サム下 8–10 章）、治世の後半は前述のように失政を重ね、息子アブサロムの乱（サム下 15–18 章）やベニヤミン人シェバの乱（サム下 20 章）に苦しめられた。ここでは、シェバの乱ないしサムエル記の最後で描かれる人口調査のエピソード（サム下 24 章）からかなりの年月が経過したことが前提とされている。

冒頭でダビデが「**年老い**」、「**年齢を重ねていた**」ことが強調される（1 節）のは、加齢の故にダビデの気力も判断力もさらに衰えていたことを示すためであろう。ダビデの統治能力はアブサロムの乱などの際よりもいっそう劣化していたのである。ダビデは「30 歳で王となり、40 年間王位にあった」（サム下 5:4）とされるので、このときおよそ 70 歳くらいだったということになる。体が「**暖まらなかった**」とされているので、自然の老衰だけではなく、動脈硬化症などを発病していたのかもしれない。ほとんど寝たきりの状態だったのであろう（47 節参照）。

「**若い処女**」を王の「**懐**（ふところ）」で添い寝させれば王の体が温まるという「**家臣たち**（文字通りには「僕（エベド）たち」）」の期待（2 節）は、若い娘の生命力が王の回復を助けるという素朴な迷信による。美女を「**探しまわり**」王に紹介する（3 節）ことも、廷臣の重要な役目の一つであった（創 12:15; エス 2:2–3 等参照）。文脈から「**女介護師**」と訳した原語の女性形分詞（ソケネト）は、旧約聖書でこの箇所の 2 節と 4 節にしか出てこず、正確な意味はよく分からない（男性形の「ソーケン」はイザ 22:15 で「家令」の意味で用いられている）。王の「懐（ヘーク）」で添い寝するのであるから、

当然ながら性的な奉仕ということも前提にされていよう。しかしながら、**「王は彼女を知ることがなかった」**という（4 節）。「知る」には性的関係を婉曲に表現する意味がある（創 4:1, 17, 25; 38:26 等参照）。老いたダビデには、もはやそのための気力も能力もなかったのである。ダビデとアビシャグの間に性的な関係がなかったことは、2:13 以下のアドニヤ処刑のエピソードの遠い伏線にもなっている（同所への注解参照）。なお、**「見つけ出」**された美女**「アビシャグ」**の出身地**「シュネム」**は、パレスチナ北部のイズレエル平原の東側にある町で、後にイエスが育つナザレの南東 15 キロメートルほどに位置する。今日のソーレムに当たる（Aharoni 1967:384; ABD*; NIB*. 42 頁の地図を参照）。部族としてはイサカルの領土に属する（ヨシュ 19:18）。ギルボア山に向かい合った位置にあり、かつてはサウルとの決戦の際にペリシテ人の陣地が築かれた（サム上 28:4）。この町は、後に預言者エリシャの物語の一つでも役割を演じる（王下 4:8 参照）。アビシャグは**「このうえなく美しかった」**（新共同訳、JBS 共同訳参照）とされているが、原語の「アド・メオード」には単に「非常に」ではなく、「途方もなく」、「飛びぬけて」といった強調的なニュアンスがある。彼女が相当の美人であったことは、後にアドニヤが彼女をほしがること（王上 2:17）からも分かる。若い頃は美人に目がなかったはずのダビデであるが（サム上 25:3; サム下 11:2 参照）、さすがに老いには勝てなかったようである。なお、雅歌 7:1 に言及される「シュラムのおとめ」との同一視は、シリア語訳（ペシッタ）に基づく俗説。

5–10 節　アドニヤの王位奪取の企て

「アドニヤ」（原文では「アドニヤ」と「アドニヤフ」の二つの書き方が混在しているが、ここではあえて区別しない。名前の意味はいずれも「ヤハウェはわが主（アドーン）」）は、ダビデの四男（サム下 3:2–5）。長男アムノン（サム下 13:28–29）と三男アブサロム（サム下 18:15）はすでに悲劇的な死に方をしている。この間にキルアブという次男がいたはずであるが、サムエル記下 3:3 のダビデの息子たちの名簿以外には全く言及されない。若くして死んだのかもしれない。なお、アドニヤが**「ハギトの息子」**と母親の名で言及されるのは、ダビデには妻が多く（サム下 3:2–5; 5:13–16 参照）、王子

たちはほとんどが腹違いだからである。母親の「ハギト」については、名前以外全く素性不明。

父ダビデがアドニヤを「**一度たりとも……咎めたことがなかった**」（6節）というのは、甘えさせて、わがままに育てたということ。そのように育った人物は、「**増長**」（5節。訳注 *f* 参照）しやすい。なお、この用語法には明らかに否定的なニュアンスがこめられており、ここには語り手の立場が決して中立的ではなく、明らかにアドニヤ側に敵対的であったことが示唆されている。語り手は、あくまでソロモンの王位継承が正当かつ正統であったという前提に立っているのである（ただし本節末尾の「解説／考察」をも参照）。なお、アドニヤ「**もまた**」（ガム）容姿端麗だったとされている（6b節）のは、アビシャグの美しさ（4節）を受けたものとも読めるが、むしろ異母兄弟のアブサロムについての描写（サム下 14:25）を踏まえたものであろう。なぜか、肝心のソロモンの容貌についての描写は列王記にはない。

アドニヤは「**アブサロムの次に生まれた息子**」（6b節。訳注 *i* 参照）であり、おそらくは生き残っている最年長の王子であったから、ダビデが年老いていることを考えれば、王位は黙っていても間もなく転がり込んでくるはずだったろう。彼自身も当然そのつもりだったようである（王上 2:15, 22 参照）。それにもかかわらず、アドニヤがここで「**この私**（訳注 *g* 参照）**が王になるのだ**（動詞「マーラク」）」（5節）と言って挙兵したことは、彼の極端なせっかちさや忍耐力のなさを表している。ことによると、自分の王位継承を妨げようという動き（11–27節）が水面下で始まっていることを薄々察知して焦ったのかもしれない。いずれにせよ、ダビデの存命中に彼の息子が王位奪取の動きを見せたのは、アブサロムの場合に次いで二度目である。自分のために「**戦車**」とそれを引く「**馬たち**」を配備する（5節）というのは、決起に備えて私兵を集めるということ。アブサロムの乱の際にも類似した表現が用いられていた（サム下 15:1。ただし用いられている単語は異なる）。語り手は明らかに、ダビデに対するこれらの二つの決起を並行的に描き出そうとしている。これによって「王位継承史」を通読してきた読者は、アドニヤの企てがアブサロムの先例同様、みじめな失敗に終わるであろうことを予感することになる。ちなみに「馬たち」（新共同訳、

岩波訳参照）と訳した「パラシーム」の語は「騎兵たち」（口語訳、JBS 共同訳参照）とも訳せるが、歴史的には、アッシリア時代に入る前 9 世紀以前に古代オリエント世界で乗馬の習慣は確認されていない。馬はもっぱら戦車や馬車の牽引に用いられた。通常は 2 頭立てで、二輪の戦車を引く。「**自分の前を走る男たち**」（ラツィーム）とは、王の警護に当たる親衛隊、いわゆる近衛兵のことである（サム上 8:11; 14:28; 22:17; 王下 10:25 等参照）。

　アドニヤが自分のもとに集めた「アドニヤ派」の面々は、いずれもダビデがエルサレムに入る前から彼に仕えてきた古参の側近たちで、いわば「イスラエル派」とも呼び得る。アドニヤ自身、ダビデがエルサレムに入る以前にヘブロンで生まれた（サム下 3:4）。

　「**ツェルヤの息子ヨアブ**」（7 節）はダビデの甥にあたり（代上 2:16）、「**軍の司令官**」（19 節。サム下 8:16; 20:23 をも参照）で、いわばダビデの懐刀のような存在（サム下 2:13–32; 11:14–25; 19:6–8 等参照）。「**祭司エブヤタル**」（口語訳では「アビヤタル」、新共同訳ではなぜか「アビアタル」。JBS 共同訳でようやく原語に近いこの形になった［岩波訳参照］）はもともとノブの祭司団の一員で、サウルによる同地の祭司の虐殺を唯一人逃れてダビデの保護を受けた人物（サム上 22:20–23; 23:6–9）。なお、マルコ福音書 2:26 に出る「エブヤタル」は、彼の父「アヒメレク」（サム上 21:1–7）と（マルコが？／イエスが？）混同したもの。

　これに対し、「**アドニヤを支持しなかった**」（8 節。訳注 k 参照）のは、ダビデがエルサレムに入ってから宮廷で台頭した「新顔」たちで、イスラエル色は薄く、「エルサレム派」とも呼び得る。ソロモン自身も、もちろんエルサレムの生まれである（サム下 5:14）。

　「**祭司ツァドク**」（8 節）の素情は不明だが（代上 5:27–34 には立派なアロン家の家系が与えられているが、これは明らかに擬制のものである）、すでにアブサロムの乱の際にエブヤタルと共に神の箱を運び出してダビデに従っている（サム下 15:24–29）。（エル）サレムの王だったとされるメルキ・ツェデク（創 14:18–22）やアドニ・ツェデク（ヨシュ 10:1–5）と名前が似ている（語根「ツェデク（「義」）」）ので、エルサレムの先住民エブス人の祭司王だったとする見方（Rowley 1967:73, 78; Ahlström 1993:447, 503）もあるが、真偽のほどは分からない。「**ヨヤダの息子ベナヤ**」は、ネゲブ地方

（ヨシュ 15:21 参照）にあるガブツェエルの出身（サム下 23:20）で、ダビデの外国人傭兵隊である「クレタ人とペレティ人」（38–39 節への注解を参照）の指揮官（サム下 8:18; 20:23）。勇士として名を馳せたが（サム下 23:20–23）、歴代誌によれば祭司の家系の出身であった（代上 27:5–6）。後にソロモンの政敵を次々と亡き者にする「殺し屋」的な役割を演じるが（王上 2:25, 34, 46）、権力者へのおもねりの才覚にも長けていたらしい（王上 1:36–37 参照）。

　「**預言者ナタン**」は一方ではいわゆる「ナタン預言」を通じてダビデ王朝の永遠の存続を予告したが（サム下 7:12–16）、他方でバト・シェバ事件の際にはダビデを厳しく批判し、神の罰を予告した（サム下 12:1–12）。すぐ後の場面では、巧みな「腹芸」を駆使し、ソロモン派の黒幕的な役割を演じることになる（王上 1:11–27）。「**シムイとレイ**」については詳細不明である（ただし、シムイについては王上 4:18 と同所への注解参照）。失われた伝承の中の登場人物かもしれないが、この部分の本文が破損している（Burney 1903:4）ということもあり得る（七十人訳では「シムイと彼の仲間たち」）。なお、この「シムイ」が、かつてのダビデの敵であった同名のベニヤミン人（サム下 16:5–14; 王上 2:8–9, 36–46）と同一人物であるとは思われない。後者は後にソロモンによる粛清の対象となるからである（王上 2:36–46）。「**ダビデの勇士たち**」（ギッボリーム）とは、通常はダビデの 30 (37) 人の側近（サム下 23:24–39）を指すが、ここではそれとは別の意味で、38 節に出る「クレタ人とペレティ人」のことかもしれない。彼らもまた、ソロモンの即位に力を貸すからである（38, 44 節参照）。なお、10 節のアドニヤに招かれなかった人々のリストになぜかツァドクの名前が欠けているが、当然、この反アドニヤ派の祭司（8 節）にも声がかからなかったはずである（26 節参照）。

　なお、ダビデの「官僚名簿」（サム下 8:15–18; 20:23–26）によれば、軍事部門と宗教部門は二頭体制であった。すなわち、軍事部門ではヨアブがイスラエル人の市民召集軍の司令官であるのに対し、ベナヤは前述のように外国人を主力とする傭兵部隊の指揮官であった。宗教部門では、エブヤタルが古いイスラエル的祭儀伝統を体現するのに対し、ツァドクはむしろエルサレム的な宗教的価値観を代表していたと解することができる。この

ような「二頭体制」は、老獪な政治家であったダビデが「古参」と「新鋭」、「旧イスラエル派」と「新興エルサレム派」の間に巧みにバランスを取った結果と見ることができる。それが、ここではきれいに「アドニヤ派」と「ソロモン派」に分かれている。このことは、この権力闘争が単に2人の王子アドニヤとソロモンの個人的角逐ではなく、ダビデ王国の宮廷を二分する党派闘争であったことを示唆している。2人の王子は、それぞれの派閥の「お神輿」兼利益代表のようなものだったのであろう。

　家畜を「**屠**」ったこと（9, 19, 25節）を記す際に用いられている動詞（ザーバハ）は、通常は犠牲祭儀に関連して用いられることが多いが、ここでは必ずしも宗教的な意味での犠牲の奉献を意味しない（申 12:21; サム上 28:24 等参照）。むしろ、自分の支援者を「**招**」き、反対派を「**招かなかった**」とされていることに示されているように、祝宴のためだったのであろう。それはいわば「決起集会」か、いささか早とちりの「即位祝賀会」だったのであろう。いずれにせよ、ここで油注ぎ（39節参照）のような実際の即位行為をなす儀礼に言及されていないことは注意を要する。すなわち、それはまだ、しばしばそう解釈されるような「謀反」や「王位簒奪」の企てとは限らないのである（25節への注解を参照）。なお、「**羊**」と訳した語（ツォーン）は、より正確には羊と山羊の混在する群れを指す（創 30:32–36 参照）。9節の「**エン・ロゲル**」（ないし「ロゲルの泉」）は、エルサレムの「ダビデの町」の南端から南 300 メートルほどの場所に位置し（68頁の地図を参照）、ほぼキドロンの谷とヒノムの谷の合流地点近くにある地下水の泉（ヨシュ 15:7; 18:16）。現在名ビール・アユーブ（「ヨブの泉」）。アブサロムの乱の際には、ダビデ側の偵察員（その一人は本章 42–48 節に登場するヨナタン！）の潜伏場所となった（サム下 17:17）。城壁の外にあり、エルサレムから見えないので、隠密行動を取りやすかったのかもしれない。「**ゾヘレトの石**」は位置も名称の意味も不明。「へびの石」という訳（口語訳）は、不確かな語源解釈に基づく推読。ただし、語り手は読者（ないし聴衆）にとって周知の場所であることを前提として語っている。

　なお、9節では「**王子たちである彼の兄弟全員**」がアドニヤに招かれたとあるが、当然ながらソロモンは除外される（10節参照）。招かれた「**王の家臣〔たちのうち〕ユダの人々全員**」の原語は、「王の家臣たちであるユ

ダの男たち全員」(訳注1参照)であるが、「ユダの人々」全員が「王の家臣」であったということはあり得ないので、このように解する。要するに、家臣たちのうちエルサレム出身者たちは招かれず、(イスラエルおよび)ユダ出身者だけで固めたのである。

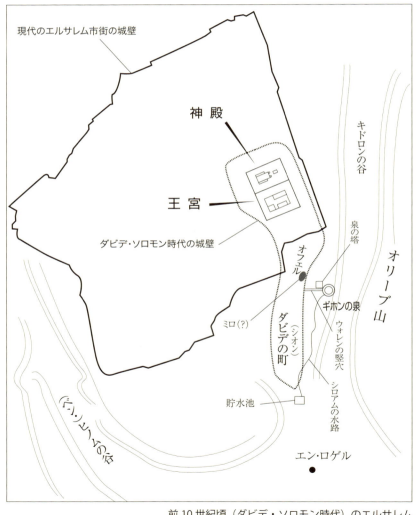

前10世紀頃(ダビデ・ソロモン時代)のエルサレム

11–27 節　王妃バト・シェバと預言者ナタンの働きかけ

　「アドニヤ派」の動きを察知して、「ソロモン派」の対抗措置も始まる。それは、宮廷内部の策謀という形を取る。アドニヤ側とは対照的に、こちら側ではソロモン自身は何ら積極的な動きはせず、もっぱらソロモンの側近であった預言者ナタンと母后バト・シェバがソロモン即位の御膳立てをする。なお、この段落では、ナタンの発言（a, a'）がバト・シェバの発言（b）を囲む形になっており、陰で主導権を握っているのがあくまでナタンであることが暗示されている（59 頁の構造分析を参照）。

　「**ナタン**」（8 節への注解をも参照）は「**預言者**」（ナービー）（22–23 節）とされているが、（サム下 7 章、12 章とは異なり）ここでは神の啓示を伝えることはなく、宮廷内の老獪な策士として振る舞う。ナタンがソロモンの幼少の頃からのいわば後見人であり、両者が親密な関係にあったことは、サムエル記下 12:25 にも示唆されている。「**ソロモンの母であるバト・シェバ**」は、言わずと知れた、かつてのヘト人ウリヤの妻であり、ダビデが事実上の殺人を犯してまで自分の妻にした「運命の女（ファム・ファタール）」（サム下 11 章）。ダビデの後半生における最愛の寵妃であったにちがいない。姦淫の果実である最初の子は死んだが（サム下 12:13–23）、その後ダビデとバト・シェバの間の第二子として生まれたソロモンは、「ヤハウェに愛された」とされる（サム下 12:24）。なお、サムエル記下 3:2–5; 5:13–16 によれば、ソロモンはダビデの 10 番目の息子に当たる。

11–14 節　ナタンの助言（ダビデの誓いへの訴え）

　情報通のナタンは、バト・シェバに、「**アドニヤが王になった**」（動詞「マーラク」）ことと、ダビデがまだそのことを知らないことを指摘し（11 節）、なすべきことを「**助言**」する（12 節）。彼には、事柄がバト・シェバ自身とソロモンの「**命**」（ネフェシュ）に関わることがよく分かっていた。古代オリエント世界では、王位につけなかった王族は、権力者の潜在的なライバルとして皆殺しにされることがしばしばだった（王上 15:29; 16:11; 王下 11:1 等参照）。ナタンは、「**ソロモンが、私の跡を継いで王となる**」とダビデが「**誓**」ったことに訴えるように、バト・シェバに指示する。「王位継承史」のこれ以前の文脈に、ダビデがそのような誓いを立てたという記述

はどこにもない。愛妻との閨房での寝物語で軽口まがいに口にして、本人は忘れてしまったのかもしれないが（それなら、なぜナタンが知っているのだろう？）、ことによるとナタンは、寄る年波で健忘症気味になった老王に、でっちあげの「誓い」を押し付けようとしているのかもしれない。事の真相は神のみぞ知るである。いずれにせよ、語り手はこの肝心な点を意図的に曖昧にしており、解釈を読み手／聴き手に委ねている。ナタンは、自分も後から行ってバト・シェバの**「言葉を裏付け」**る（訳注 n 参照）ことを約束する（14 節）。古代イスラエルの法的慣習によれば、最低でも 2 人以上の証人の証言が一致しなければ証言は有効ではなかった（申 17:6; 19:15。なお、ルカ 24:4 をも参照）。

15–21 節　バト・シェバの訴え（ダビデの誓いへの訴え）
　ヘト人ウリヤの一件（サム下 11 章）の際は、バト・シェバは全く受身であり、たった一言（ただし決定的な一言。サム下 11:5）しか発しなかったが、ここでの彼女はまことに雄弁であり、ナタンの脚本、演出のもとに見事な「女優」ぶりを見せる。王妃であるから、王の**「寝室」**（15 節）にも自由に入ることができる。王のもとには若き美女**「アビシャグ」**（3–4 節参照）がはべっていたが、王妃は彼女の存在そのものを無視したであろう。鋭い目で一瞥ぐらいはしたであろうが。彼女は宮廷の礼儀に従った王への挨拶を行う（16 節）。発言できるのは、王の方から声がかかった後である（「**何の用か**」［ただし、同所への訳注 o をも参照］）。彼女はナタンに指示された通り、かつてのダビデの「誓い」に訴える（17 節）。ダビデは、年齢による王位継承順序を無視して、「**ソロモンが、私の跡を継いで王となる**」とバト・シェバに私的に誓った、というのである。「誓った」はずの相手自身が堂々とそう言うのであるから、ダビデとしても半信半疑であったかもしれないが、受け入れるしかないであろう。なお、**「端女」**（アーマー）は、男性の場合の「僕（エベド）」と同様、目上の者（「主君（アドーン）」）に対する自己卑下的な謙譲の表現（サム上 1:11, 16 等参照）。日本語の「君」と「僕」という発想に似ている。この場面ではバト・シェバもナタンも、あくまでダビデが「わが主君（アドニー）」であり、自分たちやソロモンが「端女（アーマー）」や「僕（エベド）」であることを意図的に繰り返して（17, 20–

21, 24, 26–27 の各節)、自分たちがあくまでダビデに忠実であることを強調するが、これもダビデを動かそうとする巧みなレトリックの一つであろう。

なお、ここでバト・シェバは、ナタンの「助言」を鸚鵡返しに繰り返すだけでなく、即興的に自分の言葉も加えてダビデを「説得」している(例えば、17 節の「**あなたの神ヤハウェにかけて**」という強い言葉は、13 節のナタンの「助言」にはない)。しかも、ナタンの「助言」では、ダビデの誓いへの言及は間接的な修辞疑問文であった(13 節「誓われませんでしたか」)のに対し、バト・シェバの言葉ではそれが直接的な断言になっている(17 節「**誓われたのです**」)。アドニヤの派閥形成の動きの詳細についての情報(19 節)は、ナタンから聞いたものであろう(25–26 節参照)。彼女は、「**全イスラエルの目**」がダビデの上に注がれていることを強調して、公的に後継者を指名するようダビデに決断を促す(20 節)。彼女にとって重要なのは、夫婦の間での私的な会話であった(とされる)ものを、今や公的に宣布することなのである(「**彼らに宣言してやってください**」)。同時に彼女は、このままでは、ダビデが死んだあと自分と息子ソロモンが「**罪人**」(ハッタイーム)にされてしまうと、ダビデの自分に対する寵愛と同情に訴えることも忘れない。なお、「**御先祖様たち(文字通りには「父祖たち」)と共に眠りにつ**」くという表現(21 節)は、列王記における王の逝去を表す定型句(王上 2:10; 11:43 等参照)で、通常は天寿を全うした平穏な死の場合にだけ用いられる(王たち以外の場合については、創 47:30; 申 31:16 参照)。

22–27 節　ナタンの訴え(ダビデの誓いの問い質し)

打ち合わせ通り、「**彼女がまだ王と話しているうちに**」ナタンがやって来る。王妃の場合とは異なり、衛視が彼の来訪を王に告げる。彼の挨拶は、王妃の場合よりもさらに慇懃である(23 節)。なお、28 節に「バト・シェバを……呼べ」とあるので、ナタンと交代に彼女が一度部屋から退出したことが前提とされている。

ナタンもまた、ダビデのかつての後継者指名の言葉を引き合いに出すが、意図的にそれを「**アドニヤ**」に関するものに歪曲している。24 節の言葉は文法的には完了形の平叙文であるが、私訳に示したように疑問文に解す

るか（「……と言われたのですか」。口語訳、新改訳、新共同訳、JBS共同訳参照）、あるいは皮肉を込めた逆説（「……と言われたはずです」）と解するほかはないであろう（27b節でナタン自身がその事実を否定している）。他方で彼は、アドニヤの王位継承が「**ほんとうに……王様〔の御意向〕によるものなのでしょうか**」（訳注 s 参照）と改めてダビデに問い質す（27節）。いずれも、王が何らかの反応を示さざるを得ないように追い込む、巧妙な手管である。

「**アドニヤ王万歳**」（25節）と訳した原語表現は、文字通りには「アドニヤ王が生きるように（イェヒー）」で、王の即位を祝賀する定型句（31, 39節参照。なお、サム上 10:24; サム下 16:16 等をも参照）。ただし、5—10節の記述自体には、このような「万歳」の場面はなかった。また、前述のように、アドニヤに油を注ぐなど、即位を表す儀式も同所には描かれていない。少し勘ぐれば、アドニヤは父王の死期が近いのを見て、単に「間もなくこの私が王になるのだ」（5節参照）と思い、身内の側近たちとこっそりとやや気の早い「前祝い」をしていただけなのかもしれない。もしそうであれば、その無邪気な行動をナタンが王位簒奪の企てと「解釈」し、バト・シェバやダビデを焚きつけて、ソロモンのための「一発逆転」を図ったということになろう。ただ、これも真偽のほどは確かめることはできないが、もしそうであるとすれば、ナタンの策略はより巧妙で腹黒いものとなり、アドニヤの運命はより哀れなものということになろう。

なお、25節の「**軍の司令官たち**」は複数形であるが、19節ではヨアブ単独であった。本文破損かもしれない。七十人訳の一部はここでも19節同様に単数形で「軍の司令官ヨアブ」と読む。ただし、事態の軍事的危険性を誇張するために、ナタンが意図的に複数形で報告している可能性もある（Knauf 2016[*]）。26節のアドニヤが「招かなかった」人々の枚挙の先頭で「**あなたの僕であるこの私**」（すなわちナタン自身。なお、原文では「私」に当たる言葉が二重に記されている）が強調されているのは微笑ましい（19節と比較のこと）。27節の「**僕**」（エベド）は、訳注 t にも示したように原文は複数形であるが、これが本来の読みだとすると、ナタンはその場に居合わせた臣下全員を代表して語っていることになる。あるいは、自分とソロモンのダビデに対する特別の忠誠（26節の「**あなたの僕ソロモン**」参照）

を強調しているのかもしれない。

28–37節　ダビデによる誓いと継承者ソロモンの指名

　バト・シェバとナタンの嘆願を受け、ついにダビデは決断を下す。ダビデはソロモンを正式に後継者に指名する。ここではダビデによるソロモンの指名と即位式についてのダビデの指示が語られ、続いてその実行が記される。それぞれの場面の結びの部分では、さまざまな人々によるダビデとソロモンへの祝福や称揚が語られる。

28–30節　ダビデの誓いの確認

　ダビデはまず、バト・シェバを寝室に呼び戻して（28節）、彼女に対して個人的に、「**あなたの息子ソロモン**」を王位継承者とすると「**誓**」う（29–30節）。なお、「**イスラエルの神**」の名「**ヤハウェ**」は、列王記では29節が初出。原文ではYHWHに相当する四つの子音字（יהוה）で書かれており、かつては「エホバ」とも推読されたが、現在ではヤハウェ（Yahweh）と読まれたと考えられている。この名を神聖視して発音を禁じる十戒の規定（出20:7）などから、ユダヤ人は朗読等の際に「わが主」を意味する「アドナイ」の語に読み替えた。礼拝用の日本語の聖書翻訳においても「主」に読み替えられてきた。出エジプト記3:13–15では、この神名がヘブライ語の「ある（היה）」と結び付けられているが、これはおそらく二次的解釈で、真の語源は不明というほかない。

　「ヤハウェのお命（ハイ・ヤハウェ）」というのは、宣誓などの際によく用いられる定型句（サム上14:39, 45; 19:6; 20:21; 26:10, 16; サム下4:9; 12:5; 14:11; 王上2:24; 王下5:16等参照）。なお、ヤハウェ自身が「ハイ・アニー／アノキー」と自分にかけて誓う場合（民14:21, 28; 申32:40; イザ49:18等。特にエゼキエル書に多い［16回］）をも参照。聖書以外にも、ラキシュで発見されたオストラカに複数の用例がある。ただし、この表現の正確なニュアンスは、実はよく分かっていない。そもそも動詞「ハーヤー」（「生きる」）から派生した「ハイ」の語は、名詞（「命、生命」）とも、形容詞ないし動詞（「生きている」）とも解せる。前者の場合には「ヤハウェの命」、後者の場合には「ヤハウェは生きている」という訳になろう。七十人訳では

動詞的に解されているし（ゼーイ・キュリオス）、日本語訳でも後者の意味に解釈されることが多い（口語訳、新改訳、新共同訳、岩波訳、JBS 共同訳）。「ハイ・ヤハウェ　ウェ・ヘー・ナフシェカー（あなたの魂の命）」という成句があり（サム上 20:3; 25:26; 王下 2:2, 4, 6; 4:30。なお、サム上 1:26; 17:55; サム下 14:19 をも参照）、この場合「ネフェシュ」が女性名詞なので、動詞や形容詞（男性形としか解せない）としては文法的に説明できないので、名詞と解すべきであろう（Greenberg 1957:36–38; Kreuzer 1983:30–32; Ringgren 1977:892）。永遠の神であるヤハウェの命が絶対確実なものであるように、誓った内容を確実に守るというほどの意味か。あるいは、ヤハウェがそこで語られる誓いの証人だということなのであろう（Kraus 1967:177–178; Ringgren 1977:892）。例外的には、王の「命」（創 42:15–16; サム下 15:21）や、異教批判的な文脈で他の神（々）の「命」（アモ 8:14）に掛けての宣誓について語られる場合もある。

　なお、「**すべての艱難から私の命を救い出してくださった、ヤハウェのお命**」という誓いの言葉（29 節）は、ダビデの言葉として、政敵であったイシュ・ボシェトの暗殺に関連してサムエル記下 4:9 にもほぼ同じ形で出てくる。ダビデ特愛の定型句的表現だったのかもしれない。

　要するに、ここでダビデは、かつて自分がバト・シェバに対し、ソロモンを後継者にすると「誓った」ことを自分自身で認めている（30 節）。少なくとも、今やそう思い込んでいるのであろう。ただし、その誓いの内容といえば、ナタンが台本を書き（13 節）、バト・シェバがダビデに語ったこと（17 節）とほとんど変わらない。威厳ある王として宣言しているようであっても、ここでのダビデは、ソロモンの即位を目指すナタンとバト・シェバの操る傀儡にすぎないように見える。

　ただし、30 節には一つ、新しい要素もある。これまで、列王記 1 章でダビデの王位の継承について語られる際には、常に誰がダビデの「跡を継いで（前置詞「アハレー」）」次の王になるかが問題にされてきた（13, 17, 20, 24, 27 の各節、および 30 節前半）。そこでは、ダビデが逝去することが前提となっており、まさに「跡継ぎ」としての王位継承が考えられていたわけである。ところが 30 節後半で、ダビデはソロモンが自分に「**代わって**（前置詞「タハト」）」王となると宣言する（35 節をも参照）。もちろん、

ダビデが生前退位してソロモンに王位を譲るということではないであろう。そこで言われているのは、病床にあるダビデに「代わって」ソロモンが「**王座**」（キッセー）に座するということであり、要するにダビデがソロモンを共治者に指名したということである。王位継承権をめぐる王家内の混乱という緊急事態を前にして、ダビデは従来の予定を変更し、自分の在位中にソロモンが共治者として実権を行使するように定めたということであろう。老いたりといえども、ダビデの臨機応変な危機対応能力は健在であった。

31節　バト・シェバのダビデ祝福

これに対するバト・シェバの「**ダビデ王が永遠に生き永らえられますように（イェヒー　レ・オーラム）**」という王への祝福の言葉（31節）は、25節の王への表敬の定型句「万歳」のより完全な形であり、オリエントの宮廷用語の習慣に従ったものであるが（ネヘ 2:3; ダニ 2:4; 3:9 等参照）、ダビデが瀕死の老衰の床にあり、しかも自分の息子が王位を継ぐことを熱望している王妃が、たった今、ダビデの差し迫った死（21節）について口にした舌の根も乾かないうちに言ったことを考え合わせれば、白々しいというか、ブラック・ユーモア的な皮肉さえ感じさせる。

32–35節　ソロモンの即位式の指示

次にダビデは、高官たち（すべて 8, 26 節で名を挙げられた「反アドニヤ派」）を呼び集め、ソロモンの即位式を執り行うように詳細にわたって指示する（32–35節）。「**ギホン〔の泉〕**」はエルサレム南東、キドロンの谷の西側斜面にある泉で、現在はエン・シッティ・マルヤム（「マリアの泉」）と呼ばれる（68頁の地図を参照）。後のヒゼキヤの時代には、ここから城内のシロアの池に水を引き込む地下水路が造られた（代下 32:30）。アドニヤ派の拠点であったエン・ロゲルよりずっとエルサレムに近い場所で即位式が行われたことになる。「**雌ラバ**」（ピルダー）は、雌の馬と雄のロバを掛け合わせて生まれた動物（逆の場合は「駃騠（けってい）」と言う）で、遺伝的に子孫を残す能力がない。古くは高貴な人々の乗り物と考えられていたようである（サム下 13:29; 18:9）が、後のイスラエルの祭司的律法では、異種の動

物を掛け合わせることは禁じられることになる（レビ 19:19）。（オリーブから取った）「**油を注**」ぐ（マーシャー）ことは、伝統的な即位式の儀礼（サム上 10:1; 16:13）で、宗教的な聖別を意味した（出 40:9–13 等参照）。なお、この動詞は「メシア（原義は「油注がれた者」）」の語源である。そのうえで、ソロモンがダビデの共治者になること（30 節への注解を参照）が改めて宣言される（35 節「**彼にこそ、私はイスラエルとユダの上に立つ君主になるように命じた**」）。ちなみに、「君主（ナギード）」とは、通常は神の指名を受けた正統性のある統治者の称号（サム上 9:16; 10:1; サム下 5:2; 6:21; 7:8; 王上 14:7; 16:2; 王下 20:5 等参照）。ただし、旧約聖書で他の箇所でこの称号（ナギード）で指名を行う主体は常にヤハウェ自身である。ここでダビデが自分で「ナギード」の指名を行っていることを、ヤハウェの専権を侵害するものとして語り手が批判的、否定的に見ているかどうか（Knauf 2016*）は微妙なところである。なお、この文脈で「下る、上る」という動詞が用いられているのは、ギホンの泉が谷の中にあり、「ダビデの町」より低い位置にあるからであろう。

36–37 節　ベナヤのダビデ・ソロモン祝福

ダビデのソロモン指名を受けて、今度はダビデの親衛隊の指揮官であったベナヤ（8 節への注解を参照）が慇懃に祝賀を述べ、ソロモンの未来を祝福する（36–37 節）。「**アーメン**」（36 節）の語はもともと「確かに、その通りに」の意味で、旧約聖書では強い肯定、ないし「その通りになりますように」という祈願を——場合によっては呪詛をさえ——表現するが（民 5:22; 申 27:15–16; ネヘ 5:13）、皮肉で逆説的なニュアンスで語られることもあったらしい（エレ 28:6）。後には祈りや賛美の際に、その真実性を強調するために最後に唱えるようになった（詩 41:14; 89:53; 106:48 等参照）。

「**ヤハウェもそのように仰せになるでしょう**」という応答（36 節）は、側近の「イエスマン」による究極のおべっか使いにも聞こえるが、見方を変えれば、（自分がソロモンに「ナギード」になるように命じたという）ダビデの神学的に危険性をはらむ発言（35 節への注解を参照）をやんわりと修正し、それが結局はヤハウェの意に沿うものであることとして無害化していると見ることもできる（Knauf 2016*）。つまり、ソロモンを「ナギード」

にすることについて、ヤハウェとダビデの意向はあくまで一致している、ということなのである。

ヤハウェが「**共に**」(イム) いる (37節) とは、ある人物がヤハウェの加護下にあることを表す定式 (出 3:12; ヨシュ 1:17 等参照)。ヤハウェがダビデと「共にいた」ことについては、サムエル記上 16:18; 18:12, 14, 28; 20:13、サムエル記下 5:10; 7:3 等参照。ソロモンの王座がダビデのそれよりも「**さらに大いなるもの**」となるようにという祈願は、ダビデに対しては慇懃無礼にも聞こえるが、「親馬鹿」ぶりに付け込んだものか。善意に解せば、ダビデ王朝の繁栄を祈念したものということになろう。

38–40節　ソロモンの即位

38–39節　ソロモンの即位式の指示の実行

ダビデの指示は、その言葉通りに実行される。「**クレタ人たちとペレティ人たち**」(38節) は、ダビデの親衛隊で、ペリシテ人系の外国人傭兵。おそらくは、ダビデが一時ペリシテ人の保護下にあったこと (サム上 17 章参照) に関連してダビデの指揮下に入ったのであろう。前述のように、ベナヤがその指揮官であった (8節への注解を参照)。この集団は、アブサロムの乱の際も最後までダビデに忠誠を保った (サム下 15:18–22)。彼らはおそらく、ソロモンの即位式の警護を担当したのであろう。同時に彼らへの言及は、この非イスラエル人兵力が「ソロモン派」の有力な支持者層の一部であり、その権力基盤をなしていたことをも示唆している。この名称のうち、「クレタ」は、この島 (ヘブライ語では「カフトル」) がペリシテ人の故郷であったことと関連する (アモ 9:7)。「ペレティ」の由来ははっきりしないが、単に「ペリシテ」のなまりなのかもしれない。

油注ぎ用の「**油**」(シェメン) は、「**角**」(ケレン) 型の容器 (39節) に入れるのが普通であった (サム上 16:1, 13)。「角」の置かれていた「**天幕**」(オーヘル) とは、モーセの時代以来のいわゆる会見の幕屋 (王上 8:4) か、あるいはダビデが契約の箱のためにエルサレムに張ったもの (サム下 6:17; 7:2) であろう (王上 2:28–30 をも参照)。ただし、いずれにしてもギホンの泉付近にあったとは考えられないので、著者の筆の滑りか、文章を大過去と解すべきであろう (「……角を取り出してきていた」)。王に注ぐ油は神聖

なものであり、聖所に保管されていたということなのであろう。34節のダビデの指示に反し、39節で実際に「**ソロモンに油を注いだ**」のは祭司ツァドク単独である。油注ぎという祭儀的行為はあくまで祭司ツァドクが執行し、預言者ナタンは油注ぎの場に臨席して神の託宣を述べ、行われる祭儀に宗教的な正統性を付与したということであろう（45節参照）。

40節　人々のソロモン祝福

ソロモンの即位は、「**角笛**」や「**笛**」の吹き鳴らされる祝祭的な雰囲気の中、「**すべての民**」（もちろん「アドニヤ派」は除くのであろう）の「**歓呼**」によって迎えられた（40節）。本来はソロモンの取り巻きたちだけの限られた範囲のサークル間の出来事のはずのもの（38節参照）が、いつの間にか国民的な一大行事に変わっている。彼らの声によって「**地が裂けた**」というのは、いくらなんでも誇張であろう（民16:31）が、大真面目に本文の読み替えを試みる必要はなかろう。

41–53節　アドニヤ派の総崩れ

場面は再び、アドニヤ側の陣営に戻る。何も知らずにいたアドニヤ派は、ダビデ王の決定とソロモンの即位の報せを受けるとパニック状態に陥り、意気消沈して四散する。泰山鳴動して鼠一匹。まことに、拍子抜けするほど呆気ない顛末である。アドニヤも逃亡して聖所に保護を求めるが、結局は連れ戻され、王となったソロモンの前に引き出される。アドニヤはソロモンに屈服するが、ソロモンは差し当たっては彼に帰宅を命じる。

41–42節　アドニヤ派の反応

郊外のエン・ロゲル（9節参照）で宴会中であったヨアブを含む「アドニヤ派」は、「**町**」の大騒ぎを聞いて訝るが（41節）、やがて「**祭司エブヤタルの息子ヨナタン**」がやって来て、事情を報告する。「アドニヤ派」（7節参照）であったはずの彼の父が宴会に同席していたかどうかは不明である。ヨナタンは、アブサロムの乱の際にもツァドクの息子アヒマアツと共にダビデ側の伝令を務めた（サム下15:27–28, 35–36; 17:17–21参照）。ことによると、敵側の士気を削ぐために、今回も隠密裏にダビデ側から差し向

けられたのかもしれない。もしそうであるとすれば、「心理戦」、「情報戦」のたいへんな成功である。『孫子』の兵法にも、「戦わずして人の兵を屈するは、善の善なるものなり」とある。「**お前は立派な男だから、きっと良い知らせを持って来たのだろう**」（42節）というアドニヤの能天気な発言は、酔っ払ったうえでの軽口かもしれない。「立派な男」と訳した原語（イーシュ　ハイル）は文字通りには、「有能な男」ないし「資産のある男」。他方で、アドニヤの言葉のこの表現が古代イスラエルでは縁起かつぎ的な意味の定型句であった可能性もある（サム下18:27参照）。

43–49節　ヨナタンの証言とアドニヤ派の驚愕、四散
「**そうではありません**」と訳された原語「アバール」は、相手の発言や意見を打ち消す表現（創17:19）。使者ヨナタンには、自分が伝えようとする使信が相手にとって「良い知らせ」でないことがよく分かっているのである。ヨナタンの報告の内容は、前半（43–45節）は基本的にほぼ33–34節のダビデの指示と、38–40節の実行報告通り。後半は、ソロモンがすでに王座に着座したこと（46節）、ダビデの家臣（「僕たち」）が祝賀のためにやって来て、36–37節のベナヤの言葉よりもさらに大袈裟な言葉でソロモンの繁栄を祈願したこと（47節）、ダビデが自分の存命中に安定した王位継承が実現したことについて、神に感謝の祈りをささげ、神を「**誉め讃え**」た（文字通りには、「祝福した」）こと（48節）が新たな情報として付け加えられる。アドニヤ派が祝宴にうつつを抜かしている間に、事態は着々と進行していたのである。ダビデは「**寝台の上で**」神にひれ伏したとされるが、床から立ち上がれないほど衰えていたのであろう（創47:31参照）。なお、46–48節では、各節の冒頭で「**しかも**」（ガム）の語が繰り返されているのが目立つが、話し手の興奮ぶりを表現しているとも読める。厳密に論理的に考えれば、ヨナタンはソロモンの即位で「民」が歓呼している時点（39–40節）でアドニヤの陣営に来たのであるから（41–45節）ソロモンが王宮に戻った後の出来事の展開について直接知っていたはずはない。しかし、この不整合を根拠に46–48節を二次的な付加と見る（Steiner 2017:191–195）必要はなかろう。フィクションとしての性格を持つ物語であれば、どのような傑作でもそのような「突っ込みどころ」があ

るものである。

　いずれにせよ、ヨナタンからソロモンが即位した模様を聞くと、アドニヤ派の面々は「**震えおののき**」、蜘蛛の子を散らすように退散してしまった（49節）。情けない話であるが、先に推測したように、もしアドニヤ派に王位簒奪の意志はなく、ただ「前祝い」を祝っていただけであるとしたら（25節への注解を参照）、これも理解できないことではない。

50–53節　アドニヤの逃亡と屈服

　1人残されたアドニヤも、「**ソロモン王を恐れ**」て逃走し、聖所に駆け込んで「**祭壇の角をつかんだ**」（50節）。聖所は、殺人の禁止される聖なる領域であり、そこに逃げ込んだ者は復讐者などの手から保護された（出21:12–14）。いわゆる「アジール」である（Houtman 1996）。要するに、アドニヤが聖所の保護を求めたということ（王上2:28参照）。聖所の犠牲用の祭壇の四隅には「**角**」（ケレン）があり（出27:2; 29:12等参照）、贖罪の犠牲の際にはそれらに犠牲の血が塗られた（出30:10; レビ4:7, 25; 16:18等参照）。これらの角は、祭壇の中でも最も神聖な部分と見なされていたのであろう。原文では「角」の語が複数形（カルノート）であり、両手で複数の角をつかんでいたように見える。もちろん、文字通りの意味で物理的にずっと「角をつかんだ」ままだったと解する必要はない。要するに、聖所の庇護を求めてそこに逃げ込んだということである。

　アドニヤはどこの聖所に逃げ込んだのであろうか。エルサレム神殿はまだ建設されていないので、古い聖所のあったギブオンか（王上3:2–3参照）、あるいはエルサレムにあった「契約の箱」用の天幕の祭壇であろう（サム下6:17; 7:2; 王上2:28–29参照）。「王位継承史」とは別の文脈に属するので、ダビデがアラウナの麦打ち場に築いたとされる祭壇（サム下24:21–25）がここで念頭に置かれているとは思われない。

　アドニヤは、ソロモン（今やアドニヤ自身が「**王**」（メレク）と認めている）に「**彼の僕**」（エベド）である自分を殺さないと「**誓ってほしい**」と嘆願する（51節）。ソロモンがこの要求に応じたかどうかは明らかではない。いずれにせよ、アドニヤは半ば強制的に連れ戻される。「**祭壇から下ろした**」とされているのは、祭壇がかなり大きく、台座か基壇の上にあるか、

上るための階段が付けられていることを前提にする（エゼ 43:13–17 参照）。彼はソロモン王の前に引き出されて、彼に「**ひれ伏し**」て屈服の意を表明する（53 節）。ソロモンは差し当たっては寛大なところを見せ、「**家に帰るがよい**」と言って帰宅を許す。ひとまずは釈放ということなのであろう。ダビデがアブサロムに課した自宅謹慎（サム下 14:24）や、後にシムイが命じられる禁足令（王上 2:36）ということではないらしい。列王記上 2:13–18 に見られるように、アドニヤには自由に歩き回ることが許されているからである。いずれにせよ、王としてのソロモンの最初の行為は、政敵の恩赦であったということになる。52 節のソロモンの発言はやや曖昧であるが、それは、今後のアドニヤの運命如何は彼自身の自己責任だ、ということを強調するものである。「**彼の髪の毛 1 本たりとも地に落ちることはあるまい**」というのは、いっさい危害を加えないという意味の定型句（サム上 14:45; サム下 14:11 参照）。しかし、「**もし彼に悪が見出されるなら、彼は死なねばならない**」という言葉には、アドニヤを待ち受ける暗い運命が暗示されている。

【解説／考察】

　最初にも記したように、「ダビデ王位継承史」では登場人物間の対話が多用され、臨場感に満ちた場面が次々と展開する。物語は簡潔直截な描写でスピード感よく進む。スリルやサスペンスにも富み、読者の好奇心をそそるエロチックな要素にさえ欠けてはいない。古代の文学としては芸術的にも優れていると言える。このため「王位継承史」は、——創世記中の「ヨセフ物語」と並んで——旧約聖書の物語文学の代表として扱われるだけでなく、人類の古代文学中の傑作の一つとして見られることも多い。「王位継承史」のクライマックスであるこの章にも、それらの特色が遺憾なく発揮されている。しかもここでは、いくつもの異なる場所での出来事や、数多くの登場人物たちが目まぐるしく交差し合う群像劇のような構成になっており、あたかも映画を見るようで、はなはだ「現代的」である。

　多くの研究者は、「王位継承史」が全体として、ソロモンの王位継承の正統性を基礎づけようとする弁明的意図をもって書かれたと考えている

(Rost 1926; Whybray 1968; Ishida 1977; MacCarter 1984; Seiler 1998)。王位継承順位が低い（第10位）にもかかわらず、実力と謀略を手段に王位にのし上がったソロモンおよびその周辺の取り巻きにとって、そのような正統化（正当化）と弁明は必要不可欠であっただろう。もしこの想定が当たっているとすれば、この著作の原型は、ソロモンの即位からそれほど時間が経たない時期に書かれたと考えねばなるまい（Rost 1926; Ishida 1977. 最近でも Seiler 1998; Blum 2000; Bartelmus 2001; Barton 2004）。

　他方でそれが、単なるソロモン擁護のみを目指す「提灯記事」ではないことも明らかである。例えば、王位の正統性を主張するのに——特にイスラエルにおいて——最も効果的なのは、神（ヤハウェ）の選びないし指名の強調であるが（例えばサム上 10:20–24 ［サウル］；16:6–13 ［ダビデ］；王上 11:29–38 ［ヤロブアム］の場合を参照）、列王記上 1 章においてはそのような試みはいっさい行われず、すべてが人間同士の野望や策謀の衝突として一貫して世俗的なレベルで描かれる。その眼差しは、事態に対してかなり批判的にも見える（Delekat 1967; Crüsemann 1978; Bartelmus 2001）。すなわち、一方には、王位を実力で早急に確保したいとする「増長した」アドニヤとその支持者たちの時期尚早で粗野な野望があり、他方には自分の息子ないし自分の「子飼い」の王子を次代の王にしたいと望むバト・シェバとナタンの野心がある。そして物語は、いかにして後者の老獪な戦術が、もはや衰えたダビデの判断能力を利用して、前者の拙速で無謀な企てを粉砕したかを描いているのである。ソロモンの王位は、「人間的、あまりに人間的」な権力欲と権謀術策の所産なのである。ヤハウェの意志や行動については、直接は何も語られず、ヤハウェについては登場人物たちが自分の勝手な祈願や賛美の中で自分の都合のよいように言及するにすぎない（29, 36–37, 47–48 節）。このことは、後に、今日の形の列王記の編集者である申命記史家たち自身が、ヤハウェによるソロモンの王指名を強調すること（王上 3:6–7; 5:18–19; 8:20 等参照）と比較して際立った対照をなしている。

　それにしても奇妙なのは、ここでソロモン自身が全く受身であり、自分の側では何ら能動的な行動をしないということである。すべては周囲の策謀とお膳立てで運ぶ。彼が実際に登場するのはようやく 38 節で、そこで

さえ彼は、雌ラバに乗せられ、油注がれるだけで、最後の場面を除いて一言だに発しない。おそらく、ソロモン自身を宮廷の陰謀に直接関与させまいという配慮が働いているのであろう。

　全体として、出来事の経過に対する語り手の視線は批判的で冷ややかであり、むしろシニカルでさえある。このことから、「王位継承史」の執筆意図については、研究者の間でも実にさまざまな推測がなされてきた。例えばある研究者たちは、「継承史」はもともとは反ダビデ的、反王権的な視点から書かれたのだが、それが後から親ソロモン的なものに「改造」されたと考え（Würthwein 1974; Veijola 1975; Langlamet 1976）、別の研究者たちは、逆にもともとソロモン擁護的な意図で書かれた文書に後から批判的な「編集」が加えられたと見る（Mettinger 1976; Rudnig 2006）。もちろん、このような多面性を、単独の著作家の複眼的な思考の反映だと見る研究者も少なくない。

　さらに、「継承史」に見られる（ヘト人ウリヤの一件を含む）ダビデの否定的な人間像は、ダビデを模範的に敬虔な君主と見なし、それを基準にダビデ以降の歴代の王たちの功罪を評定していく申命記史書のダビデ観（王上 11:38; 15:3, 11; 王下 18:3; 22:2 等参照）とあまり嚙み合わない。ここから「継承史」は申命記史書よりも後（すなわち捕囚期以後！）の作品であり、それが二次的に申命記史書に挿入されたのだと想定する研究者さえいるほどである（van Seters 1983）。それがかなり正確な歴史的記憶（ないし「証言」）に基づく「歴史記述」なのか、それとも単に「エンターテイメント」のために創作された架空の「文芸作品」（Gunn 1978）、もしくは「教訓物語」（Oswald 2008）なのかについても見方が分かれている。

　それはともかくとして、列王記冒頭でわれわれは、いきなり、ダビデの宮廷内部での醜い権力闘争と、党派心をむき出しにした派閥抗争、未熟な野心に対する老練な策略の勝利、権力者に対する周囲の媚びとへつらいぶり、臣下の手玉に取られる老王の醜態ぶりに直面させられる。神は沈黙を保っている。しかし、そのような人間たちの野心や欲望や愛憎の角逐を通じて、神の歴史計画がそれとは知れぬ形で着実に進行していくことも忘れられてはならない。そのような「人間的」な混乱を通じて、究極的にはイエス・キリストに通じる道がまた一歩進められるのである（マタ 1:6 参照）。

(2)ダビデの死とソロモンの王権の確立（上 2:1–46）

【翻訳】

ダビデの遺言
2 章

1 ダビデの死期が迫ったとき、彼は彼の息子ソロモンに命じて、こう言った。2「私は全地の〔人々が辿る〕道を行こうとしている。お前には強く、男らしくあってほしい。3 また、お前の神ヤハウェの訓令を守って、彼の道を歩み、モーセの律法に記されている通りに、彼の掟と、彼の命令と、彼の法と、彼の諭しを守れ。そうすれば、お前が何を行おうと、またどこに向かおうと、お前はすべてにおいて必ず成功するだろう。4 また、そうすればヤハウェは、私について告げられた彼の約束^{a}を実現してくださるだろう。すなわち、『もし、あなたの子孫たち^{b}が彼らの道を守り、誠実に、心を尽くし、精神を尽くしてわたし^{c}の前を歩むなら、あなたにとって、イスラエルの王座につく男子が断たれることは決してない』と言われたことを。

5 また、お前はツェルヤの息子ヨアブが私に対してしたことを知っていよう。すなわち、彼が 2 人のイスラエルの軍の司令官、ネルの息子アブネルとイエテルの息子アマサにしたことを。彼は彼らを殺害し、平和なときに戦いの血を〈流し〉^{d}、しかもその戦いの血を自分の腰〔に締めた〕自分の帯と、自分の足〔に履いた〕自分の履物に吸わせた^{e}のだ。6 それゆえ、お前の知恵を凝らして、お前は行動するのだ。お前は決して、彼の白髪頭を平安のうちに冥府に下らせてはならない。

7 ただし、ギレアド人バルジライの息子たちには慈しみをほどこし、彼らをお前の食卓で食事する者たちに加えよ。これは、私がお前の兄アブサロムのもとから逃れていたときに、彼らが私に近づいてきて同じように〔慈しみをほどこ〕してくれたからだ。

8 見よ、お前のもとにはバフリム出身のベニヤミン人、ゲラの息子シムイがいる。彼は、私がマハナイムに行ったときに、私を恐ろしい呪いで呪詛したのだ。だが、彼は〔その後〕私を出迎えるためにヨルダン川まで下って来てくれたので、私は彼に、ヤハウェにかけて誓って、『私がお前を剣で殺すことはない』と言

った。⁹ しかし、今やお前は、彼を罪のない者として扱ってはならない。お前はまことに知恵のある男だから、彼にどうするべきかよく分かっているだろう。〔すなわち、〕お前は彼の白髪頭を血に染めて冥府に下らせるのだ」。

ダビデの死と埋葬、ソロモン王権への確立
²⁼¹⁰ ダビデは彼の父祖たちと共に眠りにつき、ダビデの町に葬られた。¹¹ ダビデがイスラエルを王として治めた期間ᶠは、40年間であった。彼はヘブロンで7年間、王として治め、エルサレムで33年間、王として治めた。¹² ソロモンは彼の父ダビデの王座に座し、彼の王権ははなはだ堅く立った。

ダビデの遺言の実行 —— ソロモンの政敵の粛清
（ⅰ）アドニヤの粛清
²⁼¹³ ハギトの息子アドニヤは、ソロモンの母バト・シェバのところにやって来た。彼女は言った。「あなたがいらしたのは、穏やかなことᵍのためですか」。彼は言った。「穏やかなことのためです」。¹⁴ そして彼は言った。「〔実は、〕私にはあなたにお話ししたいことがあるのですʰ」。すると彼女は言った。「おっしゃってごらんなさい」。¹⁵ すると彼は言った。「あなたもⁱよく御存じでしょうが、王位はもともと私のものになるはずでした。全イスラエルも、私が王になるものと期待していましたʲ。ところが、王位は転じて、私の弟のものになってしまいました。それが彼のものになったのは、ヤハウェの御意向によるのですᵏ。¹⁶ 今、私があなたにお願いしたい頼みが一つあります。どうか、お断りにならないでいただきたいのですˡ」。すると彼女は彼に言った。「おっしゃってごらんなさい」。¹⁷ そこで彼は言った。「どうか、ソロモン王にお口添えいただきたいのです。〔あなたの頼みなら、〕彼も決して断らないˡでしょうから。どうか、あのシュネムの女、アビシャグを彼が私の妻に与えてくれるように〔取り計らっていただきたいのです〕」。¹⁸ するとバト・シェバは言った。「よいでしょう。この私ᵐが、あなたの件で王様にお話ししてみましょう」。

¹⁹ バト・シェバは、アドニヤの件で話をするためにソロモン王のもとにやって来た。王は立ち上がって彼女を出迎え、彼女にひれ伏した。それから彼は、自分の王座に座した。彼が王の母のために座を用意させたので、彼女は王の右側に着座した。²⁰ すると彼女は言った。「私には、あなたへのささやかな頼

みが一つあるのです。どうか、お断りに[l]ならないでいただきたいのです」。すると王は彼女に言った。「母上、〔何なりと〕私にお求めください。あなたの頼みを断る[l]ようなことは決していたしませんから」。²¹ そこで彼女は言った。「〔実は、〕あのシュネムの女、アビシャグがあなたの兄アドニヤに妻として与えられるように[n]〔取り計らってほしいのです〕」。²² すると、ソロモン王は彼の母に答えて、言った。「どうしてあなたは、あのシュネムの女、アビシャグをアドニヤのために求めるようなことをなさるのですか。〔いっそのこと〕彼のために、王位を求めてやったらいかがですか。彼は私の兄弟で、しかも私よりも年上なのですから。彼のためにも、また祭司エブヤタルのためにも、ツェルヤの息子ヨアブのためにも〔そうしてやったらいかがですか〕」。
²³ そしてソロモン王は、ヤハウェにかけて誓って、言った。「<u>もし、アドニヤがこのような言葉を吐いたうえで、なお生きていられるのであれば</u>[o]、<u>神が私にどんなひどいことでもなさるように</u>[p]。²⁴ 今、私を立たせ、私の父ダビデの王座に私を座させてくださり、<u>また、かつて約束された通り私のために家を興してくださった</u>、ヤハウェのお命にかけて〔誓う〕。まことに、アドニヤは今日、死なねばならない」。
²⁵ ソロモン王はヨヤダの息子ベナヤを遣わした。彼が彼を撃ったので、彼は死んだ。

（ⅱ）エブヤタルの追放
²:²⁶ 祭司エブヤタルに王はこう言った。「アナトトにある自分の地所に行くがよい。お前は〔本来なら〕死に値する男[q]だが、今日のところはお前を殺さないでおいてやろう。お前はかつて、私の父ダビデの前でわが主ヤハウェの箱を担いだのだし、私の父と共にあらゆる苦労を分かち合ってくれたのだから」。²⁷ こうして、ソロモンはエブヤタルをヤハウェのための祭司職から追放した。<u>このようにして、かつてヤハウェがシロでエリの家について語った言葉が成就した</u>。

（ⅲ）ヨアブの粛清
²:²⁸ この報せがヨアブにまで届いた。ヨアブは、アブサロムには従わなかったが、アドニヤには従ったので、ヨアブはヤハウェの天幕のもとに逃げ、祭壇の角をつかんだ。²⁹ ヨアブがヤハウェの天幕のもとに逃げ、祭壇の傍らにいるこ

とがソロモン王に伝えられると、²⁹ソロモンは、ヨヤダの息子ベナヤに「行って、彼を撃て」と言って、彼を遣わした。³⁰ベナヤはヤハウェの天幕のところにやって来て、彼に言った。「王が、『外に出よ』と言われているぞ」。しかし彼は言った。「いやだ。私はここで死ぬ」。ベナヤは事情を王に報告してˢ、「ヨアブはこのように語り、このように私に答えました」と言った。³¹すると王は彼に言った。「彼が言う通りにしてやれ。彼を撃って、埋めてしまえ。このようにして、かつてヨアブが理由もなく流した血を私と私の父の家からお前は取り除くのだ。³²こうしてヤハウェは、彼の流血行為ᵗを彼自身の頭上にお返しになるのだ。彼はかつて、自分よりも善良な2人の男たちを撃ち、私の父ダビデが知らないうちに、彼らを剣で殺した。すなわち、イスラエル軍の司令官ネルの息子アブネルと、ユダ軍の司令官イエテルの息子アマサを。³³こうして、彼らの血はヨアブの頭上と彼の子孫の頭上に永遠に返るのだ。〔これに反し、〕ダビデとその子孫、彼の家と彼の王座には、ヤハウェからの平和が永遠にあるように」。

³⁴ヨヤダの息子ベナヤは上って行き、彼を撃って殺した。彼は荒れ野にある自分の家に埋められた。³⁵王は彼に代えて、ヨヤダの息子ベナヤを軍の司令官に任命した。また、王は祭司ツァドクをエブヤタルに代えて任命した。

（ⅳ）シムイの粛清

²:³⁶王は〔人を〕遣わして、シムイを呼び寄せ、彼に言った。「自分のためにエルサレムに家を建てて、そこに住め。そこからどこにもᵘ出て行ってはならない。³⁷もし、お前が出て行ってキドロンの谷を越えるようなことがあれば、お前は必ず死なねばならないᵛとよくよく心しておけʷ。お前の血はお前自身の頭上に降りかかるのだ」。³⁸すると、シムイは王に言った。「有難いお言葉です。あなたの僕（しもべ）は、主君である王の言われた通りにいたします」。こうしてシムイは長い間、エルサレムに住んだ。

³⁹ところが3年目の終わりになると、シムイの2人の奴隷がガトの王マアカの息子アキシュのもとに逃亡した。人々がˣシムイに告げて、「ご覧なさい、あなたの奴隷たちはガトにいますよ」と言った。⁴⁰するとシムイは立ち上がり、彼のろばに鞍を置き、自分の奴隷たちを求めてガトのアキシュのところに行った。こうしてシムイは、行って、彼の奴隷たちをガトから連れ戻してきた。⁴¹さ

て、シムイがエルサレムからガトに行って、また帰って来たことがソロモンに報告された。 42 すると、王は〔人を〕遣わしてシムイを呼び寄せ、彼に言った。「私はかつて、ヤハウェにかけてお前に誓わせ、『もしお前がどこかに [u] 出て行くようなことがあれば、お前は必ず死なねばならない [v] とよくよく心しておけ [w]』と申し渡さなかっただろうか。また、お前は私に、『有難いお言葉です。私は聞き従います』と言ったではないか。 43 それなのに、お前はなぜ、ヤハウェへの誓いも私がお前に命じた命令も守らなかったのか」。 44 王はまた、シムイに言った。「お前が心の中に秘めている [y]、かつてお前が私の父ダビデに対して行ったすべての悪をお前自身でよく思い出すがよい [z]。<u>ヤハウェはお前の悪をお前自身の頭上にお返しになる。</u> 45 〔これに反し、〕<u>ソロモン王は祝福され、ダビデの王座はヤハウェの前に永遠に堅く立つように</u>」。

46a 王はヨヤダの息子ベナヤに命令を下した。彼は出て行って、彼を撃ったので、彼は死んだ。

（v）ソロモンの王権の確立

2：46b 〔このようにして、〕王国はソロモンの手に堅く立った。

    a: 原文は文字通りには、「言葉」。

    b: 原文は文字通りには、「息子たち」。

    c: 聖書の日本語訳の伝統に従い、神の言葉の中の１人称単数形は、「私」とせず「わたし」とひらがなで表記する。以下でも同様。

    d: 原文は文字通りには、「置き」。

    e: 原文は文字通りには、「与えた」。なお、この箇所の属格（「自分の」）を表す原文の接尾辞の形については、注解本文を参照。

    f: 原文は文字通りには、「日々」。

    g: 原語は「平和（シャローム）」。これに続くアドニヤの返答でも同様。

    h: 原文は文字通りには、「私にはあなたへの言葉があります」。

    i: 原文では、文法的に必要のない女性形の「あなた（アット）」の語が文頭に出て、強調されている。

    j: 原文は文字通りには、「全イスラエルは、王となるように、私の上に彼らの顔を置いていました」。

k: 原文は文字通りには、「ヤハウェからのことなのです」。

l: 原文は文字通りには、「私の顔をそむけさせないでください」。17節、および20節の2箇所でも同様の表現が用いられている。

m: 原文では、文法的に必要のない「私（アノキー）」の語が文頭に出て、強調されている。

n: 17節とは異なり、原文は受動態。主語を明らかにしない婉曲な表現のように読める。

o: 原文は文字通りには、「（アドニヤが）自分の命にかけてこの言葉を語ったのであれば」。注解本文の該当箇所を参照。また、口語訳、新共同訳、岩波訳、JBS共同訳等をも参照。

p: 原文については、注解本文の該当箇所を参照。

q: 原語は文字通りには、「死の男（イーシュ・マーヴェト）」。

r: マソラ本文に脱落の可能性があることについては、注解本文の該当箇所を参照。

s: 原文は文字通りには、「王に言葉を返して」。

t: 原文は文字通りには、「彼の血」。

u: 原文は文字通りには、「あちらやこちらに」。42節でも同様。

v: 原文は、同じ「死ぬ」という語根の動詞（ムート）を異なる形で二重に用いる、ヘブライ語独特の強調表現で書かれている。42節でも同様。

w: 原文は、同じ「知る」という語根の動詞（ヤーダア）を異なる形で二重に用いる、ヘブライ語独特の強調表現で書かれている。42節でも同様。

x: 原文に主語はないが、動詞が3人称男性複数形。

y: 原文は文字通りには、「お前の心が知っている」。

z: 原文は単に、「お前は知っている」。なお、この文でも、文法的に必要のない「お前（アッター）」の語が文頭に出て、強調されている。

【形態／構造／背景】

　列王記上2章も「王位継承史」の続きであり、しかもその締め括りをなすが、内容的にはソロモンの即位の後日談と言える。ここでも、「王位継承史」の先行する部分についての細かい予備知識が前提にされており、

それらなしでは内容が理解できない。

　ダビデは死に当たって、後継者ソロモンにヤハウェへの忠誠とその律法の遵守を勧めるとともに、自分の過去の怨恨を晴らし禍根を断つように命じて、息を引き取る。ソロモンは自分の配下であるベナヤの手を通じてこの報復を実行するが、それは実質的に、かつてアドニヤを支持したソロモンの政敵の粛清という意味も持つ。

　この部分は、ダビデの遺言を記す前半と、ダビデの死の報告を挟んで、その遺言の実行を記す後半に分かれ、両者の間には内容的に——緩やかではあるが——対応関係が成立している。当然のことであるが、遺言での指示よりも、その実行についての記事の方がより詳細である。

　（ⅰ）ダビデの遺言と死（1–12節）
　　　（a）1–9節　ダビデの遺言
　　　　　（1）前置き（ダビデの死期）（1–2節）
　　　　　（2）ヤハウェへの忠誠と律法遵守の勧め（3–4節）
　　　　　（3）ヨアブの粛清（5–6節）（X）
　　　　　（4）バルジライの息子たちについて（7節）
　　　　　（5）シムイの粛清（8–9節）（Y）
　　　（b）10–11節　ダビデの死と埋葬
　　　（c）12節　　ソロモンの王権の確立（Z）
　（ⅱ）ダビデの遺言の実行（13–46節）——ソロモンの政敵の粛清
　　　　　（1）アドニヤの粛清（13–25節）
　　　　　（2）エブヤタルの追放（26–27節）
　　　　　（3）ヨアブの粛清（28–35節）（X'）
　　　　　（4）シムイの粛清（36–46a節）（Y'）
　　　　　（5）結び（46b節）——ソロモンの王権の確立（Z'）

　列王記上1章におけると同様、ここでも登場人物間の会話が多用され、繰り返しの技法が効果的に用いられている（遺言とその実行、また16–17節→20–21節、37–38節→42節）。全体を通じて、「血（ダム）」の語（5, 9, 31の各節）とそれが誰かの頭上に「返る」という表現の頻用（32, 33, 44

の各節）や、「殺し屋」役のベナヤの登場と、「撃つ（動詞「パーガア」）」という語の繰り返し（25, 29, 31, 32, 34, 46a の各節）が不気味で陰惨なリズムを形成している。

　なお、列王記上1章とは異なり、ここでは既存の伝承（王位継承史）に編集者である申命記史家たちが（特に最初と最後の部分で）かなり積極的に手を加えており、「王位継承史」にあった血なまぐさい報復の物語に、律法遵守的な敬虔の強調や預言と成就の図式、さらにはダビデ王朝の支配の永遠の存続の希望という新しいテーマを付け加えているように見える。ただし、ダビデ王朝永続の約束にダビデの子孫たちによる律法遵守という条件が付けられていること（4節）が注目される。ダビデの治世の終わりという、大きな節目をなす箇所なので、申命記史家たちが物語にさまざまな手を加えて、自分たちの神学的なメッセージを発信しようとした、というのは理解できることである。思想史的な問題は、それらの申命記史家たちのメッセージが、いつの時代に由来するかということである。

【注解】

1–12節　ダビデの遺言と死

　ここにあるのは、サムエル記—列王記中でのダビデとソロモンの間の唯一の会話である。しかし、実質的には、有機的な対話というよりも、もっぱらダビデがソロモンに一方的に語る、父から子に向けての遺言である。死の床に横たわったダビデは、後継者ソロモンに対し、まずヤハウェとその掟に従って歩むように建徳的に勧告するが、他方では生前の——特に「王位継承史」に描かれた——一連の出来事を回顧しながら、そこから生じた未解決の諸問題を処理するようにソロモンに命じる。そこでの中心は、かつてダビデを苦しめた者たちへの復讐や報復であるが、それは同時に、前述のように、ソロモンにとっての潜在的な政敵の排除をも意味する。この報復命令の部分は、後のソロモンによる政敵の粛清（13–46節）がダビデの遺言の実行とされることで、相対的にソロモンの責任を軽減する機能も果たしている。この報復命令については、死にゆくダビデがほんとうにそのような指示を残したのか、それとも後にソロモン（かその取り巻き）

が責任転嫁のためにそのような「事後遺言」を創作したのか、あるいは一部の研究者たち（Veijola 1975:19–30; Würthwein 1977*; Hentschel 1984*）が想定するように、それらすべてが後代の編集者たち（申命記史家以前？／申命記史家たち自身？）の「脚色」であるのか、真相は神のみぞ知るである。

1–2 節　前置き（ダビデの死期）

列王記上 1 章の冒頭（王上 1:1–4）ですでに示唆されていた「**ダビデの死期**」が、今や目前に迫った。元来の「王位継承史」においては、死の床のダビデが「**息子ソロモンに命じて、……言った**」ことの内容は、5 節以下の宿敵への報復命令（だけ）であったと考えられる。しかし、現在の形では、その前に、ヤハウェへの忠誠と律法遵守を命じるより敬虔主義的、律法主義的な勧告が挿入されている。

「**全地の〔人々が辿る〕道を行こうとしている**」（2 節）というのは、死期が迫った（1 節）ことを表す定型句的表現（ヨシュ 23:14 参照）、「**強く、男らしく**」あれ、というのは後継者に向けた激励の表現（申 31:7, 23; ヨシュ 1:6–7, 9, 18 参照）で、いずれも典型的な申命記史家的用語法。したがって、ここは、現在ある形での列王記において、申命記史家の一人が編集者として手を加えている最初の箇所と見ることができる。ここでこの申命記史家は、ダビデからソロモンへのイスラエルにおける最初の正統的な親子間の王位継承を、イスラエルの救済史における偉大な指導者たちであるモーセからヨシュアへの指導権の引き継ぎの場面（申 31:7–8, 23; ヨシュ 1:6–9）と意図的に重ね合わせて描いているように見える（Gray 1977*; Provan 1995*; Schäfer–Lichtenberger 1995:246–247）。

3–4 節　ヤハウェへの忠誠と律法遵守の勧め

2 節に続き、この部分にも極めて申命記的・申命記史家的な表現や観念が集中して見られ、やはり「王位継承史」の文脈に申命記史家の一人が付け加えたものと考えられる。この申命記史家による加筆の意図の一つは、後続する私恨による復讐を命じるダビデ遺言の陰惨さを相対的に和らげ、より積極的・肯定的で敬虔主義的、建徳的な神学的メッセージと理想化さ

れたダビデ像を読者に伝えることであろう。もちろん、モーセ（申命記全体！）やヨシュア（ヨシュ 23 章）、サムエル（サム上 12 章）の場合同様、重要な人物が目前に迫った死に備えて、遺言の形で申命記主義的理念を確認する、ということも意図されていよう。

　3 節のヤハウェの「**道を歩**」むという表現（申 8:6; 10:12; 11:22; 19:9; 26:17; 28:9; 30:16; 王上 3:14; 11:33, 38 等参照）や、「**掟**」（フッコート）、「**命令**」（ミツウォート）、「**法**」（ミシュパティーム）、「**諭し**」（エドゥウォート）（いずれも複数形）といった戒律的術語の枚挙（申 4:1, 5, 14, 40, 45; ヨシュ 22:5; 24:25; 王上 3:14; 8:58, 61; 王下 17:13, 34, 37; 23:3 等参照）は、申命記や申命記史書に広く見られる現象であるが、ここでのように「律法（トーラー）」を含めて五つもの概念が羅列されるのは珍しい。申命記史書において、それらの用語は一つ一つが内容的に細かく区別されているわけではなく、すべて「**モーセの律法**」（3 節。なお、ヨシュ 1:7; 8:31; 王下 14:6; 23:25 等参照）を指し、同義語が繰り返されるのは、その重要性の強調のためである。「モーセの律法」とは、一般的にはモーセ五書を指すが（ネヘ 8:1）、申命記史書では特に申命記法（申 12–28 章）が考えられており（その故にまさに「申命記史書」と呼ばれる）、とりわけヤハウェ以外の神々の礼拝禁止（申 13 章）と、唯一の聖所（エルサレム）での礼拝（申 12 章）が二つの焦点となっている（「緒論」34 頁参照）。

　申命記史書の成立にも関わるヨシヤ王の祭儀改革が「律法の書」の発見をきっかけとするものだったと考えられること（「緒論」32 頁、および王下 22–23 章と同所への注解を参照）からして、列王記を含む申命記主義的文書で、律法（＝申命記法）とその遵守の重要性が強調されることはむしろ当然といえる。研究者の一部（特にドイツ語圏）には、このような律法遵守の意義の強調や、「掟と命令と法と諭し」といった律法的用語の羅列が出てくると、それをほぼ自動的に捕囚時代の遅い時期の編集層（スメント学派の言う DtrN［「緒論」29–30 頁参照］）に帰す傾向があるが、必ずしも適切とは言えない。そもそも申命記は申命記法（申 12–28 章）を中心とする書物であり、律法主義はその本質に属する。律法的用語の羅列も、申命記自体の中にも頻出する（上記箇所の他、申 5:1, 31; 6:1–2, 17, 20; 7:11; 8:11; 11:1; 12:1; 26:16–17 等参照）。もしヨシヤ王の祭儀改革が申命記に基づいた

ものであるとしたら、その改革自体が当初より律法主義的なものだったはずであり、また申命記史書が申命記を精神的支柱とするものであったなら、この史書自体も本質的に律法主義的な性格のものだったはずである。最初の申命記史書が律法主義とは無縁で歴史だけを物語っていたと仮定し、律法主義的用語や思想が出てくればすべて捕囚後、後代の編集者の付加とする見方（Dietrich 1972; Veijola 1975, 1977; Würthwein 1977）ははなはだ不自然であり、一方的である。したがって、この律法主義的なダビデの勧告の部分を書いたのがヨシヤ時代の第1の申命記史家の一人であったと見ることは、十分可能であると思われる。

　掟の遵守が具体的な「**成功**」を生むとするある種の実用主義（3b節）も、申命記主義の特色の一つである（申 28:1–6; 29:8; 30:11–20; ヨシュ 1:7–8; 王下 18:7)。ここで言う「成功」は、当然ながら、直前で強調された律法遵守のもたらす結果として理解されている。

　律法主義の強調ということに関連して、極めて興味深いのは、それに続く4節に初めて出る、ダビデの子孫から「**イスラエルの王座につく男子が断たれることは決してない**」という、王朝永続の約束である。ダビデ王朝による「永遠の」支配という観念は、「緒論」（36頁）でも述べたように、申命記史書における中心テーマの一つであり、理念的には、サムエル記のナタン預言（サム下 7:12–16）に遡る。ただし、これ以前のサムエル記や列王記の文脈で、ヤハウェがダビデにここで言われた通りの文言でダビデの子孫の王朝の永続を約束した、という記述はどこにも見当たらない。したがってこの部分は、別の文言で語られていたナタン預言についてのダビデの（もしくはこの部分を書いた申命記史家の）解釈であるということになる（Steiner 2017:178–188）。その際に特に注目すべきことは、ここではそれに、「**もし**（イム）、**あなたの子孫たちが彼らの道を守り、誠実に、心を尽くし、精神を尽くしてわたしの前を歩むなら**」という律法主義的な条件節が先行しているという事実である（詩 132:12をも参照）。これに反し、サムエル記下7章にあるナタン預言の王朝永続の約束の大きな特徴は、それが全く無条件だ、ということである。そこでは、「彼（ダビデの子孫）が過ちを犯せば、わたしは人間の杖、人の子らの鞭をもって彼を懲らしめよう。（しかし、）わたしは慈しみ（ヘセド）を彼から取り去りはしない。

……あなたの家、あなたの王国はあなたの行く手に永遠に（アド・オーラム）続き、あなたの王座は永遠に（アド・オーラム）堅く立つ（ナコーン）」（サム下 7:14–16）とされている。すなわち、ダビデ王朝の個々の王の罪は個人的に（しかも穏当な形で）罰せられるが、それは王朝の存続そのものには影響を与えない、ということなのであり、個々の王への個人的な処罰と、それを超えた王朝全体への永遠の加護とは、次元を異にする別問題なのだ、ということなのである。ちなみにナタン預言には申命記主義的な思想や用語法が部分的にしか見られないので、その基本的部分は、おそらくは申命記史家たち以前の伝承に遡り、南王国のダビデ王朝の王権理念を反映するものと思われる（Rost 1926:59–68; Mettinger 1982:48–63; Dietrich 1992:114–136; Schniedewind 1999:29–39; Pietsch 2003:27, 51; 山我 2009:139–161; Steiner 2017:367–368）。

　これと同じような、ダビデ王朝の無条件の永遠の存続への期待は、本章の 33b 節や 45 節の祈念にも表れている。さらに、ダビデ王朝の支配が個々の王の過ちや罪悪を超えて続くとする神の約束への信仰は、列王記の後の部分で何度か出る、ダビデの子孫への「ともし火」についての神の約束（王上 11:36; 15:4; 王下 8:19。なお、当該箇所への注解をも参照）にも表現されている。このような思想は、当然ながら、ダビデ王朝がまだ存続していた王国時代に生まれたものと考えられる（Nelson 1981:114; Provan 1988:95–97; McKenzie 1991:46; Knoppers 1993:199; Schniedewind 1999:91; Pietsch 2003:41–43; Steiner 2017:369, 371）。

　ただし、ここではその「**イスラエルの王座**」の存続に、ダビデの子孫による律法遵守とヤハウェへの忠誠という条件が付されているのである。ちなみに、4 節に出る「心を尽くし、精神を尽くし」という表現は、最も典型的な申命記的・申命記史家的定型句の一つである（申 4:29; 6:5; 10:12; 11:13; 13:4; 26:16; 30:2, 6, 10; ヨシュ 22:5; 23:14; 王上 8:48; 王下 23:3, 25 等参照）。3 節と同様、4 節も古い「王位継承史」の文脈に属するものではなく、申命記史家の一人が付け加えたものと考えられねばならない。したがってこの部分を書いた申命記史家は、もともと無条件のものであったナタン預言を条件付きのものに再解釈し、修正しているということになる。

　この箇所と同じような条件付きのダビデ王朝の約束は、列王記では他で

も2箇所に見られる。一つはソロモンの神殿献堂の祈りの中（王上 8:25b）であり、もう一つはそれに答えるヤハウェの応答の中にある（王上 9:4-5）。したがって3箇所の条件付きの王朝永続の約束はすべて、ソロモンの治世の記述の枠内に限られているわけである。他方でソロモンの治世の枠外には、ナタン預言（サム下7章）と、ダビデ王朝の「ともし火」がいつまでも燃え続けるという、無条件の約束（王上 11:36; 15:4; 王下 8:19）が存在することになる。それゆえ、申命記史書全体の中での無条件のダビデ王朝永続の約束と、条件付きの「イスラエルの王座」の永続の約束の論理的、思想史的関係が問われる。これは、申命記史書の成立時期の問題とも密接に関わってくる。

さて、王朝永続の約束に条件が付されているということは、当然ながら、もし条件が満たされなければ約束が無効になることを前提とする。すなわち、もしダビデの子孫たち、ないしソロモン自身（王上 9:4 参照）がヤハウェの前を歩まず、掟や法を破るなら、「イスラエルの王座につく男子」が断たれる、ということである。したがって、ここでは、前6世紀初頭のダビデ王朝の滅亡が前提にされているようにも読める。もしそうなら、この部分に手を加えた申命記史家は、当然王国滅亡後、ダビデ王朝断絶後の捕囚時代の人物であるということになろう。これらの条件付きの王朝永続の約束をすべて遅い時代の DtrN に帰すスメント学派（「緒論」29–30 頁参照）にとっては、このことは自明の理である（Dietrich 1972:72–73; Veijola 1975:22–23; Würthwein 1977:20; Hentschel 1984:26–27）等。第1の申命記史家を王国時代後期のヨシヤ王時代に置くクロス学派（「緒論」30 頁参照）やそれに同調する人々の中でも、これらの約束は条件付きであるが故に、それらを捕囚時代の第2の申命記史家（Dtr 2）に帰す研究者が、クロス自身を含めて多い（Cross 1973:287; Provan 1988:106–111; Knoppers 1993:99–102, 110; Schniedewind 1999:109–110; Cogan 2001:172, 181; Pietsch 2003:48）。

しかし、それとは別の読み方をすることも可能である（Friedman 1981:12–13; Nelson 1981:99–105; Kenik 1983:77–81; Halpern 1988:159–167; Oswald 2008:92–105; Steiner 2017:368–371）。この問題を考える鍵の一つは、おそらく、この条件付きの王朝永続の約束がなぜソロモンの治世（だ

け！）に集中しているのか、ということにある。もしそれが、前6世紀初頭のユダ王国の滅亡を説明しようとするものであるのなら、なぜ条件付きの王朝永続の約束が、400年近くも前のソロモンの治世にだけ現れ、もっと広い範囲に分布しておらず、特に、現在の形での申命記史書ではユダ王国の滅亡の直接的責任を帰されている、マナセの治世（王下 21:10–15; 23:26–27; 24:3–4）に関する記述で見られないのであろうか。

　この謎を解く手掛かりの一つは、おそらく、条件付きの約束3箇所のすべてで「断たれることは決してない」とされるのが、「イスラエルの王座につく男子」とされていることにある（Nelson 1981:103–104; Halpern 1988:161, 163; Oswald 2008:94–95; Steiner 2017:179–180, 369）。その際には、そこで言われている「イスラエル」とは何か、ということが問題になる。「王座（キッセー）」に関わるのであるから、当然それは王国を表している。可能性は二つしかない。ソロモン時代のイスラエル統一王国か、王国分裂後のイスラエル北王国である。前者であれば、ユダを含むイスラエル全体であり、後者であればユダを除く10の部族（王上 11:31 参照）ということになる。申命記史書中、「イスラエルの王座（キッセー　イスラエル）」という表現は、条件付きの「イスラエルの王座」への約束の3箇所（王上 2:4; 8:25b; 9:4–5）を除けば、列王記上 8:20; 10:9、および列王記下 10:30; 15:12 の4箇所のみに見られる。このうち、後者（列王記下）の2箇所はイエフの王朝についての記述なので、明らかに北王国の意味である。これに対し、前者（列王記上）の2箇所はソロモン自身の神殿献堂の祈りとシェバの女王のソロモン称賛の言葉の中なので、イスラエル十二部族を包括した統一王国の意味であろう。3箇所ある条件付きの約束でも、ソロモン時代なので、統一王国の意味であると考えられる。しかし、いずれにしても意味上大きな違いはない。イスラエル統一王国全体に対する支配であれ、北王国イスラエルに対する支配（王上 1:35 参照）であれ、ソロモンの死後、それはダビデ王朝の手から失われることになるからである（王上 12:16–17, 19 参照）。

　これに反し、この「イスラエル」が王国分裂後のユダ王国を表しているということは、およそありそうにない。列王記では、王国分裂後の国家としての「ユダ」と「イスラエル」は常に対比的に区別されており、（歴代誌におけるのとは異なり！）南王国としてのユダが明示的に「イスラエル」

と呼ばれる用例は——王国分裂時の「ユダの町々に住むイスラエル人」（王上 12:17）という曖昧な表現を唯一の例外として——一つもないからである。王国分裂後も、ダビデ王朝はユダ王国を支配し続ける（王上 12:17, 20b）。それゆえ、「イスラエルの王座」につく者が「断たれる」ことを示唆する条件付きの王朝永続の約束は、必ずしもユダ王国とダビデ王朝の滅亡を前提としているとは言えないのである。

したがって、この見方が当たっているとすれば、律法遵守を条件とする「イスラエルの王座」の永続の約束は、前6世紀のダビデ王朝の滅亡をではなく、むしろ前10世紀後半におけるソロモンの死後の統一王国イスラエルの分裂を説明するためのものであるということになる（Friedman 1981:12–13; Nelson 1981:104–105; Kenik 1983:78–79; Halpern 1988:159–163; Oswald 2008:94–95; Steiner 2017:363, 369）。その場合には、これらの約束はヨシヤ時代（前7世紀後半！）の第1の申命記史家の一人に帰すことが十分可能になる（Friedman 1981:13; Nelson 1981:105; Halpern 1988:161–163; Steiner 2017:369, 371）。ソロモンの死後に統一王国が分裂することは、ヨシヤ時代の第1の申命記史家たちもよく知っていたはずであるし、彼らはこの分裂について何らかの神学的な説明をしていたはずだからである。

そして列王記上11章によれば、実際にソロモンは律法遵守の条件を守らなかった。彼には多くの外国出身の妻があり、彼は晩年になって、彼女たちのために外国の神々を祀る高台聖所（バーマー）を造らせ、それらの場所で彼女たちに異教の神々を礼拝させたとされるからである（王上 11:1–8）。列王記上11章では、それらの行為が律法遵守義務違反であることが、申命記史家的文体でヤハウェの言葉として確言されている。「これは、彼らがわたしを捨て、シドン人の神アシュトレト、モアブの神ケモシュ、およびアンモンの子らの神ミルコムを伏し拝み、わたしの道を歩まず、彼の父ダビデのようには、わたしの目に正しく映ることや、わたしの掟とわたしの法を行わなかったからである」（33節。ただし、同所への注解をも参照）。このように、晩年のソロモンの振る舞いは、三度繰り返された条件付きの約束の条件内容と見事にシンクロし、それに抵触することになるのである。

以上のことから、ここでの「イスラエルの王座」への律法主義的な条件

付けは、ソロモンの律法違反による王国分裂を先取り的に示唆したものと見るべきであろう。本来の（申命記史家たち以前の）ナタン預言（サム下 7:12–16）は無条件なものであったにもかかわらず、第1の申命記史家たちの解釈によれば「イスラエル」、すなわち統一王国へのダビデ王朝の支配には、ヤハウェの道を歩み、その律法を遵守するという条件が付けられていた（王上 2:4）。そしてソロモンは、晩年の異教祭儀の許容によってこの約束の条件を破った（王上 11:33）。その結果、ダビデ王朝の統一王国への支配権は失われるのである。ただし、その場合でも、「ユダ」と「エルサレム」への支配は、いつまでも燃える「ともし火」の約束（アヒヤ預言）によって維持されるのである（「緒論」36頁、および王上 11:36; 15:4; 王下 8:19 と各箇所への注解を参照）。

　申命記史書のダビデ王朝観や成立年代を考える際に極めて重要な箇所なので、釈義がいささか長くなってしまったが、条件付きの王朝永続の約束の意味については、他の2箇所の釈義に際しても改めて検討したい（王上 8:25b; 9:4–5）。

5–6節　ヨアブの粛清

　5節からは、古い「王位継承史」の文脈に戻る。1章でも見たように、「**ヨアブ**」はダビデの甥で、軍隊の司令官。アドニヤの支持者の一人でもあった（王上 1:7, 41 参照）。ダビデの若き日々から彼に仕えたが、しばしば独断専行を行い、ダビデを悩ませもした。ここで挙げられている事件のうち、「**ネルの息子アブネル**」の一件とは、まだダビデがサウルの遺児エシュバアル（代上 8:33; 9:39 参照。マソラ・テキストでは「イシュ・ボシェト」。サム下 2:8–3:11; 4:1–12 参照）と権力闘争を続けていた頃、エシュバアルの後ろ盾でありながらダビデ側に寝返ろうとしたサウルのかつての将軍アブネルをヨアブが暗殺したこと（サム下 3:27）を指す。同所では、これがアブネルに自分の弟アサエルを殺されたこと（サム下 2:17–23）へのヨアブの復讐とされていた（サム下 3:27b:「弟アサエルの血に報いた」）。したがって、いわゆる血の復讐の掟（民 35:19, 21）に従えば、ヨアブの行いは必ずしも「理由のない（ヒンナーム）」（31節参照）ものとは言えない。しかし、ヨアブのアブネル暗殺には、おそらくアブネルが軍の司令官として自分の

ライバルになることをヨアブが恐れたということもあったのだろう。その際にダビデは、「その血はヨアブの頭と、ヨアブの父の家全体にふりかかるように」とヨアブを呪ったが（サム下 3:29）、当時の状況からヨアブを罰することは差し控え、「悪をなす者にはヤハウェ御自身がその悪に報いられるように」（サム下 3:39b）と言った。しかし、今やダビデは、ヤハウェの意志にではなく、後継者ソロモンにその報復を委ねたことになる。なお、通常「ダビデ王位継承史」はサムエル記下 9 章から始まると考えられている。したがって、ヨアブのアブネル暗殺の記述（サム下 3 章）は「継承史」の枠外に位置し、別資料の「ダビデ台頭史」（通常はサム上 16 章 – サム下 5 章と想定される）に属することになるが、「王位継承史」の著者が「台頭史」（ないしそれと共通する伝承）を知っていたということは十分考えられる。あるいは、すでに申命記史家以前の段階で、「ダビデ台頭史」と「王位継承史」の双方を含む大きな「ダビデ物語」の文脈が出来上がっていたという可能性も考えられてよい（Noth 1943; Dietrich 1992）。

他方の「**イエテルの息子アマサ**」の一件とは、「王位継承史」において、王子が父王に反旗を翻したアブサロムの乱の際に、ダビデが殺害を禁じていたにもかかわらずアブサロムを殺したヨアブ（サム下 18:5–15 参照）をダビデが更迭し、アマサをその代わりとした後（サム下 19:14）、シェバの反乱の際にヨアブがアマサを殺したことを指す（サム下 20:8–13）。これもある種のライバル争いの結果である。「**平和なときに戦いの血を〈流し〉**」たというのは、ヨアブの行為がいずれも戦闘における敵の成敗ではなく、私的な遺恨に基づく恣意的な殺人に他ならないということであろう。もちろん、二つの出来事は内戦中、ないし反乱中に起こったことであり、「平和なとき」というのは必ずしも事柄に即してはいない。

なお、5 節で「**腰**」と「**帯**」と「**足**」と「**履物**」（サンダル？）の語に掛かる「**自分の**」と訳出した四つの属格の接尾辞は、マソラ本文ではいずれも 3 人称の形（「彼の」）であるので、ヨアブ自身のものということになるが、七十人訳の有力な写本の一部（ルキアノス校訂本）では、いずれも 1 人称の形（「私の」）となっている。この読みに従うなら、ヨアブが不法な殺人を行って、ダビデにその責任を負わせたということになる。こちらの読みを優先する注解者も多い（Montgomery 1951*; Gray 1977*; Würthwein

1977[*]; Jones 1984[*]; DeVries 1985[*]; Wray Beal 2014[*])。31 節のダビデの発言との対応ということを考えると、後者の読みの方が適切であるかもしれない。

　ヨアブの粛清を命じるダビデの言葉中、文脈に必ずしもよく合わない**「お前の知恵（ホクマー）を凝らして」**（6a 節）というのは、ソロモンを「知恵のある男（ハーカム）」として強調する 9 節ともども、編集者（申命記史家たちの一人）の工夫かもしれない。「知恵」は、3 章以下のソロモンの物語の中心テーマだからである（王上 3:12, 28; 5:9–10, 14, 21, 26; 10:4, 6, 8; 11:41）。もちろん、ここでの「知恵」とは政治的、戦術的な狡猾さのことを意味している。しかし後のヨアブ殺害の流儀（34 節）を見ると、さして知恵も狡猾さも必要としていないように見える。**「白髪頭を平安のうちに冥府に下らせ」**ないとは、天寿を全うさせない、ということであろう（9 節と同所への注解を参照）。要するに、遠回しの殺害命令である。エジプト等におけるのとは異なり、旧約聖書では「冥府（シェオール）」は「来世」としての積極的意味をほとんど持っていない（詩 6:6; 88:4–7, 12–13; 115:17; イザ 38:18–19 等参照）。なお、死についてのよく似た表現として、創 42:38; 44:29, 31 をも参照。

7 節　バルジライの息子たちについて

　「ギレアド人バルジライ」の一件は、アブサロムの乱でダビデが一時エルサレムからヨルダン川東岸のマハナイムに避難した際に、バルジライが他の人々とともに生活必需品や食糧をダビデに提供したことを指す（サム下 17:27–29）。その後、ダビデは恩人バルジライを宮廷に招くが、彼は高齢を理由に固辞し、代わりに息子か孫のキムハムを宮廷に入れてくれるように頼み、それが受け入れられる（サム下 19:32–40）。ただし、ここでは**「バルジライの息子たち」**と複数形で語られているが、サムエル記ではダビデについて行くのはこのキムハムただ一人である。なお、王の**「食卓で食事をする者」**とは、王が特に寵愛をほどこし、全面的に扶養する者のことである（サム下 9:7–11; 19:29; 王上 18:19; 王下 25:29 参照）。なお、このバルジライについての言葉は、5–9 節のダビデの遺言の中で唯一積極的な性格のものであるが、後の実行報告（13–46 節）の中でその実行が確認され

ることはない。はたしてソロモンはほんとうにこれを実行したのであろうか。なお、バルジライの遠い子孫たちについては、エズラ記 2:61 = ネヘミヤ記 7:63 を参照。

8–9 節　シムイの粛清

「ゲラの息子シムイ」は先王サウルの親族で、やはりアブサロムの乱の際に、バルジライとは逆に「マハナイム」に落ちるダビデに投石し、彼を激しく「呪詛した」（サム下 16:5–14）人物である。マハナイムはヨルダン東岸地方のヤボク川北岸にある町（トゥルル・エッダハブ・エル・ガルビ。Aharoni 1967:381; ABD*; NIB*. 429 頁の地図を参照）で、アブサロムに追われたダビデが一時臨時政府を置いた場所（サム下 17:24–18:3）。「二つの陣営（マハネー）」を意味するその地名は、族長ヤコブが放浪中にこの地で「天使たちの陣営」を目撃したことに由来するとされる（創 32:2–3）。

ダビデを呪う際にシムイは、ダビデが「サウルの家への流血の罪を犯した」（サム下 16:7–8 参照）と判断していたらしい。しかも、呪いを受けたダビデは、シムイが（サウルと同じ）「ベニヤミン人」なのでしかたがないと放置し、しかも少なくとも現にある「継承史」の文脈では、シムイの呪詛をヤハウェの意志に基づくものと解釈して、部下に報復を控えるように命じさえしたことになっている（サム下 16:11 参照）。しかしこの箇所からは、ダビデがシムイに呪われたことを長年の間密かに恨んでいたらしいことが分かる。大王にしては、小さなことに執念深さを持つものである。なお、シムイの出身地「バフリム」（サム下 16:5 参照）は、エルサレムの北東約 2.5 キロメートルに位置し、オリーブ山の東斜面にある現在のラース・エットゥミームと同定されている（Mulder 1998:100; ABD*; NIB*）。かつてダビデが前妻であったサウルの娘ミカルを自分のもとに連れ戻させた際に、その間にミカルと結婚していた夫パルティエルがそこまで泣きながらついて来た場所（サム下 3:14–16。429 頁の地図を参照）。

しかしシムイは、アブサロムの乱が失敗したと聞くや態度を豹変させ、一族郎党とともにヨルダン川のところでダビデの帰還を卑屈に出迎えた（サム下 19:17–23）。何とも無節操な「転向」ぶりであるが、いずれにせよその時ダビデはシムイに「お前が死ぬことはない」と誓ったことになって

いる（同 24 節）。したがって、ダビデは「**ヤハウェにかけ**」た誓いを破ることになる。それとも、8 節の「**私̇（ダビデ）が**」（お前を剣で殺すことはない）と 9 節の「**今やお̇前（ソロモン）は**」が意図的に対比されているとすれば（サム下 19:24 では誰がシムイを殺すのかは語られていない！）、ダビデではなく息子のソロモンが殺すことは誓いに抵触しない、という理屈か（実際に殺害するのはここでもベナヤである）。「**白髪頭を血に染めて冥府に下らせる**」とは、6b 節（同所の注解を参照）と同じことを多少異なる表現で表したものにすぎない（否定文→能動文）。

10–11 節　ダビデの死と埋葬

ダビデの治世についての申命記史家によるまとめ。もちろん、申命記史家たち以前の「王位継承史」自体にもダビデの死についての簡潔な記述があったと思われるが、ここでは申命記史家の一人が、自分たちの流儀でそれを書き直している。この種の記述は、後にはそれぞれの王の「治世結尾定式」としてより定型的な形で現れるが（王上 14:19–20, 29–31; 15:7–8, 23–24, 31–32 等参照）、ここではより自由な形で書かれている。例えば、治世の総年数は、通常は治世結尾定式ではなく、治世導入定式の中に記される（王上 14:21; 15:2, 10, 25, 33; 16:8, 15, 23, 29 等参照）。ただし、治世導入定式が欠けている場合に、治世の総年数が治世結尾定式の中に記される例は他にも見られる（王上 11:42; 14:20; 王下 10:36 参照）。おそらく、申命記史家たちの一人が、資料に基づく通常の定式を手本に、ダビデの死去と埋葬についての報告を独自に記述したのであろう。「**父祖たちと共に眠りにつき**」という表現は、列王記における王の死去を表す定型句（王上 11:43; 14:31 等参照）で、しかも天寿を全うしたことを示す（戦死や暗殺などの場合には通常用いられない）。もともとは、先祖代々の墓への合葬を意味した表現なのであろうが、ダビデはベツレヘム出身であるから（サム上 16:1, 18）、ダビデが新都エルサレムに葬られたのであれば文字通りの意味ではあり得ず、平穏な死去を表す定型的表現として用いられているにすぎないのであろう。「**ダビデの町**」は、かつてエブス人の都市国家があった場所で（サム下 5:7, 9）、現在のエルサレム旧市街の南東の丘に当たる（68頁の地図を参照）。ダビデ王家の墓は、捕囚後の時代から新約時代まで知ら

れていたらしいが（ネヘ 3:16; 使 2:29）、考古学的に遺構が確認されてはいない。なお、現在のエルサレムで「ダビデの墓」として観光名所になっている、旧市街南西の今日のいわゆる「シオンの丘」にある場所（「最後の晩餐の部屋」の下！）は、紀元 1〜2 世紀のシナゴーグの跡だったと考えられている。

　ダビデの治世が「**40 年間**」（サム下 5:4 参照）だったというのは、必ずしも正確な数字とは限らない（ソロモンの場合も 40 年とされる。王上 11:42 参照）。40 年は一世代の交代を示す完全数（民 14:28–35）で、「かなり長い期間」を表す概数かもしれない。彼の統治期間は「**ヘブロンで 7 年間、……エルサレムで 33 年間**」であったとされるが、サムエル記下 2:11; 5:5 によれば、ヘブロンでのそれは「7 年 6 か月」であった。

　なお、古代イスラエル史研究では、イスラエルの王としてのダビデの治世は、西暦でいえばちょうど前 1000 年前後（多数説では前 1004–前 965 年頃）と考えられている。ただし、最近ではダビデの歴史的実在を含めて、はたしてダビデの「統一王国」が史実として存在したかどうかが改めて議論の的になっていることも想起しておくべきであろう。「緒論」41–42 頁、および本単元末尾の【トピック 2】（117–119 頁）をも参照。

12 節　ソロモンの王権の確立

　内容的には、ソロモンの「**王権**」（マルクート）が「**堅く立った**」（ティコーン）とする点で 46b 節と重複するが、おそらくは申命記史家たちの一人が王位継承史の締め括りをなす後者の箇所をもとにこの文言を構成したのであろう。形式的には、「治世結尾定式」の構成要素である「後継者による王位継承」（「彼の息子 B が A に代わって王となった」）の役割を果たしている。ただし、ほんとうの意味でのソロモンの王権の確立は、後続する潜在的な政敵の排除を経たうえで初めて実現するのであるから、この位置での記述はやや時期尚早的である。

13–46 節　ダビデの遺言の実行──ソロモンの政敵の粛清

　これに続くのは、旧約聖書全体でも稀に見る陰惨な一連の政敵粛清劇である。ソロモンは、もちろん王として自ら手を下すことなく、直前のダビ

デの「遺言」を一つひとつ実行していく。前述したように、それは同時に、ソロモンにとっての潜在的なライバルや王としての統治への障害の排除にも当たり、ソロモンの王位の権力固めという実質的な意味をも持つ。その際には、ほんの些細なことが口実にされる。歴史的、政治力学的に見れば、ソロモンによるこの事実上の政敵粛清は、前述のように（66–67 頁参照）ダビデの王権が意図的にバランスを取って二股をかけようとした、イスラエル派とエルサレム派のうち、後者の勝利と前者の排除を意味した。

13–25 節　アドニヤの粛清

ただし、最初に来るこのアドニヤの処刑についてのエピソードは、先行するダビデの遺言（1–9 節）には含まれていなかった。アドニヤもソロモン同様、ダビデ自身の息子であることを考えれば、理解できなくもない（王上 1:6 における、ダビデがアドニヤを溺愛したことの強調をも参照）。とすれば、それはソロモンの独断だったことになる。ソロモンは、一度はアドニヤを赦免した（王上 1:50–53）。そして共通の父が死ぬまでは、事態をそのままにしておいた。しかし、父が死んだ今、密かに態度を変え、この異母兄を亡き者にする好機を待ち受けていたのであろう（創 27:41 等参照）。

ダビデの死後どのくらいたったのかはわからないが、「**アドニヤ**」は「**バト・シェバ**」を訪ね、かつてダビデの死の床で仕えていた「**シュネムの女、アビシャグ**」（王上 1:1–4 とその注解を参照）を妻にほしいと打ち明け、彼女に「**ソロモン王**」への仲介を依頼する（17 節）。アドニヤがバト・シェバに接近したのは、王の母として、ソロモンへの影響力が期待できたからであろう（19 節のソロモンの彼女に対する態度を参照）。彼女の言葉にある「**穏やかなことのため**」（訳注 g 参照）に来たのかという問いは、唐突に意外な——しかも有力な——客の来訪を受けたときの不安と困惑を表す（サム上 16:4–5 参照）。なお、アドニヤはすでにソロモンを王と認めているが（王上 1:51 参照）、他方でその王権が本来は自分のものになるはずだったとする悔しさを忘れてはいない（15a 節参照）。ことによると、王位を「譲った」ことの代償を求めるつもりなのかもしれない。なお、ソロモンの王権奪取が「**ヤハウェの御意向による**」（訳注 k 参照）という摂理への示唆（15b 節）は、アドニヤの言葉としてはいくら何でも不自然である。おそらく、

ソロモンの王位継承を正当視する（第1の）申命記史家の一人による付加（王上 5:19; 8:20 等参照）であろう（類似した表現として、ヨシュ 11:20; 士 14:4; 王上 12:24; 王下 6:33 等参照）。アビシャグを妻に求めたアドニヤの動機は、何ら説明されていない。しかし、かつて王位争いをした相手の母親に仲介を頼む無頓着さと警戒心のなさから見て、単に美貌（王上 1:4 参照）に魅了されてのことと理解してよいであろう。そこに何らかの政治的な野望や深謀遠慮があったようには思えない（13節でアドニヤが、「穏やかなこと（シャローム）」のために来た、と言っていることを参照）。ダビデがアビシャグと性的な関係を持たなかった（王上 1:4）のだから、彼女はまだ「処女」（王上 1:2）のままだったはずである。

バト・シェバがアドニヤの依頼を快諾し（18節）、言われるがままに（ただし、20節で「頼み」の語に巧みに「**ささやかな**」（ケタナー）の語が付け加えられていることや、21節で「与える」の語が非人称的に受動態にされている点に注意）ソロモンへの執り成しを行ったのが、善意によるのか、それとも何らかの思惑を伴うものだったのかは分からない。王位継承史の語り手は、個々の登場人物の行動については動機や心理を詳述せず、多くを聞き手（読者）の解釈に委ねている。とはいえ、あまりにも想像力を逞しくして、バト・シェバをすべての背後で糸を引く黒幕的な悪女に仕立てあげる必要はなかろう。

母を迎えるソロモンの態度は極めて礼儀正しく、懇ろなものである（19節）。なお、19節の「**彼女にひれ伏した**」が、七十人訳では「彼女に接吻した」になっている。王たる者が、たとえ自分の母親に対してであろうと、拝跪の姿勢を取るのはいくら何でもおかしい、と感じた翻訳者の「訂正」であるのかもしれない。玉座の「**右側**」に座らせるとは、特別に名誉ある扱いをするということ（詩 45:10; 110:1 参照）。しかし文脈上から見れば、そのような丁重な振る舞いも、直後に来るソロモンの態度の豹変を際立たせる働きをするものに他ならない。

母からアドニヤの願いを聞いたソロモンは、過剰な反応を見せ、アドニヤのために「**王位を求めて**」やったらいいと皮肉で無作法な言葉を母后に投げつける（22節）。おそらくは、母が口にした「**兄**」という言葉（21節）がソロモンを刺激したのであろう（「**彼は私の兄弟で、しかも私より年**

上なのですから」)。「**エブヤタル**」と「**ヨアブ**」は、言うまでもなく、いずれもかつてのアドニヤの支持者である（王上 1:7, 19 参照）。

　古代イスラエルにおいて、王位を簒奪した者は、先王のハレムを自分のものにすることによって王権の移行を象徴的に表現することがあった（サム下 12:8, 11; 16:21–22 参照）。かつてのダビデの権力闘争の相手であったエシュバアル（イシュ・ボシェト）とその後ろ盾であった将軍アブネルの間に内輪揉めが生じたのも、この問題をめぐってであったらしい（サム下 3:7–11）。しかし、アビシャグはダビデに娶られたわけでもないし、両者の間に性関係もなかった（王上 1:4）のであるから、これはこの場合には当てはまらない。それをソロモンがあえて問題にすることは、いわば言い掛かりとも言える。しかし、おそらくアドニヤは自覚していなかったが、客観的に見れば、前述のような例から見て、先王に仕えていた女性を受け継ぐことで、王位の継承権を主張したと言えなくもない。ソロモンはこの「口実」に飛び付き、ヤハウェに誓って、アドニヤの即日の死刑を宣言する（23 節）。バト・シェバの言う「ささやかな頼み」が、かつてのアドニヤへの恩赦を取り消させるほど重大な「悪」（王上 1:52）と見なされたのである。

　なお、23–24 節では誓いの言葉が重複しているが、「**神が私にどんなひどいことでもなさるように**」（23 節）という自己呪詛の定型句は、文字通りには、「神がわたしにこんなことを、いや、それ以上のことをなさるように」という特徴的な表現で、自分を害するようなゼスチュアと共に発言されたものと推測される。「ヤハウェ」ではなく「神（エロヒーム）」を主語とするこの定型句的成句自体は非常に古いものと思われるが、申命記史書で愛用される表現（サム上 3:17; 14:44; 20:13; 25:22; サム下 3:9, 35; 19:14; 王上 19:2; 20:10; 王下 6:31）で、ここではおそらく申命記史家の一人による加筆。なお、23 節後半の言葉は、訳注に示したように、文字通りには「アドニヤが自分の命にかけてこの言葉を語ったのであれば」であるが、文章的に先行文との繋がりが悪い。多くの伝統的な訳に従い、「彼の命にかけて」に当たる「ベ・ナフショー」の語を「彼の命を保っている」の意味に解し、私訳のように訳した。

　「**ヤハウェのお命**」（ハイ・YHWH）にかけての誓いについては、列王記

上 1:29 と同所への注解を参照。ただしこの 24 節では、神名「ヤハウェ」に関係詞（アシェル）に導かれた関係節が二つもぶらさがっていて、やや冗長である。このうち二つ目の「**かつて約束された通り私のために家（＝王朝）を興して**（文字通りには、「作って」）**くださった**」（24 節）という関係節は、明らかにかつてのナタン預言（サム下 7:11b, 16a）への示唆で、やはり申命記史家たちの付加であろう。ここでは、ソロモンをダビデの後継者として予告するナタン預言が、結果的に、よりによってソロモンのアドニヤ粛清を正当化するかのような形になっている。（ソロモン派の）傭兵隊長「**ベナヤ**」（王上 1:8, 26, 36–37 参照）によるアドニヤによる殺害そのものは、詳しい経過の描写もなく、あっけないほど簡単に記される（25 節）。正式な審理も行われず、弁明の機会も与えられていないので、法に基づく処刑というより、単なる暗殺である。

26–27 節　エブヤタルの追放

粛清は、さらにかつてのアドニヤの支持者たち（22b 節参照）にも広げられる。ダビデの後継者争いの際にアドニヤ側に立った祭司「**エブヤタル**」（王上 1:7, 19, 25）は、彼の故郷に追放される。故郷とされる「**アナトト**」は、エルサレム北東約 4.5 キロメートルにあるベニヤミン領の町で、レビ人の町の一つ（ヨシュ 21:18）。現在のアナータ付近の廃丘ラース・エルカッルーベに同定されている（Aharoni 1967:372; ABD*; NIB*. 429 頁の地図を参照）。預言者エレミヤもこの地の祭司の家系とされるが（エレ 1:1; 32:6–15）、エブヤタルとエレミヤの間に（300 年以上の時を隔てた！）血統上の繋がりがあるかどうかは不明である。ソロモンは、エブヤタルは本来なら「**死に値する者**」（訳注 q 参照）だが、ダビデの時代に「**主ヤハウェの箱を担いだ**」こと（サム下 15:24–26, 29）や、（ダビデがサウルに追われ逃げ回っていた時期や、アブサロムの乱の際に）ダビデと「**苦労を分かち合っ**」たこと（サム上 22:20–22; 23:6, 9; 30:7; サム下 17:15–16; 19:12–13 等参照）に免じて、命は奪わず「**祭司職から追放**」するに止める、と恩着せがましく言う（26–27 節）。わが国でも「坊主殺せば七代祟る」と言うが、——サウル（サム上 22:16–19 参照）とは異なり——聖職者の聖性に対する多少の遠慮もあったのかもしれない。なお、「ヤハウェの箱（アローン）」ない

し「契約の箱」については、列王記上 3:15 への注解を参照。

　ヤハウェが「**シロでエリの家について語った言葉**」（27b 節）というのは、サムエル記上 2:31–33 の（事後）預言を指したもので、ここでは申命記史家たちの一人が、二つの箇所の間に「預言—成就」の図式を設定している。列王記における、申命記史家的な預言成就定式（「緒論」35–36 頁参照）の初出である。ここでもまた、結果的には皮肉にも、権力掌握を狙うソロモンの政治的な思惑に基づく恣意的な粛清行為が、ヤハウェの言葉の成就をもたらすかのような形になっている。ただし、厳密に言えば、エブヤタルはシロの祭司ではなく、ダビデを助けたためにサウルに虐殺されたノブの祭司たちの生き残りなので（サム上 22:11–20）、牽強付会とも言える。とはいえ、シロのエリ家とノブの祭司たちは、サムエル記上 14:3 および同 22:11, 20 の系図における「アヒトブ」を通じて、首の皮一枚でかろうじて繋がっているのではあるが（この系図関係も、申命記史家たちによる二次的加工か？）。

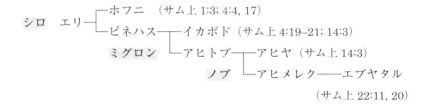

　なお、このエブヤタルの追放も、先行するダビデの遺言（2–4 節）には含まれていないので、ソロモンが独自の判断で行ったものということになろう。

28–35 節　ヨアブの粛清

　ソロモンによるヨアブの粛清は、死の床でのダビデの指示（5–6 節）に従った形になる。アドニヤの殺害とエブヤタルの追放についての「**報せ**」を聞くと、かつて「**アドニヤには従った**」ヨアブ（王上 1:41b 参照）は、次は自分の番だと察知したのであろう。さきにアドニヤがしたように（王上 1:50 参照）、「**ヤハウェの天幕**」に逃げ込み、「**祭壇の角をつかんだ**」（28 節）。

すなわち、聖所の不殺生の庇護を求めたのである（これについては、王上 1:50–51 への注解を参照）。なお、この「天幕」については、列王記上 1:38–40 への注解を参照。ちなみに七十人訳では、29 節に当たる部分に、人を介したソロモンとヨアブの対話が挿入されている。「ソロモン王はヨアブのもとに〔人を〕遣わして、『お前が祭壇に逃れるとは、どうしたことだ』と言わせた。するとヨアブは言った。『私はあなたが恐ろしくなり、主のもとに庇護を求めたのです』」。これがもとからあった文章だとすれば、そこにヨアブの良心の呵責が示唆されていることになる。現在のマソラ本文にこの対話が欠けているのは、二つの文章がいずれも「ソロモンは……遣わした（ワイシュラハ　シェロモー）」という同一の文で始まっていたため、写字生が一文を見過ごす重文脱落（ハプログラフィ）が起こったためかもしれない（Burney 1903:23–24; Gray 1977[*]; Würthwein 1977[*]; Cogan 2001[*]）。ただし、七十人訳における追加テキストが、ソロモンのあまりにも過酷な即決判断の印象を和らげようとする二次的加筆だということも考えられる（Noth 1968[*]）。

　ソロモンはベナヤに、ヨアブを殺害するように命じる。「ヤハウェの天幕」のところに来たベナヤが、まず「**外に出よ**」というソロモンの言葉（ただしソロモンがほんとうにそう語ったのかどうかは確かでない）を伝えたことには、さしものベナヤも聖所内で殺人を犯すのを躊躇したことが示唆されている（30 節）。これに答えるヨアブの「**私はここで死ぬ**」という言葉は、どうせ死ぬならソロモンに聖所冒瀆の汚名を着せて死ぬという怨念のこもった覚悟を表しているともとれるが、聖所の庇護権に頼って「死ぬまでここを離れない」という意味にもとれる。直後のソロモンの皮肉な言葉から見て、後者のように理解した方がヨアブの死の悲劇性が高まる。すなわち、ヨアブの抵抗を受けてベナヤはソロモンに改めて指示を求めるが、ソロモンは「**彼が言う通りにしてやれ**」と命じる（31 節）。これは、聖所であってもかまわずヨアブを殺害せよということである。要するに、ソロモンはヨアブが言った「死ぬまでここを離れない」という意味での「ここで死ぬ」という言葉を、（意図的に）別の意味にとったのである。

　その際に、ソロモンは（5 節でのダビデの指示に従い）ヨアブ処刑の正当化として、ダビデ自身が遺言の中でしたように、彼がかつて「**アブネル**」

と「**アマサ**」を殺害したこと（5–6 節への注解を参照）を引き合いに出す（32 節）。意図的な殺人は、聖所の庇護の対象とはならなかったこと（出 21:14 参照）を顧慮したものか（Houtman 1996）。「**理由もなく**」（ヒンナーム）血を流すとは、無実の者の血を流すということであり、「**血**」が「**彼自身の頭上**」に返るとは、自業自得の報いを受けるということ（33, 37 節; サム上 25:39; サム下 1:16; 3:29 等参照）である。なお、ヨアブのアブネル殺害には、前述のように、弟アサエルをアブネルに殺害されたこと（サム下 2:18–24 参照）への「血の復讐」という面もあり、必ずしも「理由のない」ものとは言いきれない（5–6 節への注解を参照）。

しかも 32a 節では、ヨアブの殺害が「**ヤハウェ**」自身の処罰行為として解釈されている。権力者が自分の暴政を正当化するために神を引き合いに出すのは常套手段である。ただし、ここでの宗教的な解釈は、流された血が言わば自動的に加害者とその子孫の上に返るとする、直後の応報主義的な記述（33 節）と微妙に異なる神学的応報観念を示しており、申命記史家の一人による加筆の可能性がある。同じような現象は、シムイの粛清を扱う 36–45 節にも見られる（同所への注解を参照）。

直後の 33a 節では、これとは異なる自業自得的な応報が、殺人者であるヨアブ個人だけでなく、「**彼の子孫の頭上に永遠に返る**」と子孫代々にまで拡張されている。同じ節の後半では、しかもこれと対比するかのように、「**ダビデとその子孫、彼の家と彼の王座には、ヤハウェからの平和（シャローム）が永遠にあるように**」という祈願がなされる。後者（33b 節）は、ダビデ王朝の永遠の存続を期待する捕囚前の（第 1 の）申命記史家の一人の編集句であろう（サム下 7:16 参照）。

ベナヤは命令を実行する（34 節）。ヨアブの遺体が「**自分の家に埋められた**」というのは、功績も多かったこのダビデのかつての名将に、最低限の名誉は与えられたということである（王下 9:10, 34, 37 等参照）。ただし、「自分の家に埋められた」というのは、正式の墓所への埋葬ではなかったことを示唆しているのかもしれない。ダビデの甥でもあったヨアブの故郷は、ダビデと同じベツレヘムであった。そこには、彼の兄弟アサエルも葬られた「父の墓」があったはずだが（サム下 2:32）、ヨアブはそこには葬られなかったということであろう。

ヨアブを殺害した「**ベナヤ**」自身が、ヨアブに代わって「**軍の司令官**」に任命される（35節）。すなわちベナヤは、今や傭兵隊の隊長と民の召集軍の司令官を兼ねることになったわけである。明らかな論功行賞である。また、「**ツァドク**」が「**エブヤタルに代えて**」祭司になったとされるが、ダビデ時代には祭司はエブヤタルとツァドクの2人制であった（サム下 8:17; 20:25）ので、今やツァドクが単独の祭司になったということであろう。このこともまた、サムエル記上 2:35 の「事後予言」を成就させる形になっている。なお、少なくとも捕囚後のエルサレム第二神殿では、ツァドクの子孫でなければ大祭司になれなかった（エゼ 40:46; 43:19; 44:15; 48:11 等参照）。

　列王記上 1:5–10 への注解でも述べたが、ダビデの政権は、軍事部門と宗教部門についてはイスラエル派とエルサレム派のバランスを取った二頭体制であった。しかし、ソロモンの即位の結果、イスラエル派（ヨアブ、エブヤタル）は粛清され、エルサレム派（ベナヤ、ツァドク）の単独支配が実現したことになる。なお、七十人訳では 35 節の後にかなり長い補遺が続いている（本単元末尾の【トピック 1】［117 頁］参照）。

36–46a 節　シムイの粛清

　「**シムイ**」の粛清も、ダビデの指示（8–9節）に従った形になる。シムイは、「王位継承史」ではたいした重要性を持たない傍役の一人にすぎない。しかも、エブヤタルやヨアブの場合とは異なり、シムイが王位継承権争いの際にアドニヤを支援したという形跡もない（それどころか、王上 1:8 では「シムイ」が反アドニヤ派であったかのようにさえ読める。ただし、これについては同所への注解を参照）。いかなる意味で、シムイはソロモンの政敵であったのだろうか。しかし、ダビデの先王サウルの家に属するベニヤミン人であり——この意味で彼には正統的な王位継承権を主張する権利さえあった——、一度はダビデの王権に反抗した人物（サム下 16:5–8 参照）で、しかも 1000 人もの部下を率いる有力者（サム下 19:18 参照）であったことを考えれば、ソロモンが自分の支配の潜在的な障害として彼を警戒したとしても理解できることである。ソロモンは、まず彼に「**エルサレム**」に住むように命じ、「**そこからどこにも出て行ってはならない**」と戒める（36節）。

禁足令を科し、監視下に置いたわけである。「**キドロンの谷**」(37節)はエルサレムの東側、オリーブ山の西側を南北に走るワディ(雨季だけ水の流れる谷川)で、いわばエルサレムの東側の境界をなす(68頁の地図を参照)。シムイの故郷バフリム(8節への注解参照)はオリーブ山のさらに東側にあるベニヤミン領内の町であるから、ソロモンはシムイを彼の配下のベニヤミン部族から切り離し、出身部族との接触を禁じたことになる。なお、37節(および42節)で用いられている(命令を破った場合)「**お前は必ず死なねばならない**」とする死刑定式(原文では「モート　タムート」。訳注v参照)については、出エジプト記21:12, 15、レビ記20:2, 9、サムエル記上14:39, 44; 22:16等を参照。シムイは王のこの命令に差し当たっては素直に従う(38節)。

ところが「**3年**」後、シムイの「**2人の奴隷**」たちが逃亡した(39節)。逃亡先の「**ガト**」は、パレスチナの南西にあったペリシテ人の五つの都市国家の一つ(サム上6:17)で、巨人ゴリアトの出身地でもある(サム上17:4)。シェフェラー(ユダ西部の丘陵地帯)北西に位置する現在のテル・エッサーフィーに同定されている(Aharoni 1967:376; ABD*; NIB*. 429頁の地図を参照)。その王は「マアカの息子アキシュ」であった。かつてダビデのもとで親衛隊の役割を担ったガト(サム下15:17-23参照)は、ダビデやソロモンの治世でも事実上自治を与えられており、王の地位も存続していたのであろう。まだ王になる以前のダビデがサウルに迫害された際に、ダビデはガトに逃れたが、その時のガトの王は「マオクの息子アキシュ」であった(サム上27:1-6。なお、サム上21:11-16をも参照)。もし、この箇所(39節)の「マアカ(מעכה)」(サム下3:3; 王上15:2, 10参照)が「マオク(מעוך)」の誤記であり、両者のアキシュが同一人物であったとしたら、王になる前のダビデの時代から40年以上の時を経ていることになるので、アキシュは相当の老齢であったということになろう。

いずれにせよ、シムイはガトに出かけて行って奴隷たちを連れ戻して来る(40節)。なお、申命記法では逃亡奴隷を元の主人に引き渡すことが禁じられているが(申23:16-17)、アキシュはペリシテ人なので頓着しなかったのであろう。逃亡奴隷の返還義務は、オリエント世界の条約文書などにもしばしば規定されている。

シムイは明らかに西に向かったのであるから、（エルサレムの東側にある）キドロンの谷を越えてはならない（37節）、という禁令を形式的には破っていないことになる。シムイ自身にも、王命を破ったなどという自覚はなかっただろう。ことによると、ソロモンの禁令（36節）で用いられているヘブライ語の「ヤーシャブ」という語の二義性がここで皮肉な役割を演じているかもしれない。もともと「座る」を意味するこの動詞は、「住む」の意味にも、「留まる」の意味にも解し得るのである。シムイにしてみれば、自分は奴隷たちを連れ戻しに行っただけで、依然としてエルサレムに「住んでいる」と思っていたことであろう。

　しかしながら、この些細な西への小旅行がソロモンに格好の「口実」を与える。ソロモンは、シムイが「**ヤハウェへの誓い**」を破ったと二度も糾弾するが（42-43節）、少なくとも36-38節には、シムイの「誓い」については何も語られていなかった。それはあくまで、ソロモンとシムイの間の個人的な口約束にすぎないのである。したがってソロモンは、かつてシムイを殺すことはないと誓ったダビデの「誓い」（サム下19:24）は反故にしておいて、そのシムイがよりによって誓いを破ったという口実で彼を処刑してしまう、ということになる。しかも、ここでもソロモンは、ヨアブの場合（31-32節）同様、シムイ殺害が自業自得の報いである（37節）ことと、それが「ヤハウェ」自身の懲罰であることを強調する（44節「**ヤハウェはお前の悪をお前自身の頭上にお返しになる**」）。ここでもまた、悪しき行為がいわば自動的に災いを引き起こすという非人格的な応報観（37b節）と、それがあくまでヤハウェの神罰であるとするより宗教的な観念（44b節）が重複、並存しているように見える。前者がより古い伝統的な応報観の反映であるのに対し、後者は申命記史家の一人が神学的に「訂正」した可能性がある。

　ソロモンへの祝福とダビデの王座の永遠の存続が祈願される45節も、ソロモン自身の言葉であるにもかかわらず「**ソロモン王**」について3人称で言及されていることに示されているように、二次的な付加であり、同じような趣旨の33b節同様、申命記史家の一人による編集句であろう。ここでもまた、ダビデの「**王座**」（キッセー）が「**永遠に**」（アド・オーラム）「**堅く立つ**」（ナコーン）ようにとされることで、ナタン預言（サム下

7:16）が回想されている。

シムイの処刑に当たっては、ここでもまた、ベナヤが「死神」役を演じる（46a 節）。

46b 節　結び

46b 節はおそらく「王位継承史」の結びの言葉。しかし、ここで「〔**このようにして、**〕**王国**（マムラカー）**はソロモンの手に堅く立った**（ナコナー）」と言われても、白々しく、後味の悪い思いが残る。なお、七十人訳では、46 節の後にも長い補遺が続いている（【トピック 1】を参照）。

【解説／考察】

独裁的な権力者たろうとする者が、政敵や自分の支配の障害になる（と恣意的に見なした）人々を物理的に排除しようとする粛清は、人類の歴史上数限りなく繰り返されてきた。ここ 100 年ほどに限っても、われわれはレーニン、ヒトラー、スターリン、毛沢東、ポル・ポト、サダム・フセイン、アサド親子らの例を想起する。支配権を握った弟が、権力固めのために腹違いの兄を暗殺させるという事態は、比較的最近、北朝鮮をめぐって起こっている。この約 3000 年前の物語を聖書に読むとき、人間の本質は時代を経ても変わらないということを思い知らされる。その意味で、この物語は残念ながら、悲しいまでにはなはだ「現代的」なのである。さらに恐ろしいことは、そのような暴力行為が、しばしば「神」（あるいは「正義」や「革命」）の名において行われてきたことである。この物語は、そのような政治や権力による宗教の濫用についても警鐘を鳴らしている。

1 章でも見たように、「王位継承史」の著者は、一方でソロモンの王位継承には基本的な正当性を認めながら、ソロモンが権力を固める手段については厳しい批判的視点から描いている。そこでは、ほんの些細な事柄がまるで言い掛かりのように政敵の粛清行為の口実に利用され、言葉の多義性が悪用され、かつての約束が反故にされ、誓われてもいないことが誓われたことにされ、聖所で血が流される。そのような人間の醜さを、著者は距離を取った醒めた視点から、赤裸々に描き出す。それは、いわば権力と

いうものの「原罪」の姿である。

「王位継承史」を自分の歴史書に取り入れたヨシヤ時代の第1の申命記史家たちは、しかし、事態を少し異なる角度から見ていたようである。列王記においては、この章で初めて、申命記史家たち自身のさまざまなイデオロギーが直接示される。史家たちによれば、このような混乱や流血も、ソロモンの王位の確立とダビデ王朝の安泰のためにはいわば止むを得ざることであった。しかも、そのような人間的な権謀術策の背後に、人知を超えたヤハウェの歴史的摂理が働いているのである（15b, 23, 24b, 27b, 32a, 33b, 44b–45 節）。

なお、列王記に描かれたソロモンの即位をめぐる一連の陰惨な事態に耐え得なかったのが、『歴代誌』の著者である。彼は、同じくダビデからソロモンへの王位交代を描きながら、バト・シェバとヘト人ウリヤをめぐるダビデの過ち（サム下 11–12 章）も、アムノンの強姦事件（サム下 13 章）も、アブサロムの乱（サム下 15–19 章）やシェバの乱（サム下 20 章）等のダビデの治世後半における混乱も、列王記冒頭に描かれたアドニヤの王位奪取の企て（王上 1 章）や、ソロモンの政敵粛清（本章）などの暗い出来事についての記事もすべて割愛し、ソロモンが神の選びとダビデの自発的で積極的な指名（代上 22:9–10; 28:5–7）のもと、すべての他の王子たちの全面的な承認と賛同（！）をも得て（代上 29:24）、何の問題もなく円滑に王位を継承したように、歴史の流れを「修正」している（代上 29:22–25）。

トピック
1　七十人訳における補遺について

　七十人訳の写本の多くでは、29節に短い追加テキスト（該当部分への注解を参照）がある他、35節と46節の後ろにかなり長い補遺が続いている。しかし、そこではもっぱらソロモンについての他の記事の情報が繰り返されており、独自の本文批判的な意義は少ないと一般的に考えられている。主な内容は以下の通り（括弧内は類似した箇所。文言はかなり異なる場合が多い。なお、アルファベットは Rahlfs 版の七十人訳における箇所記号）。

　王国第三 2:35a–o：ソロモンの知恵と名声（←王上 4:9–10）。ファラオの娘との結婚（←王上 3:1）。ソロモンの労働者たち（←王上 5:29）。神殿備品の製作（←王上 7:23, 38）。城塞建築と城壁の修理（←王上 11:27b）。ファラオの娘の引っ越し（←王上 9:24）。ソロモンの犠牲奉献（←王上 8:64）。ソロモンの監督官たち（←王上 5:29）。町々の建設（←王上 9:15, 17）。シムイについてのダビデの遺言（←王上 2:8–9）。

　王国第三 2:46a–l：ソロモンの知恵とイスラエル、ユダの繁栄（←王上 4:20）。ソロモンの支配と諸国の貢納（←王上 5:1）。ソロモンの建設事業（←王上 9:18–19）。ソロモンの宮廷の食糧（←王上 5:2–3）。ソロモンの支配とイスラエル、ユダの平和（←王上 5:4–5）。ソロモンの高級官僚たち（←王上 4:1–6）。

2　テル・ダンにおけるダビデの「発見」について

　ほんの四半世紀ほど前までは、ダビデという人物の歴史的実在を裏付ける聖書外史料は一つもなかった。それゆえ、ダビデとその統一王国の存在が史実であるかどうかは、しばしば議論の対象となった。特に、1990年代には、旧約聖書の史料的価値を極端に懐疑的に見る急進的な研究者（Thompson 1992; Davies 1995; Lemche 1998 等）がヨーロッパを中心に輩出し、旧約聖書の描く歴史像が基本的に史実を反映するものと見る、よ

り伝統的な聖書学者やイスラエル史学者と激しい論争を繰り広げた（「緒論」41 頁参照）。これらの急進派の人々に言わせれば、旧約聖書の物語の大部分はペルシア時代（前 6 世紀末 – 前 4 世紀末）やヘレニズム時代（前 3 世紀 – 前 1 世紀）のユダヤ人が自分たちのアイデンティティの確立のために創作した「黄金時代」のフィクションであり、聖書外史料や考古学的出土物によって裏付けられない限り、いっさい歴史的な史料として用いられるべきではない。これらの研究者たちは、旧約聖書の史料的価値を最小限しか認めないために、批判する側からはしばしば「ミニマリスト（最小限主義者）」と呼ばれた。ただし、彼らから見れば、伝統的な聖書学や古代イスラエル史の歴史像の擁護者たちの方が「マクシマリスト（最大限主義者）」であり、あるいは聖書の根本的な真理性を無批判に信ずる「ファンダメンタリスト（原理主義者）」に他ならないのである。

　ところが、両陣営の論争の真っ最中である 1993 年から 1994 年にかけて、イスラエル北部のテル・ダン（王上 12:29 などに出てくるダン）の発掘現場で、ある碑文の断片が三つに割れた状態で次々と発見された。壁や石畳を造るのに再利用されていたのである。碑文はアラム語で、字体などから前 9 世紀中頃のものと考えられた。そこでは、アラム人の王と思われる人物が自分の戦勝を誇り、「イスラエルの王」である「〇〇ラム」と、「ダビデの家の王」である「〇〇ヤフ」を殺したと豪語していたのである。残念ながら肝心の名前の一部が欠損しているが、イスラエルの王で「ラム」の語尾で終わる王と、「ダビデの家」（王上 12:16, 19）すなわちユダ王国のダビデ王朝で「ヤフ」の語尾で終わる名の王が同時期に王位にあったのは、前 9 世紀中葉のイスラエルの王ヨラム（王下 3:1–3）とユダの王アハズヤ（正しくは「アハズヤフ」）の場合しかない。しかも旧約聖書によれば、この 2 人の王はアラムの王ハザエルとの戦いで共闘しており（王下 9:14–16）、アラムとの戦いの最中にイスラエルで起こった将軍イエフのクーデターで相次いで殺されているのである（王下 9:17–29 と同所への注解、および王下 9 章への解説を参照）。

　ここから、この碑文は、アラムの王ハザエルがイスラエルとユダの連合軍を打ち破ったことを記録したものであり、「ダビデ」という名の人物が歴史上実在したことを裏付ける最初の史料として、一躍脚光を浴びた。もち

ろん「ミニマリスト」の側からは異論が出され、別の読み方が提唱されたり（「ドード」という名の神の神殿のことだとする説、等）、贋作説さえ流れたりしたが、20年以上にわたる多くの研究者による綿密な検討の結果、少なくともユダ王国の王朝の創始者として、ダビデという人物が実在したことの間接的な証拠として広く受け入

テル・ダン碑文のスケッチ
下線部に「ダビデの家」という言葉が見られる

れられるようになった。すなわち、ダビデはダンで「発見された」のである。

　もちろん、理屈をこねれば、それが伝説上の王朝創始者にすぎず、実在した人物かどうか分からないという反論も可能であろう。例えば、日本の天皇家が神武天皇の子孫を自称しても、神武天皇の歴史的実在の証明にはならないのと同じである。しかし、ダビデがユダ王国の王朝創始者として前9世紀以前に実在した歴史的蓋然性は、これにより飛躍的に高まった、と言えるであろう。

　ただし、このことと、サムエル記や列王記がダビデに関して語る内容がすべて史実であるかどうかということは、全く別の問題である。特に、ダビデの王国が南北の二つの王国とイスラエルの十二部族全体を包摂した統一王国であったことや、それがアラム人、アンモン人、エドム人、ペリシテ人といった周辺の諸民族を支配するメソポタミアとエジプトの間の最大の強国であった（サム下8章や王上5:1–5等参照）と主張する旧約聖書の記述をそのまま史実と受け取るわけにはいかないであろう。ダビデ、ソロモン時代の繁栄や栄華についての旧約聖書の記述が、多分に誇張、理想化されていることは明白である。現在、多くの古代イスラエル史の実証的研究者たちは、ダビデの歴史的実在を認める場合でも、地理的事情や考古学的所見から見て、ダビデの「王国」はエルサレムとその周辺のみを領土とする比較的小規模な地方的領主国家にすぎなかったと見ている（Mazar 1992, 2010; Finkelstein/Silberman 2001; Miller/Hayes 2006; Schmitz 2011; Frevel 2016; Oswald/Tilly 2016; Schipper 2018）。

2. ソロモンの知恵と統一王国の繁栄（内政）
（上 3:1–5:14）

(1)ソロモンの知恵（上 3:1–15）

【翻訳】

導入：ファラオの娘との結婚と高台聖所群での供儀
3 章
¹ ソロモンは、エジプトの王ファラオと姻戚関係を結んだ。すなわち、彼はファラオの娘を娶り、彼女をダビデの町に連れて来て、彼自身の宮殿 ^{a} と、ヤハウェの神殿 ^{b} と、エルサレムを囲む城壁の建設を彼が完成するまで〔そこに住ませた〕。² ただし、民は高台聖所群で犠牲をささげ続けていた ^{c} 。これは、当時はまだ、ヤハウェの名のための神殿が建てられていなかったからである。³ ソロモンはヤハウェを愛し、彼の父ダビデの掟に従って歩んだ。ただし、高台聖所群で彼は犠牲をささげ続け、また香を焚き続けていた ^{d} 。

ギブオンでのソロモンの供儀
^{3:4} 王はギブオンに赴いた。そこで犠牲をささげるためである。これは、そこに大きな高台聖所があったからである。ソロモンは、1000 頭もの全焼の供儀をその祭壇の上でささげるのを常としていた ^{e} 。

夢でのヤハウェの顕現
^{3:5} そのギブオンで ^{f} 、その夜、ヤハウェは夢の中でソロモンに顕現した。神は言った。「求めるがよい。わたしはあなたに何なりと与えよう ^{g} 」。

ソロモンの望み
^{3:6} ソロモンは言った。「〔他ならぬ〕あなたは ^{h} 、あなたの僕（しもべ）であるわが父ダ

ビデに大いなる慈しみをほどこしてくださいました。これは、彼があなたの前で、あなたへの誠実さと、正義と、正しい心をもって歩んだからです。あなたは彼へのその大いなる慈しみを守り、今日、彼の王座に座す息子を彼に与えてくださいました。⁷ 今、わが神ヤハウェよ、〔他ならぬ〕あなたは ʰ、あなたのこの僕(しもべ)をわが父ダビデに代えて王としてくださいました。でも、私は若輩者にすぎず、どのように振る舞うべきか ⁱ 分からずにおります。⁸ あなたの僕は、あなたがお選びになったあなたの民、あまりに〔数が〕多すぎて数えることも調べることもできないほど多数の民の只中におります。⁹ ですから、どうかあなたの僕に聞き分ける心をお与えくださり、あなたの民を治め、また善悪を判断できるようにしてください。〔そうでなければ、〕これほど大量の ʲ あなたの民を治めることなど、誰にできましょうか」。

ヤハウェの応答と約束

3:10 このことは、わが主 ᵏ の目には善と映った。ソロモンがこの事柄を求めたからである。¹¹ そこで神は彼に言った。「あなたがこの事柄を求め、すなわち自分のために長寿 ˡ も求めず、自分のために富も求めず、あなたの敵たちの命も求めず、法を聞き分ける判断力を自分のために求めたので、¹² 見よ、わたしはあなたの言葉通りに行う ᵐ。見よ、わたしはあなたに、知恵に富む心と判断力を与える ᵐ。だから、あなたのような者はあなた以前にはいなかったし、あなたの後にも、あなたのような者は現れる ⁿ ことがないであろう。¹³ わたしはまた、あなたが求めなかったものもあなたに与えよう ᵐ。すなわち、富も、また栄光も。これについて、あなたのような者が王たちのなかに〔これまで〕一人もいなかったほどにも ᵒ。¹⁴ そして、もし、あなたの父ダビデが歩んだように、あなたがわたしの掟とわたしの命令を守って、わたしの道を歩むなら、わたしはあなたの寿命を延ばそう ᵖ」。

結び：ソロモンの目覚めとエルサレムでの供儀

3:15 ソロモンが目を覚ますと、見よ、それは夢であった。
それから彼は、エルサレムに帰った ᵠ。そして彼は、わが主の ᵏ 契約の箱の前に立ち、全焼の供儀をささげ、また和解の供儀を行った。それから彼は、すべての家臣たちのために祝宴を催した。

a: 原文は文字通りには、「彼の家」。以下でも同様。

b: 原文は文字通りには、「ヤハウェの家」。以下でも同様。

c: 動詞の形は分詞形で、継続ないし反復して行われる行為を表現する。

d: 動詞の形は分詞形で、継続ないし反復して行われる行為を表現する。

e: 動詞の形は未完了形で、過去の一回的行為ではなく、反復的に繰り返される慣行を表現する。

f: 原文では「ギブオンで」の語が文頭に出されて、強調されている。

g: 原文は文字通りには、「わたしがあなたに何を与えるべきか」。

h: 原文では、文法的に必要のない「あなた(アッター)」の語が文頭に置かれ、強調されている。7節でも同様。

i: 原文は文字通りには、「出たり入ったりすることを」。注解本文の該当箇所を参照。

j: 原文は文字通りには、「重い」。

k: 原文では、「わが主」を意味する普通名詞「アドナイ」が用いられている。15節でも同様。注解本文の該当箇所をも参照。

l: 原文は文字通りには、「多くの日々」。

m: 原文は完了形で、文字通りには「行った」。既定の事実であるかのような強い確実性のニュアンスを伴う(Burney 1903:34)。同じ節の「与える」、13節の「与える」についても同様(文字通りには「与えた」)。

n: 原文は文字通りには、「立つ」、「立ち上がる」。

o: 原文では、ここに「あなたのすべての日々(コル・ヤメーカー)」(=「あなたの生涯」)の語があるが、七十人訳には欠けている。次の14節の末尾の言葉が誤ってここに入ったものであろう。この節の動詞は、完了形(「「(かつて)いなかった(ロー・ハーヤー)」)である。

p: 原文は文字通りには、「あなたの日々を長くしよう」。

q: 原文は文字通りには、「来た」/「入った」。

【形態/構造/背景】

　列王記上 1–2 章で描かれた、権謀術策に満ちた陰惨な政治劇とは打っ

て変わって、列王記上 3–10 章では、全体として、ソロモンの優れた知恵と、その結果としてのイスラエルの文化的、経済的繁栄が華やかに描かれる。ソロモンの人柄も、これまでの目的のためには手段を選ばない冷血な野心家、策謀家の像とは 180 度転換して、少なくとも 3–8 章では、謙遜で敬虔で、国民と国家のためにその知恵を縦横に駆使し、イスラエルに平和と富をもたらす理想的な名君として描かれる。この単元（王上 3:1–15）では、そもそもソロモンにどのようにしてそのような優れた知恵が与えられたのかが明らかにされる。

この部分の構成は単純だが、最初のファラオの娘について（1 節）と高台聖所での人々の祭儀についての言及（2 節）は、この文脈中でやや孤立しており、ソロモンの物語全体（王上 3–11 章）に独特の陰りを与えている可能性もある（注解本文を参照）。

2–3 節は、1 節と 4 節以下のギブオンでの啓示のエピソードを橋渡しする経過句の役割を果たしているが、用語や文体と内容の双方から見て、申命記史家たちによる編集句と見ることができる。ギブオンでの啓示のエピソード自体（4–15 節）は、基本的に申命記史家以前の古い伝承（ギブオン伝承？）に基づくと考えられ、次のような六つの部分に分けることができる（Walsh 1996*; Kenik 1983:42, 176）。

(A) 4 節　　ギブオンでのソロモンの供儀
　(B) 5 節　　夢でのヤハウェの顕現
　　(C) 6–9 節　　ソロモンの望み
　　(C') 10–14 節　ヤハウェの応答と約束
　(B') 15a 節　ソロモンの目覚め
(A') 15b 節　エルサレムでのソロモンの供儀

この単元で何度も繰り返され、全体を統合する役割を果たしているキーワードは、何よりもまず、（ソロモンが）「求める（シャーアル）」（5, 10, 11 [5 回！], 13 の各節）と、（ヤハウェが）「与える（ナータン）」（6, 9, 12, 13 の各節）という動詞、それに「知る（ヤーダア）」、「知恵に富む（ハーカム）」、「判断する（ビーン）」（7, 9, 12 節）といった知恵に関連する用語であろう。

この単元にも、随所に申命記史家的用語法や観念が集中的に見られるが、前述のように、そこにより古い、申命記史家たち以前のギブオンの聖所に結び付いていた伝承が取り入れられている可能性は高い（Särkiö 1994:19–24; Wälchli 1999:57–60, 220–221; Campbell/O'Brien 2000:336–339）。そもそも、祭儀的にエルサレム中心主義の申命記史家たちの理念と、ギブオンでの供儀と啓示の伝承は相いれない。何箇所かで、神名に「ヤハウェ」ではなく、普通名詞「神（エロヒーム）」が用いられていること（5b, 7［？］, 11節）も申命記史家的ではない。申命記史家たちは、この伝承とエルサレムを唯一の正統な聖所とする自分たちの祭儀的規範との緊張関係を何とか調停しようとして骨を折っているようである（2–3節とその注解を参照）。

ことによると、この伝承の原形も『ソロモンの事績の書』（王上 11:41）から取られたのかもしれない。もしそうだとすれば、それは当然ながら、もともとはソロモンの王位や政策の正当性を根拠づけるために語られていたのであろう。

【注解】

1節　ソロモンとエジプトのファラオとの姻戚関係

「**ファラオ**」（ヘブライ語では「パルオー」）はエジプトの王の称号（創 12:15–20; 出 1:11–22 等参照）。もともとはエジプト語「ペル・アア」、で「大きな家」を意味し、エジプト王の住む王宮を意味したが、第18王朝のトトメス3世（前1480年頃 – 前1425年頃）の頃から王自身の称号としても用いられるようになった。わが国で天皇の住まう御所の門を意味した「御門（みかど）」の語が後に天皇自身の称号「帝（ミカド）」になったことと似ている。なお、「ファラオ」はヘブライ語の「パルオー」のギリシア語転訛。

ソロモンが「**ファラオの娘**」を娶ったのは、ある種の政略結婚であり、エジプトとの善隣関係を確保するためであろう。ソロモンがエジプトの王女を妻とした（王上 9:16 をも参照）という伝承が歴史的であるかどうかは、研究者の間でも論争の的になっている。古代オリエント世界では、各国の王家間でさかんに政略結婚が行われたが、大国エジプトはもっぱら外国か

ら（人質代わりに）入り婿や王女を取る側であり、エジプト側が王女を出すというのは例外的であったらしい。面白いエピソードに、あるバビロン王がエジプトのファラオ、アメンヘテプ 3 世（在位前 1388– 前 1351/50 年）に王女を嫁にほしいと願ったが、断られ、「誰でもいいから美女を 1 人、王女という触れ込みでバビロンに送ってほしい」と嘆願した例が知られている。ソロモンの場合も案外、真相はそれと似たり寄ったりだったのかもしれない。ただし、ソロモンの治世を前 10 世紀後半（前 965– 前 926 年頃）と仮定し、彼がエジプトの王女を娶ったのが治世 4 年目（王上 6:1 参照）に始まったとされる神殿建設以前だったとすれば、ソロモンの「義父」に当たるファラオはエジプト第 21 王朝のシアメン王（在位前 979/78– 前 960/59 年）かプセンネス 2 世（在位前 960/59– 前 946/45 年）であったことになる。いわゆる第 3 中間期に当たるエジプトのこの王朝は極めて弱体であったので、例外的にイスラエルとの同盟のために王女を嫁に出した可能性も排除できない。これに対し、ソロモンの「義父」がリビア系の第 22 王朝の創始者シェションク 1 世（在位前 946/45– 前 925/24 年）であったという可能性は、この王がソロモンよりも 20 年近くも後に即位したことや、後にソロモンの政敵となるヤロブアムの亡命を受け入れたこと（王上 11:40 と同所への注解を参照）から見て、ほとんど考えられない。

　ソロモンの第一夫人がファラオの娘であることについては、列王記上 7:8; 9:16, 24; 11:1 にも言及がある。注目すべきことに、（王上 11:1 を例外として）それらの箇所では、この箇所（王上 3:1）と同様、ファラオの娘への言及がソロモンの建築活動と何らかの仕方で結び付いている。おそらくそれらの言及は、申命記史家たちが用いた資料（王上 11:41 に言及される『ソロモンの事績の書』？）では一続きの文脈をなしていた可能性があるが（Na'aman 1997:63–67）、申命記史家たちはそれをバラバラに分解して、自分たちの編集したソロモンの物語の随所に分散させたのであろう。

　もとの伝承では、ソロモンの第一夫人がエジプトの王女だったことは、あくまでソロモンの名誉の表現であり、イスラエルが伝統的な「一等国」であるエジプトと肩を並べる大国になったことを示すものとして肯定的なニュアンスを持っていたと考えられる。しかし、現在ある申命記史書の文脈で読む場合、ソロモンについての物語の冒頭に「ファラオの娘」への言

及があることは、ある種の独特のニュアンスを帯びる。一方で申命記（申 7:3）や申命記史書（ヨシュ 23:12）においては、異民族の女性との「姻戚関係」は異教への転向に繋がるものとして批判的に見られており、他方でソロモン物語の最後においては、――少なくとも現在の形では――ファラオの娘が妻であったことがソロモンの堕落と背教に繋がり、ひいては彼の死後の王国分裂の究極的な原因になったかのように読めるからである（王上 11:1 と同所への注解を参照）。それは、ソロモンの栄華を語る全体として明るく輝かしい曲想の中の何箇所かに不意に挿入される不吉な不協和音のような効果があり、最後に待ち受ける悲劇的な破局をかすかに予感させるかのような役割を果たしている（Särkiö 1994:18–19; Provan 1995*; Walsh 1996*; Brueggemann 2000*; Sweeney 2007*; Duncker 2010:190–191; Wray Beal 2014*）。

「**ダビデの町**」はこの時点での王の居城。いわゆるエルサレムの南東の丘で、都市としてのエルサレムの発祥地。列王記上 2:10 への注解と、68 頁の地図を参照。なお、列王記上 6:38; 7:1; 9:24 の記述を勘案すれば、ファラオの娘は 20 年間以上もこの場所に留まっていたらしい。

ファラオの娘への言及と並んで、ソロモンの物語の冒頭のこの箇所で、後続するソロモンの物語の主要主題をなすソロモンの建築活動についても予示がなされる。ソロモンの「**宮殿**」（訳注 *a* 参照）の建築については、列王記上 7:1–12 を参照。「**ヤハウェの神殿**」（訳注 *b* 参照）の建設については、同 6:1–38 を参照。エルサレムの「**城壁**」の建設については、同 9:15; 11:27 等を参照。ソロモンは宮殿と神殿の建設によって「**エルサレム**」の領域を北に大きく拡張するので、その分、城壁も北に大きく広げねばならなかったのであろう（68 頁の地図を参照）。列王記上 6–7 章、および同 9:1 に反し、ここで「神殿」と「宮殿」の順序が逆になっているのは何らかの意図に基づくものであろうか（Provan 1995*; Walsh 1996*）？

2–3 節　高台聖所群での供儀

2–3 節は、申命記史家たちによる経過句。冒頭の「**ただし**」（ラク）の語は、本来は直前に言われたことを制限、留保したり条件づけたりする働きをするものである。申命記史書では「高台聖所」における祭儀への言及

と関連して定型句的に用いられ、通常は、基本的に肯定的に評価されるユダの王たちの多くが、高台聖所を取り除かなかった点を指摘する文脈で用いられる（王上 15:14; 22:44; 王下 12:4; 14:4; 15:4, 35 等）。この部分も、基本的には、申命記史家の一人が書いたものであろう。しかし、ここでは直前の文脈（ソロモンのファラオの娘との結婚と建築活動）との繋がりがいかにも悪い。

「高台聖所」（単数「バーマー」、複数「バモート」）とは、各地にあった地方的な祭儀場（サム上 9:12–14, 19, 25; 10:5, 13 等参照）で、自然の高台が利用される場合も、人工的に築かれる場合もあったらしい。形態的にはさまざまで、露天の場合もあれば、上に「社（やしろ）」が建てられる場合もあった（王上 12:31; 13:32; 王下 17:29; 23:19 参照）。それ自体は必ずしも異教的なものとは限らず、――特にエルサレムの神殿の建設以前の時代においては――ここで描かれているようにヤハウェへの礼拝にも何の問題もなく用いられた（サム上 9 章）が、申命記主義の二大原則は唯一の神ヤハウェのみの礼拝（祭儀の純潔性［クルト・ラインハイト］）と唯一の正統的な聖所での礼拝（祭儀の統一性［クルト・アインハイト］）なので（「緒論」33–34 頁参照）、申命記史家たちはエルサレム神殿以外の祭儀場の正統性を認めず、「高台聖所（群）」は、後には申命記史家たちによる厳しい排撃の対象となる（王上 11:7; 12:31–32; 13:2, 32–33; 14:22–24 等参照）。ちなみに、列王記において「高台聖所」を取り除いたことで称賛されているユダの王は、ヒゼキヤ（王下 18:4）とヨシヤ（王下 23:8, 13, 15, 19）の 2 人だけであり、他の王たちの場合には、肯定的に評価されている王たちの場合でも、前述のように「ただし（ラク）、高台聖所は取り除か（れ）なかった」という留保が付けられるのが常である（上記の諸箇所を参照）。

なお、この高台聖所については、奇妙な現象がある。申命記史書でしばしば高台聖所と並んで異教的なものとして非難される「石柱（マッツェバ）」や「アシェラ」（申 7:5; 12:3; 16:21–22; 王上 14:23; 王下 17:9–10; 18:4; 23:13–14 参照。なお、王上 14:23 への注解をも参照）とは異なり、申命記本体には、この高台聖所（バーマー）の建立を禁止する規定がないのである。そもそも申命記における「バーマー」の語の用例は、おそらくは申命記の本来的部分ではない「モーセの歌」中のただ一か所（申 32:13）だけであり、

しかもそこでは祭儀的意味を持たない自然の「丘陵地」の意味で用いられている。ここには、「申命記」と「申命記史書」の間に微妙な差異があることが示唆されている。

さて、申命記史家の一人は、ここでは「**まだ……神殿が建てられていなかった**」ということで、高台聖所群（複数形「バモート」）の存在を不承不承容認している（2節）。しかし、民が「**高台聖所群で犠牲をささげ続けていた**」ということは、後には祭儀統一の原則に反する否定的な意味で語られるようになり（王上 22:44; 王下 12:4; 14:4; 15:4, 35 等参照）、列王記全体の文脈の中では、この箇所をもその予兆的な意味で読むことも可能である。

なお、将来建てられるべき神殿が、「**ヤハウェの名のための神殿**」であるとされること（いわゆる申命記主義の「名の神学」）については、列王記上 5:17; 8:17 と両者の箇所についての 193–194 頁、291 頁の注解を参照。

3節でこの申命記史家は、直後にソロモンが高台聖所（バモート）で犠牲をささげることを埋め合わせるかのように、彼が「**ヤハウェを愛し**」たことを強調する。サムエル記下 12:24–25 によれば、ソロモンは——死に定められたダビデとバト・シェバの間の最初の男児（サム下 12:14–23 参照）とは異なり——、生まれた時からヤハウェに愛された（ソロモンの別名「エディドヤ」は「ヤハウェに愛された者」という意味である）。したがって、ヤハウェとソロモンは言わば「相思相愛」だったことになる。ヤハウェへの愛（動詞「アーハブ」）は、申命記的文学における至上命令の一つである（申 5:10; 6:5; 7:9; 10:12; 11:1, 13, 22; 13:4; 19:9; 30:6, 16, 20; ヨシュ 22:5; 23:11 等参照）。しかし、列王記で—ダビデやヨシヤを含め—特定の王がヤハウェを「愛した」ことが特記されるのは、なぜかこの箇所のソロモンについてだけである。他方で、申命記史書の文脈で見れば、皮肉なことに、後にソロモンがヤハウェへの愛を忘れ、「外国の女たち」を「愛する」とき（王上 11:1 参照）、彼の王国の没落が始まることになる。なお原文では、2節と同様（4節とは異なり）、「高台聖所」が複数形（バモート）であることや、動詞の形（訳注 c, d 参照）から、エルサレムの周囲にいくつもの高台聖所群があり、ソロモンがそれらを巡回するようにあちこちで犠牲をささげる習慣があったという意味に読める。

なお、3節の中段には、ソロモンが「**彼の父ダビデの掟に従って歩んだ**」

ことが強調されているが、一部の研究者のように、このような律法遵守の強調を自動的に捕囚時代以降の律法主義的編集者の二次的な加筆とする必要はなく、ヨシヤ時代の第 1 の申命記史家たちの筆によるものとして理解できることについては、列王記上 2:4 への注解（94–95 頁）を参照。ただし、「彼の父ダビデの掟（フッコート）」という表現は異例である。通常は、「彼の父（祖）ダビデがしたように、ヤハウェの掟に従って歩み」（14 節等参照）、等の形である。本文破損があるのかもしれない。

4 節　ギブオンでのソロモンの供儀

　ソロモンは、「**犠牲をささげるため**」に「**ギブオン**」にあった「**大きな高台聖所**」（バーマー・ゲドラー。単数形）を訪れる。現にある文脈で読めば、ソロモンが訪れたあちこちの「高台聖所群」（3 節と同所への注解参照）の中でも、ギブオンのものが最大で最も重要だった、ということになろう。ギブオンは、エルサレム北北西約 8 キロメートルに位置するベニヤミンに属する町で、現在のエル・ジーブ（Aharoni 1967:377; ABD*; NIB*）と同定されている（429 頁の地図を参照）。ヨシュア記 9 章によれば、イスラエルがカナンの地に侵入してきたとき、この町の住民は、自分たちはカナンの先住民ではなく、「遠くから来た」のだと欺いて聖絶を免れ、聖所の使用人たちになった。ヨシュアのもとでのアモリ人との戦いで、勝負がつくまで太陽がその上で運行を止めたとされるのもこのギブオンである（ヨシュ 10:12）。サウル王の死後の内戦時代には、サウルの遺児エシュバアル（イシュ・ボシェト）軍とダビデ軍の戦いの一つがここで行われた（サム下 2:12–16）。なお、歴代誌下 1:3 によれば、ギブオンにはモーセ時代から伝わる聖所である「会見の幕屋」があったとされるが、この情報は古い伝承に基づくものではなく、ソロモンがギブオンに行って犠牲をささげる行為にさらなる正統性を付与しようとする歴代誌の著者の工夫であろう。

　「**全焼の供儀**」（オーラー）はギリシア語に由来する表現で言えばいわゆる「ホロコースト」で、犠牲にする動物を祭壇上で（皮を除き）すべて焼き尽くしてしまうもの（レビ 1 章参照）。後には骨と灰しか残らない。「**1000 頭**」というのはいくら何でも誇張であろう。具体的な実数というよりも、数が多かったことの定型的表現であろう（申 1:11 等参照）。動詞の

形（訳注 *d* 参照）から、この節はソロモンの習慣的行為を描いていると解されるので、一時に「1000 頭」をささげたということではなく、長い期間を通じての総数ということなのかもしれないが（Burney 1903:32; Mulder 1998*; Cogan 2001*）、それでも文字通りに取るには大きすぎる数字である（ただし、王上 8:63 等をも参照）。

5 節　夢の中でのヤハウェの顕現

　旧約聖書においては、「夢」（ハローム）がしばしば神の啓示の手段となる（創 20:3–4, 6–7; 28:11–15; 31:11–13, 24; 37:6–10; 40–41 章；士 7:13–14; ダニ 2 章；7 章）。ギリシアに多くあったように、夢で神託を受けるために聖所で眠る習慣（インクベーション）がイスラエルにもあったのかもしれない（Gray 1977*; Ehrlich 1953:14–15, 20）。エジプトやメソポタミアでも、王の政策を正当化するために、しばしば夢の中での神々からの王への啓示が記録されている（Hermann 1953–54:53–56; Kenik 1983:28–30, 177）。夢の中で「神」が「顕現」したことは、この文脈中ではソロモンの犠牲が神に受け入れられたことを意味する。ただし、ソロモンが求めるものを何であれ与えるという神の寛大な申し出は、ソロモンがささげた犠牲への報奨でも、ダビデの敬虔への果報でもなく、神の無条件な、純然たる贈与である。それは、ソロモンが神の一方的な好意のもとにあることを表現している（サム下 12:29 参照）。ちなみに、王の詩編などで神が王の求めや望みをかなえるとされることは少なくないが（詩 2:8; 20:5; 21:3–5 等）、神が王の言うがままに何であれ望みをかなえるという、無条件で一方的な約束は、旧約聖書では前代未聞、空前絶後である。聖書中に敢えて類例を求めるなら、皮肉なことに、ヘロデ・アンティパスが義理の娘に約束して、意図に反して洗礼者の首を刎ねることになるあの安請け合い（マコ 6:22）ということになろう（！）。

6–9 節　ソロモンの望み

　これに対し、ソロモンは、謙虚にも自分が未熟者であり、「どのように振る舞うべきか」分からないと述べ（7 節。訳注 *i* 参照）、「民を治め」るための「聞き分ける心」を与えてほしいと願う（9 節）。

ヤハウェが「**ダビデに大いなる慈しみ（ヘセド）をほどこし**」た（6a 節）というのは、もちろん、一般的には、サウルやペリシテ人などの手からダビデを守り、数々の敵への勝利を与えたことを意味していよう。これに対し、申命記史家たちは、それはダビデが、「**誠実さと、正義と、正しい心をもって**」ヤハウェの前を歩んだからだ（6b 節）と応報論的に解釈し（王上 9:4; 11:4, 6, 33; 14:8; 15:3, 5, 11 等参照）、さらにその「大いなる慈しみ」の意味を、ソロモンがダビデの王位を継承したこと（7 節）に特殊化している（サム下 7:15 参照）。ヨシヤ時代の第 1 の申命記史家たちは、基本的にダビデ王朝の無条件な支持者（王上 2:33, 45 等参照）なのであり、ソロモンはその正統的な王位継承者第一号（王上 2:15b, 24; 5:19b; 10:9 等参照）なのである。

7 節で、「**若輩者**」（ナアル　カトン）と訳した原語は、文字通りには「小さい若者」であるが、「ナアル」の語は、謙譲的な文脈では実際の年齢というよりも自分の未経験さや能力の少なさを卑下するニュアンスがある（エレ 1:6 等参照）。他の王たちの場合と異なり（サム下 5:4; 王上 14:21 等参照）、ソロモンの即位時の年齢はどこにも記されていないが、列王記上 11:42 と同 14:21 を勘案すれば、ソロモンの即位前後にはすでに息子のレハブアムが生まれていた。

同じく 7 節で、「どのように振る舞うべきか」と訳した部分の原文は、訳注 i にも示したように、「出たり入ったりすることを」（知りません）である。ヘブライ語でよく用いられる対句表現であり、反対の方向性の動作を一組にすることであらゆる行動を包括的に意味する場合もあるが（申 28:6, 19; 31:2; サム下 3:25 等参照）、軍事指導者が軍隊を率いて出陣、凱旋するような場合にもよく用いられる（民 27:17, 21; ヨシュ 14:11; サム上 18:13, 16; 29:6 等）。

8 節で強調される、イスラエルがヤハウェの「**選**」んだ民であることや（申 4:37; 7:6–7; 10:15; 14:2 等）、神の祝福によって数が「**多**」い民になったこと（申 7:13; 8:1; 26:5; 王上 4:20 等）は、申命記や申命記史書でしばしば強調される神学的なテーマである。

9 節で、「**治める**」と訳された原語（動詞「シャーファト」）は、より狭く司法的活動に関わる「裁く、判決を下す」の意味もあり、特に後続する 2 人の女のエピソードと関連させればそのような訳（口語訳、新共同訳、岩

波訳参照）の方がよくも思えるかもしれないが、両者はもともと独立していた伝承と考えられるので、ここではより一般的な「統治する」ことの意味に解した（サム上 8:5, 20 等参照。また、JBS 共同訳をも参照）。「聞き分ける心」も「善悪を区別する」ことも、王の健全な判断能力を言う（サム下 14:17 等参照）。なお、旧約聖書において人間の「心」（レーブ）は感情や情緒というよりもむしろ知性と意志の座である（それゆえ「精神」と訳した方がよいかもしれない）。また、この場合の「善悪の区別」は、必ずしも倫理的な価値評価（のみ）を意味せず、統治者として政策の正誤や、国家にとっての益と害などを含む総合的な概念である。

10–14 節　ヤハウェの応答と約束

ソロモンの望みは、「わが主の目には善と映った」という。もちろん、神の心に適った、神が肯定的に評価した、ということである。「ヤハウェの目に善／悪と映る」という表現は、後に、申命記史家たちが歴代の王たちの事績を肯定的／否定的に評定する際の定型句となる（王上 15:11, 26, 34; 16:7, 19, 25, 30; 22:43 等参照）。なお、底本（BHS）では、ここ（10 節）と 15b 節では「わが主（アドナイ）」という普通名詞が用いられているが、これはユダヤ教で神の名の発音を忌避する（出 20:7 参照）ために「ヤハウェ」の名を読み替える際に用いられる表現である。2 箇所は申命記史家たち以降の加筆であるか、もともと原文には他の場合のように「ヤハウェ」の文字があったのを、写字生（写本を写す書記）が神学的理由から書き換えたのかもしれない。後者の場合には、およそ一貫性を欠いた作業と言わなければならないが。同じような現象が、列王記ではさらに上 22:6 と下 7:6; 19:23 にも見られる。

ヤハウェは、ソロモンが「**長寿**」（訳注 1 参照）、「**富**」、「**敵たちの命**」などの自分の個人的な利益を求めるのではなく、為政者としての「**法（ミシュパート）を聞き分ける判断力**」を求めたことを高く評価し（11 節）、求められた知恵に富む心と判断力（12 節）に加えて、「**富**」も「**栄光**」も（13 節）、さらには「**長寿**」も加えて与えると約束する（14 節）。なお、箴言などの伝統的な知恵文学によれば、知恵の果報は長寿と富と名誉である（箴 3:16 等参照）。「**あなたのような者はあなた以前にはいなかったし、あなたの**

後にも、あなたのような者は現れることがない」（訳注 n 参照）という表現は、申命記史家たちが後にヒゼキヤ（王下 18:5）やヨシヤ（王下 23:25）を絶賛する際にもよく似た形で用いられる。空前絶後の王が複数存在することは、厳密にいえば論理的矛盾を含むが、申命記史家たちはその辺のことにはあまり頓着しない。最上級の誉め言葉程度に理解しておけばよいであろう。あるいは、ソロモンは知恵と富において、ヒゼキヤはヤハウェへの帰依において、ヨシヤはモーセの律法への服従において、それぞれ無比であったということか（Knoppers 1992; Knauf 2016*）。ただ、列王記上 2:13–46 を読んだ直後に、ソロモンが「敵たちの命」を求めなかったと激賞されても、いささか複雑な気持ちにもなる。

　なお、長寿についてだけは、「もし、……あなたがわたしの掟（フッキーム）とわたしの命令（ミツウォート）を守って、わたしの道を歩むなら」という律法主義的な条件節が付されているが（14a 節）、これはもちろん、申命記史たち家の一人の加筆であろう（王上 2:3–4 への注解を参照）。ただし、この申命記史家は、一方でソロモンがかなりの長寿を享受したこと（王上 11:42）を知っていたはずであるが、他方でソロモンが最終的にはヤハウェの「掟や命令」を守り抜かなかったこと（王上 11:1–8, 11, 33 参照）も熟知していたはずである。ソロモンは、彼の長い人生の大半はヤハウェに忠実であったが、老齢になって（11:4 参照）律法主義的な敬虔さを失った後にすぐに死んだ、ということなのだろうか。少なくとも、申命記史家たちは、そのように読めるように資料や伝承を配列しているようである。なお、申命記における律法遵守と長寿の関係については、申命記 4:40; 5:33; 6:2; 11:8–9; 32:45–47 等をも参照。

15 節　エルサレムでのソロモンの供儀

　夢から覚めたソロモンは、直ちにエルサレムに戻り、「**契約の箱**」の前で犠牲をささげる。「契約の箱（アローン）」（「ヤハウェの箱」、「神の箱」とも呼ばれる）は、モーセがシナイ山で造ったアカシア材製の箱で、中には十戒を刻んだ 2 枚の石板が入れられていた（出 25:10–22; 37:1–5; 40:20; 王上 8:9 等参照）。両側に環があって、それに 2 本の棒を通し、神輿のように担いだ。ハリソン・フォード主演のインディ・ジョーンズ・シリーズの第

1作『レイダース　失われたアーク《聖櫃》』（1981年）は、考古学者インディ・ジョーンズとナチス・ドイツがアフリカの某所に隠されていたこの箱を奪い合うという、冒険活劇。映画後半で、小道具係たちの苦心の作であるこの箱が燦然と輝く姿で登場する。

　この箱は、パレスチナではかつてシロの聖所に置かれていた（サム上4:3）。一度はペリシテ人に奪われたが（サム上4:11）、ダビデが取り戻してエルサレムに搬入し、天幕の下に安置した（サム下6:1–17）。後のソロモンのエルサレム神殿は、まさにこの箱の安置のために建てられる（サム下7:2–13; 王上8:1–6参照）。申命記史家たちにとっては、──2–3節におけるのとは異なり──今やようやく正しい場所（エルサレム）で犠牲がささげられるようになった、ということになろう（Kenik 1983:183–188; Campbell/O'Brien 2000:339）。

　ソロモンは、「**全焼の供儀**」（オーラー）に加えて「**和解の供儀**」（シェラミーム）もささげるが、後者は前者（4節への注解を参照）とは異なり、脂肪の部分だけを祭壇で焼き（レビ3:4–5）、肉は祭儀参加者が分けて食べる（レビ7:11–17）、聖餐儀礼である（JBS共同訳の「会食のいけにえ」を参照）。おそらく元来は、神と祭儀参加者が食事を共にするという、喜びに満ちた儀礼であったのだろう（出24:9–11; サム上1:3–18等参照）。「和解の供儀」という訳語（新改訳、新共同訳、岩波訳参照）は、原語（シェラミーム）が「平和」、「平安」（シャローム）の語と関連するという見方に基づく。全焼の供儀と和解の供儀は、しばしば組にして一緒にささげられた（出24:5; 32:6; レビ9:22; 民6:14; ヨシュ8:31; サム上10:8; 13:9; サム下6:17–18; 24:25; 王上8:64; 9:25等参照）。

　ソロモンは、「**すべての家臣たちのために祝宴を催した**」とされるが、和解の供儀の肉が祝宴に供されたのであろう。もちろん、神からの恩恵に満ちた約束を祝ったのである。

【解説／考察】

　たとえこの単元のもとになった伝承が、もともとはソロモンを理想化し、その支配を正当化するためのある種の「提灯記事」だったとしても、ここ

に描かれた場面そのものには、現代でも真摯に受け止められて然るべきものが多々ある。すなわち、為政者や責任ある立場に立つ者は、何よりもまず、私利私欲を満たすことではなく、公共の福祉と公正さ、そしてそれを可能にする「知恵」をこそ求めるべきである。このことは、特に、「聞き分ける心」や「知恵に富む心と判断力」のある政治家たちや指導者たちにあまり恵まれてこなかった国の国民にはとりわけ痛切に感じられる。

「あなたがたの中で偉くなりたい者は、皆に仕える者になり、いちばん上になりたい者は、すべての人の僕になりなさい」（マコ 10:44）。

また、指導者や権力者でなくとも、誰もが祈る際には、富や名誉や長命などの個人的な現世利益をではなく、何よりもまず、すべての人々の平安と幸福と不幸や苦しみの除去とを祈るべきである。

「あなたがたの天の父は、これらのものがみなあなたがたに必要なことをご存じである。何よりもまず、神の国と神の義を求めなさい。そうすれば、これらのものはみな加えて与えられる」（マタ 6:32–33）。

この単元が、列王記のこの箇所に置かれることにより、後続する一連のソロモンの知恵（王上 3:16–28; 5:9–14; [5:15–8:66]; 10:4–9, 23–24）と富（王上 5:1–8; 9:1–28; 10:10–29）と名声（王上 5:11; 10:1–9）の物語は、いずれも、ここで描かれた神による「知恵」と「富」と「栄光」の約束の成就として意味づけられることになる。聖書においては、そのような「この世的」な諸価値もまた、人間の素質や能力や努力の所産であるだけではなく、究極的には神の恵みのもたらす結果であり、その随伴現象なのである。

「野原の花がどのように育つのかを考えてみなさい。働きもせず紡ぎもしない。しかし、言っておく。栄華を極めたソロモンさえ、この花の一つほどにも着飾ってはいなかった。今日は野にあって、明日は炉に投げ込まれる草でさえ、神はこのように装ってくださる。まして、あなたがたにはなおさらのことである」（ルカ 12:27–28）。

(2)ソロモンの名判決（上 3:16–28）

【翻訳】

2 人の遊女の訴え
3 章

¹⁶ その頃、売春を営む 2 人の女たちが王のもとにやって来て、彼の前に立った。¹⁷ 一方の女はこう言った。「お願いです、御主君さま。私とこの女は同じ家に住んでおります。その家で、私はこの女と一緒にいるところで出産しました。¹⁸ 私がお産をした 3 日後に、この女も出産しました。家にいたのは私たちだけで、他の者は [a] 誰も私たちと一緒にはいませんでした。私たち 2 人だけが家にいたのです。¹⁹ ある夜、この女の息子は死んでしまいました。彼女がその子 [b] の上にのしかかってしまったからです。²⁰ すると、彼女は真夜中に起き上がって、あなたの端女（はしため）が寝ている間に、私の傍らから私の息子を取り上げ、自分の懐（ふところ）に彼を抱きました。そして、彼女は自分の死んだ息子を私の懐に抱かせたのです。²¹ 私が朝起きて、私の息子に乳を飲ませようとすると、何と、彼は死んでいるではありませんか。でも、私がその朝、その子 [c] をよく見てみますと、何と、それは私が産んだ私の息子ではなかったのです」。

²² しかし、別の女は言った。「とんでもありません。生きている方は私の息子です。死んでいる方があなたの息子なのです」。すると、もう 1 人も、「そんなことはありません。死んでいる方があなたの息子で、生きている方が私の息子です」と言い張った [d]。彼女たちは、王の前でこのように言〔い争〕った。

王の思案と裁き

3:23 すると、王は言った。「こちらの方は、生きている方が自分の息子で、死んでいる方があなたの息子だと言い張り [d]、あちらの方は、とんでもない、死んでいる方があなたの息子で、生きている方が自分の息子だ、と言い張っている [d]。²⁴ それから、王は言った。「剣を私のところに持って来なさい」。そこで人々 [e] は、剣を王の前に持って来た。²⁵ すると王は言った。「その生きている子を二つに切り分け [f]、その半分を 1 人に、〔もう〕半分を〔もう〕1 人に与えよ [f]」。

²⁶ すると、彼女の息子が生きている方の女は、自分の息子のことで彼女の胸が張り裂けそうになった ᵍ ので、王に言った。「お願いです、御主君さま。生きている方の赤ちゃん ʰ を〈あの女に〉ⁱ 与えて ʲ ください。決して彼を殺させないでください ᵏ」。しかし、もう 1 人は言い張った ˡ。「その子を私のものにもあなたのもの ᵐ にもせず ⁿ、切り分けて ᵒ ください」。
²⁷ すると、王は答えて言った。「生きている方の赤子 ʰ を〈その女に〉ᵖ 与えよ。決して彼を殺してはならない ᑫ。彼女こそ、彼の母親だ」。
²⁸ 全イスラエルは、王が下したこの裁きを聞き、王を畏怖した。神の知恵が彼の中に宿っていて裁きを行うのを彼らが見たからである。

a: 原語は文字通りには、「部外者（ザール）」。

b: 原文では、「彼」。

c: 原文では、「彼」。

d: 原文の動詞は分詞形で、一回的な行為でなく、同じ行為や状態が継続する様態を表す。論争が延々と繰り返されたことが示唆されている。23 節の王の言葉でも同様。

e: 原文に主語はないが、動詞が 3 人称男性複数形（「彼らは……持って来た」）。周囲にいる従者たちが主語であろう。

f: 動詞は 2 人称男性複数形の命令文で、刀を「持って来た」従者たちへの命令。

g: 注解本文該当箇所を参照。

h: 原語（ヤルード）は文字通りには、「生まれた者」。27 節の王の言葉でも同様。

i: 原文では、「彼女に」。

j: 動詞は 2 人称男性複数形の命令文で、王とその従者たちへの要請。

k: 原文では、「死なせる」という動詞を別の形で二重に用いる、ヘブライ語特有の強調法が用いられている。27 節の王の言葉でも同様。

l: 訳注 d を参照。

m: 代名詞が 2 人称女性単数形。もう 1 人の女に対して直接言っている。

n: 原文は文字通りには、「彼が私のものでもあなたのものでもないようにして」。

o: ここでも動詞は 2 人称男性複数形の命令文。訳注 j 参照。

p: 原文では、「彼女に」。

q: 訳注 *f, k* を参照。

【形態／構造／背景】

　この物語は、裁判の領域におけるソロモンの狡知を描く。現在の列王記の文脈で見れば、直前の単元（王上 3:1–15）でソロモンが乞い願い、ヤハウェが与えると約束した「知恵」（9–12 節）が、すでに実際にソロモンに与えられたことを実証する最初のエピソードということになる。ただし、その起承転結のはっきりした民話的形態から見て、年代記的資料から取られたものとは思われず、民間で独立して伝えられていたある種の逸話が、ソロモンの知恵と結び付けられて取り入れられたものだと考えられる。このエピソードがもともとは、直接ソロモンの人物像と結び付いていなかった可能性も高い。ここでの主人公である王は、常に匿名で「王（メレク）」としか呼ばれない。

　全体は以下の以下七つの小部分から構成されている。

（ⅰ）16 節　導入（2 人の遊女の来訪）
　　（ⅱ）17–21 節　第 1 の女の訴え　（「起」）
　　（ⅲ）22 節　第 2 の女の反論と第 1 の女の再反論　（「承」）
　　（ⅳ）23–25 節　王の思案と命令　（「転」）
　　（ⅴ）26 節　2 人の女の反応
　　（ⅵ）27 節　王の判決　（「結」）
（ⅶ）28 節　結び（人々の驚嘆と畏怖）

　ここには、申命記史家たちの編集を示す語彙や観念は全く見られない。申命記史家の一人がそれ以前の民間伝承にほとんど手を加えずにそのままの形で取り入れたのか（Noth 1968*; Jones 1984*; DeVries 1985*; Särkiö 1994:33–34; Wälchli 1999:62–67）、申命記史家たち以後（歴代誌に並行記事がない！）の二次的付加なのか（Würthwein 1977*）について研究者の見方は分かれているが、前者の立場をとることに不都合はないように思える。

【注解】

16節　2人の遊女の来訪

　冒頭にある「**その頃**」（アーズ）の語は、もともと独立していた記事や伝承を緩やかに繋ぐ結合句で、列王記では特に多用される（王上 8:1, 12; 9:11, 24; 11:7; 16:21; 22:50; 王下 8:22; 12:18; 14:8 等参照）。もとの伝承に属する文ではなく、この伝承をこの文脈に挿入した編集者（おそらくは申命記史家の一人）の手による編集句であろう。

　古代オリエント世界の多くの国々と同様、古代イスラエルでも、王は最高裁判官を兼ねていた。人々が王に訴え出る習慣は、サムエル記下 14:4–20; 15:2–3、列王記下 6:26–29; 8:1–6 でも前提にされている（ただし、歴史的に見てどの程度現実的であったかは不明であるが）。そもそもアブサロムの乱は、ダビデがこの職責をないがしろにしたことから始まったのである（サム下 15:3–6）。物語は、「**売春を営む2人の女たち**」が王のもとにやって来て、裁きを乞うことによって引き起こされる。通常は、「遊女」（口語訳、新共同訳、岩波訳、JBS 共同訳）などと訳されるが、ここの原文では、「ナシーム　ゾーノート」（「売春婦である女たち」）という二重表現。この「世界最古の職業」は、イスラエルにももちろん存在した（創 38:15; ヨシュ 2:1; エゼ 16:33）。ただし、ここでは一緒に住む2人の女が、いずれも夫がいない身で、2人だけで住んでいるにもかかわらず、妊娠して子を産むという物語の前提のためにそういう設定になっているのであろう。古代イスラエルでは、一般の独身女性との性関係は厳禁であった（申 22:13–29）。語り手も「**王**」も、彼女たちの職業を卑しんでいるようには見えない。2人の女の職業が問題にされるのは冒頭の 16 節だけで、物語の残りの部分では、彼女たちはいずれも一貫して「女（イッシャー）」と呼ばれる。

　それにしても、社会の最下層に属する遊女が王に直接訴え出て、しかも王が真摯にそれに応じるという場面は、驚くほど「民主的」である。逆に言えば、それほど公正で分け隔てをしない「王」として描かれている、ということなのであろう。あるいは、身分の低い者に親身になって接するのは高貴な者のモラルだ、ということなのであろうか。

17–21節　第1の女の訴え

　2人の女は一緒に住んでおり、3日の間隔を置いて相次いで男の子を出産した（17–18節）。家で「**2人だけ**」であったというのだから、それぞれ自分で産後処理をしたのであろうか。一方の子供の死とそれに端を発する関係悪化以前には、「**同じ家**」に住む（17節）ほど仲が良かったのであるから、互いにお産を助け合ったのかもしれない。

　第1の女の主張によれば、ある夜、第2の女は寝ている間に不注意で自分の子供の「**上にのしかかって**」圧死させてしまった。おそらくは寝返りを打って赤子を下に敷き、窒息死させてしまったのであろう（彼女は大柄だったのであろうか）。現在でも時折報道される、悲劇的な事態である。第2の女はそれに気づいて、「**真夜中**」に起き上がり、第1の女自身が寝ている間に、自分の死んだ子供を第1の女の息子と密かにすり替えたという（19–20節）。しかも第1の女自身は、その子が「**死んでいる**」ことと、さらにはその子が実は自分の息子ではないことに「**朝起きて**」はじめて気付いたのだという（21節）。自分が「**寝ている間**」のことをどうしてそれほど詳細かつ正確に言えるのかはやや不明であるが、自分の懐にいる死んだ子供が自分の子ではないという、母親であれば直感的に分かるはずの事実から、「**犯罪**」経過を推理したということなのであろうか。家にいたのが「2人だけ」（18節）で、「**他の者は誰も**」その場にいなかったことが強調されているのは、もちろん、他に証人がおらず、彼女の主張の真偽を証明することができないという点を際立たせるためである。

22節　第2の女の反論と第1の女の再反論

　第2の女は、第1の女の主張を全面的に否認し、「**生きている方**」の子があくまで自分の子であると主張する。もし彼女の言うことが正しければ、子供を圧死させたのは第1の女自身の方であり、彼女は自分が死なせてしまった子供の代わりに、第2の女の子供を奪おうとしていることになる。どちらかが嘘をついていることは明らかである。第1の女はこれに再反論する。両者の主張は正反対で、「**言い争い**」は平行線をたどる。すべてが第1の女の作り話であるのか、あるいは第2の女が鉄面皮にも全くの偽証をしているのか、それを判別する手掛かりはない。どちらかが、完璧

な「演技」をしているのである。なお、ここではいずれの女も、「**私**」（1人称単数形）と「**あなた**」（2人称女性単数形）で言い合いをしており、王の前でありながら、あたかも王の存在を無視するかのように互いの主張をぶつけ合っている。

なお、後続する王の思案（23節）においてもそうであるが、ここでは2人の女の主張に、「生きている方」（A）→「死んでいる方」（B）→「死んでいる方」（B）→「生きている方」（A）という対称配置（キアスムス）が用いられており、文芸的な技巧が凝らされている。

23–25節　王の思案と命令

これは、判事としての王にとって困難な事態である。あちらを立てればこちらが立たず、こちらを立てればあちらが立たない。王は、当惑したかのように、2人の女の発言をそのまま（「**あなたの息子**」！）鸚鵡返しに繰り返す（23節）。思案の末、王は一計を案ずる。すなわち、「**剣**」を持って来て（24節）、「**生きている子**」を「**二つに切り分け**」るように命じたのである（25節）。なお、訳注 f にも示したように、25節では「切り分ける」という動詞が複数形の命令形になっているので、王自身が行為するわけではなく、この残酷な業を家臣たちに行わせるつもりであることが示唆されている。

もちろん、王は本気でこんなことを行わせようとしたのではあるまい。子供を切り分ければ、もちろんその子は死んでしまう。シニカルに言えば、2人の女たちはいずれも子供を失ったことになり、いわば公平性が保たれる。2人が「**半分**」ずつを受け取るというのも、外見上ははなはだ公平である。しかし、言うまでもないが、それでは子供が死んでしまう。生きている方の子の母親にとっては、こんな理不尽な「判決」はない。真の母親であれば、自分の子供の死は望まないはずである。たとえ、母親の立場と養育権を放棄しても、その子が何らかの形で生きて行くことを望むはずである。ここで、判事としての王は、そのような母性の心理への洞察に基づき、ある種の賭けに出たのであろう。

26節　2人の女の反応

結果は王の思惑通りとなる。すなわち、真の母親の方は、「**自分の息子のことで彼女の胸が張り裂けそうに**」なる。なお、この表現は原文（ニクメルー　ラハメーハー）を直訳すると「彼女の子宮が熱くなる」で、母性愛の沸騰を表現すると見ることもできる。ただし、類似した表現は男性（創 43:30）や神（！）自身（ホセ 11:8）についても用いられるので、強い同情や情緒の動きを表す定型句になっていると見た方がよいであろう。そこで彼女は、自分の子である「**生きている方の赤ちゃん**」（訳注 *h* 参照）を相手の女に与え、「**決して彼を殺させないで**」ほしい（訳注 *k* 参照）と王に嘆願する。彼女は、自分の親としての権利を放棄してでも、自分の子がいかなる形であれ生き残ることを望むのである。これに対し、もう一方の女の反応は冷酷である。彼女は、その子が誰のものにもならず、王の命令通り「**切り分け**」られることを望む。彼女が一度はその子を欲しがったことを考えれば、この反応は意外であり、あまり現実的とは思われない。ここには、すべてがフィクションであり、ある意味で図式化されていることが示唆されている。もし、実際にこのような発言がなされたとすれば、そこにあるのは、自分で自分の子供を死なせてしまったことへの逆恨みであり、一緒に住むもう1人の女も自分と同じように子供を失えばよいという、持つ者に対して失った者が抱く不条理な怨念であり、他者に対する理不尽な悪意、害意であろう。

27節　王の判決

物語は、今やクライマックスに達する。真の母親が王により特定される。王が発する、「**生きている方の赤子を〈その女**（訳注 *p* 参照）**に〉与えよ。……彼女こそ、彼の母親だ**」という命令と宣言は、指差しなどの動作を伴って発せられたにちがいない。

こうして子供は実の母親の手に戻される。めでたし、めでたしである。子供はおそらく2人の女から引き離されて、判決が下されるまで王の側に預けられていたのであろう。嘘をついていたもう1人の女がその後どういう扱いを受けたのかについては、何も記されていない。もはや、この「ハッピーエンド」だけで十分だったのである。

これで、すべてが隈なく解決したのであろうか。実はそうではない。大きな謎が一つ、なお残されているのである。われわれはつい、文脈から、第1の女こそ真の母親であったと思い込みがちである。26節で子供の助命を嘆願する女の「お願いです、御主君さま（ビー　アドニー）」という呼びかけの言葉が、17節で第1の女が発する最初の言葉と一致することも、そのような思い込みを促進させる。しかし、26節には、子供を殺さないように嘆願したのは、「彼女の息子が生きている方の女」だったとしか記されていない。語り手は、27節で「彼女こそ、彼の母親だ」と認定されたのが「原告」（すなわち第1の女）なのか、それとも「被告」（すなわち第2の女）なのか、（おそらくは意図的に！）明らかにしてはいないのである（Lasine 1989; van Wolde 1995; Cogan 2001*; Wray Beal 2014*）。たとえ王が、本当の母親を指差したとしても、物語を読むだけでは、王がどちらを指差したのか分からない。しかも、27節で王が、「生きている方の赤子を彼女に（原文）与えよ。決して彼を殺してはならない」と命じるが、実はこの言葉は、26節で「息子が生きている方の女」が、子供を殺さず「彼女（原文）」に渡すように嘆願する際の言葉とほぼ同じなのである。26節では、「彼女」の語は間違いなく、真の母親ではない方の女を指す。ヘブライ語の代名詞は通常、直前に言及される性と数の一致する人物に掛かる。27節の直前で最後に語るのは、子供の死を要求する女である（Walsh 1996:84; Duncker 2010:214）。27節の王の言葉の「彼女に」は、どちらの女を意味しているのであろうか。

　これらのことに気付くと、この物語は不思議で曖昧な余韻を含んで終わることになる。第1の女の訴えは正しかったのだろうか。それとも、すべては彼女の作り話だったのだろうか。読者はいわば、訴えを受けた時点の王が立たされたのと同様のジレンマの前に立たされることになる。

28節　人々の驚嘆と畏怖

　ここで初めて、この「裁判」が衆人環視の中で行われたことが明らかにされる。人々は、王の賢明な手法と判断に驚嘆し、「**王を畏怖した**」。王の「知恵」と名判決に、人知を超えた超自然的なものを感じたということであろう。王の中に「**神の知恵**」が宿っているという観念は、王の賢明さを

称揚する慣用句であるが（サム下 14:17, 20 参照）、古代オリエント世界の王権イデオロギーがイスラエルにも反映していたことを示唆する。

28 節では、そこに居合わせた民が「全イスラエル」であったとされている。もちろん、文字通りの意味ではあり得ない。それ以前の物語の本体では、王も女たちも匿名であり、それどころか物語自体からは時も場所もはっきりはしなかった。そもそも民話というものは、「むかしむかし、あるところに」という匿名性、一般性を大きな特色の一つとする。それを編集者（おそらくは申命記史家の一人）がこの位置に取り入れてイスラエルとソロモンに関わるものとして歴史化したのは、ここで王のすぐれた「知恵」が賞賛されており、直前のギブオンでの夢の啓示の場面（4–15 節）でソロモンに「知恵」が約束されることと繋がりがよかったからであろう。しかも、後者の場面では「裁く」をも意味し得る「シャーファト」という動詞が用いられていた（9 節に 2 回）。逆に、このように「編集」されることによって、この物語は前述のように、ソロモンへの知恵付与の約束の成就を「実証」する役割を果たすことになったわけである。もともとはより一般的に「治める」を意味した列王記上 3:9 における「シャーファト」の語（9 節への注解を参照）も、この物語が直後に置かれることにより、より狭く、正しい判決を下すための司法上の技術的な知恵の意味に再解釈されたのである。

28 節の「全イスラエル」だけは、申命記史家の一人が列王記の文脈に合わせて書き換えたのかもしれない（王上 1:20; 2:15; 4:1 等参照）。しかし、それに続く、「神の知恵」が王の中にあって「裁きを行うのを彼らが見た」というのは、およそ申命記史家的発想ではない。

なお、「神の（ごとき）知恵」という言葉は、エデンの園の物語（特に、創 3:5 参照）を想起させる。しかも同所では、列王記上 3:9 におけると同様、「善と悪を知る」知恵が問題にされている（サム下 14:17 をも参照）。どうも、エデンの園の物語は、王の知恵を神的なものとして崇敬する王権イデオロギーへの批判を（も）含んでいるらしい（エゼ 28:11–19 参照）。しかし、これについては、別の連関で論じられるべきであろう（拙著『海の奇跡』所収の「失楽園伝承と王権批判」をも参照）。

【解説／考察】

　かつて M. スコット・ペックというアメリカの精神科医の書いた『平気でうそをつく人たち』という本が、わが国でもベストセラーになったことがあるが、世の中には、多くの場合は自分（たち）の利益のために——あるいは純粋の悪意のために——、まるで良心の咎めもなく、しかも外見上は全くそうと悟らせることなしに、「しゃあしゃあと」嘘をつくことのできる人間というものが存在するようである。古代イスラエルにおいてもまた、そうであった。そのような人物は、自分の利得のために他人を陥れることなど平気の平左である。十戒が敢えて「あなたは隣人に関して偽証してはならない」（出 20:16）と命じているのは、そのような事態がしばしば生じるのを憂えてのことだったのであろう。

　一般の人々とそのような人物との間に、正反対の主張の対立が生じることは自然の成り行きである。しかし、その場合にどちらが「真実」を語っているかを判断することは、しばしば困難である。このような事態は、特に裁判の場面には生じやすい。この逸話は、決定的な証拠がない場合、公正で妥当な判決を下すためには、法律的な知識だけでなく、人生の機微にも通じた、人間学的、心理学的洞察が求められることを示している。そのような「知恵」のないところに、誤審や冤罪も生じるのである。わが国でも裁判員制度が導入された今日、そのような「知恵」が求められるのは裁判官に留まらない。

　預言者は、このような「知恵」を何よりもメシアに期待した。

> 「エッサイの株からひとつの芽が萌え出で、その根からひとつの若枝が育ち、その上にヤハウェの霊がとどまる。知恵と識別の霊、思慮と勇気の霊、ヤハウェを知り、畏れ敬う霊。彼はヤハウェを畏れ敬う霊に満たされる。目に見えるところによって裁きを行わず、耳にするところによって弁護することはない。弱い人のために正当な裁きを行い、この地の貧しい人を公平に弁護する。」　　　　（イザ 11:1–4a）

　話は変わるが、子供をめぐる奪い合いということで、現代の問題として

連想されるのが、離婚などに伴う子供の養育権、親権の主張の争いである。現代のわが国でも、離婚率の増加と共にこの種の訴訟が増えていると聞く。また、国際結婚の増加と共に、いわゆるハーグ条約（離婚した場合、相手の同意なしに子供を国外に連れ出すことの禁止などを定めた条約）がらみで国際的な問題になることも少なくないようである。もちろん、それはこの物語に描かれたような「女同士の争い」ではなく、ほとんどはかつて夫婦であった男女——そして場合によってはその親族を巻き込んでの——の争いであるが、いずれにせよ、子供が「身を引き裂かれる」ような苦しみを味わうことは間違いない。そのような争いでの最大の被害者は、子供自身なのである。不幸にしてそのようなケースの当事者になった場合には、この物語で子供の「真の母親」が示したように、自分の「権利」よりも子供への「愛情」を優先させ、どのような形にするのが子供にとって最も幸せか——あるいは不幸の度合いがより少ないか——を洞察する「知恵」が何よりも必要であろう。

　日本人にとって、この物語でまず想起されるのが、大岡政談の「子引き」の話である。ある男の先妻と後妻が１人の娘を互いに自分の子だと争い、大岡越前守は２人に子供の手を両側から引っ張らせる。娘が痛がって泣くと、一方の女が不憫に思って思わず手を離した。越前守は彼女こそ母親だと見抜いたというものである。全く偶然の一致ということもあり得るが、大岡政談は江戸時代以降のものなので、それ以前にイエズス会などの宣教師が説いた聖書の話が影響を与えたという可能性も排除できないであろう。他方で、大岡政談の内容の多くは、中国の伝承から取られているという。また、民俗学者により、ソロモンの判決にそっくりな説話がインドにあった事が指摘されているし、同じような説話は東アジアに多いともいう（Greßmann 1907; Montgomery 1951:108–109）。中国やインドの説話が商人などを通じて海やシルクロードを超えてはるか古代イスラエルにまで伝わり、他方でそれが何千年もたってから、何らかのルートでわが国にも伝わった、という可能性も完全に否定することはできないであろう。もしそうであれば、ソロモンの話と大岡越前守の話は間接的に繋がっていることになる。ただし、それを実証することはもちろんできないし、影響の伝わり方の仔細を明らかにすることもできないのではあるが。

(3)ソロモンの統治体制の確立（上 4:1–5:8）

【翻訳】

ソロモンの高官たち

4 章

¹ ソロモン王は全イスラエルの上に立つ王となった。²ª 彼に属する高官たちは、次の通りである。

²ᵇ ツァドクの息子アザルヤは、祭司。

³ シシャの息子たちであるエリホレフとアヒヤは、書記官。

アヒルドの息子ヨシャファトは、補佐官。

⁴ ヨヤダの息子ベナヤは、軍の司令官。

【ツァドクとエブヤタルは、祭司】。

⁵ ナタンの息子アザルヤは、知事たちの監督官。

ナタンの息子ザブドは、【祭司にして】王の友。

⁶ アヒシャルは、宮廷長。

アブダの息子アドニラムは、労役の監督官。

12 人の知事たち

4:⁷ ソロモンには、イスラエル全土に 12 人の知事たちがあり、彼らは王と彼の宮廷に〔食糧を〕供給し続けた ᵃ。すなわち、一人ひとりが 1 年に 1 か月ずつ〔食糧を〕供給することになっていた ᵇ。⁸ 彼らの名は次の通りである。

ベン・フル ᶜ は、エフライム山地の担当 ᵈ。

⁹ ベン・デケル ᵉ は、マカツの担当、また、シャアルビムの担当。さらに、ベト・シェメシュ、エロン・ベト・ハナン〔も〕。

¹⁰ ベン・ヘセド ᶠ は、アルボトの担当。なお、ソコ、およびヘフェルの地全域も彼の管轄 ᵍ。

¹¹ ベン・アビナダブ ʰ は、ドルの台地全域。なお、ソロモンの娘タファトが彼の妻であった。

¹² アヒルドの息子バアナは、タナクとメギド、イズレエルの下手にあるベト・シェアンの全域、およびベト・シェアンからアベル・メホラ、および〈ツァレ

タンの傍らにある〉ⁱ ヨクメアムの向こう側まで。

¹³ ベン・ゲベル^jは、ラモト・ギレアドの担当。なお、ギレアドにあるマナセの息子ヤイルの村々も彼の管轄。また、バシャンにあるアルゴブの地域、すなわち城壁と青銅の門(かんぬき)のある60の町々も彼の管轄。

¹⁴ イドの息子アヒナダブは、マハナイムへ^k。

¹⁵ アヒマアツは、ナフタリの担当。彼もまた、ソロモンの娘バセマトを妻に娶った。

¹⁶ フシャイの息子バアナは、アシェルとベアロトの担当。

¹⁷ パルアの息子ヨシャファトは、イサカルの担当。

¹⁸ エラの息子シムイは、ベニヤミンの担当。

¹⁹ ウリの息子ゲベルは、かつてアモリ人の王シホンとバシャンの王オグの領土であったギレアド地方の担当。そして、この地の守備隊が一つ^l……。

　天下泰平

^{4:20} ユダとイスラエルは海〔辺〕の砂のように数が多く、彼らはいつも食べたり飲んだりしていて^m、幸福であった。

　5章

¹【ソロモンは、あの大河からペリシテ人の地〔を経て〕エジプトとの国境に至るまで、すべての王国を支配していたⁿ。彼らは^o、彼の全治世を通じて^p貢を納め続け^q、ソロモンに仕え続けた^q。】² ソロモンの1日の食糧^rは、上等の小麦粉が30コル、小麦粉が60コル、³ 肥えた牛が10頭、放牧し〔て育て〕た牛が20頭、羊が100匹であった。それ以外に、鹿、カモシカ、ノロジカ、肥えたガチョウもあった^s。【⁴ 彼はあの大河を渡った地域の全土、すなわちティフサからガザに至るまでのあの大河を渡った地域のすべての王たちを従えていた^t。彼には、周囲のすべての方角からの平和があった。】⁵ ユダとイスラエルは、ソロモンの全治世を通じて、ダンからベエル・シェバに至るまで、それぞれ自分の葡萄の木の下やいちじくの木の下に座って安泰に〔暮らした〕。⁶ ソロモンにはまた、彼の戦車のための馬の厩舎が〈4000〉^uあり、〔戦車を引く〕馬たち^vが1万2000頭いた。

知事たちの務め

⁵:⁷先にあげた ʷ 知事たちは、それぞれ自分の〔当番の〕月に、ソロモン王と、ソロモン王の食卓に連なるすべての人々のために〔食糧を〕供給し続け ˣ、何も不足がないようにした。⁸彼らはまた、それぞれ自分の割り当てに従って、馬たちと早馬たちのための大麦と藁を所定の場所 ʸ に運んだ。

a: 原語（キルケルー）は文字通りには、「養った」、「扶養した」。本節後半、および5:7でも同様。なお、動詞の形（接続詞ワウ＋完了形）は、持続的に行われる行為や何度も繰り返される行為を表す。5:7でも同様。

b: 原文は文字通りには、「1年に一月が、養うために一人の上にあった」。

c: もしくは「フルの息子」。注解本文の該当箇所を参照。

d: 原文は文字通りには、「～において」ないし「～にいた」（前置詞「ベ」）。以下でも同様。

e: もしくは「デケルの息子」。注解本文の該当箇所を参照。

f: もしくは「ヘセドの息子」。注解本文の該当箇所を参照。

g: 原語（ロー）は文字通りには、「彼のもの」。以下でも同様。

h: もしくは「アビナダブの息子」。注解本文の該当箇所を参照。

i: 原文では、「ツァレタンの傍らにある」の語はこの節の前方にある「ベト・シェアン」の語に掛かっている（新改訳、新共同訳参照）。地理的事情を顧慮して、これをこの節の後半に移す。注解本文の該当箇所を参照。

j: もしくは「ゲベルの息子」。注解本文の該当箇所を参照。

k: この節だけ、担当の地域の書き方が異なる（方向を表す「ヘー」）。

l: 注解本文の該当箇所を参照。

m: 動詞の形（分詞形）は、行為が持続的に続く状態を表現する。

n: 動詞の形（分詞形）は、行為が持続的に続く状態を表現する。分詞を名詞的に解せば、「ソロモンは……支配者であった」とも訳せる。

o: 原文に主語はないが、動詞（分詞形）が3人称男性複数形。

p: 原文は文字通りには、「彼が生きている日々のすべて」。

q: 動詞の形（分詞形）は、行為が持続的に続く状態を表現する。

r: 原語（レヘム）は文字通りには、「パン」。

s: 注解本文の該当箇所を参照。

t: 動詞の形（分詞形）は、行為が持続的に続く状態を表現する。なお、用いられている動詞は、1節の「支配する（原形「マーシャル」）」とは異なり（ラーダー）、文字通りには「踏みつけていた」（創1:26, 28参照）。

u: 原文は文字通りには、「4万」。並行箇所の歴代誌下9:25による修正。注解本文の該当箇所を参照。

v: 注解本文の該当箇所を参照。

w: 原文は文字通りには、「これらの（ハッ・エッレー）」。4:8–19に列挙された知事たち。この部分は元の資料では4:19に直接続いていたのかもしれない。注解本文の該当箇所をも参照。

x: **訳注** *a* 参照。

y: 原文（イヒイェ・シャーム）は文字通りには、「それがそこにある場所に」ないし「彼がそこにいる場所に」。後者の場合には王の居場所にということであろう。

【形態／構造／背景】

　この単元では、官僚制の整備などを通じたソロモンの支配体制の確立が描かれる。前半では、宮廷の高官たちの配置や12の行政区の知事たちが名簿を通じて紹介され、後半では客観的叙述の形式でソロモンの支配の安定性と彼の宮廷の豪奢な生活ぶり、彼の治世の「天下泰平」ぶりが描かれる。前半の名簿には、宮廷の文書庫の資料（王上11:41に言及される『ソロモンの事績の書』？）が用いられている可能性がある。

　最初にあるソロモンの高官たちの名簿（4:2–6）は、ダビデの治世の同じような高官名簿（サム下8:16–18; 20:23–26）と同種のものであり、それらを相互に比較すると興味深い。

　その後ろの4:7–5:8は、次に示すような、かなりきれいなシンメトリー（左右対称）の構造で配置されている。（ただし、七十人訳では4:20–5:1; 5:5–6に当たる部分がなく、4:7–19の後ろに5:7–8, 2–4に当たる部分が直接続いており、シンメトリーが壊れている。）

　　　　（A）4:7–19　12人の知事たちとその管轄地区
　　　　　（B）4:20　ユダとイスラエル（この順！）の天下泰平
　　　　　　（C）5:1　ソロモンの支配の範囲と安定
　　　　　　　（D）5:2–3　ソロモンの宮廷の食糧
　　　　　　（C'）5:4　ソロモンの支配の範囲と安定
　　　　　（B'）5:5–6　ユダとイスラエル（この順！）の天下泰平
　　　　（A'）5:7–8　知事たちの務め

　ここには、用語法的にも観念的にも、申命記史家たちの介入を推測させるものはほとんど見られない。この箇所を担当した申命記史家はおそらく、彼の手もとにあった古い（宮廷の文書庫に由来する？）資料を、ほとんど手を加えずに取り入れたのであろう。ただし、上記のシンメトリカルな構成の一部は、申命記史家たちの一人の手によるものかもしれない。少なくとも、4:7–19と5:7–8はもともと繋がっていたか、同一の資料に由来するものであろう（前述の七十人訳における順序を参照）。また、用語などから、申命記史家たちよりも後の加筆と思われる部分も一部にある。

【注解】

4章1–6節　ソロモンの高官たち

　王国の建設とその確立に伴い、国家の行政を司る官僚組織が整備、発展していくことは歴史的必然である。すでに初代の王サウルの時代に、軍事部門については制度化が始まっていた（軍の司令官アブネルの存在、サム上14:50等参照）。そしてダビデの治世に本格的な官僚制が導入、確立され、それがソロモンの支配下でさらに発展、また改組させられたものと思われる。まず、ダビデの時代の二つの高官たちの表と、この箇所のソロモンのそれを比較してみよう（152頁参照）。

　一見して明らかなように、高官組織は武官と文官と聖職者からなる。建国期（ダビデ時代前期）にはなかった職務である「労役の監督官」が王国確立期（ダビデ時代後期）に新たに導入されており、国民への強制労働が始まったことが示唆されている。これはソロモン時代の建築活動などに関

職名	ダビデ時代前期 (サム下 8:16–18)	ダビデ時代後期 (サム下 20:23–26)	ソロモン時代 (王上 4:1–6)
軍の司令官	ヨアブ	ヨアブ	ベナヤ
補佐官	ヨシャファト	ヨシャファト	ヨシャファト
書記官	セラヤ	シェワ	エリホレフとアヒヤ
クレタ人ペレティ人の長	ベナヤ	ベナヤ	×
労役の監督官	×	アドラム	アドニラム
知事の監督官	×	×	アザルヤ
王の友	×	×	ザブド
宮廷長	×	×	アヒシャル
祭司	エブヤタルとツァドク(ダビデの息子たち)	ツァドクとエブヤタル(イラ)	アザルヤ(ツァドクとエブヤタル)

連してさらに強化され（王上 5:27–32 参照）、ソロモン死後の王国分裂の引き金になることになる（王上 12:4, 14 参照）。さらに、ソロモン時代になって「知事たちの監督官」、「王の友」、「宮廷長」という新たな役職が導入されているが、これは宮廷組織の拡大と洗練化を反映している。さらに、列王記上 1:5–10 への注解ですでに述べたように、ダビデ時代には、少なくとも軍事部門（「軍の司令官」と「クレタ人、ペレティ人の長」）と宗教部門（祭司エブヤタルとツァドク）に関しては、「イスラエル派」と「エルサレム派」の二頭体制であり、ダビデの王権はこの二派の微妙なバランスの上に立ったものであった。しかも、これが王位継承争いの際にはそのまま「アドニヤ派」と「ソロモン派」に分かれた（66–67 頁参照）。この権力闘争に勝ち抜いたソロモンの体制では、アドニヤ派のヨアブが粛清されてソロモン派のベナヤがその後釜に座り、また「イスラエル派」の祭司エブヤタルが追放されてツァドクが単独で祭司となり、軍事部門と宗教部門がそれぞ

れ「エルサレム派」に一本化された（王上 2:35 参照）。一見しただけでは無味乾燥に思える人名表にも、そのような歴史の展開や力関係の変化のドラマが秘められているのである（112 頁参照）。

なお、ヨシャファト、ベナヤ、ツァドクが三つの名簿すべてに顔を出すなど「永年勤続」者が目立つが、古代の宮廷においては「定年」などなく、高位の役職は終身制であったと思われるので、特に不自然ではない。

1–2a 節　導入

冒頭の「ソロモン王は全イスラエルの上に立つ王となった」という表現は、内容的には列王記上 2:12 の繰り返しであるが、サムエル記下 8:15–18 のダビデの高官表の冒頭にも同じような導入文が付いているので、この文章は資料中の「**高官たち**」（サリーム）の名簿に前書きとして含まれていたのかもしれない。この場合の「全イスラエル」は、もちろん統一王国全体を指す（王上 2:4; 8:20, 25 等参照）。

2b 節　祭司

ここで言及される「**祭司**」の「**ツァドクの息子アザルヤ**」は、当然ながら、ソロモンに油を注いだ祭司ツァドク（王上 1:39）の息子であろう。この間に代替わりしたものと思われる（4 節への注解をも参照）。したがって、この名簿はソロモンの即位時のものではなく、一定程度時間が経過した段階での状況を反映するのであろう。イスラエルでは祭司は世襲であり、特に大祭司の地位は、――少なくとも捕囚後の第二神殿では――ツァドクの子孫しか就任できなかった（2:35 への注解を参照）。ただし、歴代誌上 5:34–35 によれば、アザルヤはツァドクの息子ではなく、孫である。とはいえ、「息子（ベン）」の語がより広い「男子の子孫」の意味で用いられることも少なくない。なお、エルサレムには多数の祭司がいたと思われるが、ここで言う（冠詞付きの）「祭司（ハ・コヘーン）」はもちろん「大祭司」（王下 12:11）ないし「祭司長」（王下 25:18）の意味であろう（Mulder 1998*; Cogan 2001*）。なお、ツァドクには他にアヒマアツ（サム下 15:27–18:30; 代上 5:34–35）とシャルム（エズ 7:2）という息子がいたはずである。

3節　書記官と補佐官

「**書記官**」（ソフェール）は文字に携わる役職で、碑文や年代記、（条約などの）外交文書等の作成に携わったものと思われる。ことによると、「ダビデ王位継承史」の基本部分や、モーセ五書伝承の古い部分、さらには列王記そのものの諸資料も彼らによって書かれたのかもしれない。申命記史家たち自身も、このような書記たちの職業上の子孫であったと考えられる（「緒論」32頁参照）。名の挙がっている「**エリホレフとアヒヤ**」、および彼らの父「**シシャ**」については詳細不明であるが、シシャは、ダビデの第1の高官名簿の書記「セラヤ」（サム下 8:17）や、第2の高官名簿の書記「シェワ」（サム下 20:25。ケレー）と同一人物である可能性もあり（その場合には本文破損か？）、もしそうであれば、この地位が世襲であったことになる。ただし、「シシャ」はエジプト語の「書記」に当たる称号であるとする説もある（Gray 1977*; Cogan 2001*; Knauf 2016*）。ソロモンがエジプトの王女を第一夫人にしていたこと（王上 3:1 と同所への注解を参照）を考えるなら、ソロモンがエジプトの宮廷の制度を手本としたということも十分考えられる。なお、少なくとも王国時代初期のイスラエルで、通常は読み書きができたのは書記や祭司だけであったと思われる。書記官の人数が2人に増員されているのは、宮廷組織の発展と共に文書量が増大したからであろう。ソロモンの治世には国家組織が拡充し、交易などを通じた「外交」も盛んに行われるようになったので、内政関係と外政関係で分業が行われたのかもしれない。交易が盛んになれば、当然ながら「帳簿」を付ける必要も高まったであろう。メソポタミアなどでも、最古の文書は帳簿などの経済文書であった。

「**補佐官**」と訳された「マズキール」の語は、「思い出す」、「記憶する」という意味の動詞（ザーカル）を語根としており、王に日程や執務について説明する秘書官と、王の意向や声明を発布する官房長官ないし報道官の役割を兼ねた役職であったと考えられる（王下 18:18, 37 参照）。この職務についても、エジプトの宮廷に対応する職務があったらしい。「**アヒルドの息子ヨシャファト**」は、ダビデ時代の前期以来この職にあるので（サム下 8:16; 20:24 参照）、相当な高齢だったことであろう。ただし、この人物が列王記中の物語に登場して何らかの役割を演じることはない。

4節　軍の司令官

4節の「**ベナヤ**」はダビデ時代の「クレタ人、ペレティ人の長」、すなわち外国人傭兵部隊の司令官で、ソロモンの王位継承を支えた一人（王上 1:36 と同所への注解［77 頁］参照）。ソロモン即位後は政敵粛清の「殺し屋」として働き（王上 2:25, 34, 46）、すでに述べたように自分で殺したヨアブの後釜として「**軍の司令官**」（原語は「アル・ハ・ツァーバー」で、文字通りには「軍の上（に立つ者）」）におさまった（王上 2:35）。「クレタ人、ペレティ人」の部隊がその後どうなったのかは分からないが、ベナヤの指揮下でイスラエル人の通常軍と合併されたのかもしれない。

同じ4節の後半に、「**祭司**」として「**ツァドクとエブヤタル**」が出てくるのはおかしい。「アドニヤ派」であったエブヤタルはすでに祭司職を免じられ、アナトトに追放されたはずであるし（王上 2:35）、すでにツァドクの息子アザルヤが祭司になっているからである（2節参照）。ツァドク→エブヤタルという順番なので、サムエル記下 20:25b から取り入れられた不適切な加筆であろう（Noth 1968*; Mulder 1998*）。あるいは、ダビデの政権とソロモンの政権の継続性を強調しようという加筆者の意図があるのかもしれない（Knauf 2016*）。

5節　知事たちの監督官と「王の友」

ここに見られる新しく設けられた高官職の二つに、いずれも「**ナタンの息子**」が就任していることが目立つが、もちろん、ソロモンの王位継承劇で「黒幕」を演じた預言者ナタン（王上 1:11–27 参照）の息子たちであろう。いわば「論功行賞」人事である。なお、――おそらくは高齢であった――ナタン自身がどのような処遇を受けたかは不明である。宮廷預言者（サム下 7:2; 王上 1:8, 23, 32 等参照）なので、世俗的な官吏の役割につくことはなかったのかもしれない。

「**アザルヤ**」が務めた「**知事たちの監督官**」（原語は「アル・ハ・ニッツァビーム」で、文字通りには「知事たちの上（に立つ者）」）は、7–19 節で新たに導入される一種の郡県制に関連して、各地区の知事たちを監視、指揮、監督する役割を持ったのであろう。「**ザブド**」が務めた「**王の友**」（レー

エ ハ・メレク）とは、王の個人的な友人ということではなく、こういう役職名で、身近にはべった特別の顧問官であろうと考えられる（サム下 15:37; 16:16–17 参照）。エジプトにも、「王の友」と称する顧問官がいた。ただし、このザブドが同時に「**祭司**」でもあったとされることは疑問である。彼の父である預言者ナタンがレビ人やアロンの子孫（いずれも祭司になるための条件）であったり、ましてやツァドクの子孫であったりしたとはおよそ考えられないからである。七十人訳にも、「祭司」の語は欠けている。サムエル記下 8:18b で（ユダ族の出身であるはずの）「ダビデの息子たち」（！）が祭司とされていたり、サムエル記下 20:26 で正体不明の「ヤイル人イラ」が祭司とされるなど、「高官名簿」の祭司に関する記述にはおかしな点が多い。祭司の正統的家系が確立する以前の古い伝承の名残りなのであろうか。

6 節　宮廷長と労役の監督官

ここで「**宮廷長**」と訳された原語は「アル・ハ・バイト」で、文字通りには「家の上（に立つ者）」を意味する。この「家」を「宮廷」と解するか「家産」と解するかで議論があるが、前者とすればある種の宮内庁長官、宮廷侍従長、後者とすれば王室の財産や土地の管理人ということになる。ここでは前者の意味に解した。なお、この役職は後に南北両王国いずれにおいても政治的に重要な意味を持ったらしい（北王国：王上 16:9; 18:3; 王下 10:5、南王国：王下 18:18, 37; 19:2 等参照）。なお、この肩書きを刻んだ複数の印章や封泥（ブラ）が発見されている。この役職を務めた「**アヒシャル**」については、名前以外に何も分からない。この人物だけは、父の名前も付記されていないので、イスラエル人ではないのかもしれない。「**労役の監督官**」（原語は「アル・ハ・マス」で、文字通りには「労役の上（に立つ者）」）とされる「**アブダの息子アドニラム**」は、ダビデの名簿に同じ職で出てくるアドラム（サム下 20:24）と同一人物かもしれない（王上 12:18 と同所への注解をも参照）。彼が実際に強制労働の監督に当たったことについては、列王記上 5:28 を参照。この人物は後に、王国分裂時の北王国の民衆に憎まれ、石で打ち殺される（王上 12:18 と同所への注解をも参照）。なお、ソロモン時代の労役、すなわち強制労働については、列王記上

5:27–28 と同 9:20–22 の二つの相互に矛盾する記事、および両箇所への注解を参照。

7–19 節　12 人の知事たちとその管轄地区

ソロモンは、新たにある種の郡県制を導入し、「**イスラエル全土**」を 12 の行政区に分け、それぞれに「**知事**」（ニッツァブ。文字通りには「立てられた者」、「任命された者」）を置いた。郡県制といっても地方分権や自治とは何の関係もない。その目的は「**王と彼の宮廷**（原語では単に「家」）**に〔食糧を〕供給**」するためであり、要するに早い話が効率よく年貢を取り立てるためである（イスラエルの初期王国時代には徴税は物納で行われた。サム上 8:14–17 等参照）。高官たちの名簿でも、かつての「ソロモン派」のツァドクやナタンの息子たちが採り立てられていたが、ここでも王の姻戚や側近の関係者を抜擢する縁故主義（ネポティズム）が目につく（Niemann 1993:27–28, 249–250; Brueggemann 2000[*]; Wray Beal 2014[*]）。しかも、特定できる知事たちの多くは、北の地域の管轄であるにもかかわらず、ユダやエルサレムにゆかりの深い、王の「取り巻き」に属する人々である。権力者が息のかかった人々を要職につけるのは、時代を問わず、独裁的な政治体制が陥りやすい陥穽である。

なお、この箇所の釈義は、難所の 19 節で七十人訳に従い「ユダ」の語を読むかどうかで大きく変わってくるが（同所への注解を参照）、ここでは「ユダ」を含まないという前提に立つ（Alt 1913; Aharoni 1967:276–279; Noth 1968[*]; Würthwein 1977[*]; Dietrich 1997:173–175; Kamlah 2001）。もしそうであれば、7 節で言う「イスラエル全土」とは、（1 節における用法とは異なり）ユダを除く、実質的に後の北王国のことを意味することになる。後の列王記上 12 章への注解でも詳しく述べるように、ダビデ、ソロモンのいわゆる「統一王国」のもとでも、国家が完全に一枚岩になったわけではなく、ユダとイスラエルが並存しながら共通の王をいただく「同君連合」を構成する、というのが実態だったのである。しかも、まさにそのような二元性が、やがてはソロモン死後のいわゆる「王国分裂」という事態に繋がっていくのである。

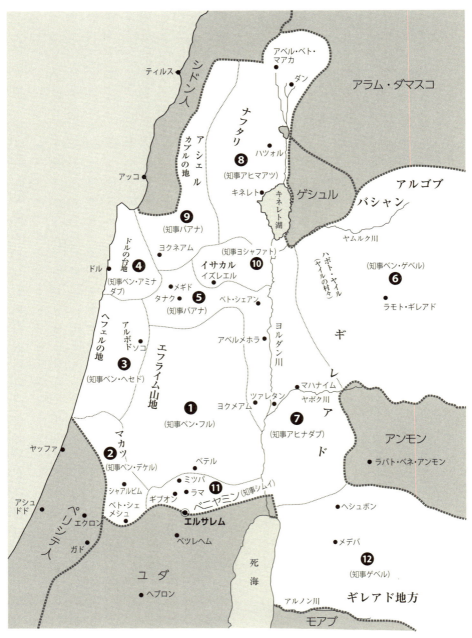

イスラエル国内の12の行政区の配置図

7節　12の行政区

行政区が全部で「12」あったということは、（ユダを除くのであるから）イスラエルの部族数が「12」であった（王上 11:30 参照）こととは直接的に関連しないことになる。それはあくまで、各地区に「**1 年に 1 か月ずつ**」輪番で宮廷の食糧を調達させるためなのである。ただし、個々の行政区の大きさや農耕的な地理条件はかなり異なり、また冬が雨季で夏が乾季のパレスチナでは月によって収穫量も大きく異なっていたので、歴史的にはそれほど簡単ではなかったはずである。このあたりのことを考えると、この知事たちのリストがたとえ古い歴史的伝承素材によっていると仮定しても（Alt 1913; Aharoni 1967:79, 276–280; Dietrich 1997:173–175, 232; Kamlah 2001）、それをどの程度歴史的再構成に利用することができるかの判断にある程度の慎重さが要求されよう（Würthwein 1977[*]; Niemann 1993:27–41, 246–251; Na'aman 2001; Knauf 2016[*]）。

注目に値するのは、行政区の境界が多くの場合（特に前半）、従来の部族の領土の境界を無視して、イスラエル諸部族の土地とカナンの都市国家を混合する独自の原理に従って定められていることである（158 頁の地図を参照）。特に、後の北王国の中心部族であるエフライムとマナセの領土が複数の地区に分断されている点が目立つが、おそらくは有力な北部部族集団（いわゆる「ヨセフの家」）であった両部族の力を抑制しようとする政治的意図にもとづくものかもしれない。これに対し、ユダが行政区に含まれていないとすれば、ソロモンは自分の出身部族であるユダに宮廷維持のための負担を免除したことになる（Aharoni 1967:279; Sweeney 1995:89; Fritz 1996:55; Walsh 1996:87; 山我 2003:95–96）。

8–14 節では、中部の七つの行政区が、ほぼ中央に位置した「エフライム山地」から始まり、時計回りで列挙される。なお、ここでは「ベン」という語で始まる名前の人物が目立つが（8–11, 13 節）、「ベン」はもともと「息子」の意味で、「A、ベン B」で「B の息子 A」となり、その人物の父親との関係を表現するのに用いられるのが常である（例えば「ダビデ・ベン・エッサイ」で「エッサイの息子ダビデ」）。したがってここでは、その人物が誰の息子であるかしか書かれておらず、肝心の本人の名前が抜け落ちていることになる。これはおかしいので、原資料の右上の部分

（ヘブライ語は右から左に書く）が破れてしまっており、固有名詞の部分が読み取れなかったのではないかと考えられている（Albright 1969:140–141; Montgomery 1951*; Noth 1968*; Gray 1977*）。ただし、この職位が特定の家系によって代々「家業」として世襲されていたことの痕跡とする見方もある（Alt 1950:198–213; Jones 1984*; Würthwein 1977*; Dietrich:1997 173–174）。

なお、ここで言及されている町々は、第1地区を除きほとんどが先住民カナン人の都市国家であるので、ソロモンの王国が、イスラエル諸部族だけでなく、多数の先住民をも併合した多民族国家であったことが反映している。

8節　第1地区
知事個人については名前以外何も分からない。その名前についても、上述のように、「某、フルの息子（「ベン・フル」）」——英語流には、小説や映画で有名な「ベン・ハー」！——という表現の固有名詞の部分が破損していると思われる。「エフライム山地」はパレスチナの中央山岳地帯で、もちろんエフライム部族の領土とある程度重なるが、その全土（ヨシュ16章）ではないし、部分的には西マナセの領土も含んでいたらしい（ヨシュ17:14–18）。ここには言及されないが、シケム、ベテル、ティルツァといった北王国初期の重要な町がここに含まれる。だからこそ、筆頭に挙げられているのであろう。面積的にもかなり広い。

9節　第2地区
知事個人については、「デケルの息子（「ベン・デケル」）」であったらしいこと以外何も分からない。第1地区の南西に位置し、いわゆる丘陵地帯（シェフェラー）の一部で、地中海に面したかなり狭い地域。事実上独立を保っていたペリシテ人の領土（王上2:39への注解参照）の北東に当たる。「マカツ」はここにしか出てこず、正確な位置は不明。「シャアルビム」は、理論上はかつてのダン部族の領土に含まれたが（ヨシュ19:42）、実際には先住民の町であったらしい（士1:34–35）。正確な位置は不明であるが、アヤロンの北西約5キロメートルに位置するセルビートがよく候

補に挙げられる（Aharoni 1967:384; Cogan 2001*; ABD*）。「**ベト・シェメシ
ュ**」は、北に移動する以前のダン（ヨシュ19:41の「イル・シェメシュ」）
とユダ（ヨシュ15:10）の境界上にあった町で、エルサレムの西方約20キ
ロメートルに位置する現在のテル・エル・ルメイレと同定されている
（Aharoni 1967:374; Cogan 2001*; ABD*; NIB*）。町の名は「太陽の家」を意
味し、先住民の太陽神の神殿があった可能性がある。新石器時代末期から
王国時代末期まで存続した6層にわたる町の遺跡が発掘され、ペリシテ
人の土地に近いこともあって、多数のペリシテ式の土器などが出土してい
る。かつてはこの地にペリシテ人から「神の箱」が戻された（サム上
6:12–20）。後にイスラエル王アマツヤとユダ王ヨアシュの戦いの舞台とも
なる（王下14:11–13）。同名の他の町（ヨシュ19:22, 38; 士1:33）と混同
しないように注意が必要である。「**エロン・ベト・ハナン**」という地名もこ
こにしか出てこないが、ことによると、「エロン」と「ベト・ハナン」と
いう二つの別の地名かもしれない（七十人訳ではそうである）。その場合
には、前者はやはりダンの町とされる「アヤロン」（ヨシュ19:42）と同一か。
アヤロンも先住民の町であり（士1:35）、かつてのヨシュアとアモリ人の
5人の王たちとの戦いで、その上に月が沈まずに止まったとされる場所
（ヨシュ10:12）。このアヤロンは、エルサレム北西約20キロメートルに位
置する現在のヤーローと同定される（Aharoni 1967:372; ABD*; NIB*）。そ
の場合、ベト・ハナンはここだけにしか出てこないことになり、もちろん
場所も不明ということになる。なお、（シケム、ベテル、エリコ、ハツォル
など）王国時代になって有名になる町々ではなく、このようにあまり知ら
れていない特殊な町々の名が多く言及されることは、この表の――真正性
とは言わないものの――古さを示唆している。それは、後代に想像力で人
為的に創作されたものとは思われない（Kamlah 2001）。

10節　第3地区

知事個人については、ヘセド（意味は「慈愛」！）の息子（「**ベン・ヘセ
ド**」）であったらしいこと以外何も分からない。東側で第1地区に接し、
第2地区の北側で海岸平野の中段を占める。第2地区との境界は、おそ
らくヤルコン川。部族的には西マナセに含まれよう。今日の商都テルアビ

161

ブがある辺り。肥沃さと風光明媚で知られるいわゆるシャロンの野（ヨシュ 12:18; 雅 2:1; イザ 33:9; 35:2）やサマリア山地の西側を含む。「**アルボト**」もここにしか出てこず、正確な位置は不明。「**ソコ**」は、ダビデとゴリアトの一騎打ちに関連して言及される、「エラの谷」近くのユダのソコ（サム上 17:1。なお、ヨシュ 15:35, 48 をも参照）とは明らかに別の場所。旧約聖書の他の箇所には言及がないが、エジプト王のシシャクの遠征記念碑（王上 14:25–28 と同所への注解を参照）にはそれらしき場所への言及がある。エジプトに下る幹線道路「海の道」をコントロールできる位置にある、今日のナハリヤの海岸から 18 キロメートルのシュウェーケト・エル・ラースと見なされている（Aharoni 1967:384; ABD*; NIB*）。「**ヘフェル**」はヨシュア記 12:17 でヨシュアによって征服されたとされるカナン人の町の一つで、比較的最近の研究ではドタン渓谷北端のテル・エル・ムハッファルと同定されることが多い（Cogan 2001*; ABD*）。ヘフェルの語は、マナセ部族の人名としても出てくる（民 26:32–33; ヨシュ 17:2–3）。

11 節　第 4 地区
　知事「**ベン・アビナダブ**」（「アビナダブの息子」）の妻は「**ソロモンの娘タファト**」（言及はここのみ）で、王の娘婿だったことになる（15 節をも参照）。地区は第 3 地区の北側で、カルメル山系の南側に位置するやはり海に面した狭い領域。「**ドル**」はエジプトの「ウェンアメン旅行記」にも言及されている、「海の道」沿いの重要な港町で、部族的にはやはり西マナセに属するが（ヨシュ 17:11）、実質的には先住民の町であった（士 1:27）。現在のハイファの南方 25 キロメートル、カイサリアの北約 14 キロメートルに位置する、現在のキルベト・エル・ブルジと同定される（Aharoni 1967:375; Cogan 2001*; ABD*）。なお、「ドルの台地」（ナーファト　ドール）という表現については、ヨシュア記 11:2; 12:23 を参照。

12 節　第 5 地区
　第 5 地区についてのこの段落と、次の第 6 地区についての段落（13 節）は、他の段落と比較して文章がかなりごちゃごちゃしており、二次的な手が加わっている可能性がある。現在あるテキストでは、最初の 6 人の知

事たちのうちこの人物だけ「バアナ・ベン・アヒルド」(「**アヒルドの息子バアナ**」)と、父の名に加えて本人の名も明記されている。ことによると、3節に挙げられた補佐官の「アヒルドの息子ヨシャファト」の兄弟かもしれない。この地区は、位置的には第4地区の東側で、肥沃で広大な「**イズレエル**」平原の大部分を含む。部族的には、西マナセ、およびゼブルンとイサカルの領域の一部が含まれる。

「**タナク**」はイズレエル平原南端の町で、現在のテル・タアネク(ABD*; NIB*; Aharoni 1967:384)。今日のジェニンの北西約10キロメートルに位置する。エジプト王シェションク1世(王上 14:25–28 への注解を参照)の遠征碑文にもこのファラオが征服したことを誇示する町々の一つとして挙げられており、重要性を裏付けている。部族的には西マナセに属するが、実質的にはやはり先住民の町であり続けた(ヨシュ 17:11–13; 士 1:27)。士師時代のデボラの戦いはこの町の付近で戦われた(士 5:19)。イスラエル以前から王国時代まで繰り返し建て直された城塞や城壁の遺跡、興味深い祭儀用スタンドなどが発掘されている。

「**メギド**」はタナクから北西約9キロメートル、ガリラヤ湖南端から南西約40キロメートルの地点にある、後の北王国でも最重要な町の一つで、現在のテル・エル・ムテセリム(Aharoni 1967:381; ABD*; NIB*)。これもイズレエル平原に面し、その西南に位置する。名目上はイサカル部族に属したが、実質的にはカナン人の町であった(ヨシュ 17:11–13; 士 1:27)。やはりエジプト王シェションク1世の征服都市リストにも言及され、この町からこのファラオの遠征記念碑の断片も発見されている。デボラの戦いの戦場の一つで(士 5:19)、ソロモンによって軍事拠点の一つとして要塞化された(王上 9:15)。後にヨシヤ王がエジプト王ネコに殺される場所でもあり(王下 23:29–30)、申命記史書にとっても重要な意味を持つ。エジプトとダマスコを結ぶ重要な通商路(「海の道」)と、シケムやサマリアからフェニキアへ向かう道の交差する戦略的な要衝の近くにあり、古来戦いが絶えず、新約時代には「ハルマゲドン」(「メギドの山」のギリシア語訛り)として、終末論的戦闘の舞台と考えられることになる(黙 16:16)。前3000年以前の銅石器時代からイスラエル王国時代まで、20層以上からなる巨大な城塞都市遺跡が発掘されている。

「ベト・シェアン」はイズレエル平野の南東端、ヨルダン渓谷との接合地点にある町で、ガリラヤ湖南端から南方約 25 キロメートルに位置する。現在のテル・エル・フスン（Aharoni 1967:374; ABD*; NIB*）。やはり西マナセに属したとされるが（ヨシュ 17:11）、実質的にはこれもカナン人の町であった（士 1:27–28）。サウルの死体がこの町の城壁に晒されたとあるので（サム上 31:10, 12; サム下 21:12）、一時はペリシテ人の支配下に置かれたらしい。メギドと並ぶイスラエル王国時代の代表的な都市遺跡の一つで、新石器時代から王国時代まで 14 層が発掘されているが、出土品の多くはエジプト的、ないし異教的。これもエジプト王シェションク 1 世の征服都市リストに言及される。旧約時代の遺跡の麓には、ヘレニズム・ローマ時代のデカポリスの一つ、スキトポリス（Ⅱマカ 12:20–30）の大遺跡が広がる。ちなみに、ロック・オペラの映画化『ジーザス・クライスト・スーパースター』（1973 年）のロケは、主としてこの遺跡で行われた。

「イズレエル」は、同名の平野の名のもととなった町で、その平野の東端にある、現在のゼルイーン（Aharoni 1967:379; ABD*; NIB*）。メギドとベト・シェアンの中間に位置する。後にアハブ王により農民ナボトが無実の罪で処刑され（王上 21:1–16）、イエフのクーデターが起こる場所（王下 9:21）。イサカル領であったとされるので（ヨシュ 19:18）、この町自体は第 10 地区（17 節への注解を参照）に属したはずである。したがって、この文脈での「イズレエル」の語は、第 5 地区の位置を外側から説明するために引き合いに出されていることになる。「**下手**」（文字通りには「下（ミッタハト）」）とは通常は南を意味するが（創 35:8 参照）、ベト・シェアンはむしろイズレエルの東南東に位置するので、多少奇妙である。「**アベル・メホラ**」はベト・シェアンの南方約 15 キロメートルにある現在のテル・アブ・ツーツ（ABD*; NIB*）で、ヨルダン渓谷内の川の西岸に位置する。預言者エリシャの故郷（王上 19:16）。

「**ヨクメアム**」は歴代誌上 6:53 によればエフライム部族に属するレビ人の町なので、ベト・シェアン、アベル・メホラからさらに南に下ることになる。正確な位置は不明だが、現在のテル・エル・マザルとする見方もある（Aharoni 1967:379; Cogan 2001*; ABD*）。この地区が、その「向こう側」まで伸びているとされている事情もよく分からない。これらの記述が

正確だとすると、この地区はイズレエル平野をほぼ西から東に横断し、ベト・シェアンのところで直角に南に曲がってヨルダン渓谷西岸を南下する、ヘブライ語のダレト（ד）に似た非常に奇妙な形をしていたことになる。

なお、訳注 i に記したように、原文では「**ツァレタン**」の語は、この節の前半のベト・シェアンに掛かっており、その部分を直訳すると、「ツァレタンの傍らで、イズレエルの下手にあるベト・シェアンの全域」となる。ツァレタンはヨルダン渓谷内の町で、かつてヨシュアの率いるイスラエルがカナンの地に入ったとき、ヨルダン川の水がここ付近で止まったという（ヨシュ 3:15–16）。ソロモンの建てた神殿のための青銅製の祭具を造る鋳物工場があった（王上 7:46 と同所への注解を参照）。位置に関しては諸説あるが、ヨルダン川東岸のヤボク川下流沿いにあるテル・ウム・ハマドが有力視される（Aharoni 1967:385; 岩波訳）。これはヨルダン川を挟んでヨクメアムのほぼ対岸にある（158 頁の地図を参照）。したがって、「ベト・シェアン」が「ツァレタンの傍ら」にあるとする原文は地理的におかしい。そこで、後者の文章をこの節の最後に移した（Aharoni 1967:278 に従う。岩波訳の該当箇所をも参照）。

13 節　第 6 地区

ここからヨルダン川を渡り、東岸地方に移る。この東岸地方で、ヤルムク川とアルノン川の間の地域が一般に「**ギレアド**」と呼ばれる（創 31:21–25, 47–48 参照）。部族的には東マナセおよびガドに属した（民 32:39–42; ヨシュ 13:24–31）。この地区はギレアド地方の北側に位置し、北部でダマスコのアラム人国家の領土と接していた。

「**ラモト・ギレアド**」はこの地区の東部の町で、ベト・シェアンから川を挟んで東約 35 キロメートルに位置する、現在のテル・ラミトと同定されている（Aharoni 1967:383; ABD*; NIB*）。部族的にはガドの領内で、いわゆる「逃れの町」の一つであった（申 4:43; ヨシュ 20:8）。後にはイスラエルとダマスコのアラム人の勢力範囲の境界となり、両軍の間で数々の戦いの舞台とる（王上 22:3–29; 王下 8:28, 9:14）。アハブ王が戦死するのも（王上 22:35）、ヨラム王が負傷し（王下 8:28）、彼を倒すイエフが油を注がれるのも（同 9:4–6）同地。もともと「ラマ」という地名であり（同 8:29）、

より有名なヨルダン川西岸地方の複数のラマ（サム上 1:19; 2:11; 7:17; 王上 15:17, 21–22 等）と区別するために「ギレアド」の語を加えて「ラモト・ギレアド」とされたのかもしれない（Cogan 2001*）。

「**マナセの息子ヤイル**」の村々とは、士師の一人でもあったこの人物が西岸からギレアド地方に攻め込んで征服したとされるもので、「ハボト・ヤイル」とも呼ばれた（民 32:41; 申 3:14; 士 10:3–5）。もちろん、東マナセに属する（ヨシュ 13:30）。ガド族の領土の北側にあったことは確かだが、「村々」なので正確な位置は不明である。「**バシャン**」はヤルムク川中流から上流の地域で、もともとは先住民の王オグの領土であった（民 21:33–35; 申 3:1–11。なお、本章 19 節とその注解を参照）。「**アルゴブ**」はこのバシャン地方の一部、ないし別名（申 3:4, 13–14）。バシャンにおけるヤイルの支配領域に「**60 の町々**」があったことについては、申命記 3:4 とヨシュア記 13:30 を参照。ただし、士師記 10:4 では町の数は「30」となっている。いつの間に倍増したのであろうか。アルゴブの 60 の町々が「**城壁**」と「**門**」で要塞化されていたことについては、申命記 3:5 を参照。なお、知事については、ここでも「**ベン・ゲベル**」（ゲベルの息子）という名前以外何も分からない（19 節の「ゲベル」との関係も不明）。

14 節　第 7 地区

これは、ヨルダン川東岸地方で第 6 地区の南側に位置し、ギレアド地方の南半分を占める。東側でアンモン人の領土に接し、知事個人については「**イドの息子アヒナダブ**」という名前（ここのみ！）以外何も分からない。「**マハナイム**」は、ヤボク川沿いの町で、おそらくはその北側に位置する。位置については、列王記上 2:8 への注解を参照。一時はダビデと権力を争ったサウルの息子エシュバアル（イシュ・ボシェト）の拠点であり（サム下 2:8, 12）、アブサロムの乱の際には、ダビデが一時この地に身を避けた（サム下 17:24–29）。この町も、シェションク 1 世の遠征碑文に言及されるほど重要性を持っていた。

15 節　第 8 地区

続く 15–17 節では、再びヨルダン川西岸に戻り、ガリラヤ以北の三地

区が反時計回りで言及される。これまでの中央部の諸地区がいずれもそれに属する主要都市や地域名で呼ばれたのに対し、これ以降は地区が部族の名で呼ばれる。イスラエル系の住民が多かったのであろう。第 8 地区は「**ナフタリ**」で、ガリラヤ湖の西岸と北の地域を含む（ヨシュ 19:32–39）。ここでは都市名は挙げられていないが、カナン人の大都市国家だったハツォル（士 4:2）やイスラエルの最北の町としてしばしば挙げられるダン（王上 5:5 等参照）、アベル・ベト・マアカ（王上 15:20）、それに旧約における「ガリラヤ湖」の別名のもとになったキネレト（民 34:11 等参照）などが含まれていた。知事「**アヒマアツ**」は、おそらくは、アブサロムの乱の際にダビデの斥候と伝令の役割を果たした一人で、祭司ツァドクの息子（サム下 15:27, 36; 17:17; 18:19–30）であろう。この人物にだけ父の名がないのは、ツァドクの息子としてあまりに有名だったので、わざわざ父の名を挙げる必要がなかったからか（DeVries 1985*）。第 4 地区の知事同様、彼も「**ソロモンの娘バセマト**」（言及はここのみ）を妻としていた。いわば姻戚人事であり、王家と大祭司家が密接に結び付いていたことになる。

16 節　第 9 地区

この地区は「**アシェル**」部族の土地で、第 8 地区の西側に接する細長い地域（ヨシュ 19:24–31）。この地域は北でフェニキアに接するので、後にソロモンがティルスの王ヒラムに割譲する「カブルの地」（王上 9:10–14）もこの地区に含まれると考えられる。一つだけ名を挙げられている「**ベアロト**」という町の位置は不明だが、ユダの同名の町（ヨシュ 15:24）とは明らかに別である。第 8 地区から第 12 地区までは部族名で特定されているので、これを欠けているガリラヤの部族名「**ゼブルン**」に読み替えるという提案もある（Alt 1913:84; Aharoni 1967:279）が、本文破損だとしたらずいぶんひどい変わりようである。知事の「**バアナ**」の父が「**フシャイ**」とされているが、後者はアブサロムの乱を挫折に導いたスパイ役の「ダビデの友」（サム下 15:30–37; 16:16–17:16）かもしれない。とすれば、ここでも縁故人事の可能性がある。

17 節　第 10 地区

この地区は「**イサカル**」部族の土地で、第 8 地区の南側に当たり（ヨシュ 19:17–23）、ガリラヤ南部とイズレエル平原の東部が含まれる。北の境界にはタボル山がそびえる。町の名は挙げられていないが、アドニヤ殺害の口実になった美女アビシャグの出身地シュネム（王上 1:3）や、イズレエル平野の名のもとになった前述のイズレエル（12 節と同所への注解を参照）が含まれていた。知事「**ヨシャファト**」については、名前以外不明。もちろん、同名の「補佐官」（3b 節）や、後のユダ王（王上 22:41–51）と混同してはならない。

18 節　第 11 地区

最後の 18–19 節では、南方の二つの地区が挙げられる。このうち第 11 地区は「**ベニヤミン**」部族の土地で、第 1 地区の南側、エルサレムとユダの北側に当たり（ヨシュ 18:11–28）、いわばイスラエルとユダの境界をなした（王上 15:22）。狭い土地であるが、土壌は比較的肥沃で、エリコ、ラマ、ゲバ、ギブオン、ミクマシュ、ミツパなど、イスラエルの歴史で重要な役割を果たす町々が含まれていた。なお、エルサレムも理論上はベニヤミンに属するという考え方もあった（ヨシュ 18:16, 28 参照）。知事「**シムイ**」については、名前以外詳しいことは分からない。もちろん、ソロモンの命令で殺された同名のベニヤミン人（王上 2:36–46）ではありえない。ことによると、アドニヤとソロモンの権力闘争の際にアドニヤに与しなかったとされる人物の一人かもしれない（王上 1:8。ただし、同所への注解をも参照）。もしそうであれば、やはり論功行賞的な性格があったと考えられる。

19 節　第 12 地区（？）

この節は問題に富み、おそらく本文が破損している。ここでは「**ギレアド地方**」が扱われているが、これでは 13 節の第 6 地区と重なってしまう。七十人訳の一部（バチカン写本等）に従い「ガド」と読み代える提案（Noth 1968*; Würthwein 1977*）もあるが、意味されるものはほぼ同じである。知事の名「**ゲベル**」も、第 6 地区（13 節）の知事「ベン・ゲベル」（「ゲベル

の息子」?）とよく似ているし、そこは「**アモリ人の王シホンとバシャンの王オグの領土**」であったとされるが、バシャンは第6地区に含まれている（13節参照）。ここから、この段落全体を13節の異文（バリアント）とする見方や（Albright 1942:141; Jones 1984*; Wray Beal 2014*）、13節への「歴史的注釈」が間違った場所に入ったとする見方もある（Montgomery 1951*; Cogan 2001*）。これを独立した地区と見なすならば、おそらくヘシュボン、メデバ、ディボン等の町を含む死海東北沿岸の地域が考えられているのであろう。もしそうであれば、ヨルダン東岸で最南端の地区であり、北のアンモン人の領土と南のモアブ人の領土に挟まれた政治的にデリケートな地域ということになる（158頁の地図を参照）。これらの町は、かつてアモリ人の王シホンの町であったが（民 21:25–30; ヨシュ 13:21）、モーセによって征服された。同じくモーセによって征服されたヨルダン川東側の地方の王として、シホンと並んでよく「バシャンの王オグ」に言及されるので（民 21:33–34; 申 1:4; 2:24–3:17; 4:46–47 等参照）、後から（申命記史家の一人により？）バシャンとオグへの言及が（不適切にも？）加えられたのかもしれない。この地域は、もともとルベン部族の領土であったが（ヨシュ 13:16–21）、後には（ルベン部族の衰退の結果？）ガド部族の領土となった（ヨシュ 13:24–26; 21:39。なお、同 13:8–12 をも参照）。前述の七十人訳の「ガド」の読みはこのことを踏まえたものかもしれない。

より問題なのが、「**そして、この地の守備隊が一つ**」（ウー・ネツィーブ　エハード　アシェル　バアーレツ）という、四語からなる最後の一文で、動詞もない不完全な文章である。あまりにも断片的で、意味不明としか言いようがないので、私訳では直訳のままにした。「守備隊（ネツィーブ）」を「知事（ニッツァブ）」に読み替えて、かなり無理をすれば「この地にもう1人の知事がいた」（新共同訳。なお岩波訳、JBS 共同訳をも参照）と読めなくはないが、「彼（＝ゲベル）がこの地の唯一の知事であった」（口語訳参照）とも解せる。さらに問題なのは、七十人訳の写本の多くが「この地」でなく「ユダの地」と読むことである。もしこの読みを採れば、12番目の地区はユダであったということになる（Albright 1942:141; Montgomery 1951*; Gray 1977*; Cogan 2001*; Na'aman 2001; Wray Beal 2014*）。さらには、ここに「ユダの地」への言及を認めながら、それを二次的と見て、元来の

リストにユダへの言及がないことを不満に思った後代の加筆者によるものとする見方もある（Noth 1968*; Würthwein 1977*; Fritz 1996*; Knauf 2016*）。他に、「さらに本土（＝ユダ）に1人の知事」と解したり、「知事たちの上に唯一の知事がいた」と読んで、「知事たちの監督官」アザルヤ（5a節参照）のことと解する解釈もある（Burney 1903:46–47）。

　歴史的に見れば、イスラエル（後の北王国）の地域が11人（ないし12人）の知事たちの管轄に分けられていたのに対し、それらの個々の行政区と比べればずっと広大なユダがたった一人の知事の手に委ねられていた、ということはやはり考え難い。前述のように、徴税はもっぱらユダ以外の北の諸部族に割り当てられており、ソロモンの出身部族であるユダはこのシステムから除外されていた可能性が高いように思われる。そう仮定すれば、ソロモンの死後の北の部族の不満や待遇改善要求（王上 12:4, 10）もよりよく理解できよう。

4章20節–5章6節　ソロモン治下でのユダとイスラエルの天下泰平

　ここではソロモンの治下での「**ユダとイスラエル**」（順序に注意！）の「**平和**」（シャローム）と天下泰平ぶりが強調される。ただし、仔細に見ると、食べ物に関する記述（4:20; 5:2–3, 5）が5章の1節と4節によって分断されており、後者の二つの節にはソロモンの支配に関して周囲とは異なる表象が見られるし、用語法的に見ても、申命記史家たちの段階よりも遅い加筆と考えられる（5:4への注解を参照）。また、2–3節が宮廷の食生活を扱うのに対して、4:20と5:5は国民一般の暮らしぶりを描く点で異なる関心、視点を示している。おそらく5:2–3が申命記史家たち以前の古い資料に遡り、それにまず4:20と5:5（–6？）が（申命記史家たちにより？）付け加えられ、最後に5:1と5:4が挿入されたものと思われる。その際には、前述のように（151頁参照）、全体がシンメトリーになるように巧みな編集技巧が駆使されている。

20節　ユダとイスラエルの天下泰平

　「**海〔辺〕の砂**」（20節）とは、数えきれないほど多数のものの譬え（創 41:49; ヨシュ 11:4; 士 7:12; サム上 13:5; サム下 17:11 等参照）で、ここでは国

民の数の多さを表現する。ここではあたかも創世記における族長たちへのヤハウェの子孫繁栄の約束（創 13:16; 22:17; 28:14; 32:13 等）が、ソロモンの治世において成就したようにも読める。「**食べたり飲んだりしていて、幸福であった**」とは、もちろん、国民が何不自由なく豊かな生活を享受したということ。古代オリエントの王の碑文でも、王たちが自分の「善政」を誇る際によく似た表現がしばしば用いられる。ただし、それが歴史的真実かどうかはあくまで別の話である。

5章1節　ソロモンの支配の範囲と安定

5節（「ダンからベエル・シェバに至るまで」）とは異なり、1節と4節では、ソロモンの支配がイスラエル本土を超えて、メソポタミアとの境界からエジプトの国境にまで及んだことが言及される。旧約聖書で「**あの大河**」（冠詞付きの「ハ・ナハル」。1, 4節）といえば、通常はユーフラテス川を意味する（創 15:18; 申 1:7; 11:24; 詩 89:26 等参照）。「**ペリシテ人の地**」は地中海沿岸に面したパレスチナ南西部の海岸平野地方（サム上 6:17）。「**エジプトとの国境**」をなしたのは、シナイ半島北部を流れる季節河川ワディ・エル・アリシュで、「エジプトの川」（民 34:5; ヨシュ 15:4, 47; 王上 8:65）とも呼ばれる。ユーフラテスからこの川までの広大な領土というイメージは、ヤハウェのアブラハムとの契約で子孫に与えると約束された土地（創 15:18）のそれとほぼ対応する。以前、五書の「ヤハウィスト（J資料）」が好んでソロモン時代の文書と想定された理由の一つも、この対応にあった。ただし最近では、創世記の族長への約束の記述も、かなり遅い時代になってからの理想化されたイメージだと考えられるようになってきている（van Seters 1975; Rendtorff 1976; Blum 1984; Köckert 1988; Carr 1996）。申命記史書全体の文脈で見れば、ソロモンが支配した「**すべての王国**」とは、ダビデが征服したり、宗主権を認めさせた国々で、主としてアラム系の諸国家、モアブ、アンモン、エドム、ペリシテ人の都市国家群などであったということになろう（サム下 8:1–14; 12:26–31）。

ただし、歴史的には、この時代のイスラエルがここで言われているほど広大な領域を支配したという痕跡は、文献資料からも考古学的所見からも全く裏付けられていない。たとえソロモンがイスラエルの王として歴史

に実在したとしても、その王国の範囲はエルサレムとその周辺に限られたものであったと考えられている。その意味で、ここ——およびソロモンの時代についての記述全般——でのソロモンの時代のイメージは、極端に理想化され、誇張されていると見なければならない。

2–3 節　ソロモンの宮廷の食糧

　この箇所からは、ソロモンの宮廷での豪奢な生活ぶりの片鱗が窺える。その食材は、列王記上 4:7–19 に挙げられた知事たちが自分の管轄地からかき集めたもの、ということになろう（特に王上 4:7 を参照）。「**コル**」（2節）はもともと油などの液体を計る単位であったと思われるが（エゼ 45:14）、ここでは「ホメル」のように穀物の量として用いられている（王上 5:25 参照）。正確な量は分からないが、1 コルは 200 リットルから 400 リットル程度であったらしい。したがって、挙げられた量は何千リットルという膨大なものということになるが、もちろん廷臣たち全体の消費量としても誇張されているにちがいない。ある試算によれば、2 節に挙げられた穀物で 1 万 5000 人分から 3 万人分のパンが作れるという（Montgomery 1951*; Mulder 1998*; Knauf 2016*）。3 節後半に挙げられている動物（「ツェビー」、「ヤハムール」、「バルブル」）の種類は正確にはよく分からない。「**カモシカ**」、「**ノロジカ**」、「**ガチョウ**」という訳はあくまで暫定的なものである。ちなみに、ここに挙げられた動物たちは、いずれも申命記の食物規定では許可されているもの、ないしは少なくとも禁じられていないものばかりである（申 14:4–5, 12–18 参照）。ただし、古代イスラエルの一般庶民は、祭などの特別の機会以外には、あまり肉を食べる機会に恵まれなかったようである。

4 節　ソロモンの支配の範囲と安定

　この部分は 1 節に対応し、ソロモンの支配領域の広大な広がりを強調する。ただしここで二度も用いられている「**あの大河を渡った地域**」（エベル・ハ・ナハル）という表現は、メソポタミア側からユーフラテスの西側のシリア・パレスチナを見る視点を示しており、ペルシア時代（前 5–4 世紀）のペルシアの「サトラピー」としてのユーフラテス西方地方を指すア

ラム語の「アバル・ナハラー」（エズ 4:10–11, 16–17, 20; 5:3, 6; 6:8, 13; 7:21, 25。なお、同 8:36; ネヘ 2:7, 9; 3:7 をも参照）に対応する。おそらくはペルシア時代の加筆者による、同時代の地理的感覚に由来する時代錯誤的な表現と考えられる（Burney 1903:49; Wälchli 1999:86–88; Wray Beal 2014*; Knauf 2016*）。

　北の境界として言及される「**ティフサ**」は、ギリシアの文献（クセノフォン『アナバシス』）でもユーフラテス川の重要な渡渉地点として「タプサクス」の形で言及されている。北シリアのカルケミシュの南方、ユーフラテス川の西岸にあったと考えられるが（ABD*; NIB*）、正確な位置は不明（王下 15:16 に言及される同名の町とは明らかに別）。やはり捕囚後のペルシア時代以降の表象であろう。初期王国時代のイスラエルの支配がそれほど北方にまで及んでいたことが歴史的にあり得ないことについては、改めて言うまでもない。南の境界をなす「**ガザ**」は、地中海に面した海岸平野南部のペリシテ人の主要五都市の一つ（サム上 6:17）で、そのうち最も南のエジプトに近い位置にある。目をつぶされたサムソンが建物を壊して死んだ場所（士 16:21–31）。現在の同名のパレスチナ自

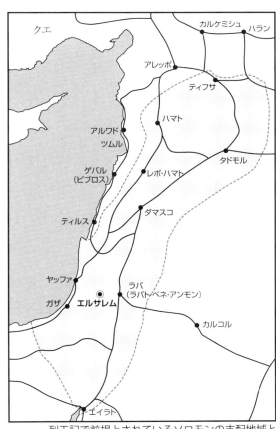

列王記で前提とされているソロモンの支配地域と主要な通商路

治区の高台にあるテル・ハルベ（ABD*; NIB*）。地中海岸から内陸約 5 キロメートルに位置する。エジプトとの境界の一つで、イスラエルの領土の南限を示すのにときおり言及される（ヨシュ 15:47; 王下 18:8）。

5節　ユダとイスラエルの天下泰平――庶民の暮らし
　イスラエルの領土の境界を示すのにより一般的な表現は、「**ダンからベエル・シェバに至るまで**」で（士 20:1; サム上 3:20; サム下 3:10; 17:11 等参照）、申命記史書では特によく用いられる。「ダン」はガリラヤ湖岸から北方約 40 キロメートル、ヘルモン山の麓に位置するテル・ダン（別名テル・エル・カーディー）と同定されている（Aharoni 1967:375; ABD*; NIB*）。この場所には、後の王国分裂後にはヤロブアムの金の子牛の一つが置かれることになる（王上 12:29 と同所への注解を参照）。比較的最近、「ダビデ（の家）」に言及する最初の碑文が発見された場所としても知られる（117–119 頁参照）。「ベエル・シェバ」はエルサレムから南西約 70 キロメートルに位置するオアシスの町テル・エッセバで（Aharoni 1967:373; ABD*; NBL*）、かつてアブラハム（創 21:22–33）やイサク（創 26:23–33）が滞在したとされる。5 節は内容的に 4:20 に対応し、国民の平安で豊かな生活ぶりを描く。「**葡萄の木**」も「**いちじくの木**」も豊穣の象徴（民 13:23; 申 8:8; 王下 18:31; ヨエ 2:22 等参照）。それらの下に平穏に座せるということは、平和と天下泰平を具現するイメージであった（ミカ 4:4; ゼカ 3:10）。したがってこの記述によれば、ソロモンの治世は、宮廷だけでなく、全国民が何の不自由も不足もなく、「食べたり飲んだり」（王上 4:20）できる理想的な時代だったことになる。しかし、それはほんとうなのであろうか。それが多少なりとも史実であれば、少なくとも、ソロモンの死後次のユダ王レハブアムに対し、「あなたの父上は私たちに過酷な軛を負わせました」（王上 12:4）という不満は出なかったはずである。
　いずれにせよ、現在ある文脈で見れば、ソロモンの治世は「平和」によって特徴づけられる（ただし、王上 11:14–25 によれば、必ずしもそうでない面もあった）。直接的な語源関係はないが、ヘブライ語では「ソロモン（シェロモー）」と「平和（シャローム）」は音が似ている。歴代誌では、この二つの言葉が直接、語呂合わせのように結び付けられている（代上 22:9）。

なお、サムエル記下 12:24–25 を顧慮すれば、「ソロモン」は王としての即位名であって、幼名は「エディドヤ」であった可能性もある。

6節　ソロモンの馬たち

この部分の「**戦車のための馬の厩舎**」と「**〔戦車を引く〕馬たち**」についての記述は、文脈上やや孤立している。ソロモンの戦車と馬については、列王記上 10:26, 28–29 にも触れられている。もともと後者の記述と同じ資料に属していた文章が、この箇所の直後（8節）に知事たちによる馬たちの飼料の供給についての記事があったので、（編集者としての申命記史家の一人により？）この箇所に先取りされたのかもしれない。なお、「〔戦車を引く〕馬たち」と訳された語（パラシーム）は「騎兵」とも訳せるが（口語訳、新共同訳、JBS 共同訳参照）、これについては列王記上 1:5 への注解を参照。なお、厩舎の数は原文では「4万」になっているが、並行箇所の歴代誌下 9:25 に基づき「4000」とした。「4万」という数字があまりにも非現実的であるだけでなく、馬と厩舎の数が釣り合わないからである（それでも、計算上一つの厩に3匹の馬というのは少なすぎる気もするが……）。列王記上 10:26 の記述をも参照。なお、メギドからは「ソロモンの厩」と呼ばれる遺跡が発見されているが、これは実際には100年以上後のアハブ時代以降のものである。

7–8節　知事たちの務め

この部分はおそらく、列王記上 4:7–19 の知事たちの名簿の直接の続きである。ここで言う「**知事たち**」（ニッツァビーム）とは、同所に列挙された高官たちであろう。

7節　食糧の供給

エルサレムの宮廷の贅沢三昧（2–3節）を支えたのは、支配下の諸侯からの貢納以外に、国民から集められる物納税であり、それを「**自分の〔当番の〕月に**」集めてくるのが、知事たちの主たる任務であった（7節）。その恩恵を受けた「**王の食卓に連なるすべての人々**」とは、王族や宮廷に仕える廷臣たちばかりとは限らない。宮廷には、王の寵愛を受けたかなりの

数の「ただ飯食い」たちがいたらしい（サム下 9:10; 王上 2:7; 18:19 等参照）。

8節　馬たちの飼料

知事たちは、宮廷の人間たちの食糧だけではなく、王が――もっぱら権勢を誇示するために？――集めていた「**馬たち**」や「**早馬たち**」（両者の具体的な区別は不明）のための飼料として「**大麦**」と「**藁**」も調達しなければならなかった。ソロモンの馬と戦車については、列王記上 10:28–29 と同所への注解をも参照。

【解説／考察】

突飛な比較かもしれないが、イスラエルの最初の3代の王たち、サウル、ダビデ、ソロモンには、わが国の信長、秀吉、家康を思わせるものがあるように思われる。初代は強烈な意志の力とカリスマ性で困難な状況を突破し、力ずくで政権を樹立するが、性格や情緒に不安定なところがあり、猜疑心に富み冷酷で、宗教的権威とも対立し、結局は悲劇的な死を遂げる。2代目は才気煥発な人物で、生まれは卑しいものの、運にも人にも（そして神にも？）恵まれ、「天下人」に成り上がり、すぐれた戦略と政治力で全国を統一し安定した政権を確立する。庶民的なところもあって民衆の人気も高い。最後には、多少の老醜を晒しながらも天寿を全うする。ただし、本人が傑出しすぎていたせいか、後継者問題では混乱が生じる。3代目は、本来なら権力を継承すべき立場には遠かったが、「天下分け目」の決戦を制して天下を取る。前二者ほどのカリスマ性や政治的・軍事的天才性には欠けていたようだが、そのようなカリスマ性に頼らない、官僚制などの制度的な支配装置を発展させて、天下泰平と安定した世襲王朝を実現する。ヴェーバーの言う、「カリスマの日常化、制度化」である。このような「創業者」3代の関係には、ある種の「法則性」があるのだろうか。成功した企業や「教会」（あるいは創価学会のような他の宗教団体）の歴史にも、よく似た例が少なくないように思われる。

この単元に集められた資料や伝承の多くは、本来は疑いもなく世俗的性格のものであり、ここには「ヤハウェ」も「神」も一度も出てこない。し

かし、現在ある形での列王記においては、それが列王記上 3:1–15 のギブオンでのソロモンへの啓示の場面の後ろに置かれたことにより、別の神学的意味を帯びることになった。すなわち、この単元で描かれるようなソロモンのもとでの実効性のある官僚機構や統治装置の拡充、さらには効率的な徴税制度の創設が、今や、かつてソロモンが乞い（王上 3:9「どうかあなたの僕に聞き分ける心をお与えくださり、あなたの民を治め、また善悪を判断できるようにしてください」）、ヤハウェがそれに応えて与えることを約束した（王上 3:12「見よ、わたしはあなたに、知恵に富む心と判断力を与える」）、「知恵」の約束の成就の証左と見なされるようになったのである。また、ここで物語られる経済的繁栄や「平和」も、そのようなソロモンの神与の知恵の所産として解釈されることになった。サウルやダビデの場合には、神から与えられるカリスマは霊であったが（サム上 10:10; 11:6; 16:13 等参照）、ソロモンの場合には「知恵」がそれに代わるカリスマなのである。ここには、サウルやダビデと比較して、ソロモンに欠けていたかのようにも見える「カリスマ性」を補完しようとする意図も感じられる。

　しかし、このような記事について、これを批判的に見る視点も必要であろう。ここに描かれているのは、要するに、専制的支配体制の制度的確立であり、宮廷の豪奢で華やかな生活を確保するための国民搾取のシステム（そこには労役、すなわち強制労働も含まれる）の創設であり、反対派を排除、粛清して、姻戚や縁故や論功行賞で固めた露骨なネポティズム的人事であり、自分の出身集団だけに負担を免除するアンフェアな依怙贔屓であり、さらには帝国主義的な異民族支配体制の完成である。それがここでは、神によって与えられたソロモンの「知恵」の所産として神学的に正当化され、全面肯定されていることになる。しかも、そのような「知恵」の生み出したシステム全体が、明らかに歴史的事実に反して（王上 12:4 参照）、あたかも「ユダとイスラエル」の国民全体の繁栄と福利と平和に寄与したかのように「喧伝」されている。

　これらの資料をほぼそのままの形で取り入れた（少なくとも捕囚以前の）申命記史家たちが、王政とダビデに始まるダビデ王朝の支配を神の意志に適う最上の政体と考え、それがソロモンの治世（前半）において理想的な形で実現したと理解していたことは疑いない（Knoppers 1993:91–134;

Na'aman 1997:67–79; Viviano 1997:343–345)。他方で、この史家たちは、この理想的状態が決して長続きしないこともよく知っており、神に最高の「知恵」(王上 3:12 参照)を与えられたはずのソロモンが、老境に至って愚かな過ちを起こすことについても熟知していたはずである(王上 11:4–5 参照)。さらには、旧約聖書において、しかも申命記史書そのものの中に、王権の絶対性を疑問視し、それに批判的に対決しようとしている箇所が少なくないことも想起されるべきである。

> 「(王は)あなたたちの最上の畑、ぶどう畑、オリーブ畑を没収し、家臣に分け与える。また、あなたたちの穀物とぶどうの十分の一を徴収し、重臣や家臣に分け与える。あなたたちの奴隷、女奴隷、若者のうちのすぐれた者や、ろばを徴用し、王のために働かせる。また、あなたたちの羊の十分の一を徴収する。こうして、あなたたちは王の奴隷となる。その日あなたたちは、自分の選んだ王のゆえに、泣き叫ぶ。」
> (サム上 8:14–18、新共同訳)

この二つの異なる視点の並存は、一つの申命記史家たちの集団中にあるアンビバレンツ(二律背反)なのであろうか。それとも、時と状況を異にする複数の申命記史家集団の間の見解の相違なのであろうか。

(4)ソロモンの知恵と名声 (上 5:9–14)

【翻訳】

ソロモンの知恵と名声

5 章

[9] 神はソロモンに、知恵と非常に豊かな洞察力、そして海辺の砂のような心の広さを与えた。[10] それゆえソロモンの知恵は、東方の人々 [a] すべての知恵よりも、またエジプトのすべての知恵よりも膨大であった。【[11] 彼は他のどの人間

よりも、すなわちエズラ人エタンや、さらにはマホルの息子たちであるヘマン、カルコル、ダルダ〔さえ〕よりも知恵があった。】それゆえ、彼の名声は周囲のすべての国々に〔知れ渡っていた〕[b]。
【[12] 彼は、3000の格言を語った。彼の歌は1005首もあった。[13] 彼が草木について論じれば、レバノンにある杉の木から石垣に生えるヒソプにまで及んだ。彼はまた、動物について、鳥について、這うものについて、魚についても論じた。】
[14] すべての民族から、すなわち彼の知恵について伝え聞いた地上のすべての王たちのもとから、〔人々〕[c] ソロモンの知恵を聞くためにやって来た。

  a: 原文は文字通りには、「東の子ら（ブネー・ケデム）」。
  b: 原文は文字通りには、「〔彼の名が〕あった」。
  c: 主語はないが、動詞が3人称男性複数形（「彼らは……やって来た」）。

【形態／構造／背景】

 この短い単元でも、引き続きソロモンの「知恵（ホクマー）」のテーマが取り上げられる。ただし、ここでは「知恵」のこれまでとは別の側面が展開される。単元全体は、ソロモンの「知恵」に関わる次の諸要素をゆるやかに繋げた形になっている。

（ｉ）9節　導入（神によるソロモンへの知恵の付与）
（ii）10（–11）節　ソロモンの知恵の膨大さと周辺諸国への名声
 （ii–a）12節　ソロモンの知恵の所産
 （ii–b）13節　ソロモンの知恵の内容
（iii）14節　周辺諸国民のソロモンの知恵を聞くための来訪

 14節は内容的に10（–11）節に続くので、12–13節は二次的な挿入かもしれない。その場合、挿入者は、一般的に語られていたソロモンの「知恵」を、後の時代の具体的な知恵文学や知恵文化に結び付けようとしたのであろう。ただし、その挿入の時代は確定できない。また、11節もそこ

で挙げられる固有名詞の性格から、かなり後の時代の付加の可能性がある。
　用語的、文体的に申命記史家たちの関与を窺わせるものはない。基本的な部分については、申命記史家たち以前のソロモンについての伝承（9節の主語がヤハウェではなく「神」であることに注意）が、そのまま取り入れられているのであろう（Noth 1968*; Jones 1984*; Särkiö 1994:56–59）。ただし、ここに描かれたソロモン像は明らかに極端に理想化されており、歴史的現実を忠実に反映したものとは思われない。したがって、ソロモン時代にまで遡るものではありえず、ソロモン像が「伝説化」されるほど十分な時間を経たものと考えられる。現在ある描写はおそらく、エジプト等との交流が盛んになり、知恵文化も栄えたヒゼキヤ王の時代（箴 25:1 参照）に由来するものと思われる（Wälchli 1999:196–198; Gertz 2004:22–23）。ただし、全体が申命記史家たち以降の二次的な付加とする見方もある（Scott 1955:268–269; Würthwein 1977*; Campbell/O'Brien 2000:341）。

【注解】

9節　神によるソロモンへの知恵の付与

　ここでも、まず「神」がソロモンに「知恵（ホクマー）と非常に豊かな洞察力（テブナー）」を「与えた」ことが確認される。現在の列王記の文脈で見れば、もちろん、列王記上 3:12 におけるヤハウェの約束（「わたしはあなたに、知恵に富む心と判断力を与える」）の成就としての意味を持つ。ヘブライ語での「心（レーブ）」の語は、――（日本語でのニュアンスとは異なり）感情や情緒のというより――理性や知的活動の座としての意味を持つので（出 31:6；ヨブ 12:2–3 等参照。なお、王上 3:9 への注解をも参照）、むしろ「精神」と訳した方がよいかもしれない。したがって、「心の広さ」とは、人間的な寛大さや懐の深さというよりも、幅広い知識や博覧強記の知的能力を表現する。「海辺の砂のような」という譬えは、通常は数の多さを表現するが（王上 4:20 と同所への注解を参照）、ここでも（知恵の）量的な膨大さを表現するものと考えられる。この部分を書いた著者は、どうも、ソロモンの知恵の質的高尚性や深さよりも、量的な膨大性に関心を寄せているようである（勝村 1988:11）。

10–11 節　ソロモンの知恵の膨大さと周辺諸国への名声

　ソロモンの知恵は、「**東方の人々**」（訳注 a 参照）や「**エジプト**」の知恵よりも「**膨大**」なものだったという。古代オリエント世界全体の文化的な歴史の中では、イスラエルは明らかな後発国家であり、後進国であった。エジプトやメソポタミアでは、民族としてのイスラエルが出現する 1000 年以上前から、それぞれの宮廷を中心に知恵文化が栄えていた。知恵文学は、宮廷人や官僚の育成に重要な役割を果たしたのである。イスラエル人は、多少の羨望と劣等感を感じながらそれらの文化を眺めていたのであろう。しかし、ソロモンの時代だけはその優劣が逆転した、と著者は強調したいのである。なお、イスラエルの宮廷や知恵文化がエジプトの強い影響を受けていたことは、ソロモンの第一夫人がファラオの娘だったこと〔王上 3:1 と同所への注解参照〕や、箴言 22:17–23:14 にエジプトの知恵文学『アメンエムオペトの教訓』の内容がほとんどそのまま取り入れられていることに示されている。

　ただし、「東方の人々」が、必ずしもメソポタミアの人々（創 29:1 参照）であるとは限らない。この表現は、通常はアラビア北部の遊牧民を指して用いられることが多い（士 6:3, 33; 7:12; イザ 11:14 等）。イスラエル人は、古い歴史を持つそのような部族民が人生知に富んでいると考えていたらしい。ヨブもその 3 人の友人たちもいずれも東方の住民であり（ヨブ 1:3; 2:11）、箴言には、アグル（箴 30:1）やレムエル（箴 31:1）といった東方の（と思われる）賢者の言葉が取り入れられている。

　10 節を個人名を挙げて具体的に敷衍する 11 節について見れば、挙げられている知者たちの民族名や個人名については、確かなことが分からない。文脈から見れば、当然、外国の有名な知者たちということになろうが、なぜか、旧約聖書の後期の文書に見られるイスラエル人の名ばかりである。「**エズラ人エタン**」は詩編 89:1 にその詩編の作者として言及されるが、これは典型的なダビデ王朝についての歌なので、作者はイスラエル人、それもユダ人でしかあり得ない。その一つ前の詩編 88 編では、作者の「**ヘマン**」が「**エズラ人**」とされている（詩 88:1）。ことによると「エズラ人」とは民族名でなく、神殿での礼拝や詩編に関わる身分や役割を表す語だっ

たのかもしれないが、意味はよく分からない。「エズラ（ハ）」が「土着人」をも意味し得ることから先住民カナン人とする見方（Albright 1942:127, 210）もあるが、確かではない。「**エタン……ヘマン、カルコル、ダルダ（ダラ）**」は、歴代誌上 2:6 では（この順で！）十二族長の一人ユダの孫とされており、同じ歴代誌ではヘマンとエタンの名がエルサレムの神殿歌手たちの中に見える（代上 6:18, 27, 29; 15:17, 19）。ただし、列王記のこの箇所との正確な関係は（偶然ではあり得ないが）不明である。歴代誌（前4世紀頃！）よりも遅い時代の何者かが、聞き覚えのある名前を適当に書き加えたのであろうか。ただし、歴代誌の著者には人名を偽造する性癖もあるので、逆の可能性、すなわち知恵伝承から知られていた人名が歴代誌で応用された可能性も排除できない。ヘマンら3人の父とされる「**マホル**」の名はここにしか出てこず、詳細は全く不明である。

12節　ソロモンの知恵の所産

イスラエルにおいて「知恵（ホクマー）」とは、本来、親から子へ（箴 13:1 等参照）、あるいは長老から若者たちに（エレ 35:6–10 等参照）口頭で伝えられる教訓であり、その本質は、（道徳的にも、幸福論的にも）「よ（善／良）く」生きるための実践的な人生知であった。しかし、王国時代に宮廷や官僚制が発展すると、イスラエルでも知恵の言葉は有能な宮廷人や官僚の育成のために用いられるようになった（箴 16:12–15; 25:2–7 等参照）。ソロモンの時代に官僚制が発展（王上 4:1–19, 5:7–8）したのが歴史的事実であるとすれば、同じ時代に知恵文化の発展の端緒が見られたとしても、全くおかしくはない。ここでソロモンがさまざまな格言を「**語った**」ことや、人々がそれを「**聞いた**」ことが繰り返されていることから見て、それは最初は口伝中心のものだったのであろう。しかし、おそらくエジプトやメソポタミアにおけると同様、そのような言葉はやがて書記官の訓練のためのテキストとして文書にも記されるようになった（箴 25:1）。

いずれにせよ、王国時代後半の人々にとって、知恵とは書かれ、集められた「作品」であった。そこで、ソロモンは理想的な賢者として数多くの「**格言**」（マーシャール）や「**歌**」（シール）の作者と見なされるようになった。格言と歌は、古代イスラエルにおける詩的文学の二大ジャンルであっ

た（後にはこれに預言が加わる）。このような賢者、歌人としてのソロモンのイメージから、後に、一方では『箴言』に収められた味わい深い格言の多くがソロモンのものとされ（箴 1:1; 10:1; 25:1）、あるいは著者が自己をソロモンに仮託した『コヘレトの言葉』が書かれ、他方では『雅歌』（雅 1:1）や詩編の一部（詩 72:1; 127:1）がソロモンの作と信じられるようになったのであろう。もし、ここでそれらの諸文書自体の存在が具体的に踏まえられているとすれば、この部分は捕囚後のかなり遅い時代の加筆ということになる。「3000」と「1005」という数字は、いずれも実数ではなく、「数が多い」という意味での概数的、比喩的表現。「1005」というのは半端のような気もするが（七十人訳では「5000」）、（「千夜一夜物語」同様）「1000 よりも多い」というほどの意味であろう。

13 節　ソロモンの知恵の内容

　ここでは、従来伝統的には人生の生き方に関わる実践知であったイスラエルの知恵が、さらに自然界の諸事物に関わる百科全書的な知識の意味に広げられている。すなわち、ソロモンは「草木」や「動物」などの自然学的知識においても並ぶ者のない碩学だったというのである。「レバノン」の「杉」（エレズ）は、大きな植物の代表（イザ 2:13 参照）。直後の単元では、建てられるべきエルサレム神殿の建築素材として出てくる（王上 5:20–24。同所への注解を参照）。これに対し「ヒソプ」（エゾーブ）は、おそらく小さな植物の代表として言及されており、ここでは大小の対照的なものを並置することによって（「すべての植物」という）全体性を表現する修辞（メリスム）をなしている。伝統的に「ヒソプ」と訳されてきた植物が、植物学的に正確に何に当たるかはいまだに専門家の間で論争の的であるが、おそらくは芳香性の草で、古代イスラエルでは過越祭の際の血の塗り付け（出 12:22）や清めのための水の注ぎ掛け（レビ 14:4–7, 49–51; 民 19:6, 18; 詩 51:9）などの儀式に用いられた。ただし、いわゆるヒソプ（シソ科のヤナギハッカ。*Hyssopus officinalis*）はパレスチナに自生しないので、同じシソ科のシリア・マヨラナ（*Majorana syriaca*. 廣部 1999:121–123）、もしくはそれに近いハナハッカ（オレガノ。*Origanum vulgare*）とする見方もある（勝村 1988:10; 大槻 1992:91–92）。後者は薬草やスパイスとして広く用

183

いられた。ソロモンの知恵に関連して、植物や動物が言及されるのは、自然界から正しい生き方を学ぶという実践的な知恵の伝統（箴 6:6–7; 30:15–31 等参照）と関わるとも考えうるが、自然界のさまざまな事象を一覧表（リスト）の形で整理するエジプトの学問（オノマスティカ）とも関係すると言われている（Alt 1951）。いずれにせよ、自然界の諸事物や動植物についての知恵といっても、イスラエルの場合は、ギリシア的な意味で「知るために知る」という理論的、観想的知識（テオーリア）というよりも、医術や薬学（漢方）などとも結び付いた実践的、実用的な性格を持ったものであったと考えられる（勝村 1988:9–11）。「レバノンスギ」も「ヒソプ」も、建築素材や薬草に用いるなど実用性の高い植物である。動物、鳥、這うものについての知識は、後に浄不浄の観念と結び付いて、ユダヤ教の食物規定に繋がっていく（レビ 11:1–46; 申 14:3–21）。なお、「**這うもの**」（レメス）とは、昆虫や爬虫類など、地表を這う小動物を意味する（創 1:24, 26; 6:7; 7:14, 23; 8:17, 19 等参照）

14 節　周辺諸国民のソロモンの知恵を聞くための来訪

　周辺の諸民族や諸王国が「**ソロモンの知恵を聞くために**」使節を彼のもとに派遣したという、平和的で牧歌的とも言える光景。このテーマは、さらにシェバの女王のエピソード（王上 10:1–10）で展開される。

【解説／考察】

　ペリクレス時代のアテナイや、ルネサンス期のフィレンツェ（そしてわが国の元禄時代？）の例に見られるように、平和と経済的繁栄は、しばしば文化や学術の発展や爛熟をもたらす。しかし、それが決して永続きしないものであることも、それらの例に示されている。

　後のイスラエル人にとっては、ソロモンの時代こそがまさにそのような「啓蒙時代」であり、言わば黄金時代と信じられた。現在の列王記の文脈において、ソロモンの知恵のテーマは、権力掌握のための戦術的な狡猾さ（王上 2:6a, 9b）に始まり、有効な統治のための実際的な政治的能力（王上 3:9, 12）や法的な判断能力（王上 3:16–28）の意味を経て、ここでは自然界

の森羅万象に関する百科全書的な知識にまで至っている。それは同時に、古代イスラエルにおける知恵の発展と進化を表現しているようにも見える。

　いずれにせよ、旧約聖書においてソロモンは、このようにして、あらゆる意味での知恵の化身とも言える存在になった。このことから、上述の旧約中の知恵文学がソロモンの著作と見なされるようになっただけでなく、後にいわゆる旧約聖書続編の『知恵の書』（別名「ソロモンの知恵」）などが書かれることになったのである。

　なお、この箇所で「ソロモンは動物について語った」とされていることが、後にはなぜか、ソロモンが「動物と語った」と解されるようになった。例えば『コーラン』の「蟻の章」（第27章に当たる）には、ソロモン（スライマーン）が蟻たちの会話を盗み聞きする様子や、ソロモンが鳥の一種ヤツガシラとサバ（シェバ）の女王について会話する場面がある。ここからはさらに、ソロモンは魔法の指環を所持していて、それを用いて動物の言葉を理解することができたという伝説が生じた。1973年にノーベル医学・生理学賞を受けたオーストリアの動物行動学者コンラート・ローレンツは、このことをもじって、動物同士のコミュニケーション術を研究したその主著に『ソロモンの指環』という書名を付けている。

3. 神殿建築（上 5:15–9:9）

(1)神殿建設の準備　（上 5:15–32）

【翻訳】

　ソロモンとヒラムの交渉
　5 章

[15] ティルスの王ヒラムは、ソロモンのもとに彼の家臣たちを遣わしてきた。〔人々が〕[a] 彼に油を注ぎ、彼の父に代わる王としたと聞いたからである。ヒラムは常々、ダビデと友好関係にあった[b] のである。

[16] そこで、ソロモンはヒラムに〔人を〕遣わして、こう言わせた。[17] 「あなた[c] も御存じの通り、私の父ダビデは戦争に明け暮れ[d]、ヤハウェが〈敵ども〉[e] を彼の[f] 足の裏で踏みつけさせて[g] くださるまで、彼の神ヤハウェの御名のために神殿[h] を建てることができませんでした。[18] しかし、私の神ヤハウェは今や、私に周囲からの安らぎを与えてくださいました。〔もはや〕いかなる敵対者もなく、何の災害もありません。[19] そこで、よろしいですか、私の神ヤハウェの御名のために神殿を建てようと、私は考えています。かつてヤハウェが私の父ダビデに、『わたしがあなたに代えてあなたの王座につけるあなたの息子、彼こそ[i] がわたしの名のために神殿を建てる』、と言われた通りに。[20] ですから、今、どうか命令を発して、私のためにレバノンから杉を切り出させて[j] ください。私の家臣たちに、あなたの家臣たちを手伝わせます[k]。また、あなたの家臣たちの賃金を、私はあなたのおっしゃる通りに全額あなたに支払います。あなた[c] も御存じの通り、私たちのもとには、シドン人たちのように樹木の伐採に精通した者がいないからです」。

[21] ヒラムは、ソロモンの言葉を聞いて、大いに喜んで言った。「この数の多い民の上に立つ知恵ある息子をダビデにお与えになったヤハウェが、今日、誉め讃えられますように[l]」。[22] ヒラムは、ソロモンに〔人を〕遣わして、こう言

わせた。「あなたの私へのご用命は確かに伺いました。私の方 ᵐ では、杉の木とビャクシンの木の件について、すべてあなたのお望みの通りにいたしましょう。²³ 私の家臣たちに〔それらを〕ⁿ レバノンから海まで運び降ろさせます。私の方で ᵐ それらをいかだ ᵒ に組み、海路、あなたが私に指定なさる場所まで〔送り〕、私がそこで〔いかだを〕ᵖ 解きますので、あなたの方で ᵠ、〔そこからそれらを〕運んでください。あなたの方では ᵠ、私の家に食物 ʳ を提供してほしいという、私の望み通りにしてください」。

²⁴ こうしてヒラム ˢ はソロモンに、彼が望んだ通り、杉の木とビャクシンの木を提供し続けた ᵗ。²⁵ ソロモンはヒラムに、彼の家の食糧 ᵘ として小麦 2 万コルと、上質のオリーブ油 20 コルを提供した。ソロモンはヒラムに、同様のものを毎年提供した。²⁶ ヤハウェはソロモンに、彼に約束した通り、知恵を与えた。それゆえ、ヒラムとソロモンの間には平和が保たれた。2 人は条約を結んだ。

神殿建設の資材調達のための労働力の整備

⁵˸²⁷ ソロモン王は、イスラエル全土から労役を徴用した。労役を課されたのは男子 3 万人であった。²⁸〔王〕ᵛ は彼らを 1 万人ずつ、1 か月交代でレバノンに送った。すなわち、彼らは 1 か月間はレバノンで、2 か月間は自宅で ʷ 過ごすようになった。労役の監督官はアドニラムであった。

²⁹ ソロモンにはまた、荷役人夫が 7 万人、山で石を切り出す者が 8 万人いた。³⁰ それ以外に、ソロモンには知事たちに属する仕事の監督官たちが 3300 人おり、彼らは仕事に携わる民を指揮していた。³¹ 王は命じて、切り石にして神殿の土台に据えるために、大きな石や高価な石を切り出させた ˣ。

結び

³² ソロモンの建築士たちは、ヒラムの建築士たちやゲバル人たちと一緒に石を切った。彼らはこのようにして、神殿の建設のための木材や石材を準備した。

  a: 原文に主語はないが、動詞が 3 人称男性複数形(「彼らが……油を注ぎ」)。
  b: 原文は文字通りには、「ダビデを愛する者であった」。注解本文の該当箇所を参照。
  c: 原文では、文法的に必要のない「あなた(アッター)」の語が文頭に置かれ、

強調されている。20b 節でも同様。

d: 原文は文字通りには、「彼を取り巻く戦争を前にして」。

e: 原文は文字通りには、「彼らを」。先行詞がないが、一般的に戦いの敵を指しているかと解する。

f: ケティーブ（原文の子音字文）に従う。ケレー（マソラ学者の読み替え指示）では「私の（足の裏）」。「……まで（アド）」の語があるので、ダビデが最終的には（敵を踏みつけて）神殿を建てられる状態になったかのように誤解されないように、マソラ学者が配慮したのであろう。

g: 原文は文字通りには、「（彼らを）足の裏の下に与えてくださるまで」。

h: 原語（バイト）は、文字通りには単に「家」。以下でも同様。

i: 原文では、文法的に必要のない「彼（フー）」の語が動詞の前に置かれ、強調されている。

j: 原文に主語はないが、動詞が 3 人称男性複数形（「彼らが切り出す」）。

k: 原文は文字通りには、「一緒にいさせます」。

l: 注解本文の該当部分を参照。

m: 原文では、文法的に必要のない「私（アニー）」の語が動詞の前に置かれ、強調されている。23 節の二つ目の文章でも同様。23 節の後半の文章をも参照（訳注 *q* 参照）。

n: 原文には目的語がない。もちろん、木材のことであろう。七十人訳に従って目的語を補う。

o: 文脈からの推読。原語（ドブロート）は旧約聖書でここだけにしか出てこない。

p: 原文は文字通りには、「それらを」。

q: 原文では、文法的に必要のない「あなた（アッター）」の語が文頭に置かれ、強調されている。次の文章でも同様。

r: 原語（レヘム）は、文字通りには「パン」。

s: 原文は、ここと 32 節（および 7:40）ではなぜか「ヒロム」。フェニキア語的発音という説もある（Mulder 1998*; Knauf 2016*）。

t: 原文では動詞が分詞形で、一回的な行為ではなく、何度も持続的に繰り返される行為を描いている。

u: 23 節の「食物（レヘム）」とは別の語（マッコーレト）が用いられている。

「食べる」を意味する動詞「アーカル」の派生語。ちなみに、この語が用いられるのは旧約聖書でここのみ。
　v: 原文に主語はないが、動詞が3人称男性単数形。文脈から、王（ソロモン）が主語と判断する。
　w: 注解本文の該当箇所を参照。
　x: 原文に主語はないが、動詞が3人称男性複数形（「彼らは切り出した」）。

【形態／構造／背景】

　「第Ⅰ部へのまえがき」（48頁）でも述べたが、列王記におけるソロモンの治世の叙述で中核をなすのは、エルサレム神殿の建設（王上5:15–8:66）であり、ここではまず、そのための資材と労働力の準備について記される。

　単元全体の構成は非常に単純であり、前半（15–26節）では木材調達のためのティルス王ヒラムとの交渉とその結果が、後半（27–31節）では資材調達のための労働力の整備が記される。前半はさらに、ヒラムからソロモンへの接触について記す「導入」（15節）と、ソロモンのヒラムへの要請（16–20節）、これに対するヒラムの回答（21–23節）、交渉の成果（24–26節）についてそれぞれ報告する四つの部分に分かれる。後半は、木材（27–28節）と石材（29–31節）の調達のための労働者管理のシステムについて記す二つの部分に分かれる。後半の二つの部分では、ヒラムについては全く言及されない。最後の32節は、再びソロモンとヒラムに言及し、単元全体の締め括りをなしている。

　（ⅰ）ソロモンとヒラムの交渉（15–26節）
　　　（a）15節　　　導入（ヒラムからの使者）
　　　（b）16–20節　ソロモンのヒラムへの要請
　　　（c）21–23節　ヒラムのソロモンへの回答
　　　（d）24–26節　交渉の成果
　（ⅱ）神殿建設の資材調達のための労働力の整備（27–31節）
　　　（e）27–28節　木材の調達のための労働力の整備

(f) 29–31 節　石材の調達のための労働力の整備

（ⅲ）結び　（32 節）

　ただし、15–26 節と 27–28 節では、木材の調達ということで内容的に重複するし、両者ではフェニキア人労働者とイスラエル人労働者の協働関係についての理解に齟齬が生じている。おそらくは異なる資料が用いられているためであろう。前半（15–26 節）が、使節を通じた 2 人の王たちの「対話」が大きな紙幅を占める物語的形式であるのに対し、後半（27–31 節）は、統計的情報をも用いた客観的記述であるという様式的相違も目立つ。後半について見れば、用語法的にも観念的にも、申命記史家たちの明白な関与は見られない。前半では、申命記史家たちがかなり神学的な加筆を行っているが、そこにも申命記史家以前のソロモンとヒラムの交渉についての伝承が取り入れられているように思われる（Särkiö 1994:74–78; Na'aman 1997:65–67; Wälchli 1999:74–79; Campbell/O'Brien 2000:342–343）。編集者である申命記史家たちは、これまでの文脈を引き継いで、ここでもソロモンの「知恵」を強調する（21b, 26a 節）が、実際の交渉ではソロモンは必ずしも聡明でも周到でもなく、一枚上のヒラムに手玉に取られているように見えるからである。おそらくは、部分的に、『ソロモンの事績の書』（王上 11:41）に含まれていた伝承が取り入れられていると考えられる。

【注解】

15–26 節　ソロモンとヒラムの交渉

　ソロモンは、父ダビデのなし得なかったエルサレム神殿の建設に着手すべく決断するが、高級な木材の乏しいイスラエルでは、建築素材は輸入に頼らざるを得ない。ソロモンは、父ダビデとも良好な関係にあったフェニキアのティルスの王ヒラムに助力を要請する。

　15 節　ヒラムからの使者

　文脈は再び、ソロモンの即位（「**油を注ぎ……**」）に戻る。ソロモンの即位を聞いた「**ティルスの王ヒラム**」は、おそらく祝賀と表敬のために、使

節として「彼の家臣たち」を「遣わしてきた」。支配者の交代に際して、特にそれまで「友好関係」や盟友関係にあった国が、関係維持のために使節を遣わすことは、古代オリエントでも一般的であった（サム下 10:1–2 等参照）。なお、訳注 b にも記したように、「友好関係にあった」と訳した原文は、文字通りには、（ヒラムは）「ダビデを愛する者（オーヘーブ）であった」であるが、古代オリエント世界では、「愛する」という動詞がしばしば、同盟関係や服属関係を表す政治的な意味で用いられた。なお、ヒラムの「ダビデ」との「友好関係」については、サムエル記下 5:11 で、ヒラムがダビデに王宮を建てるための資材や人材を提供したとされていることを参照。この箇所でも、基本的にソロモンとヒラムは同格のパートナーとして描かれている。

ティルス（原語では「ツォール」）はカルメル山の北方約 55 キロメートルの地中海沿岸に位置し、沿岸部と沖合の島からなるフェニキア人の都市国家（現在のレバノンのスール）であり、主要なフェニキア人の都市国家の中でもイスラエルに最も近い（429 頁の地図を参照）。この町は、シドンと共に、ギリシアや東地中海地方との海上交易で著しく栄えた（エゼ 27–28 章参照）。後に三度にわたってローマとポエニ戦争を戦う北アフリカの商業都市カルタゴは、もともとティルスの植民地であった。後の歴史で（北）イスラエルとフェニキアの関係は、アハブとイゼベルの政略結婚（王上 16:31）に示されるように、より密接なものになる。

「ヒラム」（フェニキア語ではアヒラムないしアヒロム）というティルス王の実在を裏付ける史料は、後 1 世紀のユダヤの歴史家ヨセフスが引用するフェニキア史の大家ディオスとエフェソスのメナンドロスの記述しかないが（『アピオンへの反論』1:112–120;『ユダヤ古代史』8:143–149）、その記述によれば、ヒラムはやはりソロモンの同時代人であった。

なお、同じフェニキアのビブロス（32 節への注解参照）からは、同地のアヒラムという王の前 1000 年頃のものと思われる石棺が発見されており、それには見事な浮き彫りと、彼の息子で後継者であるイトバアル王（王上 16:31 参照）による碑文が刻まれている（現在、ベイルート国立博物館蔵）。これもまた、ソロモンとほぼ同時代ということになり、偶然の一致とは思われない。歴史と名前の記憶が混線している可能性もある。

16–20節　ソロモンのヒラムへの要請

この部分の中心は、「**神殿を建てようと、私は考えています**」（19a節）という、ソロモンの神殿建設の決意表明（17–19節）である。ここでは申命記史家の一人が、ダビデによる神殿建設計画を扱ったサムエル記のナタン預言（サム下 7:2–16。その本質的部分は申命記史家たち以前の伝承）を踏まえながらも、それに独自の解釈をほどこし、申命記史家流の神殿神学を展開している。ソロモンが建設するエルサレム神殿は、申命記史家たちにとって唯一の正統的なヤハウェ聖所（「緒論」33–34頁参照）であるので、このこと自体はよく理解できる。

第一に、申命記史家たちにとって問題であったのは、イスラエル統一王国を確立し、契約の箱をエルサレムに搬入（サム下6章）しさえしたダビデ自身が、なぜ自分で神殿を建てなかったのか、ということであった。ナタン預言によれば、それはヤハウェ自身がダビデにそれを禁止したからであり、しかもその理由は、神殿というもの自体のヤハウェ信仰に対する宗教的、伝統的な異質性ということであった（サム下 7:5–7）。しかし、そのナタン預言自体の中で、将来ソロモンが神殿を建設することが前提とされ、この本来絶対的なものであったと考えられる神殿拒否がおそらく二次的に緩和、相対化され、一時的な禁止の意味に再解釈されていた（サム下 7:12–13）。すなわち、ダビデは神殿を建てられないが、ソロモンにはそれが許されるということにされたのである。この箇所を書いた申命記史家はこれをさらにもう一歩進め、ダビデは「**戦争に明け暮れ**」（訳注 d 参照）ていたので、神殿建設のための余裕も時間もなかったとした（17節）。この説明は、ナタン預言自体の中にはないが、なるほどサムエル記下にはダビデの戦いについての記事が多くあり（サム下8章；10章；11:14–17; 12:26–31）、一応は説得力のある理由づけにも見える。

なお、後の歴代誌の著者は、このような申命記史家たちの理解にさらに祭儀的解釈を加え、ダビデは戦いで大地に「多くの血を流した」ため神殿を築くことは許されないが、「安らぎの人」であるソロモンにはそれが許される、としている（代上 22:8–9; 28:3）。なお、歴代誌はソロモンによる血なまぐさい政敵粛清のエピソード（王上 2:13–46）をすべて削除してい

ることも付記すべきであろう（116 頁の解説をも参照）。

　第二に、以上のこととも密接に関連するが、この箇所を書いた申命記史家は、神殿建設のために「**周囲からの安らぎ**」という条件が整ったことを強調する（18a 節）。ここで言われているのは、現在の文脈上はソロモン時代の天下泰平（王上 4:20–5:5）ということになろうが、もしそれがソロモン即位時の政敵の粛清（王上 2:13–46）のことを含むのであれば、ややブラック・ユーモア的でさえある。なお、ここで「安らかにする」、「安らぎを与える」という意味で、使役形で用いられている「ヌーアハ」という動詞は、すでに申命記において、正統的聖所の存在の前提とされているものである（申 12:9–10）。申命記史書全体の文脈の中で見れば、それが今や実現したので、神殿を建てることが可能になったということになる（Braulik 1985）。ただし、この申命記史家は、ナタン預言の中で、すでにダビデにそのような「安らぎ」が確認され、あるいは約束されていたこと（サム下 7:1b, 11b）を忘れてしまっているらしい。

　ちなみに、ソロモンの時代にいかなる「**敵対者**」（18b 節。原語は「サタン」。王上 11:14 への注解を参照）もいなかったという表現は、後の列王記上 11:14–25 の「ソロモンへの敵対者（サタン）」についての複数の記述と調和しない。実は、この「安らぎ」は長続きしなかったのである。

　第三に、申命記史家たちにとって神殿は、「**ヤハウェの御名**」のためのものであった（17b, 19 節）。このいわゆる「名の神学」は、申命記から申命記史書に継承された神殿についての重要な神学的解釈である（申 12:11, 21; 14:23; 16:2, 11; 26:2; サム下 7:13; 王上 3:2 等参照）。古代イスラエル人は、――おそらくは歴史的ソロモン自身を含め（王上 8:13 と同所への注解を参照）――差し当たっては単純素朴に、「神殿」（文字通りには神の「家」）とはそこに神が住まう「家」であると考えていたことであろう（サム下 7:5; 詩 132:13–14）。これに対し、申命記の著者や申命記史家たちにとって、ヤハウェは地上に住むことのない超越的な神であり、地上の神殿は単にこの神の「名」、すなわち名声を置く場所にすぎないのである（王上 8:16–18, 20, 29, 44, 48）。この観念によって、申命記主義思想は、ヤハウェの「住まい」である天（王上 8:30, 34, 36, 43, 45, 49）とその「名」を置く場所である地上の「家」の意義を区別し、それによって神観念の超越性を担保しよう

193

としたのである（von Rad 1947:25–30; Mettinger 1982:38–39; Keller 1996）。

第四に、この部分を書いた申命記史家は、神殿建設というソロモンの決意が、「**わたしがあなたに代えてあなたの王座につけるあなたの息子、彼こそがわたしの名のために神殿を建てる**」と予告したヤハウェの言葉の成就であることを強調する（19 節）。正確な「引用」ではないが、これもまたナタン預言（サム下 7:13a）への示唆である（Steiner 2017:234–251）。ただし、前半はナタン預言にはなく、似たような表現が「王位継承史」の末尾をなす列王記上 1 章に頻出する（王上 1:13, 17, 20, 24, 27, 30, 35）。

「商談」の本筋に入ると、慇懃とも言えるほどの外交的な礼儀正しさにもかかわらず、双方の主張がかなり食い違っているのが面白い（20–23 節）。通商上の「交渉」も、それぞれの立場と利害を掛けた「戦い」なのである。ソロモンは、自分が建てようとしている神殿のために、ヒラムに、「**レバノンから杉を切り出させ**」るように要請する。エルサレムの神殿の本体の基本的部分は、木材と石材で造られた（王上 6:7, 10, 15–18, 36。なお、サム下 7:7b をも参照）。本注解では伝統に従い「杉」と訳したが、原語「エレズ」で意味されるのは、「香柏」とも訳されるレバノンスギ（*Cedrus libani*）で、「スギ」の名で呼ばれるにもかかわらず、スギ科ではなくマツ科ヒマラヤスギ属の針葉樹である（大槻 1992:39–38; 廣部 1999:64–65）。高さは 40 メートルにも及び、高級な建築資材としてフェニキアの名産品で（王下 19:23; イザ 10:34; エゼ 31:3 等参照）、古くからメソポタミアやエジプトなどにも輸出されていた。有名な旅行記を残している前 11 世紀頃のエジプトの役人ウェンアメンは、まさに聖船建造のためのレバノンスギの買い付けのためにフェニキアに派遣されたのである（『古代オリエント集』所収の「ウェンアメン旅行記」参照）。レバノンスギは、現在のレバノンの国旗にも描かれているが、濫伐のため現在では絶滅寸前といわれる。

ソロモンは、この面においてはイスラエルが後進国であり、「**シドン人たちのように樹木の伐採に精通した者がいない**」ことを率直に認めている。数世代前までは多くが牧畜民や農民だったので、イスラエル人に大建築物を建てる経験も伝統も乏しかったのは当然であろう。なお、「シドン」は厳密にはティルスとは別のフェニキア人都市国家で（王上 16:31; エゼ 27:8 参照）、ティルスの北方約 40 キロメートルに位置する（現在のサイダ）が、

ここでは「フェニキア人」というほどの一般的な意味で用いられている（申 3:9; 士 3:3; 10:12; 18:7; 王上 11:5, 33; 王下 23:13 等参照）。

ソロモンの意向は、イスラエル人の労働者をフェニキア人労働者と「一緒に」働かせることである。おそらく、先進技術を学ばせるという意図もあったのであろう。しかも、フェニキア人の労働者たちの「**賃金**」を、ヒラムの「言い値」（「**あなたのおっしゃる通りに**」）で支払うという。これは要するに、ティルスの伐採技術者をソロモンが直接雇うということである。支払額が相手の「言い値」であることは、ソロモンの側の太っ腹さを示すとも解せるが、皮肉に見れば、いかなる犠牲を払ってもティルスの側の協力が必要不可欠であるという、切迫した事情を表現するとも解せる。

21-23 節　ヒラムのソロモンへの回答

ヒラムの反応は、形式的には極めて丁重なものである。21 節は申命記史家による付加で、これによりそのような印象がよりいっそう強められている。すなわち、ヒラムはイスラエルを「**数の多い民**」（アム・ハ・ラブ。王上 3:8 参照）と呼び、ソロモンの「**知恵**」（王上 3:11-12）を賞賛し、同時にそのような優れた人物をダビデの後継者とした「**ヤハウェ**」を祝福する（「**誉め讃えられますように**」の原語は「祝福されますように」。王上 1:48; 8:15, 56; 10:9 等参照）。異教徒であるはずのティルス王の口に「ヤハウェ」の名が出ることは、このような文脈では驚くべきことではない（王上 10:9; 17:12; 王下 5:18; 18:25）。ソロモンの「知恵」が強調されることにより、ここでもまた、ソロモンの神殿建設計画自体とそのためのヒラムへの提案が、ヤハウェが与えた知恵（王上 3:11-12）の所産として意味づけられているわけである。

しかしながら、これに続くヒラムの逆提案の内容を見れば、ソロモンの「知恵」の強調は皮肉にも響く。すなわち、ヒラムはまず、「**杉の木とビャクシンの木の件について**」は、ソロモンの要請を全面的に受け入れる（22 節）。ソロモンの要請になかったビャクシンが加わっているのは、ヒラムの側の専門的知識の故であろう（王上 6:15, 34 等参照）。なお、ビャクシンと訳された原語（ベローシュ）は、わが国では伝統的に「糸杉」と訳されることが多い（口語訳、新共同訳、岩波訳、JBS 共同訳）が、植物学的には

ヒノキ科のイトスギ属ではなく、同じヒノキ科だがフェニキアビャクシン（*Juniperus phoenicea*）だったと言われている。わが国でいう「ネズ（杜松）」に近いものである。この木材は、神殿の床（王上 6:15）や神殿本堂の入り口の扉（王上 6:34）に用いられることになる。

しかし、イスラエル人の労働者をティルス人労働者と一緒に働かせるというソロモンの提案（20a 節）をヒラムは黙殺し、あくまでティルスの専門家だけで伐採、輸送を行うと主張する（23 節の原文では、「私の家臣たち」、「私の方」で（いかだに）組む、「私が」（いかだを）解くという 1 人称の主語がそれぞれの文の冒頭に置かれ、強調されている。訳注 *m* 参照）。ソロモンは、国内の「指定」の場所（代下 2:15 では「ヤッファ」。現在のテルアビブのそばの港町ヤッフォ）で「商品」を受け取るだけである。ティルス王は、木材に関わる技術すべてを「企業秘密」ないし「国家機密」にして、「開発途上国」にノウハウを教えたくないのである（Walsh 1996[*]; Knauf 2016[*]）。すべてを「ブラックボックス」状態にして、高く請求しようとしたとも考えられる。なお、（場合によっては、40 メートルを超える）杉材を「いかだ」（訳注 *o* 参照）に組んで「海路」輸送するという方法は、極めて現実的であり、ナイル川やユーフラテス川でも行われていた記録がある。実際の専門的知識に基づいた記述であろう。

ヒラムの技術者たちの「賃金」を直接支払うというソロモンの意向（20b 節）も、あっさりと却下される。その代わりに、ソロモンがヒラムの「家」（すなわち国家としてのティルス）のための「食物」（訳注 *r* 参照）を供給することが要求される。ヒラムは、自分の家臣がソロモンに直接「雇用」され、その指揮統制下に置かれることを欲しない。それはソロモンとティルスの職人たちの個人的雇用関係ではなく、あくまで国家間の対等な「交易」でなければならないのである。このことを示すように、22b 節（「私は行う→あなたの望みを→杉の木とビャクシンの木の件について」）と 23b 節（「あなたは行う→私の望みを→私の家に食物を与える」）は、構文的にも相互対応するような形で書かれている。「商売人」としては、明らかにヒラムの方が「一枚上手」である。

なお、列王記上 7:13–45 によれば、ティルスからは建築資材だけでなく、青銅工芸の専門技術者（王ヒラムと同名！）も派遣された。

24–26節　交渉の成果

「商談」は、ヒラムの主張の線でまとまったらしい。ソロモンは望み通りに木材を手に入れ（24節）、ヒラムに「**小麦 2 万コルと、上質のオリーブ油 20 コル**」を支払うことになった（25節）。「コル」については、列王記上 5:2–3 への注解（172 頁）を参照。同所と比較すると、ソロモンはイスラエルの各行政区から絞り取った 1 年分の麦類（約 3 万 3000 コル）の半分以上をヒラムに支払わされたことになる。先進国が高級品を含む高度な技術製品を低開発国に輸出し、食糧などの第一次産業の製品を低開発国から吸い上げるという交易の構造は、近現代の世界システム（ウォーラーステイン）に限られたことではなかったらしい。特に、島と山間の狭い平野からなる商業都市国家ティルスは、農業はあまり盛んではなく、穀物のほとんどを輸入に頼っていたらしい。なお、オ

I・3・(1) 神殿建設の準備（上 5・15—32）注解 上 5・24—26

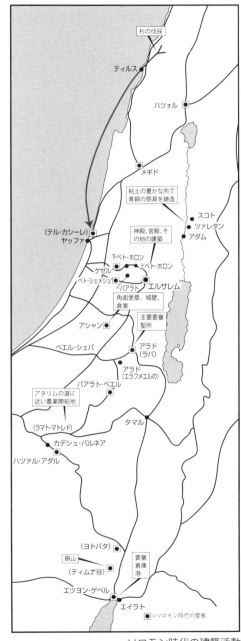

ソロモン時代の建築活動

リーブ油については、「コル」は穀類など乾いた物についてよく用いられる容量単位であるし、小麦に比べて数字が著しく小さいのも奇異である（Burney 1903:55）。七十人訳は「2万バト」と読むが、この方がよい読みかもしれない（代下 2:9 をも参照）。1バトは約23リットルとされるので、この読みを取ると、46万リットルということになる。「上質の」と訳した語（カティート）は文字通りには「突かれた」、「叩かれた」の意味で、大きな石臼ではなく、擦りこぎや乳棒のようなもので手作業で丁寧にオリーブの実を潰して絞った、混じり物のない油を指す（出 27:20; 29:40; レビ 24:2; 民 28:5 等参照）。これらを「**毎年**」納めたというのであるから、まるで年貢のように見える。なお、ソロモンの神殿の建築には7年間を要し（王上 6:38 参照）、さらに王宮の建築には13年を要したという（王上 7:1）。おそらく、その間ずっとこれを支払い続けたということなのであろう。それどころか、やがてソロモンは、ついには「約束の地」の一部をもヒラムに割譲せざるを得なくなる（王上 9:10–11 と同所への注解を参照）。

ソロモンには必ずしも有利とはいえない結果ではあるが、この箇所を担当した申命記史家はこれで十分満足であったらしい。この申命記史家はここでも、ヤハウェがソロモンに「**約束した通り**」（王上 3:12 参照）、「**知恵を与えた**」ことを付記している（26a 節）。これにより、それに続いて言及されるヒラムとソロモンの間の「**平和**」と「**2人**」の「**条約**」（26b 節）が、やはりヤハウェが与えた「知恵」の成果として意味づけられている。なお、「条約」に当たる語は、神との「契約」を描く語と同一（ベリート）である。その結果、ティルスとイスラエルの間では、建築資材の売買だけでなく、共同の海洋交易など、幅広い連携事業が行われるようになる（王上 9:26–28; 10:11, 22）。

27–31 節　神殿建設の資材調達のための労働力の整備

神殿建設のような大建築事業には、建築資材だけでなく、多大なマンパワーが必要となる。古代オリエント世界の御多分にもれず、それは国民の多くの負担となる。ここでは木材の調達と石材の調達に分けて、労働者の管理システムが説明される。

27–28節　木材の調達のための労働力の整備

　木材の調達は、「**イスラエル全土**」から「**徴用**」された「**労役**」（マス）、すなわち国民の強制労働によった。ここで言う「**イスラエル全土**」が、ユダをも含む統一王国全体を指すのか（王上 1:20; 4:1; 11:42 等参照）、あくまで北の諸部族だけ（王上 1:35; 4:7; 12:3 等参照）を指すのかは微妙である。後の北の諸部族の強制労働への不満とユダからの分離運動（王上 12:3–17）から見て、後者の可能性も排除できない。30 節で「仕事の監督官」が 3300 人いたとされるが、11 の倍数であることも意味深長である（王上 9:23 と同所への注解をも参照）。いずれにせよ、彼らは「**1 万人ずつ**」三つのグループに分けられ、「**1 か月交代**」で「**レバノン**」で働かされた。数字は誇張を含んだ概数であろう。そう明言されているわけではないが、「レバノン」というのであるから、当然、木材の調達のためであろう（20 節参照）。1 年に 4 か月は、「**自宅**」（文字通りには「彼の家（ベトー）」）にいられなかったことになる。なお、「彼の家」という表現の「彼」を「ソロモン」と解し、人々が 1 か月はレバノンで、2 か月は「彼の家」——すなわちエルサレム神殿の建設現場——で働かされたとする見方（Walsh 1996[*]; Wray Beal 2014[*]; Knauf 2016[*]）もあるが、さすがにそれはないであろう。そんなことにでもなれば、大部分が農民であった国民は自分の土地を耕す余裕がなくなってしまう。いずれにせよ、この労役は国民にとってたいへんな負担であり、ソロモンの死後、その不満が王国分裂に繋がることになる（王上 12:4, 14, 16–19。なお、本単元末尾の「解説／考察」をも参照）。なお、「**労役の監督官**」である「**アドニラム**」については、列王記上 4:6 と同所への注解を参照。

　なお、ここではイスラエルの労働者が レバノンに送られたとされているが、このことは、ヒラムがイスラエル人とフェニキア人を一緒に働かすことを事実上拒否したという直前のエピソード（23 節）とは矛盾する。別の資料によるからであろう。ただ、この単元全体を共時的に読むと、（23 節のヒラムの主張にもかかわらず、）ソロモンが自分の家臣をヒラムの家臣と一緒に働かせるという自分の意向（20 節）を押し通したようにも読めて興味深い。最終編集者（申命記史家？）は、——既存の伝承で言われているところ（21–23 節への注解参照）に反し——ソロモンとヒラムは必ず

しも同等の立場ではなく、あくまでソロモンの方が優位にあったことを示唆しようとしているのであろうか。なお、この部分の記述は、ソロモンがイスラエル人には労役を課さず、異民族だけに強制労働をさせたとする列王記上 9:20–22 と矛盾するが、これについては同所への注解を参照。

29–31 節　石材の調達のための労働力の整備

神殿の基礎と壁などは石で造られた（王上 6:7, 18）。この段落では、「労役（マス）」の語は用いられないが、やはり国民からの徴用が前提にされていよう。「石を切り出す」という「山」（冠詞付きの単数形）がどこであるかは不明であるが、おそらくイスラエル国内であろう。人数はここでも明らかに誇張である。「仕事に携わる民を指揮」する「仕事の監督官たち」（30 節）については、列王記上 9:23 をも参照。ここでは彼らが「知事たち（ニッツァビーム）に属する」とされているが、これが列王記上 4:7–19 に挙げられた行政区の知事たちのことであるとすれば、それぞれの管轄区に属する人々を労役に動員するのも彼らの職務の一つだったのであろう。その場合、ここで言われる「監督官（サリーム）」は、それぞれの知事に服属しつつ「仕事」の現場を取り仕切る、ある種の中間管理職であったということになろう。この場合、やはり労役を強制されたのがユダ以外のイスラエル諸部族であったという可能性が強まる。なお、このこととも関係する、監督官の人数については、27–28 節への注解を参照。

石をきれいな直方体に切った「切り石」は、高級な建築物に用いられた（アモ 5:11）。特に建物の礎石は自然石を用いるのが普通だったため、切り石が「土台」に用いられるのは特例的なことであった（王上 7:10–11 参照）。

32 節　結び

32 節の結びでは、再び「ヒラム」の労働者たちと「ソロモン」の労働者たちが並んで言及され、しかも彼らが共同して働いたかのように描かれている。そこでさらに付け加えられている「ゲバル人」とは、もう一つのフェニキアの都市国家でティルスの北、現在のベイルート北方約 37 キロメートルにあるビブロス（現在名ジュベイル）の人々である（ヨシュ 13:5; エゼ 27:9 参照）が、あまりにも唐突な言及なので、加筆か本文破損かもし

れない（Burney 1903:57–58）。なお、ギリシア語名「ビブロス」は、「バイブル（Bible）」の語源である。ビブロスがエジプト産のパピルスのギリシア方面への輸出地として有名になったので、やがてギリシア語で巻物や書物が「ビブリオン」と呼ばれるようになり、それがついには The Scripture そのものである「聖書」の呼称になったというわけである。

【解説／考察】

　古代オリエント世界では、新たに即位したり、支配を固めた王たちは、好んで聖所を新築したり、あるいは既存の神殿を改築、拡張した。それは自分が神々に仕えている証拠であり、また自分の王位が神々の承認と加護を受けていることの目に見えるしるしであった。それゆえ、メソポタミアからもエジプトからも、王による聖所や神殿の建設の経緯を記録し、記念した数多くの建築碑文が知られている。しかし、そのような国家聖所の建築には、多くの場合、一般の国民が動員され、その血と汗の上に荘麗な大伽藍が建てられることになった。そのようなことが、ソロモンの時代のイスラエルにも起きたということなのである。ソロモンの死後、イスラエルの民は彼の後を継いで王となろうとしたレハブアムに、次のように訴えることになる。

　　「あなたの父上は私たちに過酷な軛を負わせました。今、あなたの父上の過酷な労働と、彼が私たちの上に〔課した〕重い軛をあなたが軽くしてください。」
　　　　　　　　　　　　　　　　　　　　　　　　　　　（王上 12:4）

　神殿（すなわち「神の家」）という宗教施設は、従来のイスラエルの宗教には、——それに類するものが全く知られていなかったわけではないにせよ（創 28:17–19; サム上 3:3, 15; サム下 12:20 等参照）——少なくとも一般的ではなかった（サム下 7:6–7 参照）。イスラエルに神殿が建てられるようになることは、したがって、イスラエルの宗教が周辺のオリエントの宗教文化に部分的に同化していく過程をも意味した。それゆえ、その実際の建造に当たっては、資材についても（王上 5:20）、またその技術についても（王

上 7:13–45 等参照)、異教の「先進文化」に学ぶことは不可欠であった。

　古代オリエント世界において、神殿とは文字通り「神の家」、すなわち神の住まいであった。神々はそこに住んでいるのであり、人々は神々と面会するためにそこに出かけていった（イザ 1:12; アモ 4:4–5 等を参照）。これに対し、イスラエルでは、神殿が建てられた後も、素朴な地上的擬人化から神の超越性を守ろうとするさまざまな試みが行われた。特に申命記の著者たちと申命記史家たちは、「名の神学」を用いてこれについての確固たる理論を打ち立てた。目に見える神殿は、決して神の住居ではなく、あくまでその「名」を宿らせるためのものにすぎない。神のほんとうの住まいはあくまで天なのである（王上 8:30–49 等参照）。このような理解が確立していたからこそ、後のイスラエル・ユダヤの信仰は、（二度にわたる）神殿の破壊（前 587 年と後 70 年）と（今日にまで至る）神殿なき時代という過酷な現実を克服することができたのであろう。

　「それにしても、神はほんとうに地上にお住みになるでしょうか。ご覧ください、天も、天のそのまた天も、あなたをお納めすることなどできません。ましてや、私が建てたこの神殿などなおさらです。」

（王上 8:27）

　「天はわたしの王座、地はわが足台。あなたたちはどこにわたしの神殿を建てうるか。何がわたしの安息の場となりうるか。これらはすべて、わたしの手が造り、これらはすべて、それゆえに存在すると、ヤハウェは言われる。」

（イザ 66:1–2）

(2)エルサレム神殿の建設（上 6:1–38）

【翻訳】

　　序：神殿の建設開始
　　6 章
[1]イスラエルの子らがエジプトの地を出てから 480 年目、ソロモンがイスラエルの上に立つ王になってから 4 年目のジウの月――すなわち第 2 の月――に、彼はヤハウェのための神殿 [a] を建て〔始め〕た。

　　神殿本体とその脇間
[6:2] ソロモン王がヤハウェのために建てた神殿は、その奥行きが 60 アンマ、その幅が 20〔アンマ〕[b]、その高さが 30 アンマであった。[3] 神殿の本堂の前にある前廊は、その奥行きが神殿の幅と同じ 20 アンマであり、その幅は神殿の前方に 10 アンマであった。

[4] 彼は神殿に、格子と枠のある一連の窓を造り付けた。[5] 彼はまた、神殿の〔外〕壁に対して周囲を囲むように脇廊 [c] を設営した。すなわち、本堂と内陣を含め、神殿の〔外〕壁を囲む形で。彼はまた、周囲に一連の脇間を造った。[6] この〈脇間は〉[d]、下の階の幅が 5 アンマ、中程の階の幅が 6 アンマ、3 階の幅が 7 アンマであった。彼が神殿の外側の周囲に段差を設けて、〔脇間の梁が〕神殿の壁に食い込まないように [e] したからである。[7]【その建設に際して、神殿は採石場で完璧に仕上げられた石で建てられたので、神殿では、その建設に際して、槌、つるはしなど、どんな鉄の道具〔の音〕も聞こえることはなかった。】[8] 中程の階の脇間に通じる戸口は、神殿の右側にあり、階段で中程の階に、またその中程の階から〔さらに〕3 階に上がれるようになっていた。[9a] こうして彼は神殿を建設し、それを完成させた。
[9b] 彼は、杉〔材〕の格縁（ごうぶち）と格間（ごうま）で神殿〔の天井〕を覆った。[10] なお、彼は神殿全体に対して脇廊 [c] を設営したが、その〔各階の〕高さは 5 アンマであった。それは杉材〔の梁〕で神殿に接合された [f]。

神の約束

6:11 すると、ヤハウェの言葉がソロモンに臨んで、言った。12 「あなたが建てているこの神殿について、もしあなたがわたしの掟に従って歩み、わたしの法を実行し、わたしのすべての命令を守ってその通りに歩むなら、わたしはあなたについてあなたの父ダビデに約束したわたしの言葉を成就しよう^g。13【すなわち、わたしはイスラエルの子らの只中に宿り、わたしの民イスラエルを決して見捨てることはない】」。

14 こうしてソロモンは神殿を建設し、それを完成させた。

神殿の内装と内庭

6:15 それから彼は、神殿の内壁を神殿の床から天井の〈梁〉^{h}に至るまで、杉〔材〕の板で設営した。彼はその内側を木材で覆い、神殿の床はビャクシンの板で覆った。

16 彼はまた、神殿のいちばん奥の部分に、床から〔天井の〕〈梁〉^{h}に至るまで、杉〔材〕の板で20アンマを^{i}設営し、その内側を内陣として設営した。【——すなわち至聖所として——。】17 そこで神殿【——これは〈その前〉^{j}に位置する本堂のことである——】〔の奥行き〕は40アンマとなった。18 神殿の内奥の杉〔材の壁〕には瓜の実と開いた花〔の模様〕の浮き彫りがほどこされていた。すべてが杉〔材製〕であり、石は全く見えなかった。

19 彼が神殿の内奥の中に内陣を用意した^{k}のは、ヤハウェの契約の箱をそこに安置するためであった。20 内陣の各面^{l}は、奥行きが20アンマ、幅が20アンマ、高さが20アンマであった。彼はそれを純金で覆った。彼はまた、杉〔材製〕の祭壇も〔純金で〕覆った。21 ソロモンは神殿の内奥を純金で覆い、内陣の前には金の鎖を渡した。彼はそれ^{m}を金で覆った。22〔このように、〕彼は神殿全体を金で覆った。すなわち、神殿全体の隅々に至るまで。彼はまた、内陣に属する祭壇全体も金で覆った。

23 彼はまた、内陣に、オリーブ材で2体のケルブたち^{n}を造った。その高さは10アンマであった。24〈ケルブの第1の翼は5アンマ、ケルブの第2の翼も5アンマ〉^{o}であり、したがって〔一方の〕翼の先端から〔他方の〕翼の先端まで10アンマあった。25 第2のケルブも〔高さが〕10アンマで、二つのケルブたちは寸法も同一であり、形も同一であった。26 すなわち、第1

のケルブの高さは 10 アンマで、第 2 のケルブの高さも同じであった。²⁷ 彼はこれらのケルブたちを神殿の中の内奥に安置した。ケルブたちの翼は広げられていて ᵖ、第 1 の〔ケルブの〕翼は〔一方の〕壁に接しており、第 2 のケルブの翼も第 2 の壁に接していた。また、神殿の中央に向けられた彼らの翼は、翼同士が触れ合っていた。²⁸ 彼は、それらのケルブたちを金で覆った。

²⁹ 彼はまた、神殿 ᵠ の周囲の壁面すべてに、内側にも外側にも ʳ、ケルブたちとなつめ椰子と開いた花〔の模様〕の浮き彫りを彫った。³⁰ 彼はまた、神殿の床を、内側も外側も ˢ、金で覆った。

³¹ 彼はまた、内陣の戸口にオリーブ材製の扉を造った。その楣（まぐさ）と側柱は 5 段式であった。³² 2 枚のオリーブ材製の扉について、彼はそれらの上にケルブたちとなつめ椰子と開いた花〔の模様〕の浮き彫りを彫った。彼は〔それらを〕金で覆った。〔すなわち〕彼は、ケルブたちとなつめ椰子の上に金を張った。
³³ 彼はまた、本堂の戸口にも同じようにオリーブ材製の側柱を造った。こちらの方は 4 段式であった。³⁴ 2 枚の扉はビャクシン材製であり、第 1 の扉は 2 枚の板戸の折り畳み式で、第 2 の扉も 2 枚の〈板戸〉ᵗ の折り畳み式であった。³⁵ 彼は〔それらの上にも〕ケルブたちとなつめ椰子と開いた花〔の模様〕を彫り、彫り物の上を均等に金で覆った。

³⁶ 彼はまた、3 段の切り石と 1 段の杉の角材〔を積んで〕内庭（うちにわ）を造営した。

結び：神殿の完成

⁶⁼³⁷ ヤハウェの神殿〔の基礎〕が据えられたのは、第 4 年のジウの月であった。³⁸ そして第 11 年のブルの月——すなわち第 8 の月——に、神殿は、そのあらゆる細部に至るまで ᵘ 設計通りに完成した。彼がそれを建設するのに、7 年間の歳月を要した。

    a: 原語は文字通りには、「家（バイト）」。以下でも同様。
    b: 底本では単位が抜けている。七十人訳、ウルガータ等に従い、「アンマ」の語を補う。
    c: 底本の子音字原文（ケティーブ）では「寝床／寝台（ヤツーア）」。6, 10 節でも同様。マソラ学者による読み替え指示（ケレー）に従い、「ヤツィーア」（脇廊）に読み替える。注解本文を参照。6, 10 節でも同様。この部分を筆記

した写字生は、この単語を一貫して間違って綴っている。
- d: 底本では、「その寝床／寝台（ハ・ヤツーア）」。前節同様、ケレーが「ハ・ヤツィーア」への読み替えを指示する。前注参照。しかし、ここでは七十人訳に従い、「ハ・ツェラ」に読み替える（Burney 1903:64 参照）。写字生は、この箇所で「脇廊（ヤツィーア）」と「脇間（ツェラ）」を混同しているように見える。なお、「ヤツィーア」の語は男性名詞であるが、この部分にある形容語や接尾辞はすべて女性形で、文法的にも合わない。これに対し、「ツェラ」の語は女性名詞である（複数形では「ツェラオート」）。
- e: 原文は文字通りには、（神殿の壁を）「つかむ（動詞「アーハズ」）ことのないようにした」。
- f: 原文は文字通りには、「それは杉材で神殿をつかんだ」。6節と同じ動詞「アーハズ」が用いられている。
- g: 原語は文字通りには、「立てよう」、「確立しよう」。
- h: 底本では「壁（キーロート）」。七十人訳に従って読み替える（Burney 1903:70）。写字生は、時に複数形の語「壁（キーロート）」を「梁（コーロート）」の語と混同しているように見える。16節でも同様。
- i: 底本では「20アンマ」が動詞「設営する（バーナー）」の目的語となっている。おそらくは本文破損。言われているのは、神殿のいちばん奥から手前20アンマのところに杉材の板で仕切りを造り、「内陣」すなわち「至聖所」を設営する、ということであろう。
- j: 底本（BHS）ではなぜか「わたし（1人称単数形！）の前」（ヤハウェの前ということか？）。七十人訳では「内陣の前」。
- k: 原文は文字通りには、「確立した」。
- l: 原文は文字通りには、「内陣の前には」。
- m: 「それ」（男性単数形）が何を指すのか不明。直前にある「鎖（ラットゥコート）」（ケレーに従う）は女性名詞でしかも複数形であるし、金の鎖を金で覆うのは無意味なので、先行詞とはならない。
- n: 原語は複数形で「ケルビム」。以下でも同様。
- o: 原文は文字通りには、「第1のケルブの翼は5アンマ、第2のケルブの翼も5アンマ」。後続する文章を顧慮して序数の位置を変える。
- p: 原文は文字通りには、「彼らはケルブたちの翼を広げた」という奇妙な文章。

七十人訳では「ケルブたちは彼らの翼を広げていた」。
　q: 注解本文の該当箇所を参照。
　r: 注解本文の該当箇所を参照。
　s: 注解本文の該当箇所を参照。
　t: 底本（BHS）ではこちらは「垂れ幕（ケライーム）」となっているが、七十人訳に従い、第1の扉にそろえて「板戸（ツェライーム）」と解する。
　u: 原文は文字通りには、「彼のすべての言葉通りに」。

【形態／構造／背景】

　いよいよここから、神殿建設の記述に入る。神殿の建造から献堂までが一つの大きな単元をなし（王上 6:1–8:66）、それは以下のような構成になっている。

　　　（ⅰ）6:1–38　　　神殿本体の建設
　　　（ⅱ）7:1–12　　　王宮の建設
　　　（ⅲ）7:13–51　　　神殿の備品の製作
　　　（ⅳ）8:1–11　　　契約の箱の搬入と安置
　　　（ⅴ）8:12–13　　　ソロモンによる神殿完成の宣言
　　　（ⅵ）8:14–61　　　ソロモンによる神殿献堂の祈り
　　　（ⅶ）8:62–66　　　祝賀と犠牲祭儀

　この枠組みの中で、6章は、最初（1節）と最後（37–38節）に相互に対応する日付を用いた枠（序と結び）が置かれていることに示されているように、神殿の建設についての比較的自己完結した一つの小さな単元をなし、それは以下の要素から構成されている。

　A　序（日付）：神殿の建設開始　（1節）
　　　B　神殿本体とその脇間　（2–10節）
　　　　（ⅰ）2–4節　神殿本体の構造とその寸法
　　　　（ⅱ）5–10節　脇廊・脇間とその構造、寸法

C　神殿完成報告①　（9a 節）
　　　　　　　　　D　神の約束（11–13 節）
　　　　　　　C'　神殿完成報告②　（14 節）
　　　　　B'　神殿の内装と内庭(うちにわ)（15–36 節）
　　　　　（ⅰ）15 節　内壁と床
　　　　　（ⅱ）16–22 節　内陣（至聖所）
　　　　　（ⅲ）23–28 節　ケルブたち
　　　　　（ⅳ）29–30 節　内陣の壁面と床
　　　　　（ⅴ）31–35 節　扉
　　　　　（ⅵ）36 節　内庭
　　　A'　結び（日付）：神殿の完成　（37–38a 節）
　　　　　　　C"　神殿完成報告③（38b 節）

　申命記史家的な用語や文体で書かれた部分は極めて限られており（1, 11–12, 19 節）、日付に古いフェニキア・カナンの月名（1, 37–38 節）が用いられていることや、異様に具体的で事細かな描写から、ここに古い資料が用いられている可能性は高い。その一部は、宮廷や神殿の文書に由来するものであろう（「緒論」24 頁参照）。しかしながら、この章は列王記の中でも最も釈義の困難な、翻訳者・注解者泣かせの難所の一つとなっている。その理由は、主として以下の通りである。

　（1）この箇所には、今では正確な意味のはっきりしなくなった建築や工芸に関わる専門用語が数多く用いられている。それらの解釈の困難さは、すでにギリシア語訳（七十人訳）やラテン語訳（ウルガータ）、シリア語訳（ペシッタ）の訳者たちをも大いに困苦させたらしい（それらの翻訳では、欠落や内容、節の並べ方の相違が大きい）。

　（2）エルサレム第一神殿は、それが存続した約 400 年間を通じて、おそらく多くの改築や改造を加えられ、その構造や内装はかなり変化したと考えられる。本文には、そのことを顧慮した加筆や修正が多数加えられている可能性が高い。それゆえ、数々の細部の具体的描写が行われているにもかかわらず、個々の描写間に矛盾も見られ、神殿の首尾一貫した全体像が容易には描けない。

（3）神殿完成報告が3箇所もあること（9a, 14, 38b節）や、「神殿は（大きさが）〜であった。……前廊は（大きさが）〜であった。……脇間は幅が〜であった。……戸口は〜にあった」（2–3, 6–8節）といった客観的な記述と、「彼は〜を建てた。彼は〜を造った。彼は〜を設営した」等の（文脈上はソロモンを主語とする）物語的な叙述（4–5, 9–10節等）が混在していることにも示唆されるように、用いられた資料は必ずしも単一ではないようである。それらの間に、内容的な不調和や矛盾があった可能性もある。

（4）しかも、この部分の本文には、実際に建っていた神殿についての客観的事実が記されているだけでなく、神殿についての後代の――ことによると、もはや神殿が破壊された後の――空想的で理想化されたイメージが重ねられている可能性が高い。訳や注解の中ではいちいち論じないが、巨大なケルブ像（高さ約5メートル！）を含め、神殿の内壁や床や備品の全体が金で覆われていたというイメージ等は、あまり現実的ではない。それらはソロモンの時代と彼が建てた神殿を神話的に栄光化する後代の潤色であろう。なお、王国時代全体を通じて、神殿は人々の宗教生活の中心だったのであり、そこに多くの関心が注がれ、そのことから多くの付加が書き込まれたとしても怪しむに足りない。

（5）さらに、訳注でも記したように、底本（マソラ本文）のこの部分を筆写した写字生は、底本を必ずしも正確に写していないようである。あちこちに概念の混同や誤解、書き誤りらしきものが見られる。彼もまた、意味不明の数々の用語に大いに悩まされたのであろう。

以上のことから、本章の訳や注解も、とりわけ仮説的、試行錯誤的性格の強いものになってしまっていることをご理解いただきたい。

【注解】

1節　神殿の建設開始

この節はおそらく申命記史家たちの一人が、資料中にあった37節の情報に基づき構成したこの単元全体の導入部で、神殿建設開始の日付を記す。「*ジウの月*」という月名はフェニキア・カナンの暦に由来するもので、ソロモンの神殿がフェニキア人の協力で建てられたこと（王上 5:15–26;

7:13–45 参照）と関連すると考えられる。それが「**第 2 の月**」であることがわざわざ付記されているのは、この古い月名が申命記史家たちの時代（王国時代後期？）にはもはや理解されなくなっていたからであろう。「第 2 の月」とは、後のユダヤの暦では「イッヤルの月」であり、われわれの暦では 4 月から 5 月に当たる。イスラエルの暦は、もともとは秋の収穫の祭りの頃を年の変わり目としていたらしいが（出 23:16; 34:22b 参照）、遅くとも王国時代後期にはメソポタミアの暦の影響から、春（過越祭の行われるニサンの月）を新年とするようになっていた（出 12:2 等参照）。月の名も、序数を用いた通し番号で呼ばれるようになった。

「**エジプトの地を出**」たことをイスラエルの歴史の始点と見るのは、典型的な申命記史家たちの歴史観（士 6:8–9; サム上 8:8; 10:18; 12:8; サム下 7:6, 23; 王下 17:7; 21:15 等参照）。それが出エジプト後「**480 年目**」（七十人訳では「440 年」）だったというのは、おそらくは一世代を「40 年」（民 14:34 参照）とし、それにイスラエルの部族数と同じ 12 世代を乗じて得た人為的な数字であろう（Burney 1903:59; Würthwein 1977*; Jones 1984*; Cogan 2001*; Knauf 2016*）。ただし、出エジプト記からサムエル記までの年に関する記述（荒野の 40 年や士師たちの任期、ダビデの治世年など）を総計すると、読み方を工夫すれば、480 年という数字に近くなることも確かである（Noth 1943:18–27; Gray 1977*; Sweeney 2007*）。ソロモンの治世の最初を前 960 年頃に置くと、出エジプトは前 1440 年頃になってしまうが、これは歴史的に見ておよそありそうもない（出エジプト伝承のもとになった出来事は、出エジプト記 1:11 などからラメセス 2 世時代の前 1250 年頃と考えられている）。後代のユダヤ教では、出エジプトから神殿建設までが 480 年、それから神殿破壊（すなわち捕囚）――ないし第二神殿の再建――までが同じく 480 年と信じられるようになった。

なお、神殿建設の開始がソロモンの治世「**4 年目**」であったというのは、史実を反映するものなのかもしれないが、ソロモンが権力を固めてすぐ、というニュアンスなのかもしれない。最後の政敵シムイの排除は、ソロモンの即位後 3 年目頃のことであった（王上 2:39 参照）。

ちなみに、ここには神殿の建てられた場所や方位については何の記載もないが、これについては、この単元末尾の「解説／考察」を参照。

2–10 節　神殿本体とその脇間
2–4 節　神殿本体の構造とその寸法

　本章において「**神殿**」（バイト）の語はいくつかの異なる意味合いで用いられ、それがさらに混乱や誤解のもととなっている（29–30 節の注解を参照）。神殿全体は「前廊（ウラーム）」、「本堂（ヘーカル）」、「内陣（デビール。＝「至聖所」）」の三部構造であるが、この節では内陣と本堂を合わせた部分の寸法が記される。しかも、寸法は内径で、壁や仕切りの厚さは含んでいないようである。その意味で、この神殿の描写はかなり抽象化されていると見なさねばならない。「**アンマ**」は「手尺」とも言い、成人男子の肘から中指の先までの長さである。1 アンマは約 45 センチメートルだったとされるが、この単位にもいくつかの種類があったらしい（エゼ 40:5; 43:13 参照）。大雑把に 50 センチと見れば、2 で割ればメートルに直せる。すなわち、「**奥行きが 60 アンマ、その幅が 20〔アンマ〕、高さが 30 アンマ**」であるから、ほぼ縦が 30 メートル、横が 10 メートル、高さが 15 メートルの直方体だったことになる（ただし、七十人訳では奥行きが 40 キュビット、幅が 20 キュビット、高さが 25 キュビットで、1 アンマ＝1 キュビットとするとやや小さい）。現代の感覚からすれば中規模の教会堂と変わらないように思えるかもしれないが、粘土煉瓦を積んだ家ばかりであった古代パレスチナでは、まさに聳え立つような大伽藍に思えたことであろう。現在までに発見されているシリア・パレスチナの神殿の遺跡で、最大のものでも縦、横とも 15 メートルを超えるものはほとんどない。なお、古代イスラエルの神殿は、現代のシナゴーグや教会堂とは異なり、一般の会衆が集う礼拝や祈禱の場ではなく、主として祭司たちが中で儀式を行う場所であったことも考え併せられるべきである。

　神殿本体の前には、「**10 アンマ**」（約 5 メートル）の長さの「**前廊**」が張り出している（3 節）。それが神殿の「前」（アル・ペネー）にあることが明記されているので、この 10 アンマは、内陣（至聖所）を含む本堂の「60 アンマ」には含まれないということであろう。「**奥行き**」と訳した語（アローク）は長方形の建物の長辺を、「**幅**」と訳した語（ローハブ）はその短辺を意味するので、神殿本体については縦から、前廊については横から見

ていることになる。要するに、この前廊の長辺は「**神殿の幅と同じ20ア ンマ**」、短辺は「10アンマ」で、三部構造からなる神殿全体の長さは、壁の厚みを考えなければ計70アンマ（約35メートル）ということになる（218頁の図を参照）。なお、前廊の高さについての記述がないが、本堂と同じ30アンマ（2節）か、あるいは前廊には屋根がなかったのかもしれない。また、内陣（31–32節）や本堂（33–35節）とは異なり、扉についての記述がないので、扉はなく、常に開いた状態だったのであろう。なお、歴代誌下 3:4 では前廊の高さが「120アンマ」となっているが、これでは60メートルということになり、神殿本体の奥行きの倍ということになってしまい、古代建築としてはおよそあり得ない。また、この「前廊」が神殿本体とは異なる特殊な工法で造られた可能性と、その問題点については、列王記上 7:12 と同所への注解を参照。

神殿には複数の「**窓**」（ハッローン）が造り付けられていた（4節）。窓は採光と（香などの）換気のためのもので、おそらく建物の上方に並んでいたのであろう（後述のように、神殿の外側には中程まで「脇廊」があった）。この窓には「シェクフィーム　アトゥミーム」という難解な説明がつけられているが、よく似た用語の用いられている箇所から、前者は窓の「**枠**」（王上 7:4–5; エゼ 41:16 参照）、後者は「**格子**」（エゼ 40:16; 41:16, 26 参照）のことと解した。格子が付けられたのは、鳥などが入って来ないようにするためであろう（古代の建物の窓にはガラスはなかった）。

5–10節　脇廊・脇間とその構造、寸法

神殿の外壁の周囲（おそらくは前廊の部分を除いた三方向）には、「ヤツィーア」と「ツェラ」というものが設営された。両者が何かは、それらの相互関係を含めて詳細不明で議論の的になり続けている。「ヤツィーア」（訳注 c, d 参照）は旧約聖書でもこの章（5, 6, 10節）のみに出てくる単語で、語根は「広げる」といった意味である。神殿本体に付属する補助的な増設部分のことであろう。この語は単数形でしか用いられないので、神殿の外側に設営された3階建て（6節）の構造物（「**脇廊**」）を全体として指し、その中に一連の「**脇間**」（ツェラオート。「ツェラ」［文字通りには「肋骨」］の複数形）が3階建てでしつらえられていると解した（Burney 1903:63;

ライト（G. E. Wright）とオールブライト（W. F. Albright）による
ソロモン神殿復元の試み。　　　　（O. ケール『旧約聖書の象徴世界』より）

67–68; Busink 1970:212–214; Würthwein 1977*; Jones 1984*; Cogan 2001*。口語訳、新改訳、JBS 共同訳参照。なお、新共同訳と岩波訳では両者の関係が逆になっている）。建築素材は明記されていないが、梁で神殿本体と接合されていること（10 節参照）から見て、木造であろう。「ヤツィーア」は「脇廊」を構成する縦の木材ないし壁板、「ツェラ」は横に渡される木材ないし屋根板とする見方（Hurowitz 1994:31–32, 2007:70–71）もあるが、二つの用語の単数形と複数形の用法はこのような想定を支持しない。これらの「脇間」群の用途についても記述がないが、神殿での儀礼に用いる祭具の倉庫、貯蔵庫、宝物庫、祭司部屋などとして用いられたと考えられる。

「ヤツィーア」と「ツェラ（オート）」を全く別のものと解し、前者を後者の基盤となる土台（プラットフォーム）のようなものとする見方（Gray 1977*; DeVries 1985*）や、〔外〕壁「に対して」と訳した前置詞（アル）が「上」をも意味し得るので、ヤツィーアを壁の上方に取り付けられた、天井を支える仕掛けと解する見方（Noth 1968*; Zwickel 2011:68; Steiner 2017:253）もある。

3 階建ての脇廊の中にある「脇間（ツェラオート）」（訳注 d 参照）は、階が上にいくほど 1 アンマ（0.5 メートル）ずつ広くなっていく奇妙な構造であるが（6a 節）、これは内側にある神殿の外壁に階段状の「**段差**」（ミグ

ラオート、これも暫定的な訳）が付けられており、1階上がるごとに外壁が後退していくような仕組みになっていたからであろう（215頁の図を参照）。6b節は「段差」が付けられた理由の説明という形になっているが、用いられている動詞の意味がよく分からない（訳注 e 参照）ので、正確な意味は不明である。おそらく、〔世俗的な用途のための〕脇廊の梁の端がこれらの段差の上に置かれ、それらが神聖な「**神殿の壁**」に直接「**食い込まないように**」するための工夫なのであろう。

　7節は、神殿の建設に用いられた石材について語るが、「脇廊」ないし「脇間」についての記述（5-6, 8節）を中断しており、おそらく後代の付加である（Burney 1903:64-65）。「**採石場で完璧に仕上げられた石**」が用いられたので、現場でさらに石を加工する必要がなかったということであるが、「土台」（王上 5:31）や「内庭」の塀（36節）とは異なり、「切り石」とはされていないので、「**鉄の道具**」を用いずに採石された自然石のことが考えられているのかもしれない（ヨシュ 8:31 参照）。その場合には、祭壇を鉄の道具で切った石で築いてはならないとするトーラーの規定（出 20:25; 申 27:5-6）を拡大解釈し、それを神殿本体にも当てはめようとしたものであろう（Zwickel 2011:64-65; Mulder 1998*; Knauf 2016*）。いずれにせよ、祭儀律法に衒学的な関心を持った人物による加筆と考えられる。

　8節では脇廊への入り口について言及される。（おそらくは外側から）脇間に入る「**戸口**」が「**右側**」にあったとされるが、方角を表す場合の「右」は、通常は日の出の方角（東）を向いた際の位置関係を示すので、南側だったということになろう。神殿の三方向を囲む形で設営されていた（218頁の図を参照）3階建ての脇廊全体にたった一つの戸口しかないのなら、さぞ不便だったことであろう。しかも、その唯一の戸口は、3階建ての脇間の「**中程の階**」にあったという（ただし、七十人訳ではいちばん下の階）。おそらくは階段か梯子で上がったのであろう。脇間の上階と下階には、同じく「**階段**」で上がり下りすることができた。多くの注解者や、新共同訳、岩波訳、JBS共同訳などは、この箇所にしか出てこないこの原語（ルリーム）を「螺旋階段」と訳す（口語訳をも参照）が、おそらくはこれに似た「輪（ルーライ）」という語と関連づけているのであろう。ただし、古代シリア・パレスチナの建物でそのようなものが用いられたかどうかは

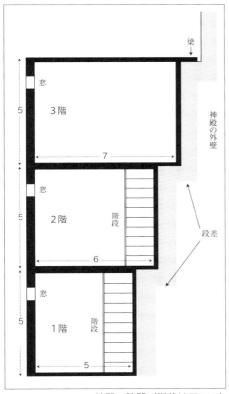

神殿の脇間（単位はアンマ）

疑問であるし、「脇廊」の各階の高さ（10節：5アンマ＝約2.5メートル）を考えてもこれはありそうにない。せいぜい、踊り場のある折り返し式の階段のようなものであったと考えられる（Busink 1970:215–218）。

2階の右側一箇所にしか入り口がないというこの奇妙な構造がもし事実であったとすれば、おそらくこの構造には、防御や警備上の意味があったと考えられる（Zwickel 2011:64）。不便な入り口は、侵入を難しくする。2階の外側に入り口があれば、攻撃を受けたとき、階段を自ら解体すればすぐに立て籠もることができる。脇間が宝物庫に用いられていたとすれば、有効な配慮であるかもしれない。ただし、相手が大軍勢の場合には、あまり効果もなかったようであるが（王上 14:26; 王下 14:14; 24:13 等参照）。

9a節の「**彼は神殿を建設し、それを完成させた**」という完成報告は、早すぎる位置にあるように見える（14, 38節と同所への注解を参照）。しかも、それに続く9b節では、（完成報告の後で！）神殿の天井について説明されているらしい。いずれにせよ、9節は、脇間や脇廊についての5b-8, 10節の一続きの記述を不自然な形で分断しており、加筆か、別の資料から取られた挿入であると考えられる。なお、9b節の神殿の天井についての説明にも、「ゲビーム」と「セデロート」という、詳細不明で建築用語としてはここだけにしか出てこない特殊な用語が用いられている。単数形の「ゲ

ブ」は通常、溝や穴やへこみを意味し、単数形の「セデラー」は列をなすものの一つの列を意味する。ここでは梁や桁を格子状に組んだ格縁の間に四角い凹みの格間が並ぶ格天井のことと解する（Vincent 1907:525; Jones 1984*; Cogan 2001*）。なお、建設に用いられた木材は、「杉〔材〕」と訳したが、これが厳密にはスギ科ではなくマツ科のレバノンスギのものであることについては、列王記上 5:20 への注解を参照。以下でも同様。

なお、3 階建ての「脇廊」全体の高さが「5 アンマ」（すなわち約 2.5 メートル）だった（10a 節）ということはあり得ないので、これは各階の高さのことであろう。写字生が（6 節同様）ここでもまた、「ツェラ」と「ヤツィーア」を混同しているのかもしれない（新共同訳参照）。もしそうであれば、3 階建ての「脇廊」全体は高さ約 15 アンマあったはずで、神殿の高さ（30 アンマ）のほぼ半分だったことになる（ただし、これもあくまで内径であるが。213 頁の図を参照）。10b 節の記述には、何が「**神殿に接合された**」（訳注 f 参照）のかについて具体的に記されていないが、現在の文脈上は脇廊についての記述の続きということになろう。その場合に、梁が神殿の外壁自体に接触しないような配慮がなされていたことについては、6 節と同所への注解を参照。

11–14 節　神の約束

　11–13 節には、神殿建設についての記述を中断する形で、ヤハウェの条件付きの約束の言葉が挿入されている。「**ヤハウェの言葉**」（デバル・YHWH）ないし「神の言葉」がある人物に「**臨**」む（ワイェヒー）という表現は、「言葉の生起定式（Wortereignisformel）」と呼ばれ、預言者的人物への神の啓示の導入をなす定型句である。アブラハム（創 15:1）、サムエル（サム上 15:10）、ナタン（サム下 7:4）、ガド（サム下 24:11）、シェマヤ（王上 12:22）、匿名のベテルの預言者（王上 13:20）、イエフ（王上 16:1）、「バシャとその家」（！）（王上 16:7）、エリヤ（王上 17:2, 8; 18:1; 21:17, 28)、イザヤ（王下 20:4; イザ 38:4）などについて用いられているほか（なぜかモーセについてはない！）、記述預言者では特にエレミヤ（21 回）とエゼキエル（41 回）に多い。したがって、ここではソロモンがあたかも啓示を受ける預言者のように描かれていることになる。

「もし」（イム）の語を伴う条件付きのヤハウェの約束については、すでに列王記上 2:3–4 でダビデ王朝の永続に関連して、また同 3:14 ではソロモンの長寿に関連して語られており、条件付きでの王朝永続に関連しては、さらに同 8:25b と同 9:4–5 でも繰り返される（各箇所への注解を参照）。「**掟**」（フッコート）、「**法**」（ミシュパティーム）、「**命令**」（ミツウォート）の強調（12 節）は、典型的な申命記主義的律法主義（申 6:1; 8:11; 11:1; 30:16 等参照）を表しており、申命記史家的な付加であることは明らかである（Dietrich 1972:71; Gray 1977*; Long 1984*; DeVries 1985*; Fritz 1996*; Brueggemann 2000*; Sweeney 2007*）。列王記上 2:3–4 への注解で詳述したように、律法主義は申命記主義の本質に属するのであり、このような法的用語の羅列が出てきただけで自動的に後期の付加と見る必要はないが、さすがにこの箇所は、かなり遅い時期の付加であり、申命記主義の影響を受けた何者かの手による後代の加筆と考えられる（Noth 1968*; Campbell/O'Brien 2000:345–346; Cogan 2001*; Müller/Pakkala/Pomeney 2014:101–108）。11–14 節は神殿建設に関わる記述を不自然な形で分断しているだけでなく、七十人訳に欠けており、しかも列王記上 9:2 では同所でのヤハウェの啓示が（王上 3 章でのギブオンでの啓示に続く）ソロモンへの「二度目」の啓示（王上 11:9 をも参照）とされていて、この箇所の存在が明らかに踏まえられていないからである。すなわち、少なくとも第 1 の申命記史家たちの段階では、ソロモンへのヤハウェの啓示はあくまで列王記上 3 章と同上 9 章の 2 回だけなのであり、この箇所での啓示は前提にされていないのである（Knauf 2016*; Steiner 2017:252, 254）。

　ここで言う、「**あなたについてあなたの父ダビデに約束したわたしの言葉**」とは、申命記史書の枠組のなかで見れば、ナタン預言の「あなた（ダビデ）の身から出る子孫に跡を継がせ、その王国を揺るぎないものとする。この者がわたしの名のために家を建て、わたしは彼の王国の王座をとこしえに堅く据える」（サム下 7:12–13）を指すと考えられる。ことによると、13 節ではもともとはこの約束（の一部）が引用されていたのかもしれない。少なくとも、（王上 2:4; 8:25; 9:4–5 におけると同様）子孫に「イスラエルの王座につく者が断たれることはない」という王朝永続の約束があった可能性が考えられてよい。同時に注目すべきは、ここでも（直前に挙げた三つ

1・3・(2) エルサレム神殿の建設（上6・1―38）注解 上6・11―14

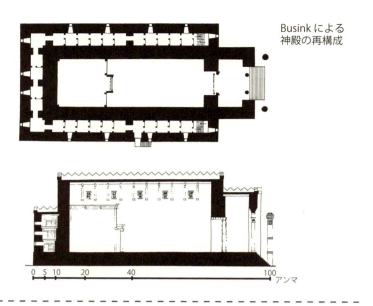

Businkによる
神殿の再構成

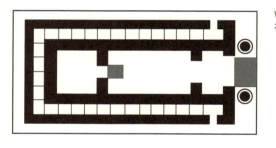

Watzingerによる
神殿の再構成

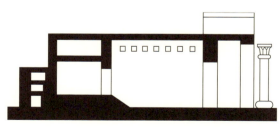

ソロモンの神殿についての二つの見方。本堂（30アンマ）と至聖所（20アンマ）の高さの違いの説明と、脇屋の配置の理解が異なっている。Busink案では、至聖所は本堂と同じ床面にあり、固有の天井を持つ。その上は空間となっている。脇屋は前廊の両側にはない。Watzinger案では、至聖所が基壇の上に載っており、脇屋は前廊の両側にもある。Busink案では、前廊前の柱ヤキンとボアズとは別に、前廊の入り口に別の柱がある。

（O. ケール『旧約聖書の象徴世界』を一部修正）

の箇所すべてにおけると同様)、この約束があくまで、「もし……なら」という形で条件づけられていることである。しかも、申命記史書の読者であるはずのこの加筆者は、ソロモンがやがてこの条件に反する行動をとる（王上 11:1–8, 33）ことを知っているはずである。その意味で、12 節の条件文は、ソロモン死後の王国分裂の伏線ともなっている（王上 2:3–4 と同所への注解を改めて参照）。

　これに対し、それに続く現在の 13 節は、申命記史家たちとは明らかに異なる価値観と表象を示しており、むしろ五書における祭司文書（P 資料）の聖所観に通じる（Burney 1903:69; Montgomery 1951*; Janowski 1987:261–262; Cogan 2001*; Steiner 2017:254, 257–258）。すなわち、ヤハウェが聖所を通じてイスラエルの子らの「只中に宿」る（動詞シャーカン）というのは、祭司文書に頻出する表現であり（出 25:8; 29:45–46; レビ 26:11; 民 5:3; 35:34 等参照）、ヤハウェが幕屋聖所を通じてイスラエルに臨在していることを示すものだからである。もちろんここでは、ヤハウェの「宿り」が、ソロモンが建てる神殿と結び付けられている（王上 8:12 と同所への注解を参照）。ソロモンの神殿は、いわばモーセの時代の幕屋聖所の伝統を継承するのである（王上 8:4 と同所への注解参照）。この表象は、申命記／申命記史家的な神殿についての「名の神学」（王上 5:19 への注解を参照）とは明らかに性格を異にする。この文脈が神殿に関わるので、祭司的な関心を持つ加筆者が、もともと 13 節にあった申命記史家的な王朝神学と入れ替えたのかもしれない。これが行われたのは、──祭司文書の成立と同じく（？）──ダビデ王朝もエルサレム神殿ももはや存在しなくなった、捕囚時代であろう。「わたしの民イスラエルを決して見捨てることはない」という慰めの言葉（王上 8:57 および創 28:15 参照）も、そのような状況から理解されるべきであろう。

　14 節では、神殿の完成について改めて確認される。この節は、（ソロモンの名前が明記されている点を除き）ほぼ 9a 節の逐語的な繰り返しであるが、これはおそらく、(9b–10 節（？）および) 11–13 節に加筆が行われたため、元の文脈に戻すために挿入前の箇所の内容を繰り返す、「文脈再取（Wiederaufnahme)」と呼ばれる編集上の技巧であろう（創 2:8, 15; 出 6:10–13, 26–30; 王上 19:9b–10, 13b–14 等を参照）。列王記で見られるのはここが初めて

であるが、テレビでドラマを中断してコマーシャルが入ると、その後に少し時間を巻き戻してドラマが再開されるのと似ている。おそらくは、まず9a 節が、次いで 9b 節が加筆され、さらに 11–12 節、13 節という順序で順次加筆が加えられていったのであろう。(O'Brien 1989:151; Wälchli 1999:117; Steiner 2017:252–256)。

　現在ある列王記のソロモン物語（王上 1–11 章）の中でこの神の言葉を共時的に読めば、ソロモンが神殿を建て始め、その基本的構造を完成した時点で、ヤハウェが念のために予備的に介入し、建てられる神殿がいかに壮大で豪奢であろうとも、その存在自体が決して自動的に神の臨在や、ましてや加護の保証になるわけではなく（エレ 7 章参照）、あくまで律法遵守を通じたヤハウェへの服従が大前提であることを確認、警告した、ということになろう（Hentschel 1984*; Schäfer-Lichtenberger 1995:295; Walsh 1996*; Brueggemann 2000*; Wray Beal 2014*）。それにしても微妙なのは、12 節と 13 節の文法的、論理的関係である。祭司文書系の文脈では無条件の約束であったり、端的な事実として前提にされている神のイスラエルの民の中への「宿り」（上述の動詞シャーカンについての箇所を参照）や、イスラエルを「見捨てることはない」という慰めに満ちた約束までもが、12 節の律法遵守の条件に制約されているのであろうか。逆に言えば、後に事実となるソロモンの律法遵守違反（王上 11:1–8, 33）によって、それらの恵みまで撤回されてしまうと考えられているのであろうか。この問題に対する確たる答えは、この箇所の聖書本文には見当たらない。

15–36 節　神殿の内装と内庭

15 節　内壁と床

　この節では「内壁」と「床」について説明される。神殿の基本的構造は石で造られ（7 節）、その上に「板」が隙間なく張られた（18 節参照）。内壁に用いた「杉〔材〕の板」よりも、床に張った「ビャクシンの板」（王上 5:22 への注解参照）のほうが木材としての価値が一段低い。足で踏まれるからであろう。なお、ここでいう「神殿」（バイト =「家」）とは本堂（ヘーカル）のことであり、直後の部分で記述される内陣（デビール）とは区別される（17 節、および 29–30 節と同所への注解を参照）。

16–22 節　内陣（至聖所）

16–30 節は全体が「**内陣**」（デビール。16 節）の設営についての説明。16 節でこの語と並列されている「**至聖所**」（コーデシュ　ハッ・コダシーム）というのは、内陣を指す五書における祭司文書的用語（出 26:33–34; レビ 16:2–3, 16–33 等参照）で、明らかに二次的な付帯的説明（王上 7:50; 8:6 参照）。なお、16 節は、訳注 i でも指摘したように文章がおかしいが、要するに、神殿のいちばん奥の壁から手前 20 アンマ（約 10 メートル）のところに杉材で仕切りの壁を設け、その内側を内陣として本堂から区別するということが言われているのであろう。イエス時代の第二神殿（ないしヘロデ神殿）の至聖所の仕切りは垂れ幕であったが（マコ 15:38）、ソロモンの神殿の仕切りは杉材の壁であったらしい。この仕切りには、扉がついていた（31 節参照）。

（前廊を除いた）神殿の本体は奥行きが 60 アンマであるから（2 節）、「その前」（訳注 j 参照）に位置する「**本堂**」（ヘーカル）は、奥行きが内陣の部分 20 アンマを差し引いた「**40 アンマ**」（約 20 メートル）ということになる（17 節）。なお、ここでもまた、仕切りの壁の厚さは考えられていない。「神殿」（ここでは本堂）の「内奥」の「杉〔材の壁〕」には、「**瓜の実**」と「**開いた花**」の浮き彫りが彫られたというが、両者はおそらく豊穣の象徴であろう。「瓜の実」と訳した「ペカイーム」（王上 7:24 参照）の語は、「ひょうたん」と訳されたり（新改訳、新共同訳、岩波訳、JBS 共同訳）、コロシントウリと同定されることも多いが、いずれも毒性があり食用に適さないので、神殿の装飾にはふさわしく思えない。メロンを含むウリ科の果実のことが考えられていると解する。

板は壁内全体に張りめぐらされ、「**石は全く見えなかった**」という（18 節）。

19–22 節では、この「**内陣（デビール）**」そのものがより詳しく説明される。内陣設営の目的は、「**ヤハウェの契約の箱**」（王上 3:15 への注解を参照）を安置するためである（19 節）。箱についてのこの用語は、申命記的文書で頻用されるものなので（申 31:24–26; ヨシュ 3:3–13; サム上 4:3–5）、この一節は申命記史家の一人の付加かもしれないが、事柄自体はその通りであろう（王上 8:6。なお、出 26:33; 40:20–21 等をも参照）。なお、祭司的

伝承によれば、この至聖所には祭司でもみだりに立ち入ることはできず、1年に一度、大祭司が贖罪の日に中に入って、契約の箱の蓋に血を振り掛ける贖罪の儀式を行うことだけが許された（レビ 16:2–16）。この内陣は、一辺「**20 アンマ**」（約 10 メートル）の立方体である（20 節）。神殿の高さは 30 アンマなので（2 節）、10 アンマの差があるはずであるが、内陣が本堂の床よりも 10 アンマ高い台の上に載っていたのか、上部が空間のままであったのか（代下 3:9b はこれを示唆する）は分からない。前者であれば、内陣には階段で登ったのであろうし（Watzinger 1933:90; Galling 1937; Parrot 1954:15; de Vaux 1961:314）、後者であれば内陣には固有の天井があった（Noth 1968[*]; Fritz 1996[*]; Mulder 1998[*]; Hurowitz 1994:34–35）のであろう。内陣上の高さ 10 アンマのこの空間に、天井を支える斜材が並んでいたとする見方もある（Busink 1970:167–168, 186, Abb.56; Zwickel 2011:61, 75）。ソロモンは内陣（20 節）も、さらには「**神殿全体**」（22 節）をも「**金で覆った**」とされるが、これは金箔で上張りをしたということ。前述のように、これは史実というよりも、ソロモンの時代を絢爛豪華に理想化しようとする後代のファンタジー的なイメージであろう（王上 10:14–21 等参照）。なお、20 節と 22 節に言及されている「**祭壇**」（ミズベアハ）とは、神殿の中にあるのであるから、香を焚くための祭壇（出 40:5; レビ 4:7, 18 参照）のはずである。犠牲用のもっと大きな祭壇は青銅製で、神殿の外の前庭に置かれた（王上 8:64）。ただし、祭司的伝承によれば香の祭壇は、「**杉〔材製〕**」（20 節）ではなく、契約の箱同様、「アカシア材製」で上に金の上張りをしたものであった（出 30:1; 37:25）。しかも、香の祭壇は内陣の中ではなく、本堂のいちばん奥の部分に置かれた（出 40:26）。したがって、22 節でこの祭壇が「**内陣に属する**」とされているのはやや不適切である。いずれにせよ、現在の文脈はあくまで神殿の建物本体についての記述であり、特に 19–22 節は神殿の奥の内陣に関する記述なので、香の祭壇についての記述は場違いである。これは、本堂の中に置かれる祭具の記述として、むしろ列王記上 7:48–50 に属すべきものであろう（7:48 に言及あり！）。神殿全体を金ぴか趣味に飾り立てた加筆者の付加かもしれない。

　なお、21 節に言及されている「**金の鎖**」（ラットゥコート［ケレーの読み］）の形状、用途、および 31–35 節に言及されている扉との関係につい

ては全く不明である。訳注 m をも参照。

23–28 節　ケルブたち

　内陣（至聖所）には、「**ケルブ**」（「ケルビム」はその複数形）たちの立像が置かれた。「ケルブ」とは、おそらくは人間の顔、獅子の体、鷲の翼を持った一種のスフィンクスで、聖所の入り口で見張りの役割をしたり（創 3:24; エゼ 10:19 等）、ヤハウェを背中に乗せて天駆けると考えられていた（サム上 4:4; サム下 6:2; 詩 18:11; 80:2; 99:1 等参照）。祭司的伝承によれば、ヤハウェの箱の金製の蓋には 2 体のケルブたちが打ち出し細工で造られた（出 25:18–22; 37:7–9）が、ここでは「**オリーブ材**」製で高さ「**10 アンマ**」（約 5 メートル）の巨大な「**2 体**」のケルブたちが至聖所内部に置かれ（23 節）、その翼の下に契約の箱が安置されると考えられている（王上 8:6–7 参照）。内陣自体の高さが 20 アンマなので（20 節）、およそその半分の高さだったことになる。なお、「オリーブ材」と訳された語の原語は「アツェー・シェメン」で、直訳すれば「油の木々」。油注ぎの儀礼などに用いられるオリーブ油が取れるので、特別に高貴な木と見なされていたのであろう。本堂の内壁には杉材の板が張られ、床にはそれよりも一段価値の劣るビャクシンの板が張られていたが（15 節）、最も聖なる内陣に置かれるケルブたちは、さらに価値の高いオリーブの木材で造られたということなのであろう（31 節と 34 節における内陣の扉と本堂の扉の素材の違いをも参照）。

　ケルブはいずれも水平に「**翼**」を「**広げ**」ており、翼は 1 枚が（背中の中心から測って）「**5 アンマ**」、両翼のすなわち端から端までが「**10 アンマ**」あった。内陣（至聖所）の幅は 20 アンマであったので（20 節）、2 体のケルブたちの外側の翼の先端はいずれも両側の「**壁に接して**」おり、内側では内陣の「**中央**」部で内側の「**翼同士が触れ合って**」いた（27 節）。契約の箱は、おそらくこの内側の翼の下に置かれたのであろう（王上 8:6 参照）。ケルブたちにも、「**金**」で上張りがほどこされた（28 節）。

29–30 節　内陣の壁面と床

　ここでの「**神殿**」（バイト）の語は、あくまで「内陣」＝「至聖所」の

みを指す（Cogan 2001[*]; Sweeney 2007[*]）。本堂と内陣では聖性の度合いが一段異なり、この区別が装飾の図像にも表れる。本堂の壁面の装飾は「瓜の実と開いた花〔の模様〕」（18節）であったが、内陣のそれは、「**ケルブたちとなつめ椰子と開いた花〔の模様〕の浮き彫り**」（29節）であった。スフィンクス的な聖獣と豊穣を象徴する「命の木」が並んだ場面は、古代オリエント世界で好まれた画題であった。これが「**内側にも外側にも**」（ミッ・リフニーム　ウェ・ラヒツォーン）描かれたというのは分かりにくいが、おそらくは、本堂の場合（15–16節）と同様、内陣でも石造りの骨組みの上に杉材の板が張られたのであり、その板の一枚一枚の両

ケルブの装飾のある王座に座すカナンの王
（メギド出土の象牙細工）

面にこの浮き彫りがほどこされていたということなのであろう。もちろん、壁面に向けられる面は見られることを目的としないが、それでもあくまでそのような装飾がなされたということなのであろう。ただし、本堂と内陣を隔てる仕切り（16節）だけは、本堂の側から見ると、（他の壁面のように「瓜の実と開いた花」ではなく！）「ケルブたちとなつめ椰子と開いた花〔の模様〕の浮き彫り」が見られたはずである。「**壁面**」（キロート）の語を文字通り「壁」の意味に解せば、神殿の外壁にも内陣に当たる部分だけはこの模様が見られたということになるが、これはありそうにない（そこには「脇廊」が設けられていたはずである！）。新共同訳のように「内側」と「外側」を「内側の部屋も外側の部屋も」と解せば（口語訳、新改訳、岩波訳、JBS共同訳もほぼ同様）、神殿内部の内陣の内壁と外側の「脇間」の壁の双方にこの模様があったことになるが、やはり無理な想定のように思える。「内側の部屋」を内陣、「外側の部屋」を本堂（外陣）のことと解せば、神殿全体の壁面にすべてこの模様の浮き彫りがあったことになるが、それでは18節の記述とデザイン上の齟齬が生じてしまう。

　内陣の床が「**金**」で覆われたとされているが（30節）、この点でもビャ

クシンの板が剥き出しであった本堂の床（15節）とは異なっており、内陣の「差別化」がなされている。ただし、さすがにここでの「**内側も外側も**」（リフニマー　ウェ・ラヒツォーン）というのは理解に苦しむ。床に張られたビャクシンの板の一枚一枚が両面とも金で覆われていたというのであろうか。いずれにせよ、歴史的事実とは思われない。前節の最後の二つの語が誤って二重に記されたのかもしれない（Hurowitz 1994:35; Cogan 2001[*]）。

31–35節　扉

神殿には二組の両開きの「**扉**」（ダルトート）があった。一つは「**内陣**」の戸口（31節）の扉で、もう一つは「**本堂**」の戸口（33節）の扉である。これは、祭司的伝承によれば、モーセの時代の幕屋聖所で、至聖所の前と幕屋の入り口の前にそれぞれ垂れ幕が掛けられたことに対応する（出 26:31–33, 36–37; 36:35–38 参照）。おそらく内陣の扉は外開き、本堂の扉は内開きだったのであろう（Zwickel 2011:84）。なお、いずれの扉も大きさは記されていないが、建物の幅いっぱいの大きさであった（Knauf 2016[*]）とは考えられない。内陣と本堂の間には杉材の板の仕切りがあるので（16節）、そこに一定の大きさの内陣の戸口が設けられ、内陣へと通じる両開きの扉が付けられ、前廊と本堂を仕切る壁にも（おそらくは内陣の戸口よりも大きい）本堂の戸口があり、両開きの折り畳み式の扉が付けられていたのであろう。

内陣の戸口の扉は「**オリーブ材製**」であるのに対し、本堂の戸口の扉は「**ビャクシン材製**」であり、ここでも木材としての価値が一段低くなっている。同じような素材による「格」の差別化は、祭司的伝承での垂れ幕と柱についても見られる（上記箇所を参照）。扉の周囲には「**楣**（まぐさ）」（アイル）と「**側柱**」（メズゾート）がある。後者の単数形が、

「命の木」（？）を守るケルブたち（ケルビム）
（キプロスのエンコミ出土）

ユダヤ人の家の戸口の右側に必ず取り付けられる、聖句を記した紙を納めた小箱「メズザー」の語源である（メズゾートはその複数形）。側柱とは本来、戸口の両側に立つ2本の柱であり、楣はその上を横切る横木である。両者があいまって戸口の枠をなす（33節には楣への言及はないが、それがあることは当然視されている）。それぞれの戸口は、「5（ハミシート）」（31節）と「4（レビイート）」（33節）という数字で特徴づけられているが、正確な意味はよく分からない。構成する木材の断面がそれぞれ五角形と四角形だったとする解釈（新共同訳、JBS共同訳参照）や、戸口自体の形が五角形と四角形だったとする解釈もある。後者の場合の「五角形」は正五角形であったということは考えられず（どんな形の扉が付くのか！）、垂直の2本の側柱の上の楣が水平ではなく、逆V字形であったということになろうが（Burney 1903:77）、これもあまりありそうではない。ここでは、戸口を左右の門柱と上部の楣で囲む枠が、大きな額縁に見られるように段々の付いた窪みの装飾になっており、それが「**5 段式**」と「**4 段式**」であるという意味に解した（Noth 1968*; Busink 1970:187–188; Hurowitz 1994:34; Zwickel 2011:84; Knauf 2016*）。いずれにせよ、ここでもまた、数の相違にとって内陣の戸口と本殿の戸口の「格」の違いが表現されていることは間違いない。すなわち、数が多い方が「格」が上なのである。ちなみに祭司的伝承によれば、モーセの時代の幕屋聖所の二種類の垂れ幕は、至聖所の入り口のものが4本の支柱、幕屋の入り口のものが5本の支柱に掛けられていた（上記箇所を参照）。数の関係が逆のように見えるが、それは入り口の幅の大小に関係している。

　なお、本堂の戸口の扉は、2枚の「**板戸**」（ツェライーム）を中心で折り畳む「**折り畳み式**」（ゲリリーム。34節）のものであったらしい（エゼ41:24参照）。ソロモン時代にそのような複雑な扉を造る蝶番があったのであろうか。扉全体が折り畳まれたわけではなく、2枚の大きな扉の下部にそれぞれ小さい扉の付いた複合式の扉であったとする見方もある（Busink 1970:191–194）。

　二種類の扉には、内陣の壁面の装飾と同じ意匠の浮き彫り（29節参照）がほどこされ、金の上張りがなされた（32, 35節）。なお、神殿の扉に金が張られていたことは、列王記下18:16でも前提とされている（ヒゼキヤ

王がアッシリアの王への貢物とした）。

36 節　内庭

神殿の周囲には「内庭」（ハツェール　ハ・ペニミート。王上 7:12; エゼ 8:16; 10:3; 40:19 をも参照）が造営され、それを区画するために、その周囲に外壁が築かれた。壁の高さは不明。「3 段の切り石と 1 段の杉の角材」を（おそらくは何度も）積み重ねていく工法については、列王記上 7:12（王宮）、エズラ記 6:4（捕囚後の第二神殿）を参照。石材の層の間に柔らかい木材を挟むことによって、地震による倒壊を防ぐ効果があったとも考えられている。幕屋聖所の庭（出 27:9–18; 38:9–15）とは異なり、その広さは記されていない。神殿とそのそばに建てられるより大規模な王宮（王上 7:1–12）を共に囲む「大庭（ハツェール　ハ・ゲドラー）」（王上 7:9, 12）ないし「外庭（ハツェール　ハ・ヒツォナー）」（エゼ 40:17–37; 42:1–14）と区別する意味で、「内（側の）庭」と呼ばれているのであろうが、もちろん建物複合体に囲まれた「中庭」ではない。神殿から見て「大庭」より手前側にあるので、そのように呼ばれているのであろう。

この庭は神殿本体を囲む空間で、特に神殿の前方には、清め用の青銅の「海」や洗盤（王上 7:23–39）、犠牲用の祭壇（列王記ではなぜか、その建造についての言及がない。王上 8:22, 54, 64; 9:25 と同所への注解を参照）等が置かれた。なお、ソロモンの神殿の内庭は単数であるが、王国時代後半には、二つの庭に分けられていたようである（王下 21:5; 23:12 参照）。

37–38 節　結び：神殿の完成

神殿はソロモンの治世の「第 11 年」の「ブルの月」に完成した。ここでもまた、資料に基づきフェニキア・カナンの古い月名が用いられ、おそらくは申命記史家の一人が、それが「第 8 の月」であることを説明している（1 節と同所への注解を参照）。後のユダヤの暦では秋の「マルヘシュヴァンの月」であり、われわれの暦の 10 月から 11 月に当たる。したがって、ソロモンの治世「第 4 年」の第 2 の月（1 節参照）に「〔基礎〕が据えられ」てからの全工期は、「7 年間」とされているが、ジウの月が第 2 の月であることを考え合わせれば、より正確には約 7 年半である。

【解説／考察】

　本章の個別的には微に入り細をうがった記述にもかかわらず、ソロモンの神殿については基本的な事柄で分からない点が多い。例えば、それが建てられた場所についての正確な記述はない。一般的には、エルサレムの南東の丘にある「ダビデの町」の北側の高台、いわゆる「神殿の丘」（現在はアラビア語で「高貴な聖域」を意味するハラム・アッシャリーフ）に建てられたと考えられている（68頁の地図を参照）。今日、イスラームの聖所である金色に輝く「岩のドーム」が聳えている場所である。しかし、このドームが覆っている巨大な岩（アラビア語でエッサフラ）については、奇妙なことに旧約聖書のどこにも言及がない。一部の研究者は、この岩が神殿の至聖所や犠牲用の祭壇の礎石であったと考えるが、これは技術的にもありそうにないことである。神殿本体は、おそらくこの岩の北側にあったとする見方が有力である（Busink 1970:160; Zwickel 2011:49）。

　サムエル記下 24:18–25 によれば、もともと神殿の丘はエルサレムの先住民エブス人のアラウナの「麦打ち場」（＝脱穀場）であったが、ダビデがそれを買い取ってヤハウェのための祭壇を築いた（代上 22:1 をも参照）。少なくとも後の歴代誌の時代までには、神殿の建つ丘は、かつてアブラハムが神の命令によって息子イサクを犠牲にささげようとした「モリヤ」（創 22:2 参照）と同一視されるようになっていた（代下 3:1）。

　本章には、神殿の方位についての記述もない。ただし、かつてエルサレム神殿の祭司であったエゼキエルの描写によれば、神殿は東向きに建てられており（エゼ 8:16; 10:19）、彼が幻で見た未来に再建された神殿も、東向きのようである（エゼ 43:1–4）。

　神殿の建設によって、エルサレムは統一王国の首都であるだけでなく、今やイスラエル全体の宗教的な中心地、すなわち「聖地」ともなった。神殿のあるエルサレムは神の都と見なされ、わずかな泉しか水源を持たないこの水不足の町が、大河に潤う町として神話的に理想化された。

　「大河とその流れは、神の都に喜びを与える。いと高き神のいます聖所に。

> 神はその中にいまし、都は揺らぐことがない」 （詩 46:5–6）

　周りの山々（例えばオリーブ山やスコポス山）よりも低い海抜 743 メートルの「何ということもない」丘が、そびえ立つ霊峰のように誇張された。

> 「わたしたちの神の都にある聖なる山は、高く美しく、全地の喜び。
> 北の果ての山、それはシオンの山、力ある王の都」 （詩 48:2–3）

　神殿の建設によって、イスラエルの宗教は大きく性格を変えた。すなわち、エルサレムに巡礼し、そこでの祭儀に参加することが最も重要な宗教的行為となったのである。

> 「涸れた谷に鹿が水を求めるように、神よ、わたしの魂はあなたを求める。……
> わたしは魂を注ぎ出し、思い起こす。喜び歌い感謝をささげる声の中を、祭りに集う人の群れと共に進み、神の家に入り、ひれ伏したことを」 （詩 42:2, 5）

　ここから後には、宗教とは要するに神殿参拝であり、儀式参加であり、犠牲をささげさえすれば事足れりとする信仰の形骸化も生じ、預言者たちの厳しい批判をも呼ぶ。

> 「雄羊や肥えた獣の脂肪の献げ物にわたしは飽いた。雄牛、小羊、雄山羊の血をわたしは喜ばない。こうしてわたしの顔を仰ぎ見に来るが、誰がお前たちにこれらのものを求めたか、わたしの庭を踏み荒らす者よ」 （イザ 1:11）

　さらには、神殿の存在自体を神の臨在そのものと同一視し、それが建っているという事実を何の根拠もなく神の無条件の加護の保証であるかのように誤解する神殿の物神化、偶像崇拝化さえもが見られるようになる。

「『ヤハウェの神殿、ヤハウェの神殿、ヤハウェの神殿』という、むなしい言葉に依り頼んではならない。……お前たちはこのむなしい言葉に依り頼んでいるが、それは救う力を持たない。」　　　（エレ 7:4, 8）

　本章の 11–12 節を書き込んだ申命記史家の精神を汲む加筆者は、神殿にまつわるそのような信仰上の危険性をよく自覚していたのであろう。
　約 3000 年後の今日、ソロモンの神殿の名残りを留めるものは、何一つ残っていない。前 587 年のユダ王国の滅亡の際に、第一神殿はバビロニア軍によって徹底的に破壊された（王下 25:9）。バビロン捕囚の終了後の前 515 年、第二神殿がもとの場所に再建された（エズ 6:14–16）。これはさらにヘロデ大王の時代に大規模に改築・拡張されたが（前 20 年 – 後 64 年。完成はヘロデの死後）、その完成のわずか数年後の後 70 年にはユダヤ戦争の敗戦により、神殿は再び徹底的に破壊され、今や西側の囲壁のごく一部を残すのみとなった（いわゆる「嘆きの壁」）。その後、エルサレムは長く廃墟のままであったが、638 年、第 2 代カリフ、ウマルの率いるイスラーム軍がエルサレムを征服した。コーランやハディース（ムハンマドの言行録）によれば、かつてムハンマドは天馬ブーラクに乗って一夜にしてメッカからエルサレムに移され、例の岩の上から天に召され、アッラーの啓示を受けて地上に戻されたという。このことから、イスラームはエルサレムをメッカ、メディナに次ぐ第 3 の聖地とし、691/2 年にはウマイヤ朝のカリフ、アブドゥルマリクにより「岩のドーム」が建てられた（岩のドーム、嘆きの壁については、月本昭男『目で見る聖書の世界』51 頁の写真を参照されたい）。今日に至るまで、ムスリム（イスラーム教徒）は「聖地」の考古学的調査を断固拒否しており、この事態が将来変わる兆しは皆無である。ソロモンの神殿の残骸は、おそらく神殿の丘の地下数メートルのところで永遠の眠りについている。

「イエスが神殿の境内を出て行かれるとき、弟子の一人が言った。『先生、御覧ください。なんとすばらしい石、なんとすばらしい建物でしょう』。イエスは言われた。『これらの建物を見ているのか。一つの石もここで崩されずに他の石の上に残ることはない。』」　　（マコ 13:1–2）

トピック
3　シリア・パレスチナの神殿建設とソロモン神殿

　古代のシリア・パレスチナには各地に多くの神殿や祭儀のための構築物が建てられ、その多くは遺構の形で残されている。このうちパレスチナの神殿は前述のように小型のものが多く、縦横とも 15 メートルを超えるものはほとんどない。現在知られている最大のものは、ラキシュのアクロポリス神殿で、16.5 メートル× 13.2 メートルである。これらの神殿のほとんどは、カナン人の宗教施設と思われ、形式的にも横長のものが多く、縦長のソロモン神殿とは性格が異なっている。イスラエルのヤハウェを祀る神殿であったことが確実な今のところ唯一のものは、1963 年に発見されたアラドのもので、これについては（エルサレム神殿以外の聖所の正統性を認めない申命記主義の故に？）聖書には言及がない。これも約 3 メートル× 10 メートルの横長のもので、奥まった至聖所に当たる部分の入り口の両側には石製の香の祭壇があり、奥には二本の石柱（マッツェバ）が立っていた。

　これに対し、ソロモンの神殿に対応するような縦長で、三部構造のものは、北シリアに多い。パレスチナにも、ハツォルやシケムやメギドなどから縦長の神殿も知られているが、シリアからの影響によるものと考えられる（Busink 1970:486–565; Fritz 1987; Hurowitz 1994, 2011; Keel 1996:133–144; Zwickel 2011:92–100）。

　現在知られている限り、列王記上 6 章に描かれているソロモンの神殿に構造上最も類似した神殿は、トルコのアンタキア（新約聖書のアンティオキア）から南東に 35 キロメートル、トルコ・シリア国境のトルコ側に位置するテル・タイナトで 1936 年に発見されたもので、前 8 世紀ごろに建設されたものである（Busink 1970:558–562; Fritz 1987; Hurowitz 1994, 2011）。25 メートル× 12 メートルとソロモンの神殿よりやや小さいが、縦横の比が 3 対 1 であるソロモンの神殿に近い縦長で、ほぼ正方形の前廊、長方形の本堂、横長の至聖所からなる三部構造で、入り口には 2 本の柱（王上 7:15–21 参照！）があり、至聖所には神像を置くための台座と祭壇と思われる供物台が置かれて

いた。ソロモンの神殿同様、テル・タイナトの神殿も宮殿を構成する複合的な構築物に隣接して建てられていた。また、2008 年には宮殿の角を挟んだ直角の位置から、ほぼ同じ大きさ、構造の第二の神殿が発見されたが、その至聖所からは、内容や用語法が申命記に似ていることで以前から知られていたアッシリア王エサルハドンの条約（アデー）の写しの粘土板が新たに発見された（Harrison 2014）。

そのテル・タイナトから北東約 80 キロメートル、アレッポの北西約 67 キロメートルに位置するシリアのテル・アイン・ダーラでは、1980 年から 85 年にかけて行われたシリア隊による発掘調査で、非常に興味深い神殿遺構が発見された。神殿自体は約 30 メートル×20 メートルの縦長で、大きさは縦がほぼソロモン神殿に一致し、幅はその倍である。これも前廊、本堂、至聖所からなる三部構造で、やはり入り口の両側に柱の跡がある。神殿の壁には、ケルビムを思わせる神話的な動物や花、螺旋模様などの浮き彫りがほどこされていた。しかも重要なのは、神殿本体の三方が幅約 4.5 メートルの「脇間」を連ねた脇廊によって囲まれていたことである（Hurowitz 2011; Monson 2011）。建設されたのは前 1300 年頃と思われ、前 740 年頃まで使用された形跡がある。すなわち、この神殿はソロモンの神殿とほぼ同時代に存在していたことになる。

これらの神殿の存在は、列王記におけるソロモンの神殿の描写が必ずしも後代の人々の自由な想像力の産別ではなく、シリアを中心とする宗教文化の伝統に根差したものである可能性を示唆している。エルサレム神殿がフェニキア人の協力を得て建てられたという伝承（王上 5:15–26; 7:13–45）が史実に基づくものだとすれば、北シリアの建築学的伝統がフェニキア人の媒介によってイスラエルに伝えられた可能性が考えられよう。

なお、テル・タイナトの神殿の写真とテル・アイン・ダーラの神殿の図については、いずれも長谷川修一『旧約聖書の聖書と時代』42 頁を参照されたい。

(3) 王宮の建設（上 7:1–12）

【翻訳】

7章

[1] ソロモンはまた、13年間の歳月をかけて自分の宮殿[a]を建造した。〔すなわち、〕彼は彼の宮殿全体を完成させた。

[2] 彼は「レバノンの森の家」を建造した。その奥行きは100アンマ、その幅は50アンマ、その高さは30アンマであった。〔そこには〕杉〔材〕の柱が4列〔並んでおり〕[b]、それらの柱の上には杉の角材〔が渡されていた〕。[3] 柱の上にある横木の上方は杉〔材〕で覆われていた。〔それらの横木は〕45本〔あり〕、各列ごとに15本〔であった〕。[4] また、3列の窓枠があって、開口部と開口部が三つずつ向かい合っていた[c]。[5] すべての戸口と側柱には4段式の枠があり、開口部と開口部が正面から三つずつ向かい合っていた[d]。

[6] 彼はまた、列柱の広間を造った。その奥行きは50アンマ、その幅は30アンマで、それら〔の列柱〕[e]の前には前廊があり、またそれらの前には何本かの柱〔で支えられた〕ひさし[f]があった。

[7] 彼はまた、彼がそこで裁判を行う「王座の広間」、〔すなわち〕「裁きの広間」を造った。それは、床から〈梁〉[g]にいたるまで、杉〔材〕で覆われていた。

[8] 彼が住むことになっていた[h]彼の宮殿[i]は、別の庭にあり、宮殿〔本体〕から前廊まで[j]、これと同じ造りになっていた。また、ソロモンが娶ったファラオの娘のために、彼はこの広間と同じような〔造りの〕宮殿を造ることにしていた[k]。

[9] これら〔の建物〕はすべて、内側も外側も、寸法を合わせて鋸で切りそろえられた高価な石〔で出来ていた〕。土台から軒まで、また外壁[l]から大庭まで〔そうであった〕。

[10] 土台〔造り〕には高価な石や大きな石〔が用いられた〕。〔すなわち、〕10アンマの石や8アンマの石である。[11] その上には、寸法を合わせて切りそろえられた高価な石と杉〔材〕が〔積まれていた〕。

[12] 大庭の周囲には、3段の切り石と1段の杉の角材が〔積まれていた〕。ヤ

ハウェの神殿 [m] の内庭や神殿の前廊 [n] と〔同様である〕。

  a: 原語は文字通りには、「彼の家」。次も同様。
  b: 原文は文字通りには、「（彼は建造した……）4列の杉材の柱の上に」。まるで、それらの柱の上に「レバノンの森の家」全体が載っていたかのように読めるが、名前から想像できるように、この「家」自体が多くの柱が林立する一種の柱廊であったと考えられる。
  c: 注解本文の該当箇所を参照。
  d: 注解本文の該当箇所を参照。
  e: 原文は文字通りには、「それら（の前）」だが、男性名詞の複数形の先行詞としては、この節前半の「列柱（アンムディーム）」以外にない。
  f: 原文は文字通りには、「何本かの柱とひさし」。
  g: 原文は文字通りには、「床から床まで」。ウルガタ、ペシッタ等に従って読み替える。列王記上 6:15, 16 と同所への訳注 *h* をも参照。
  h: 動詞「住む（ヤーシャブ）」はなぜか未完了形。
  i: 原語は文字通りには、「（彼の）家」。以下でも同様。
  j: 原文は極めて不明確で、底本（BHS）では「別の庭」を説明する文だが、直訳すれば「前廊／広間（ウラーム）の内側の」。マソラ学者の付したアクセント記号の位置を変更し、「同じ造り」にかかる説明文と解する。
  k: 動詞「造る（アーサー）」はなぜか未完了形。
  l: 原語は文字通りには、「外側（ミフーツ）」。直前にある建物に関わる「外側（ミフーツ）」の語が誤ってここにも入ってしまったものか。
  m: 原語は文字通りには、「家」。次も同様。注解本文参照。
  n: もしくは「宮殿の広間」。注解本文参照。

【形態／構造／背景】

 聖所である神殿本体の建立（王上 6:1–37）に続いて、この単元では、世俗的な建物であるソロモンの宮殿の建造について報告される。神殿建設の記事の場合と同様、ここでも建物についての客観的な記述と、「彼は……を建造した」、「彼は……を造った」という、文脈上はソロモンを主語とす

る物語的な描写の混在が目立つ。ただし、この宮殿の建築の記述は、神殿本体の詳細な描写に比べてずっと大まかで、「レバノンの森の家」（2–5節）について多少詳しく説明されている点を除けば、ほとんど断片的でさえある。特に後半の部分は省略がひどく、ほとんどが動詞のない名詞文で、走り書きのメモのようにさえ思える（例えば4節を逐語訳すれば、「（複数の）窓枠、3列、そして開口部に向けて開口部、3段」となる）。訳す場合には適宜語を補わなければならなかった。神殿本体の場合と同様、ここでもまた、意味のはっきりしない特殊な建築用語が頻繁に用いられ、また文法的にもよく理解できない点が少なくなく、細部の多くが明確でない。特に、建物相互の位置関係や、「庭」との関係がよく分からない。ある注解者の酷評によれば、この段落は「旧約聖書中最悪の保存状態のテキスト」と言える（Stade and Schwally 1904; Cogan 2001:257 の引用による）。

　構造的に見れば、この単元には、基本的に以下のような構成部分が認められる。

（ⅰ）王宮の建設期間（1節）
（ⅱ）「レバノンの森の家」（2–5節）
（ⅲ）列柱の広間（6節）
（ⅳ）「王座の広間」ないし「裁きの広間」（7節）
（ⅴ）ソロモンの宮殿と王妃の宮殿（8節）
（ⅵ）建物の素材（9節）
（ⅶ）土台（10–11節）
（ⅷ）「大庭」の囲壁（12節）

　なお、この単元は、神殿本体の建設（王上 6:1–37）と、神殿の備品の製作（王上 7:13–51）を分断しているように見えるが、建物についての記述を先にまとめて行ったと見れば、それなりに論理的である（Jones 1984[*]）。なお、七十人訳では順序が異なり、6章にまずマソラ・テキストの 7:13–51 に当たる部分が続き、神殿に関わる部分が一つにまとめられた格好になっており、その後に世俗的な建物群に関する部分（1–12節）が続く形になっている。

申命記史家たちの特徴的な用語法や観念はほとんど認められない。資料がほぼそのまま取り入れられているのであろう。ただし、前述のように、もともとメモ風で羅列的であったテキストが、二次的に「彼は……を建造した」、「彼は……を造った」という物語的な文章に改訂された可能性（Noth 1968*; Jones 1984*）もある（それにしてはいかにも不徹底であるが）。

【注解】

1節　王宮の建設期間

1節は、この単元の「前書き」に当たる。ここで言う「**宮殿**」（訳注 a 参照）の語は、狭義の王の住居（8節）だけでなく、以下で枚挙されるいくつかの建造物を含む王宮複合体全体を指す。それがあった正確な位置は不明であるが、神殿と同じくエルサレムの南東の丘にあり、おそらくは神殿の南側の神殿よりもやや低い位置に建てられたと考えられる（エレ 26:10; 36:10–12、および 68 頁の地図、240 頁の図を参照）。宮殿全体の建造には、神殿建設（7年間。王上 6:38 と同所への注解を参照）以上の「**13 年間の歳月**」を要したという。ほぼ倍の期間ということになる。神殿よりもずっと大規模なので、理解できる数字である。建設には、多くの国民が動員されたことであろう（王上 5:27–30; 12:4 と同所への注解を参照）。

神殿よりも自分の宮殿の方に多くの時間を費やしたことについて、特にソロモンが批判的に見られている（Walsh 1996*; Provan 1995*; Duncker 2010:263, 266; Wray Beal 2014*）ようには必ずしも読めない。実際には神殿建設工事と一部は同時並行的に進められたのかもしれないが、現在の列王記の文脈で見ると、ソロモンは神殿の建設を優先させ、それが完了したうえで初めて自分用の建造物の建設に取り組んだことになる（Jones 1984*; Cogan 2001*。なお、王上 9:10 と同所への注解をも参照）。

2–5 節　「レバノンの森の家」

この王宮複合体の中でも最大規模のこの建造物が「**レバノンの森の家**」（ベート　ヤアル　ハ・レバノーン）と呼ばれるのは、中に「**杉〔材〕の柱**」（アンムデー　アラズィーム）が林立していた（2節への訳注 b を参照）から

に違いない。杉材はティルスの王ヒラムによってレバノンから送られた（王上 5:20–25 参照）。奥行きが「**100 アンマ**」、幅が「**50 アンマ**」、高さが「**30 アンマ**」という大きさは、高さを除けば神殿（60 アンマ× 20 アンマ× 30 アンマ。王上 6:2 を参照）をはるかに凌駕する。1 アンマは約 50 センチメートル弱であるので（王上 8:2 への注解を参照）、大きさは 50 メートル弱× 25 メートル弱× 15 メートル弱といったところであろう。柱は「**4 列**」になっていたというが、その本数は記されていない。窓や戸口への言及（4–5 節）があるので、ギリシアのパルテノン神殿のように柱だけの開放型であったわけではなく、壁のある閉鎖型の建物だったと思われる（Busink 1970:129–130）が、ことによると外側の 2 列の柱は、壁に接した壁柱（いわゆるピラスター）だったのかもしれない（Montgomery 1951*）。建物の用途は記されていないが、大きさから見て、公式行事が行われたのであろう。列王記上 10:17 によれば、ソロモンの作った金の大盾 200 と金の小盾 300 がここに置かれた。列王記上 10:21 によれば純金の器も置かれていたというので、饗宴などにも用いられたのであろう。イザヤ書 22:8 によれば、武器庫も兼ねていたらしい。

　3 節は極めて難解で、注解者たちの間でも理解が大きく分かれている。列王記上 6–7 章では、単数形で「ツェラ」（文字通りには「肋骨」。創 2:21 参照）、複数形で「ツェラオート」という語がいくつかの異なる意味で用いられているようである。列王記上 6:5, 8（同所への注解を参照）では、それは神殿の周囲に設けられた「脇間」を意味したが、列王記上 6:15–16 ではそれが明らかに建築素材としての「板」ないし「木材」の意味で用いられている。3 節によれば、「レバノンの森の家」の 4 列の柱（2 節参照）の上には「ツェラオート」が載っており、それは全部で「**45**」、しかも、「**各列ごとに 15**」あったという。したがって、3 列をなしていたことになる。これは、柱と柱の間に梁のように渡されていた「**横木**」と考えるのが最も理に適っていよう（Noth 1968*; Cogan 2001*; Sweeney 2007*）。すなわち縦に並んだ 4 列の柱によって、その間に三つの「廊」が形成される。柱の上には縦方向に「**杉の角材**」（ケルトート　アラズィーム。2 節）が桁として渡されている。これに対し、柱と柱を梁のように横方向に結び合わせていた横木が、この「ツェラオート」だったのであろう。縦軸から両側に

I・3・(3) 王宮の建設（上7・1―12）注解 上7・2―5

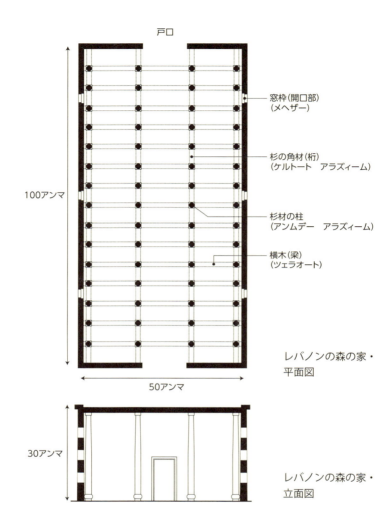

レバノンの森の家・平面図

レバノンの森の家・立面図

向かって平行的にいくつもの横木が出ていたのであれば、それが「あばら骨」の語で呼ばれたことも何となく理解できる。もし、これが1列ごとに15本あるのだとしたら、柱の数も各列15本だったと推測できる。その「上方」に「杉〔材〕」の板の天井があったと考えられる。

なお、これをあくまで「脇間」に準ずる「小部屋」として、この建物に2階があったとする見方もある（Busink 1970:133–134; Würthwein 1977*;

DeVries 1985*）が、計算すると横約 8 メートル、縦約 3 メートルの小部屋が 45 もあったことになる。しかし、これはありそうもない。神殿本体の場合と同様、建物の両側に「脇間」（新共同訳、新改訳、岩波訳、JBS 共同訳参照）があったと想定し、「1 列ごと」の語を各階の意味に解して、3 階建てであったとする見方（Montgomery 1951*; Gray 1977*; Wray Beal 2014*）もあるが、このような想定は、それらの「ツェラオート」が「柱の上」にあるとする同じ節の明確な説明に反する。

　新共同訳や岩波訳、JBS 共同訳は、全部で 45、1 列ごとに 15 というのを柱の数と解しているが、これだと 2 節の柱が「4 列」だったという記述と計算が合わない。ただし、七十人訳はあくまでそのように解し、2 節で柱が「3 列」であったと訳している。数学的整合性を求めて、七十人訳に従い、2 節で柱の数を「3 列」に読み替える解釈もある（Busink 1970:130; Würthwein 1977*; DeVries 1985*; 口語訳）。

　4 節で「**3 列の窓枠**」があり、「**開口部と開口部が三つずつ向かい合っていた**」とされていることは、4 列の柱によって形成される三つの「廊」の両端の壁に、それぞれ上下 3 列の窓があったということか（Sweeney 2007*）。その場合には、片側に九つずつ、全部で 18 の窓があったことになる。しかし、採光などを考えれば、長辺にも窓があったと考える方が合理的であろう（Busink 1970:136）。なお、この部分の「開口部と開口部が向かい合っていた（メヘザー　エル・メヘザー）」という原語は、単語としても表現としても旧約聖書でこの箇所と次の節にしか出てこないものであり、正確な意味がはっきりしない。文脈から推読したものである。なお、「メヘザー」の語根は「見る」を意味する動詞（ハーザー）であり、「覗き穴」といったほどの意味か。要するに、両側の壁の向かい合った位置にそれぞれ窓があったということであろう。

　5 節で「**すべての戸口と側柱には 4 段式の枠**」があったとされることについては、神殿の戸口についての似たような記述（王上 6:31, 33）と同所への注解を参照。戸口についても、「**開口部と開口部が正面から三つずつ向かい合っていた**」（メヘザー　エル・メヘザー）とされている。窓と同様に、両側の壁の向かい合った位置にそれぞれ戸口があったということであろう。

　なお、3 階建て式の「脇間」を想定する解釈者たちは、これらの「窓」

と「戸口」についての言及を個々の階の窓と入り口と見る（Gray 1977[*]; Wray Beal 2014[*].新改訳をも参照）。すなわち、建物内の広間を挟んで、左右の3階建ての脇間のそれぞれ対応する位置に、窓と戸口があったと見るのである。

6節 列柱の広間

　レバノンの森の家自体がある種の巨大な柱廊であったが、それとは別に「**列柱の広間**」（ウラーム　ハ・アンムディーム）が建造された。大きさが縦「**50アンマ**」（約25メートル）、横「**30アンマ**」（約15メートル）というのであるから、レバノンの森の家のほぼ半分ほどの大きさであり、底面積から見れば神殿よりやや大きい程度である。高さは記されていないが、当然、レバノンの森の家より小ぶりであったと考えられる。レバノンの森の家との位置関係は不明であるが、この広間の奥行きの長さ（50アンマ）と「レバノンの森の家」の幅（50アンマ）が同じなので、後者から張り出したポ

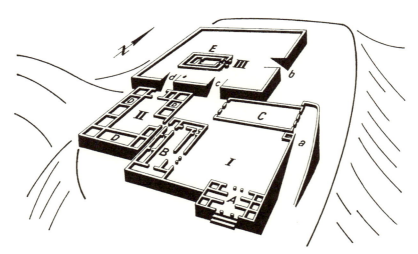

エルサレムのアクロポリス（K. Gallingによる再構成）
Ⅰ 外側の宮殿の庭　Ⅱ 内側の宮殿の庭　Ⅲ 神殿の庭　A. 列柱の広間（入口の広間）B. 王座の広間（裁きの広間）C.「レバノンの森の家」　D. 居室群　E. 神殿　a.「レバノンの森の家」に通じる傾斜路　b. 神殿の東門（「民の門」）　c. 神殿への外門　d. 神殿への内門　　（『旧約・新約聖書大事典』教文館、368頁を多少修正）

ルティコ（前室）のようなものだったとする見方もある（Montgomery 1951[*]; Noth 1968[*]; Jones 1984[*]; Sweeney 2007[*]; Wray Beal 2014[*]）。ただし、「レバノンの森の家」の短辺にも「窓」や「戸口」があったとすれば、この見方は成り立たない。固有の「**前廊**」（ウラーム）を持っていたとされるので、あくまで独立した建物と見た方がよいであろう（Busink 1970:140; Fritz 1996[*]; Mulder 1998[*]）。「**ひさし**」と訳した語（アーブ）の正確な建築学的意味もよく分からない。「列柱の広間」と呼ばれるこの建造物への言及は、旧約聖書でここ以外になく、用途も不明である。なお、5–8節の原文では「ウラーム」という語が多用されているが、それぞれの箇所での意味が首尾一貫しているとは限らず、そのことが記述に曖昧さを加えている。例えば、この列柱の広間（ウラーム　ハ・アンムディーム）そのものの前方に固有の前廊（ウラーム）があり、おそらくは後者にさらに「**柱**」（アンムディーム）で支えられた「**ひさし（アーブ）**」（ただし正確な意味は前述のように不確か）があったとされているらしいのである。

7節　「王座の広間」ないし「裁きの広間」

「裁きの広間」（ウラーム　ハ・ミシュパート）はいわば王の公務室である。王は最高裁判官を兼ねたが（サム下 15:3–4; 王上 3:16–28 等参照）、「**裁判を行う**」と訳した動詞「シャーファト」には、一般的な統治行為を意味するより広い意味もある（サム上 8:5–6, 20; 王上 3:9 等参照）。これが「**王座の広間**」（ウラーム　ハ・キッセー）とも呼ばれたのは、列王記上 10:18–20 に描かれたソロモンの王座がそこに置かれていたからであろう。この建物も全体が「**杉〔材〕**」で覆われていた（訳注 g 参照）。大きさについての記述がないが、この広間自体が直前に言及されている「列柱の広間」と同一のものとする見方もある（Busink 1970:140）。この建物についても、レバノンの森の家やその他の建物との位置関係は不明である。

8節　ソロモンの宮殿と王妃の宮殿

王と王妃の住居という意味での、狭い意味での「宮殿」である（訳注 i 参照）。大きさについてはやはり触れられていない。建物の「造り」（マアセ）に関連して引き合いに出されている「**これ**」（ハ・ゼ）ないし「**この広**

間」（ウラーム　ハ・ゼ）とは、直前の節で説明された「裁きの広間」ないし「王座の広間」（7 節）のことと思われる。それが具体的にどのような「造り」であったのかは、もはや不明である。王の宮殿が**「別の庭」**（ハーツェル　ハ・アヘレト）にあったとされていることは、王の私的な住居が、公的な意味を持った公共施設のある庭とは区別された別の庭にあったことを示唆する。ただし、これらの二つの「庭」と、9, 12 節に言及される「大庭」（12 節への注解を参照）や、同じく 12 節に言及された神殿の「内庭」との位置関係はよく分からない。宮殿を構成する建物群に囲まれた中庭であったとする見方もある（Galling 1937 等。240 頁の図を参照）。

　ソロモンの「第一夫人」が**「ファラオの娘」**であったことについては、列王記上 3:1 と同所への注解を参照。おそらくは政略結婚であろう。王と王妃は別々に住んだらしい。彼女にも**「同じような〔造りの〕宮殿」**が建てられることになっていた。ここで未完了形の動詞が用いられていること（訳注 k 参照）は、王と王妃の個人的な宮殿が、あくまで神殿の完成よりもずっと後になってから初めて建てられたことを強調するためなのかもしれない。ファラオの娘が固有の宮殿を持っていたことと、その宮殿への彼女の「引っ越し」については、列王記上 9:24 を参照。列王記上 11:1, 3 によれば多数いたはずのソロモンの別の妻たちや側室たちの住まい（いわゆる「ハレム」）については、ここでは何も触れられていない。

9 節　建物の素材

　神殿にはおそらくは金具を当てていない自然石が用いられた可能性がある（王上 6:7 と同所への注解を参照）のに対し、王宮という世俗的な建物には、**「寸法を合わせて鋸で切りそろえられた」**切り石が用いられた。発掘が進んでいないエルサレムでは宮殿の跡が見つかっていないが、後の北王国の首都サマリアからは、見事な切り石細工の宮殿の遺跡が発見されている。庶民の家は粘土を固めた日乾煉瓦で建てられた。切り石の家に住めるのは特権階級に限られていた（アモ 5:11）。**「高価な石」**（アバニーム　イェカロート）については、列王記上 5:31 をも参照。

10–11節　土台

「土台」（メユサード）とは、凸凹のある土地を平坦にし、建物を建てやすくする一種の基壇（プラットホーム）のこと。「10アンマの石」、「8アンマの石」とあるが、前述のように1アンマが50センチ弱であるから（王上 8:2への注解を参照）、一辺4〜5メートルの石が用いられたことになる。ヘロデ時代に建てられたエルサレムの「嘆きの壁」には、ほぼ同じ規模の石が用いられている。

12節　「大庭」の囲壁

「**大庭**」（ハツェール　ゲドラー）とは、おそらくは神殿の内庭（王上 6:36）と、宮殿の複数の庭（8節と同所への注解を参照）を外側から取り囲んでいたものであろう。その全体が、壁で囲まれていたらしい。「**神殿の内庭**」の壁が「**3段の切り石と1段の杉の角材**」を重ねた工法であったことは、列王記上 6:36と同所への注解を参照。大庭の囲壁もこれと同じ工法で建てられたということなのであろう。12節の最後の言葉（ウー・レ・ウラーム　ハ・バイト）が具体的に何を指すのかは、はっきりしない。これもまた、この単元における「ウラーム」や「バイト」という語の多義的で曖昧な使い方とも関連する。直訳すれば、「その家（ハ・バイト）の前廊／広間（ウラーム）について」であるが、まず、「家」が何を指すのかが不明確である。文法的には同じ節の直前に出てくる「ヤハウェの家（＝神殿）」が先行詞ということになるが、神殿の前廊がこのように特殊な工法で建てられたことは、神殿建造についての6章の記述で何も言われてなかった。そもそも神殿の「前廊」は神殿そのものの一部であり、壁ではない。「宮殿の広間」と解すれば、6節の「列柱の広間」か7節の「裁きの広間」のことになろうが、内容的にやはり不可解であると言わざるを得ない。本文の破損か、不適切な加筆としてこの部分を本文から削除する注解者も少なくない（Noth 1968*; Würthwein 1977*; Fritz 1996*）。

【解説／考察】

列王記（ないし申命記史書）の空間的中心は、やはり何と言ってもエル

サレム神殿である。それゆえ、建築マニアであったとされるソロモン（王上 9:17–19 参照）が建設したエルサレムのさまざまな世俗的な建造物については、極めて手短に、また無味乾燥に触れられるにすぎない。ここでは、資料が生の形で用いられており、他の部分とは異なり、ソロモンの栄華をことさらに強調しようという意図もあまり感じられない。

エルサレムは、3000 年以上にわたって絶えず人が密集して住み続けてきたので、一部を除き、発掘調査が進んでいない。特に「神殿の丘」は、現在では、岩のドームを含むイスラームの聖地（ハラム・アッシャリフ）に重なり、しかも王宮があったと考えられるこの丘の南側は、メッカのカーバ神殿、メディナの預言者（ムハンマド）のモスクに次いで重要なイスラームの聖所とされるアル・アクサー・モスクがあるので、考古学的調査が不可能である。神殿を含め、ここに描かれたソロモン時代のエルサレムがどの程度、歴史的実情に対応しているのかを知る術は今のところない。

(4) 神殿の備品の製作（上 7:13–51）

【翻訳】

ヒラムの招聘
7 章
[13] ソロモン王は、〔人を〕遣わして、ティルスからヒラムを連れて来させた。[14] 彼は、ナフタリ部族出身のあるやもめの息子であり、彼の父はティルスの男で、青銅細工の職人であった。彼は、青銅を用いたあらゆる仕事を行うための知恵と洞察力と知識に満ちていた。彼はソロモン王のもとにやって来て、彼のすべての仕事を行った。

柱と柱頭
[7:15] 彼は、2 本の青銅の柱を〈鋳造した〉[a]。第 1 の柱の高さは 18 アンマで、〈その周囲は紐で〔測ると〕12 アンマであった。第 2 の柱も同様であった〉[b]。

¹⁶ 彼はまた、それぞれの柱の先端に載せるために、二つの青銅の鋳物の柱頭を造った。第１の柱頭の高さは５アンマで、第２の柱頭の高さも５アンマであった。¹⁷ それぞれの柱の先端に載った柱頭には、格子模様──すなわち格子縞の意匠──と、鎖のような意匠の花綱模様〔の装飾〕がほどこされていた。それは第１の柱頭に七つ、第２の柱頭にも七つあった。¹⁸ 彼はまた、２列をなす〈柘榴〉ᶜを造り、〈柱〉ᶜの先端に載った柱頭を覆う〈一つ一つの〉ᵈ格子模様の周囲をめぐらせた。彼は第２の柱頭にも同じようにした。【¹⁹ 前廊にあるそれぞれの柱の先端に載った柱頭は、百合〔の花の形〕の意匠で、〔高さが〕４アンマであった。】²⁰ ２本の柱の上──すなわちその上部──に載った柱頭には、格子模様の横にある膨らみᵉのそばで、200個の柘榴が複数の列をなしており、〈それぞれの〉ᶠ柱頭の周囲を取り巻いていた。²¹ 彼はこれらの柱を聖所の前廊のところに立てた。すなわち、彼は右側の柱を立てて、これを「ヤキン」と名付けた。彼はまた、左側の柱を立てて、これを「ボアズ」と名付けた。【²² それぞれの柱の先端には、百合〔の花の形〕の意匠〔の柱頭〕が載っていた。】こうして、柱の製作は完了した。

「海」

⁷:²³ 彼はまた、鋳物の「海」を造った。それは縁から縁までが10アンマの円形で、高さが５アンマであった。その周囲は縄で〔測ると〕30アンマであった。²⁴ その縁の下を一周する形で瓜の実〔の形の飾り〕が取り巻いていた。それらは１アンマにつき10個の割合でᵍ、２列になって「海」を取り巻いていた。それらの瓜の実〔の形の飾り〕は、〈「海」〉ʰが鋳造される際に〔一緒に〕鋳造された。²⁵ 〈「海」〉ⁱは12頭の牛たち〔の像〕の上に載っていたʲ。〔そのうちの〕３頭は北を向き、３頭は西を向き、３頭は南を向き、３頭は東を向いていた。「海」はそれらの上に〔置かれており〕、それらの下半身はいずれも内側を向いていた。²⁶ 〈「海」〉ᵏの厚さは１トファであり、その縁は杯の縁のような意匠で、百合の花の形をしていた。その容量は2000バトであった。

洗盤とその台車

⁷:²⁷ 彼はまた、10台の青銅製の台車を造った。１台の台車の長さは４アン

マ、その幅は4アンマ、その高さは3アンマであった。²⁸ 台車の造りは次の通りであった。すなわち、それらには〔複数の〕鏡板があり、それらの鏡板は〔上下の〕横木の間にはめ込まれていた。²⁹ 横木の間にはめ込まれたそれらの鏡板の上には、獅子たちと牛たちとケルブたち〔が描かれており〕、上側の横木の上も同様であった。また、獅子たちと牛たちの下側には打ち出し細工の渦巻模様〔があった〕。³⁰ᵃ 1台の台車には四つの青銅製の車輪と〔2本の〕ˡ 青銅製の車軸〔がついていた〕。

³⁰ᵇ その ᵐ 4本の支柱 ⁿ には、それぞれ ᵒ 支え ᵖ〔がついていた〕。それらの支えは、洗盤の下に〔位置するように〕、それぞれの渦巻模様のそばに鋳造されていた。³¹〈台車の〉ᑫ 開口部 ʳ は、「冠」の内側にあって、〔後者は〕1アンマ上方に〔突き出ていた〕。〈台車の〉ˢ の開口部は円形で、台座のような造りで、〔深さ(?)〕が1アンマ半であった。〈台車の〉開口部の上にも浮き彫りがほどこされていた。ただし、それらの ᵗ〔複数の〕鏡板は四角形で、円形ではなかった。

³²〔複数の〕鏡板の下には四つの車輪があり、台車には車軸受け ᵘ があった。一つの車輪の高さは1アンマ半であった。³³ それらの車輪の造りは戦車の車輪の造りと同じようで、それらの車軸受けも、それらの輪縁も、それらの輻も、それらの轂も、すべて鋳物であった。

³⁴ 一つの台車の四隅には四つの支えがあり、それらの支えは台車から〔直接出ていた〕。³⁵ 台車の上部には高さ半アンマの丸い輪が周囲を〔めぐっていた〕。また、台車の上部では〈台車の〉ᵛ〔複数の〕持ち送り ʷ と〈台車の〉〔複数の〕鏡板が〈台車〉から〔直接出ていた〕。³⁶ 彼は、〈台車の〉〔複数の〕持ち送りの表面と〈台車の〉複数の鏡板のそれぞれ空いている場所にケルブたちと獅子たちとなつめ椰子を彫り込み、またその周囲には渦巻模様を〔彫り込んだ〕。³⁷ このようにして、彼は10台の台車を造った。それらはすべて、同一の鋳型、同一の寸法、同一の形であった。

³⁸ 彼はまた、10個の青銅製の洗盤を造った。一つの洗盤の容量は40バトで、一つの洗盤〔の直径〕は4アンマであった。10台の台車について、〔それぞれ〕一つの台車の上に一つの洗盤〔が置かれた〕。

³⁹ 彼は、台車のうちの五つを神殿の右側に置き、〔他の〕五つを神殿の左側に置いた。彼はまた、「海」を神殿の右手、すなわち南東の隅に置いた。

その他の備品
7：40a ヒラム[x]はまた、壺[y]、十能、鉢を造った。

造られた備品の枚挙と鋳造場所
7：40b〔こうして〕ヒラムは、ソロモン王のためにヤハウェの神殿で彼が行ったすべての製作の作業を完了した。[41]〔すなわち、〕2本の柱、柱の先端に載せる椀型の柱頭[z]二つ、柱の先端に載せる二つの椀型の柱頭を覆う二つの格子模様、[42] 二つの格子模様につける400の柘榴。すなわち、〈2本の柱の上にある〉[aa]二つの椀型の柱頭を覆う、それぞれの格子模様のための2列になった柘榴、[43] 10台の台車とそれらの台車の上に載せる10個の洗盤、[44] 一つの「海」とその「海」の下に置く12頭の牛たち〔の像〕、[45a] 壺、十能、鉢。
[45b] ヒラムがソロモン王のためヤハウェの神殿に造った〈これらの〉[ab]祭具は、すべて青銅製で、磨き上げられていた。[46]〈彼〉[ac]は、ヨルダンの低地で、スコトとツァレタンの間の厚い〔粘土層の〕土[ad]を用いてそれらを鋳造した。[47] ソロモンは祭具すべての〈量を調べようとはしなかった〉[ae]。それらがはなはだしく量が多かったので、〔用いられた〕青銅の重さは量りきれなかったのである。

金製の備品の製作
7：48 ソロモンは、ヤハウェの神殿のすべての祭具を造った。すなわち、金製の祭壇、その上に顔のパンを置くための金製の卓台、[49] 内陣の前に置く純金製のランプ台——これは右側に五つ、左側に五つ——、金製の「花」とランプと火箸、[50]〔いずれも〕純金製の深皿、芯切り鋏、鉢、香炉、火皿、さらに神殿の奥の間【——すなわち至聖所——】の扉と神殿の本堂の扉のための金製の軸受けである。
[51] こうして、ソロモン王がヤハウェの神殿で行ったすべての仕事は完了した。ソロモンは、彼の父ダビデの聖別した品々、すなわち銀、金、もろもろの祭具を運び込み、〔それらを〕ヤハウェの神殿の宝物庫に納めた。

a：原文では、「形成した」（動詞「ツール」に基づく「ヤーツァル」）。七十人訳

に従い読み替える。ヘブライ語では動詞「ヤーツァク」に当たる。
b: 原文は文章がおかしい。前半は「第1の柱」についての記述で、後半は「第2の柱」についての記述となっている。すなわち、文字通りには、「第1の柱の高さは18アンマ、12アンマの紐が第2の柱の周囲をめぐった」。
c: ここでも原文がひどくおかしい。文字通りには、「彼はまた、2列をなす柱を造り、柘榴の先端に載った柱頭を覆う一つの格子模様の周囲をめぐらせた」。すなわち原文では、もう一度「柱」を造ったことになっており、しかも「柱頭」が「柘榴」の先端の上に載っていることになる。明らかに本文が破損している。原文ではこの節のずっと後方に「柘榴（リンモニーム）」の語があり、「柱（アンムディーム）」の語と「柘榴」の語を入れ替えると、なんとか意味をなす文章になる。
d: 原文は文字通りには、「一つの」。17節の「七つ」を顧慮してこのように解する。
e: 原語（ベテン）は、文字通りには「腹」を意味する。
f: 原文は文字通りには、「第2の（柱頭)」。
g: 注解本文参照。
h: 原文では、「それ」。男性単数形の接尾辞は「海」（男性名詞）を指すものと判断する。
i: 原文には主語がない。動詞は男性単数形。「海」についての言及と解して、主語を補う。この節の後半をも参照。
j: 原文は文字通りには、「立っていた」。
k: 原文では、「それ」。男性単数形の接尾辞は「海」（男性名詞）を指すものと判断する。
l: 「車軸」の語（サルニーム）は複数形。数字はないが、車輪が四つなので当然2本であろう。
m: 男性単数形の接尾辞が何を指すのか不明。直前にある「台車（メコナー）」は女性名詞。「車軸（サルニーム）」は男性名詞だが複数形。
n: 原語（単数形で「パアム」）は文字通りには、「脚」を意味する。
o: 原語は文字通りには、「それらに」。男性複数形の代名詞が何を指すのか不明。直前にある「支柱（パアモート）」の語は女性名詞複数形。
p: 原語（単数形で「カテフ」）は文字通りには、「肩」を意味する。34節でも

同様。

q: 原文では、「それの」。接尾辞は男性形であるが、ペシッタ（シリア語訳）および文脈から「台車」（女性名詞）を指すものと判断する。直後の「開口部」への言及では、接尾辞が女性形になっている（訳注 s 参照）。

r: 原語（ペ）は文字通りには「口」を意味する。以下でも同様。

s: 原文では「それの」。訳注 q を参照。ここでは接尾辞が女性単数形。この節の後半でも同様。

t: 男性複数形の接尾辞が何を指すのか不明。女性形に読み替えて、「台車」と解すべきか。

u: 原文は文字通りには、「車輪の手（ヤドート、複数形）」。33 節でも同様。

v: 原文では「それの」。女性単数形の接尾辞は「台車」（女性名詞）を指すものと判断する。以下 36 節まで同様。

w: 原語（ヤドート）は文字通りには、「手（ヤド）」の複数形。注解本文を参照。

x: 原文では、ここだけなぜか「ヒロム」。

y: 原文では直前にも言及されている「洗盤（キッヨロート）」。本章 45a 節、代下 4:11、七十人訳等に従い、「壺（シーロート）」に読み替える（Burney 1903:97）。

z: 原語は文字通りには「柱頭の椀（グッロート　ハ・コタロート）」。注解本文の該当箇所を参照。

aa: 原文では「柱の前にある（アル・ペネー　アンムディーム）」。七十人訳に従い、「2 本の柱の上にある（アル・シェネー　アンムディーム）」に読み替える（Burney 1903:98）。

ab: 原文（ケティーブ）は「天幕（？）の（ハ・オーヘル）」。ケレーに従い「ハ・エッレー」に読み替える（「ヘー」と「ラメド」の文字の入れ替え。האהל → האלה）。

ac: 原文では「王」。七十人訳に従って読み替える。

ad: 原語は文字通りには、「土の厚みで」。注解本文を参照。

ae: 原文（ヤンナハ）は文字通りには、（祭具すべてを）「休ませた」（!）。「放っておいた」の意味か。七十人訳を参考にした意訳。王下 25:16 をも参照。

【形態／構造／背景】

　この単元では、記述の対象が再び神殿に戻り、そのさまざまな備品の製作について報告される。単元全体は、13–47節の神殿の外部に置かれる青銅製の備品についての記述（ⅰ）と、48–51節の神殿本堂の中に置かれる金製の器物についての記述（ⅱ）に分かれるが、前者が長大で描写も異様に詳細、複雑であるのに対し、後者は極めて簡略で、枚挙的であり、構造的にははなはだ非対称である。青銅製の備品の製作はティルスの青銅細工職人ヒラムに帰され、金製の器物の製作はソロモン自身（！）に帰されている。

　（ⅰ）青銅の備品の製作——ヒラムによる（13–47節）
　　　（a）まえがき：ヒラムの招聘（13–14節）
　　　（b）柱と柱頭（15–22節）
　　　（c）「海」（23–26節）
　　　（d）洗盤とその台車（27–39節）
　　　（e）その他の備品（40a節）
　　　（f）まとめ：造られた備品の枚挙と鋳造場所（40b–47節）
　（ⅱ）金製の備品の製作（48–51節）——ソロモンによる

　このうち青銅製の備品の製作の記述では、柱の柱頭（17–20, 22節）と洗盤の台車（27–37, 39節）についての描写が特に詳細であるが、神殿自体の建設の記述（王上6章）や王宮の建設についての記述（王上7:1–12）の場合と同じく、意味の詳細不明な専門用語が多く用いられ、本文もかなり乱れているので、正確な意味の読み取りにくい部分が多い。
　申命記史家たちに特徴的な用語法や表現は、ほとんど見られない。神殿の備品に関わる申命記史家たち以前の伝承がほぼそのまま取り入れられているのであろう。もともと、神殿の備品の一覧表のようなリスト的資料があって、それに「彼は鋳造した」（15節）、「彼は造った」（16, 18節等）のような動詞が加えられることによって二次的に「物語化」されたのかもしれない（Noth 1968[*]）。

ただし、最後の金製の器物について語る部分（48–50 節）の内容は、モーセ時代の幕屋聖所（出 25–40 章、P 資料）の備品であったとされるものが多く含まれるため、二次的に手が加えられている可能性がある。

【注解】

13–47 節　青銅の備品の製作──ヒラムによる

　ここでは、神殿の外の前庭に置かれる青銅製の備品の製作が、ほぼ大きいものから小さいものへの順で描かれる。製作者は、ティルスの青銅細工職人、ヒラムである（13–14 節）。

　注目に値するのは、神殿の前庭にあったはずの、その上で犠牲を焼くための大きな「青銅の祭壇」（王上 8:64）の製作についての記述がなぜかここにはないということである。もちろん、そのような祭壇が存在したことは列王記でもさまざまな箇所で前提にされている（王上 8:22, 54; 9:25; 王下 16:14–15）。しかし、その祭壇がどのように造られたのかについての記述が、列王記にはどこにもないのである。これに対し、ずっと後に成立した歴代誌には、ソロモンが「青銅の祭壇を造った」ことが明記されている（代下 4:1）。この歴代誌の一句は、柱の製作についての記述（代下 3:15–17）と「海」の製作についての記述（代下 4:2–5）の間にあり、したがって列王記ではこの章の 21 節と 23 節の間に当たる（22 節に当たる部分は歴代誌にはない）。何らかの理由で列王記のテキストから犠牲用の祭壇についての記述が脱落してしまったが、歴代誌のテキストの方にはそれが残されたのか、あるいは祭儀のために極めて重要な犠牲用の祭壇の製作についての記述が自分の資料である列王記にないのを不審に思った歴代誌の著者が、自主的にそれを補ったかのどちらかであろう。前者の場合、事故による脱落ということも考えられるが、モーセの時代の幕屋聖所にあった祭壇（出 27:1–8; 38:1–8）がそのままエルサレム神殿でも用いられたと考えた何者かによって、祭壇の製作についての記述が削除されてしまったという可能性も考えられてよい。あるいは、ダビデがエブス人アラウナの麦打ち場を買い取ってそこに築いた祭壇（サム下 24:25）がそのまま用いられたと考えられているのだろうか。ただし、列王記上 9:25 でも、祭壇は「ソロモンが築

いた」ことが前提とされている。

13–14 節　まえがき：ヒラムの招聘

ソロモンが「**ティルスから**」（13 節）、青銅細工職人を招聘したのは、この分野でもフェニキアの方がイスラエルよりも「先進国」だったからであろう（王上 5:20 と同所への注解を参照）。フェニキアの都市国家ティルスについては、列王記上 5:15 への注解を参照。「**ヒラム**」という名前は、神殿建設に当たってソロモンに協力したティルスの王（王上 5:15–26）と同名であるが、もちろん別人である。全くの偶然の一致か、ティルス人に典型的な名前（原形はおそらく「アヒラム」）だったのであろう。なお、歴代誌では「フラム（・アビ）」になっている（代下 2:12; 4:11, 16）。ちなみに、14 節の「**青銅細工の職人**」（ホレシュ　ネホシェト）の語は、文法的にはヒラムの父に掛かる。ヒラム自身はこの父から「家業」を継いだのであろう。

ただし、この人物ヒラムは、父は「**ティルスの男**」であったが、母はイスラエルの「**ナフタリ部族**」（イスラエルでも最北のガリラヤ湖以北に住み、地理的にフェニキアに近かった部族。158 頁の地図を参照）の出身で、ヒラムはいわばハーフであったことになる（14 節）。なお、歴代誌下 2:13 によれば、彼の母はダン部族出身とされている。ダン部族も海岸平野からの移住（士 18 章参照）後はナフタリ部族の隣に住み、フェニキアに近かった。ヒラムの母が「**やもめ**」（アルマナー）だったとされるのは、実の父も実はイスラエル人であり、ティルス人の父は義父にすぎないことを示唆する純血主義的な加筆かもしれない（Burney 1903:84; Noth 1968[*] Würthwein 1977[*]; Knauf 2016[*]）。ヒラムが「**知恵**」（ホクマー）と「**洞察力**」（テブナー）と「**知識**」（ダアト）に満ちているとされていることは、モーセ時代の幕屋聖所の備品の製作を担当したとされるベツァルエル（出 31:2–3; 36:1）を彷彿とさせる。ここで挙げられた知的能力は、専門職的な技能や技術的な熟練をも意味し得る（出 28:3; 36:1–2 参照）。彼は「**ソロモン王のもとにやって来て**」、彼のために働いた。

15–22 節　柱と柱頭

　まず、柱（単数形で「アンムード」。文字通りには「立つもの」）について（15, 21 節）。神殿の前に立つ「**2 本の青銅の柱**」は、高さが「**18 アンマ**」、すなわち 9 メートル弱である（15 節）。周囲は「**12 アンマ**」（6 メートル弱）ということなので、円周率で割ると、直径は 2 メートルを少し欠けるくらいであったことになる。事実であるとすれば、1 本で鋳造されたのではなく、いくつかの部分に分けて鋳造し、現場でつないだのであろう。クレーンのなかった古代にどうやって立てたのであろうか。あまりにも巨大すぎるので、「12 アンマ」を「2 アンマ」に読み替えたり（Albright 1942:147）、「12 アンマ」は 2 本分だったとする想定（Busink 1970:303）もある。なお、エレミヤ書 52:21 によれば、柱の「厚みは指 4 本分で、中は空洞」であった。七十人訳では列王記のこの箇所にもほぼ同じ情報が含まれており、もともとここにもあった文章が二次的に脱落したのかもしれない。

　2 本の柱は、「**聖所（ヘーカル）の前廊（ウラーム）のところ**」に立てられた（21 節）。したがって、東側の入り口の前である。ただし、神殿の前廊の描写（王上 6:3）では触れられていなかったので、前廊そのものの一部ではなく、その前に独立して 2 本の柱が立っていたと考えられる（Albright 1942:144; Noth 1968[*]; Busink 1970:173, 302; Gray 1977[*]; Zwickel 2011:117–119）。屋根やひさしを支えていたという痕跡はない。むしろ、俗なる領域と神聖なる領域を分かつ象徴として、塔のように自立していたのであろう。同じような独立した柱は、シリアやフェニキアで発掘された古代の神殿の一部や、奉納用の神殿の模型にも見られる。

　方角（21 節）については、東向きに立った者の観点から記されていると考えられる（王上 6:8 への注解を参照）。したがって、「**右側**」（イェマニー）が南であり、「**左側**」（セマリー）が北であろう（39 節をも参照）。2 本の柱には名前が付けられ、南側の柱は「**ヤキン**」、北側の柱は「**ボアズ**」と呼ばれた（21 節）。実際に、この二語が 2 本の柱に刻まれていたと想定する見方もある（Noth 1968[*]; Busink 1970:309–310; Würthwein 1977[*]）。もしそうであれば、ヘブライ語は右から左に読むので、神殿の正面から見て「ヤキン」が北側、「ボアズ」が南側に立っていたことになる。その場合は、

神殿を正面から見ていることになる。「ヤキンとボアズ」の二語は、いずれも人名としても知られている（例えばルツの二番目の夫ボアズ。ルツ 2:1 を参照）。「ヤキン」は「堅く立つ」を意味する動詞「クーン」の使役形「ヘキーン」の 3 人称男性単数未完了形として、「彼は堅く立てるだろう」という意味に解せる。ボアズは、「力」を意味する名詞「アーズ」と関連づけて、「彼に力あり」ないし「彼の力によって」と読める。ある研究者は、それぞれより長い文章の冒頭句と推測しており、「ヤキン」は「彼（ヤハウェ）は堅く立てるだろう、ダビデの王座とその王国を、彼の子孫のために、永遠に」（サム下 7:12, 13, 16 参照）の略、「ボアズ」は「ヤハウェの力によって、王は喜び踊る」（詩 21:2 参照）の略だと解釈している（Scott 1939:143–149. Busink 1970:311; Gray 1977*; Mulder 1998*; Cogan 2001* の引用による）。

16–20 節では、それらの柱の「**先端に載せる**」二つの青銅製の「**柱頭**」（単数形で「コテレト」）について、非常に詳細に説明されている。高さ（16 節）がそれぞれ「**5 アンマ**」（2.5 メートル弱）だというので、柱（18 アンマ）と合わせれば 23 アンマ（11.5 メートル弱）で、神殿本体の高さ（30 アンマ）よりもやや低い。なお、列王記下 25:17 ではこの柱頭の高さが「3 アンマ」とされていて、この相違についてはさまざまな説明が試みられているが、確かなことは分からない。

柱頭には複雑な装飾がほどこされている。一つは「**格子**」（セバキーム）（17 節）のような意匠で、この語は他の箇所では網（ヨブ 18:8）や格子窓（王下 1:2）の意味で用いられている。それはさらに「**花綱模様**」（ゲディリーム）と「**鎖のような意匠**」（マアセ　サルシェロート）という二つの言葉で説明されているが、分かりにくい語の説明に後から別の分かりにくい説明が追加されて全体がますます分かりにくくなってしまったようである。この抽象的な装飾が、それぞれの柱頭に「**七つ**」ずつあったという（17 節）。ただし、本章 41–42 節の総括的枚挙では、格子模様は二つだったとされている。この齟齬の理由も不明である。七十人訳を参考に「シブアー（七つ）」の代わりに「ヤバカー（格子）」（単数形！）と読み、「第 1 の柱頭に格子（模様一つ）」、「第 2 の柱頭にも格子（模様一つ）」と解すべきか（Burney 1903:86; Gray 1977*; Würthwein 1977*）。

2段式の柱頭（メギド出土）

柱頭にはさらに、「柘榴」（リンモン）の形の具象的な装飾もあり（18節）、これはおそらく100個ずつ「**2列**」をなして、「**柱頭の周囲を取り巻いていた**」（20節）。たくさんの種を持つ柘榴の実は、明らかに豊穣の象徴であり、カナンの典型的な果実の一つでもあって（民13:23; 申8:8）、大祭司の祭服の裾にも付けられていた（出28:33–34; 39:24–26）。なお、エレミヤ書52:23によれば、これらの100個の柘榴のうち96個は柱頭からぶらさがっており、残りの4個で格子模様に直接取り付けられていたらしい。20節の原文では、200個の柘榴が「第2の柱頭」（訳注fを参照）を取り巻いていたとされるが、18節の記述や42節（「400個」）から見て、二つの柱頭それぞれに2列、200個ずつの柘榴が付けられていたと解する。なお、ユダヤ教では、トーラー（律法）の巻物の2本の軸の上の飾りが「リンモン」と呼ばれる。

19節では、この柱頭がヘブライ語で「シュシャン」（女性名「スザンナ」の語源）と呼ばれる花の形の意匠だったとされている。この花が何かについては説が分かれており、最近ではエジプト語との対応などから睡蓮（*Nymphaea lotus*）であったとする見方もあるが（Keel 1996:143, 145; Mulder 1998[*]; Zwickel 2011:120–121）、この水生の植物は乾燥したパレスチナには見られないし、「シュシャン」と呼ばれる花は、羊などを放牧する牧草地にも咲いているとされている（雅2:16; 4:5; 6:2–3等参照）ので、やはり伝統的な訳に従い、「**百合**」（*Lilium candidum*）と解するのがよいであろう（口語訳、新改訳、新共同訳、岩波訳、JBS共同訳）。パレスチナからは、実際に百合の花をモチーフにしたものと思われる柱頭が複数見つかっている（いわゆる「原イオニア式」柱頭）。もちろん、聖書の各書の著者たちが常に同一の花を念頭に置いていたとは限らず、優雅な姿の野の花を一般的に考えていたにすぎないという可能性もある。

なお、19節では、この花の形の柱頭の高さが「**4アンマ**」とされているが、これは柱頭が5アンマであったとする16節と矛盾する。19節は、

255

同じく柱頭が百合の花の形だったとする 22 節（七十人訳に欠如！）とともに、後代の不適切な加筆（Burney 1903:88–89; Gray 1977*; Würthwein 1977*; Jones 1984*）か、異伝を付け加えたもの（Cogan 2001*）であろう。歴代誌の並行箇所（代下 3:15–17）にも該当する記述はない。前廊の前に独立して立つヤキンとボアズとは別の、前廊内にあって天井などを支えていた別の柱の柱頭だとする見方（Busink 1970:172–180）もあるが、いずれにせよ、この柱についての記述が柘榴の形の装飾についての文脈を不自然な形で中断しているという事実に変わりはない。他方で、実例が複数発見されている、上下に異なるデザインの装飾を重ねた 2 段式の柱頭だったとする見方もある（Noth 1968*; Zwickel 2011:115）。すなわち、格子模様の抽象的な装飾の 1 段上に、さらに具象的な百合の花の装飾が載っていたと解するのである。その場合には、柱頭の高さは 27 アンマ（18 + 5 + 4）となり、神殿そのものの高さ（30 アンマ）に近くなる。

23–26 節 「海」

「鋳物の『海』」（ヤム　ムツァーク）は、直径「**10 アンマ**」（5 メートル弱）の巨大な水盤である。素材はもちろん青銅である（本章 44–45 節参照）。周囲が「**30 アンマ**」あった（23 節）というのはもちろん概数で、古代イスラエルでは円周率は知られていなかった。直径は内径で、円周は外径（「縄で測る」！）であろうから、直後に述べられる厚みを考えればかなり大雑把な計算である。その厚みは「**1 トファ**」（26 節）で、これは親指を除いた掌の幅を意味し、6 分の 1 アンマに当たり、約 7.5 センチメートルであった。歴代誌下 4:6 によれば、この「海」は祭司が身を清めるために用いられたとされるが、もしそうであれば、高さが「**5 アンマ**」（2.5 メートル弱）だった（23 節）――しかも、その下には大きさ不明の牛たちの像がある！（25 節）――とされるので、出入りするのに梯子が必要だったであろう。それどころか中でおぼれてしまわないように注意が必要だったはずである。モーセ時代の幕屋聖所にも、より小規模ではあるが、手足の洗い清め用の洗盤があった（出 30:18–21; 40:30–32）。「海」の外側に蛇口のようなものがあって、そこから水を出して洗い清めを行ったということなのだろうか。旧約聖書では、「海」はしばしば混沌の力を象徴するので

（詩 46:3–4; 74:13–14）、青銅の容器の中にそれが確保されていることは、神による混沌の力の統御（創 1:6–7; ヨブ 26:10–12; 詩 18:16; 89:10–11; 104:6–9 等を参照）を象徴的に表していると見ることもできる（Noth 1968*; Mulder 1998*; Zwickel 2011:132–133; Wray Beal 2014*）。その場合には、沐浴用という歴代誌の説明は、後代の「非神話化」ないし合理化ということになろう。

　海の「縁」の下を取り巻いていた「瓜の実」（ペカイーム）の形の装飾（24 節）は、神殿の内部の壁をも飾っていた（王上 6:18 と同所への注解参照）。それらが「海」と「〔一緒に〕鋳造された」というのは、別に鋳造して後から取り付けたのではないことを示す。瓜の実の形の装飾は、あくまで「海」の本体の一部をなしていたのである。したがって、それらは平面的な図像ではなく、立体的な突起であり、おそらくは「海」の外側に突き出していたのであろう（前述の「蛇口」の役割を果たしたのかもしれない！）。なお、24 節の中程にある「エセル　バ・アンマー」（最も自然に訳せば「アンマで 10」）という表現が具体的に何を意味するのかは、はっきりしない。もしこれを「10 アンマ（ごと）に」と解せば、（23 節によれば「海」の周囲は 30 アンマなので）全体で 3 箇所にしかなかったことになる。多くの訳や注解者に従い「1 アンマに 10 個」（新改訳、新共同訳、JBS 共同訳参照）の意味に解せば、わずか 1 アンマ（50 センチ弱）の幅に 10 個もの飾りがびっしり並んでいた（全部で 1 列 300 個、2 列なら 600 個！）ことになり、逆に数が多すぎるように感じられる。本文の破損があるのかもしれない。

　この「海」は、3 頭ずつ東西南北を向いた、「12 頭」の「牛たち〔の像〕」の上に載っていた（25 節）。牛、特に雄牛は豊穣と力の象徴で

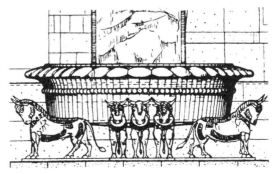

青銅の海（W. Morden による再構成）
（『旧約・新約聖書大事典』教文館、674 頁より）

あり（申 33:17 等参照）、古代オリエントでは神々がしばしば牛の背の上に乗った姿で描かれた（王上 12:28 への注解を参照）。「12」という数がイスラエルの部族数を表すのか、それとも 1 年の月の数に見られるような、より一般的な全体性を表すのかは不明である。これらの牛もおそらく青銅製であったと考えられる（本章 45 節、および王下 16:17 参照）が、「海」の**「容量は 2000 バト」**（約 46,000 リットル！）とされること（26 節）と、「海」の自重も相当なものであったことを考えると、実際に支える機能を持っていたというよりも、あくまで装飾的なものだったのであろう。これだけの量の水を、水の乏しい丘の上でどうやって満たしたのかは不明である。なお、列王記下 16:17 によれば、アハズ王はこの「海」を牛たちの像の上から取り外し、「敷石」の上に置いたという。牛の像は、おそらくはアッシリアへの貢納に用いられたのであろう（同所への注解を参照）。

なお、「海」の縁が**「杯の縁」**のような意匠で、**「百合の花」**の形（19, 22 節と同所への注解を参照）だったというのは（26 節）、優雅な曲線をなして横に開いていたということであろう。なお七十人訳では 25 節と 26 節の位置が逆であり、こちらの方が文脈として自然に思える。

27–39 節　洗盤とその台車

最大の難物が、洗盤を載せる**「台車」**（単数形で「メコナー」）についての長大で複雑な描写（27–37 節）である。はっきりしているのは、それが四つの**「車輪」**（オファニーム。30, 32 節）を持つ可動式のもので、**「青銅」**（ネホシェト）製で、縦方向の 4 本の**「支柱」**（パアモート。30b 節。訳注 n 参照）と横方向の上下の**「横木」**（シェラビーム。28–29 節）によって構成される直方体の骨組みのものであり、上部に洗盤をはめ込むための**「開口部」**（31 節。訳注 r 参照）があった、ということである。「シェラビーム」の語は本来、梯子の踏み子（段）を意味し、他に適当な語が浮かばないので「横木」（新共同訳、岩波訳、JBS 共同訳参照）と訳したが、もちろん「木」製ではなく、青銅製である。直後の文で、その上に装飾がほどこされていたとされているので（29 節）、棒状の細いものではなく、板状のかなり幅のあるものだったのであろう。台車本体の大きさは、底辺が一辺**「4 アンマ」**（2 メートル弱）の正方形で、高さは**「3 アンマ」**（1.5 メートル弱）

27 節）というから、この種のものとしてはかなり大きい。大きさについては、後述するようにかなり誇張されている可能性がある。

この台車には（おそらくは 4 枚の）「**鏡板**」（ミスゲロート。要するにある種のパネル）があり、「**横木の間にはめ込まれ**」ていた（28–29 節）。列王記下 16:17 によれば、後にアハズ王がこれらの鏡板を台車から取り外して、アッシリア王への貢ぎ物にしてしまったというので、これらの鏡板は構造上の役割はほとんど果たしておらず、もっぱら装飾用のものであったと考えられる。鏡板と「**上側の横木**」には、「**獅子たちと牛たちとケルブたち**」の姿が描かれていた（29a 節）。スフィンクス的存在であるケルブについては、列王記上 6:23–28 への注解を参照。マソラ学者による文章の区切りに従えば、これらの装飾があった横木はあくまで「**上側**」（ミンマアル）のものだけである。「**下側**」（ミッタハト）の横木の方には、「**打ち出し細工**」（マアセ　モラード）の「**渦巻模様**」（本章の 29–30, 36 節にしか出てこない詳細不明な語「ロヨート」の推読）だけがあった（29b 節）。なお、29 節の後半では、「**獅子たちと牛たち**」の下方にこの模様があったとされているが、ケルブたちへの言及が欠けていることは、鏡板の装飾は 2 段で、上段にケルブたちの姿があり、下段には獅子たちと牛たちの姿が交互に描かれていて、後者の下に渦巻模様の装飾があったと仮定すれば説明がつく（Zwickel 2011:140）。

車輪と「**車軸**」（セレニーム。旧約聖書でここだけに出てくる語。30a 節）が台車のいちばん下にあったことは明らかだが、「**その**」（男性名詞単数形、何？）「**4 本の支柱**」（パアモート。女性名詞の複数形）と、「**それぞれ**」（訳注 *o* 参照。男性名詞複数形、何？）に付いていたとされる複数の「**支え**」（30b 節。ケテフォート。訳注 *p* 参照）の詳しい位置や形状は不明である。支えは洗盤を下から支えるものであったらしい。その場合には、それらは台車の上部にあったはずである。一連の訳注にも示したように、この部分では本文がかなり乱れており、接尾辞や代名詞の先行詞がしばしば不明で、意味がはっきりしない。そもそも 30b–31 節は台車の車輪についての記述を中断しており、しかも 35–36 節で改めて扱われる台車の上部構造についての記述を先取りしている。二次的な加筆で、しかも本文が破損している可能性がある。あるいは、それぞれ車輪から上部構造へと説明を進める、必

ずしも相互に整合しない二つの資料（30–31節／32–36節）が並置されているのかもしれない（Hentschel 1984*）。

32節では、車輪の高さ（直径）が「1アンマ半」（75センチメートル弱）とされているので、台車本体（高さ3アンマ）の下に出ている車輪が1アンマ程度とし、上に突き出した開口部1アンマ分（31節）を加えると約5アンマ（約2.5メートル）となる。これに洗盤自体の高さも加わるので、かなり高くなる。人間の身の丈を超える洗盤というのは、実用的であったのだろうか。やはり、大きさにはかなりの誇張があるようである。

キプロス出土の台車のついた青銅製の洗盤
（『旧約・新約聖書大事典』教文館、699頁より）

31節に言及される台車の「開口部（ぺ。訳注r参照）」は、洗盤をはめ込むためのもので、「**冠**」（コテレト。「柱頭」と同じ語。要するに上に被さるもの）と呼ばれる円形の枠の中にあった。開口部というのは要するに穴であるから、「**1アンマ上方に〔突き出ていた〕**」のは、この「冠」の方と解する（Mulder 1998*）。洗盤をはめ込む受け口の役割を果たしたのであろう。洗盤の直径が「4アンマ」（38節参照）、台車の平面の縦横が各4アンマ（27節）であるから、この「口」は正方形の台車の上面にぴったり内接することになる。現実的にはありえないが、概数であると考えれば、洗盤をはめ込む隙間もあったのであろう。なお、この「冠」は少し外側に張り出していたのかもしれない。

32–33節では、再び「車輪」が言及される。車輪は、「**戦車の車輪の造りと同じよう**」であったという（33節）。要するに、中の詰まった円盤状の車輪ではなく、輻（や）を用いたスポーク式のものであったということであろう。「**車軸受け**」（ヤドート。文字通りには「手」の複数形。ただし、35–36節に言及されている同じ語とは明らかに別のもの。同所への注解を参照）は車軸を通す支え。「**輪縁**（わぶち）」（ガビーム）は車輪の外周をなす環状部分で、いわゆる「リム」。「**輻**（や）」（ヒシュキーム）はいわゆる「スポーク」で、穀（こしき）から車輪

の輪縁に向かって放射状に出ている棒。車輪に何本の輻があったかは不明。「轂」（ヒシュリーム）は車輪の中央にあって車軸がその中を貫き、輻をその周囲に差し込んだ部分で、いわゆる「ハブ」。

34節に言及される「支え（ケテフォート）」は、30b節に言及されたものと同じであろうが、ここでもその位置（「**台車の四隅**」とされるが）や構造上の役割は不明である。支えが台車から「〔**直接出ていた**〕」とは、別に造って後から取り付けたのではなく、台車の一部をなしていた、ということ。

35節に言及された「**丸い輪**」（アゴール　サビーブ）とは、31節に出た「開口部」ないし「冠」に対応するものであろうか。もしそうだとすると、寸法の違い（1アンマ対「半アンマ」）が気になる。35節の後半も難解であるが、台車の上部にある複数形の「手（ヤドート）」と呼ばれる部分と、鏡板との関係について述べているようである。前者は、台車の上部にあるとされるので、同じ「ヤドート」と呼ばれる33節の「車軸受け」とは明らかに別物である。台車を動かすときに握る取っ手（ハンドル）と解する見方もあるが（Busink 1970:345–348; Mulder 1988[*]）、高さ（約2.5メートル！）から見てありそうにない。ここでは、天井や梁など水平に渡されているものを下から支える補強具である「持ち送り」（コーベル）と解する。ことによると、30b節と34節で言及された（洗盤を下から支える）「支え（ケテフォート）」と同じもののことかもしれない。

この「持ち送り」と鏡板には、「**ケルブたちと獅子たちとなつめ椰子**」の装飾がほどこされていた（36節）。ケルブたちとなつめ椰子の装飾は、神殿の内壁（6:29）や扉（6:32, 35）にも見られたが、ここではさらに獅子たちが加わっている。29節で言及された側面の「鏡板（ミスゲロート）」の装飾とは若干異なっているので、ここで言われている「鏡板」は、四側面の鏡板（29節）とは別物で、上下の水平面に付けられたものかもしれない。上の面では正方形の枠に円形の開口部が内接するので、四隅の部分に鏡板で塞ぐ余地があったはずである。側面の鏡板が「横木の間にはめ込まれていた」（28節）のに対し、これらの鏡板は「〈台車〉」（すなわち、上方の横木の内側？）「から〔直接出ていた〕」（35b節）のであろう。

10台の台車は、いずれも「**同一の鋳型、同一の寸法、同一の形**」であっ

た（37節）。

　キプロスのラルナカやエンコミからは、ここで描かれた台車とよく似た形の祭具が発見されているが、大きさはラルナカのものが縦横が 25 センチメートル程度、高さが 40 センチメートル程度、エンコミのものが縦横が 13 センチメートル、高さが 16 センチメートルと、ずっと小さい（260 頁の図を参照）。これは、実際に祭儀で用いられたものを模した奉納用のミニチュア模型かもしれない。いずれにせよ、ケルブたち（ケルビム）の場合もそうであるが、このような類例の存在は、イスラエルが東地中海世界の一部であり、その文化的伝統から大きく影響されていたことを示している。

　その台車の上に載せる 10 個の「**洗盤**」（単数形で「キッヨール」。38 節）も「**青銅**」製で、直径「**4 アンマ**」（2 メートル弱）とかなり大きく、容量は「**40 バト**」（約 920 リットル）であった（38 節）。水 1 リットル＝ 1 キログラムとすると、1 トン近い。車輪付きの台車に載せられていたが、青銅の台車の自重もかなりのものであったと考えられるので、何人かで押しても動かせたのであろうか。洗盤の用途は、出エジプト記 30:17–21 によれば聖務につく祭司が手足を洗い清めるためのもので、また歴代誌下 4:6 によれば、そこで犠牲用の用具が洗い清められた。しかし、そのような実用的な用途があったとすれば、前述の 5 アンマ近い高さ（32–33 節への注解を参照）は現実性を欠く。「海」の場合（23–26 節への注解を参照）と同様、これも歴代誌における二次的な「非神話化」的解釈であろうか。

　洗盤を載せた台車は、神殿の両側の長辺に沿って「**五つ**」ずつ並べられた。また「海」は神殿の「**南東の隅**」に置かれた（39 節）。

40a 節　その他の備品

　ヒラムが造ったその他の備品としては、「**壺**」（訳注 y 参照）、「**十能**」、「**鉢**」の三つだけが挙げられている（40a 節）。素材は記されていないが、文脈から見て当然青銅製であろう。これらはいずれもモーセ時代の幕屋聖所にもあったとされるもので（出 27:3; 38:3）、犠牲祭儀で用いられた。すなわち、「壺（シーロート）」（訳注 y 参照）とシャベルの一種である「十能（ヤイーム）」は、祭壇の灰の除去に用いられる（出 27:3; 38:3; 民 4:13–14 参

照)。「鉢(ミズラコート)」は犠牲の血を集め、祭壇に注ぎかける儀礼(レビ 1:5, 11; 3:2, 8, 13)に用いられたのであろう。

40b–47 節　まとめ：造られた備品の枚挙と鋳造場所

　ここで、15–40a 節に描写された「ヒラム」による青銅製品が、もう一度総括的に枚挙される。41 節の「**椀型の柱頭**」(訳注 z 参照)で、「椀」と訳した原語の単数形の「グッラー」は、通常は液体を入れる金属製の容器を指す(コヘ 12:6; ゼカ 4:2–3)が、文脈によっては「溜池」をも意味し得る(ヨシュ 15:19; 士 1:15)。おそらくはボウル状のもので、20 節で言う「膨らみ」(訳注 e 参照)のある柱頭の形を言うのであろう。ただし、このことと、柱頭の形が百合の花のようだったとされること(19, 22 節参照)との関係はよく分からない。19 節への注解を参照。41–42 節では、二つの柱頭に格子模様が二つ(すなわち、おそらくそれぞれに一つずつ)あったとされているが、前述のように、17 節によればこれはそれぞれに七つずつあったはずである。これについても、17 節への注解を参照。

　46 節では、それらの青銅製品が「**ヨルダンの低地**」の「**スコト**」と「**ツァレタン**」の間で鋳造されたことが特記されている。いずれもヨルダン渓谷のヨルダン川中流東岸地域にある町で、スコト(創 33:17; ヨシュ 13:27)は「バラム」(民 22–24 章参照)についての碑文が発見されたことでも有名なテル・デール・アッラー(死海北端から約 45 キロメートル)と同定されている(Aharoni 1967:384; ABD[*]; NIB[*])。ツァレタン(ヨシュ 3:16)の正確な位置については諸説があるが(王上 4:12 と同所への注解を参照)、いずれにせよその近くであったと考えられる。この地域が鋳物造りに選ばれた理由は、この地の「**土**」(訳注 ad 参照)が鋳型を造るのに適していたことと、古代においてはこの地はまだ森林状で、鋳造に必要な薪を得やすかったからであろう。この地では渓谷に吹き降ろす風が強かったことも、鋳物造りに適していた。古代の鋳物造りでは、まず鋳造すべき物の型を蠟で造り、それを粘土の塊に埋め込んで焼く。すると蠟は溶けて穴から流れ出、粘土は固くなって中に空洞の鋳型が残る。それに熱で溶かした青銅を注ぎ、冷やして粘土の鋳型を割れば、青銅器が取り出せたのである。テル・デール・アッラーの発掘では、溶鉱炉の跡や鉱滓が多く発見さ

れており、この地域で実際に鋳物がさかんに造られたことが考古学的にも裏付けられている。造られた物は「はなはだしく量が多かった」ため、用いられた「青銅の重さ」は「量りきれなかった」という（47節。なお、王下 25:16 参照）。ただし、ここからそれらを 800 メートル以上も標高差のある高い丘の上のエルサレムまで運び上げるのはさぞたいへんだったことであろう。

48–51 節　金製の備品の製作——ソロモンによる

以上が神殿本堂の外の前庭に置かれる青銅製の備品の製作についての記述であったのに対し、最後の 48–51 節では、神殿本堂内部に置かれる金製の備品の製作について記される。当然ながら、神殿内部は前庭よりも一段と聖性の度合いが高いので、用いられる金属も青銅よりも価値の高い金となるわけである。青銅の備品がティルス出身の外国人職人（ただし、13–14 節への注解を参照）ヒラムの手によるものとされているのに対し、金製の祭具がすべて「ソロモン」（48節）が「造った」ものとされているのも、神殿の中に置く品々が異教徒の手によるものとすることに差し障りが感じられたためであろう。その際に、王であるソロモン自身が手ずからそれらを造ったと考えられているのか、それともあくまで専門家に造らせたことが当然のこととして前提にされているのかは不明である。ただし、七十人訳では動詞が（ソロモンは）「受け取った（エラベン）」となっており、ソロモン自身が造ったわけではないことが示唆されている。

なお、ここに挙げられた祭具の多くは、モーセ時代の幕屋聖所にあったとされるもの（出 25–40 章）と対応する。先にも述べたように、この部分はエルサレム神殿をモーセの時代の幕屋聖所と対応したものにするために二次的に補足されたのかもしれない。

「金製の祭壇」（ミズバハ　ハ・ザハブ。48節）とは、列王記上 6:20, 22 でも言及された、杉材の本体の上に金の上張りをしたもので、香を焚くためのもの（出 30:1–8; 37:25–28; 40:5, 26–27）。「卓台」（シュルハン）は供え物である「顔のパン」（レヘム　ハ・パニーム。レビ 24:5–9）を置くためのもの（出 25:23–30; 35:13; 37:10–15; 39:36）。「ランプ台」（単数形で「メノラー」。49節）は、しばしばユダヤ教の象徴にも用いられる七腕のもの。よ

く「燭台」とも訳されるが、蠟燭が用いられるようになるのはギリシア・ローマ時代以降。ここで言われているのは、腕の先端の平坦な置き台に独立したランプを置く形式のもの。なお、モーセ時代の幕屋聖所のランプ台は一つだけであったが（出 25:31–36; 37:17–22）、ここではそれが 10 台もあり、神殿の本堂内の「右側に五つ」、「左側に五つ」置かれたという（方角については、21 節への注解を参照）。洗盤と台車の配置（39 節）からヒントを得た発想か。「花」（ペラハ）の語はここにしか出てこない。ランプ台についていたというアーモンドの花の形をした飾り（出 25:33–34 参照）のことかもしれないが、ランプの下に敷く敷物だったとする見方もある。「ランプ」（ネーロート）も、その芯を整える「火箸」（メルカハイム。出 25:38; 37:23）も金製であったという。もちろん、鉄か青銅で造ったものに金箔で上張りをしたものということであろう。

　「深皿」（シッポート）はおそらくランプに油を入れるためのもの（出 12:22; サム下 17:28; 王下 12:14）。「芯切り鋏」（メザンメロート）は文字通りランプの芯を切るためのもの（王下 12:14; 25:14 参照）。いずれも、モーセ時代の幕屋聖所についての記述には出てこない（新共同訳が出 25:38; 37:23 で「芯切り鋏」と訳すのは、上述の「火箸（メルカハイム）」）。「鉢」（ミズラコート）は、40 節と 45 節に言及された犠牲祭儀用の青銅製のものと同じ語であるが、ここでは金製なので明らかに別物で、用途は不明。次の「香炉」（カッポート。文字通りには「掌（カフ）」の複数形。出 25:29; 37:16）はもちろん香を焚くためのもので、パレスチナとその周辺からは、実際に手の形をした香炉が多数発見されている。「火皿」（マハトート）は何らかの形でランプに関連していたらしい（出 25:38; 27:3; 37:23）。なお、列王記下 25:14–15 によれば、火皿と鉢は金製であったが、芯切り鋏と香炉は青銅製であった。

　聖所の「奥の間」に「至聖所」（コデシュ　ハ・コダシーム）があることについては、列王記上 6:19–21 と同所への注解を参照。「至聖所」の語は祭司文書的な加筆であろう（王上 6:16 と同所への注解参照）。至聖所の「扉」（ダルトート）と本堂の「扉」（同）については、列王記上 6:31–35 と同所への注解を参照。「軸受け」と訳した複数形の語（ポートート）は、正確な意味が不明であるが、扉の蝶番とする見方もある。いずれにせよ、金

製では柔らかすぎるという説もあるが、深皿や芯切り鋏を含めて、青銅製や鉄製で金の上張りをしたものが考えられているのかもしれない。

「**ダビデの聖別した品々**」については、サムエル記下 8:9–12 を参照。「**神殿の宝物庫**」（オツェロート）への言及はここが最初であるが、列王記の著者（申命記史家たち）は、宝物庫の宝物の行方に特別の関心を持っているように見える（王上 14:26; 15:18; 王下 12:19; 14:14; 16:8; 18:15; 20:13 参照）。

【解説／考察】

このリストの作成者は、ソロモンの神殿の備品や器物がいかに丹念かつ綿密に造られたかを強調し、特に青銅製の備品については、その壮大さを誇張的に描いているように思われる。それらもまた、神殿建設者であるソロモンの栄華の反映なのである。同時に、これらの品々の描写は、エルサレム神殿がモーセの時代の幕屋聖所の伝統を正統的に継承し、それに取って代わるものであったことをも示している（王上 8:4 参照）。

しかし、現在の形での列王記は同時に、それらの精巧で豪奢な祭具も実は儚いこの世的なものにすぎず、ほんとうの意味で永続するものでも価値あるものでもなかったことを示している。なぜなら、列王記は、ユダ王国滅亡時に、バビロンの王ネブカドネツァルの率いるカルデア人たちがこれらの品々をどのようにして「奪い取った」かを細々と報告する記述によって締め括られるからである。

「カルデア人たちは、ヤハウェの神殿の青銅の柱、台車、ヤハウェの神殿にあった青銅の『海』を砕いて、その青銅をバビロンに運び去り、壺、十能、芯切り鋏、香炉など、そこで用いられた青銅の器物をことごとく奪い去った。また、親衛隊の長は、火皿、鉢などの金製品という金製品、また銀製品という銀製品を奪い取った。ソロモンがヤハウェの神殿のために造った2本の柱、一つの『海』、台車など、これらすべての器物に用いられた青銅の重さは量りきれないものであった」（王下 25:13–16。なお、エレ 52:17–23 をも参照）。

(5) 神殿建設の完了（上 8:1–13）

【翻訳】

　契約の箱の神殿搬入
　8 章
<u>¹ それから</u>ᵃ、ソロモンはイスラエルの長老たち【、すべての部族長たち、イスラエルの子らの父〔の家〕の首長たち】を、エルサレムのソロモン王のもとに召集した。ヤハウェの<u>契約の</u>箱をダビデの町——すなわちシオン——から運び上げるためである。² <u>イスラエルのすべての男たちが、ソロモン王のもとに集まった</u>。それはエタニムの月——すなわち第 7 の月——の巡礼祭の際のことである。

³ すべてのイスラエルの長老たちがやって来ると、<u>祭司たちはその箱を担ぎ上げた</u>。⁴ 彼らは、ヤハウェの箱【と、会見の幕屋と、幕屋の中にあったすべての聖なる祭具】を運び上げた。【すなわち、祭司たちとレビ人たちがそれらを運び上げた】。

⁵ 【ソロモン王と、彼のもとに集まっていたイスラエルの全会衆は、彼と共にその箱の前で羊と牛を犠牲にささげていたがᵇ、〔その数は〕あまりに多く、調べることも数えることもできないほどであった。】

⁶ 祭司たちは、ヤハウェの<u>契約の</u>箱をそのための〔特別の〕場所、すなわち神殿の内陣【——すなわち至聖所——】にあるケルブたちの翼の下に運び込んだ。⁷ ケルブたちは、その箱のための場所の上にᶜ両翼を広げており、したがってケルブたちが、箱とその担ぎ竿を上から覆うかたちになった。⁸ それらの担ぎ竿は長かったので、内陣の前の聖所からはそれらの担ぎ竿の両端が見えたが、外からはそれらは見えなかった。それらは今日に至るまでそこにある。

<u>⁹ その箱の中には、2 枚の石板以外には何もなかった。それらは、エジプトの地から出たイスラエルの子らとヤハウェが〔契約を〕結んだᵈ際に、モーセがホレブでそこに安置したものである。</u>

¹⁰【祭司たちが聖所から出ると、雲がヤハウェの神殿を満たした。¹¹ その雲のためにᵉ、祭司たちは立ったまま奉仕を続けることができなかった。ヤハウェの栄光がヤハウェの神殿に満ちたからである。】

ソロモンによる神殿奉献の式辞

8:12 それから[f]、ソロモンは言った。
「ヤハウェは、〈太陽を天に置かれたが[g]〉
暗雲の中に宿ろうと考えられた。
13 〔そこで、〕私はあなたのために、崇高な神殿を確かに建て上げました[h]。
あなたが永遠に住まわれるための場所を」。

> *a*: 原語（アーズ）は文字通りには、「そのとき」、「その頃」。12 節でも同様。注解本文参照。
> *b*: 動詞の形（分詞形）は動作が継続的に続いているニュアンスを持つ。
> *c*: ヘブライ語原文では「（場所に）向かって（エル）」であるが、七十人訳、代下 5:8 に従い「上に（アル）」に読み替える。二つのケルブ像の翼は至聖所の中央部で触れ合っており（王上 6:27）、その下に契約の箱が置かれた。
> *d*: 原文では「結ぶ」に当たる動詞（カーラト。ただし原意は逆に「切る」）だけが記され、目的語がない。この動詞は通常、契約（ベリート）の締結行為を表す。
> *e*: 原文は文字通りには、「（雲の）前で」。
> *f*: 訳注 *a* 参照。
> *g*: 七十人訳に従い、補う。注解本文を参照。
> *h*: 原文では、「建てる」を意味する動詞「バーナー」を別の形で二重に用いる、ヘブライ語独特の強調構文が用いられている。

【形態／構造／背景】

　建設の完了した神殿の奉献とそれを祝う祝祭を描く列王記上 8 章は、全体を巨大な一つの単元と見なすことができる。その場合、全体には次のようなシンメトリカルな構造が認められる。なお、それらの部分は、その都度のソロモンの動作（14, 22, 54, 62 節）によって区切られている。

　　A　1–2 節　民の召集

B　3–13 節　　祝祭と犠牲　（3 人称による客観的な記述）
　　　　　C　14–21 節　ソロモンによる民への祝福と演説
　　　　　　　　　　　（民に向けた 1 人称の語り）
　　　　　　　D　22–53 節　ソロモンのヤハウェへの祈り
　　　　　　　　　　　（神に向けた 1 人称の語り）
　　　　　C'　54–61 節　ソロモンによる民への祝福と演説
　　　　　　　　　　　（民に向けた 1 人称の語り）
　　　B'　62–65 節　祝祭と犠牲　（3 人称による客観的な記述）
　A'　66 節　民の解散

　ただし、この中間部分のソロモンの演説と祈り（22–53 節）は、あまりにも長大であり、本注解ではこの章を、1–13 節（神殿建設の完了）、14–61 節（ソロモンの演説と祈り）、62–66 節（神殿奉献の祝祭）の三つの部分に分けて扱うことにする。
　第 1 の部分（1–13 節）を細かく見ると、次のような構造になっている。

（ⅰ）民の召集（1–2 節）
（ⅱ）契約の箱の神殿域への搬入（3–4 節）
（ⅲ）犠牲奉献（5 節）
（ⅳ）契約の箱の神殿内への搬入と安置（6–8 節）
（ⅴ）契約の箱の中身について（9 節）
（ⅵ）雲と栄光の出現（10–11 節）
（ⅶ）ソロモンによる神殿奉献の式辞（12–13 節）

　12–13 節のみが韻律を持つ詩文であり、12 節は七十人訳により最初の 1 行を復元する必要がある。
　ここでは、申命記史家たち以前の年代記的資料（王上 11:41 に言及された『ソロモンの事績の書』の一部？）が取り入れられていると思われるが、それに申命記史家たち自身が手を加えている。さらに、神殿という祭儀的に重要性を持つ主題を扱うことから、おそらくは申命記史家たち以後に、五書の祭司文書（P 資料）に近い精神からの加筆が行われており、非常に

複雑な構成となっている。それらの文書層は、しばしば渾然一体となるほど絡み合っているので、相互に分離することは容易ではない。

【注解】

1–2節　民の召集

　最初の「**それから**」（アーズ）の語（訳注a参照）は、先行する神殿の備品の製作の記事とこの章をゆるやかに接合しようとする編集者（申命記史家の一人）の編集句（王上 3:16 と同所への注解参照）。特に時間的な意味はない。12 節冒頭の同じ語も同様。

　神殿が竣工し、その備品も揃ったので、ソロモンは今や、「**ヤハウェの契約の箱を……運び上げるため**」に人々を召集する。神殿は、エルサレムの北東の丘の北側のいちばん高い場所に建てられたので、そこに行くためには斜面を「上がって行く」（動詞「アーラー」）かたちになる（240 頁の図を参照）。「契約の箱」については、列王記上 3:15 への注解を参照。なお、「ヤハウェの契約の箱（アローン　ベリート・ヤハウェ）」という呼称は非常に申命記史家的な用語（申 31:9, 25–26；ヨシュ 3:3–17; 4:7, 9, 18; 6:6–8；サム上 4:3–5 等参照）。申命記史家以前の文章では、単なる冠詞付きの「（その）箱（ハ・アローン）」（3, 7, 9 節）であったか、「ヤハウェの箱」（4 節）であったと思われる（6 節でも同様）。かつてダビデは、この箱をエルサレムに搬入し、そのために特別に張った天幕の下に置いた（サム下 6:17; 7:2）。それまで箱が置かれていた「**ダビデの町**」（王上 2:10 参照）は、神殿の丘の南側、ダビデが征服したエブス人の町のあったエルサレムの南東の丘（サム下 5:6–9。68 頁の地図を参照）に当たり、神殿の丘との高低差は、約 100 メートルある。なお、このダビデの町は、かつては「シオンの要害（メツダト　ツィッヨーン）」と呼ばれていた（サム下 5:7）。「**シオン**」の語（列王記では、ここが初出）は後に、神の都としてのエルサレム全体を指す雅名ともなり（詩 2:6; 48:13；イザ 1:8, 27; 2:3）、こちらの用法の方がよく知られている。もちろん、近代ヨーロッパのユダヤ人のパレスチナ帰還運動「シオニズム」の語源でもある。

　1–2 節では、さまざまな人々が召集されており、文章が非常にごちゃご

ちゃしている。召集されるのは、1節によれば「**イスラエルの長老たち、すべての部族長たち、イスラエルの子らの父〔の家〕の首長たち**」であるが、2節によれば「**イスラエルのすべての男たち**」であり、これに反し3節によれば、やって来るのは「**すべてのイスラエルの長老たち**」（だけ）である。ただし、1節の後二者は七十人訳に欠けており、後代の加筆の可能性がある。しかもこの部分には、祭司文書に近い用語が見られる（民 3:30, 35; 7:2; 30:2; 31:26; 32:28; 36:1 等参照）。

「長老（ゼケニーム）」は部族社会や地域共同体の指導者（出 3:16; 21:6, 19–20; 22:15–18; 24:1, 9; 申 27:1; 31:9; ヨシュ 20:4; サム上 4:3 等参照）で、おそらく（申命記史家以前の）古い伝承では彼らだけが言及されていたのであろう（Burney 1903:104–108; Noth 1968*; Würthwein 1977*; Jones 1984*; Mulder 1998*; Nentel 2000:195–201）。これにさまざまな加筆が加えられることによって、もともと比較的小規模の長老たちの集まりであったものが、今や国民各層がこぞって集う一大集会に拡大されることになった。後述するように申命記史家たちの手によるものと思われる、14節以下のソロモンの演説では、「イスラエルの全集会（カーハール）」がソロモンのもとに集まっていることが前提にされているので、「**イスラエルのすべての男たち**」が「**ソロモン王のもとに集まった**」（動詞「カーハル」）ことを記す 2a 節は、申命記史家たちの一人に帰されてよいであろう。

「**エタニムの月**」は古いフェニキア・カナン系の月名で、後のユダヤ暦ではティシュリの月と呼ばれ、われわれの暦の9月後半から10月前半に当たる。列王記上 6:1（「ジウの月」）や同 38 節（「ブルの月」）におけると同様、この月名についても、申命記史家たちの時代にはイスラエルでも馴染みのないものになっていたため、「**すなわち第7の月**」という注記が二次的に挿入されている（2節）。これについては、両箇所への注解をも参照。なお、列王記上 6:38 によれば、神殿が完成したのはソロモンの治世第 11 年の「ブルの月——すなわち第 8 の月」だったので、神殿の完成から奉献までの間に、少なくとも 11 か月間の間隔があったことになる。神殿の備品の製作（王上 7:13–51）にそれだけの時間を要したということだろうか。「**巡礼祭**」（ハグ）というのは、時期から見て、秋の収穫祭である「仮庵祭」（ハグ ハ・スッコート。レビ 23:34–36; 民 29:12–34; 申 16:13–15 参照）

のことである。1週間にわたって祝われるこの祭りは、一年を通じて行われる一連の諸祝祭の中でも最も重要なものであり、冠詞付きで端的に「巡礼祭（ヘ・ハグ）」とも呼ばれる（王上 8:65; 代下 7:8–9）。なお「ハグ」の語は、イスラームでのメッカ巡礼を表すアラビア語の「ハッジ」の語と同根。

3–4 節　契約の箱の神殿域への搬入

もともとの伝承では、長老たち自身が「**ヤハウェの箱……を運び上げ**」る（4 節）ことになっていたのであろうが、申命記・申命記史家的伝統では、契約の箱を担ぐのは祭司ということになっていたため（申 31:9; ヨシュ 3:3–17; 6:6; サム下 15:24 等参照）、3 節末尾に「**祭司たちはその箱を担ぎ上げた**」の語が（おそらくは申命記史家の一人の手により）挿入され、4 節の最初の「運び上げた」の主語も祭司たちと解釈されるようになったのであろう（Noth 1968*; Würthwein 1977*）。今や長老たちは、祭司たちが担ぐ契約の箱の行列に随行するにすぎない。やはりもとの伝承では、ここで「運び上げ」られたのは、契約の箱だけだったと考えられる。しかし、祭司文書の精神を持つ加筆者が、これに「**会見の幕屋と、幕屋の中にあったすべての聖なる祭具**」を付け加えた。

「会見の幕屋（オーヘル　モエード）」は、祭司文書的伝承によれば「証書（エドゥート）の箱」（P 資料ではこの概念が頻用される。契約の箱と同一）の安置場所（出 25:21; 40:1–33）であり、いわばエルサレム神殿の先駆聖所である。加筆者は、この幕屋とその祭具をも神殿に運び込ませることによって、この新旧の両聖所の直接的な連続性を強調しようとしたのであろう。申命記史書では、この幕屋について他でも数か所で言及されるが（申 31:14; ヨシュ 18:1; 19:51; サム上 2:22）、いずれも文脈に対して二次的な加筆であろう。

ただし、出エジプト記 26:15–25 によれば、会見の幕屋の大きさは、長辺が約 30 アンマ、短辺が約 9 アンマ、高さが 10 アンマ（1 アンマは約 50 センチメートル）であり、神殿の内陣（すなわち至聖所）は一辺 20 アンマの立方体（王上 6:20 参照）であるから、少なくとも幕屋を組み立てた状態では至聖所の中に入りきらない。なお、幕屋の備品である「聖なる祭具

（ケレー　ハ・コーデシュ）」については、出エジプト記25–27章、36–38章を参照。ただし、エルサレム神殿で用いられる祭具は、（ソロモン自身の手により！）新たに造られたはずなのであるが……（王上 7:48–50 参照）。

　4節末尾の「**祭司たちとレビ人たちがそれらを運び上げた**」も、祭司文書的伝統を踏まえた加筆であろう。この一句も、七十人訳には欠けている。すべてのレビ人を祭司と見なす申命記的伝統（申 18:1–8）とは異なり、祭司文書は祭司とレビ人を厳格に区別し、レビ部族の中でもアロンの子孫（「アロンの子ら」）のみを正統的な祭司とし、レビ人には祭儀に関わる副次的な任務のみを割り当てる（民 3:5–9; 18:1–7）。ちなみに祭司文書によれば、箱自体を含め祭具を梱包するのは祭司の役割であり、それらを担いで運搬するのはレビ人の役割である（民 4:2–33）。

5節　犠牲奉献

　この節は、契約の箱の神殿への運び込みを描く文脈（3–4, 6–9節）を中断しており、やはり加筆の可能性がある（Würthwein 1977*）。この節の「**イスラエルの全会衆**」（コル・アダト　イスラエル）も、祭司文書的観念（出 12:3, 19, 47; レビ 4:13; 民 16:9; 32:4 等参照）。ただし、ここで王と全会衆が自分たち自身で「**犠牲をささげて**」いる（訳注 *b* 参照）ように見えるのは、祭司文書ではあり得ないことである（サム下 6:13; 王上 9:25 等参照）。それゆえ、ここに古い伝承の断片が組み込まれているということもあり得る（Noth 1968*; Jones 1984*）。量が多すぎて、「**調べることも数えることもできな**」かったという誇張的表現については、列王記上 3:8 と 7:47 をも参照。ただし、同じこの章の 63 節には、ささげられた犠牲の膨大な数字が記されている。

6–8節　契約の箱の神殿内への搬入と安置

　契約の箱の神殿内への搬入が「**祭司たち**」の手によって行われたとされていること（6節）は、当然である。そもそも、神殿内には一般人は入れず、そのいちばん奥の「**内陣**」（デビール。王上 6:16–22 と同所への注解を参照）に至っては、本来なら大祭司が年に一度だけ、贖罪の日（ヨーム　キップール）の儀式を行うために入ることが許されたにすぎない（レビ 16:2–

19)。なお、「内陣」を「**至聖所**」（コーデシュ　ハ・コダシーム）と言い換えるのも、祭司文書的加筆（出 26:33–34; レビ 16:2–3, 16–33; 民 4:4 等参照。王上 6:16; 7:50 をも参照）。内陣に置かれた「**ケルブたち**」（ケルビム）とその「**両翼**」（7 節）については、列王記上 6:23–28 と同所への注解を参照。

契約の箱の両側にはそれぞれ二つの環があり、それに「**担ぎ竿**」（バッディーム）を差し込んで担いだ。担ぎ竿は抜かずに通したままにしたが（出 25:12–15）、神殿の至聖所に安置した後もそうだったのであろう。その「**両端**」が「**見えた**」とされているからである（8 節）。「**内陣の前**」の「**聖所**」（コーデシュ）とは、いわゆる本堂（ヘーカル）のこと（王上 6:17; 7:21）。会見の幕屋では、箱を置いた至聖所の前には垂れ幕があって中は見えなかったが（出 26:31–33; 36:35–36）、ソロモンの神殿の内陣の入り口には両開きの扉があったため（王上 6:31–32）、扉が開いていた場合には内陣の入り口に立つと担ぎ竿の両端が見えたが、より離れた本堂の扉の外側からは、扉が開いていてもそれらが見えなかったということであろう。ただし、見えたのはあくまで「担ぎ竿の両端」であって、箱自体は（ケルブたちの翼で隠れていて？）見えなかったということか。担ぎ竿が「**今日に至るまでそこにある**」（「ある」の動詞は複数形で、2 本の担ぎ竿に関わる）とされていることは、ここで用いられている資料が書かれたとき、まだエルサレム神殿も契約の箱も元通りの状態で神殿の至聖所に存在していたことを窺わせる。列王記の形態に本質的な形を与えた（第 1 の）申命記史家たちが王国時代末期にいたとすれば、彼らにとっても資料中のこの記述は何の問題もないものであったであろう（Knoppers 1993:99; Cogan 2001[*]; Geoghegan 2006:64, 120–125）。もちろん、列王記の最終的な形態は、神殿が破壊された後の捕囚時代に整えられた（「緒論」37–40 頁参照）。しかし、捕囚時代の第 2 の申命記史家たちも、その後の写本の作成者（写字生）たちも、この記述をそのまま機械的に書き写すことに特に支障を感じなかったようである。契約の箱とその担ぎ竿が「今日に至るまで」神殿の内陣にあるというこの記述は、明らかにその至聖所に契約の箱を持たなかった第二神殿時代の歴代誌の著者にもそのまま引き継がれている（代下 5:9）。なお、列王記における「今日に至るまで」という記述に関わる問題については、列王記上 12:19 と同所への注解をも参照。解釈者の一部には、契約の

箱の担ぎ竿の存在がそれほど重視されることに疑問を覚え、この「今日に至るまで」という記述を9節の後ろに移し、箱の中の2枚の石板に関わるものとする見方がある（Noth 1968*; Würthwein 1977*）。この見方を採った場合、「今日に至るまで」という記述と申命記史書の成立時期に関わる問題がより先鋭化する。直後に述べるように、9節は申命記史家の一人の加筆である可能性が高く、したがって「今日に至るまで」という注記も、（申命記史家以前の伝承に属するものではなく）この申命記史家自身の筆によるものということになるからである。したがって、その申命記史家が書いた際には、神殿や箱がまだ健在であったことになるわけである。

9節　契約の箱の中身について

旧約聖書の主流の伝承によれば、契約の箱には、モーセがヤハウェから授かった2枚の「石板」（ルホート　ハ・アバニーム。出 32:15–16; 34:1, 4; 申 9:9–11）が納められており（出 40:20; 申 10:1–5）、それには十戒が刻まれていた（出 34:28; 申 5:22）。箱の中に、「**2枚の石板以外には何もなかった**」ことが強調されているのは、別の系統の伝承ではそれと異なることが示唆されていたからかもしれない（ヘブ 9:4 参照。なお、同所の記述に関しては、出 16:33–34; 民 17:19, 25 をも参照）。「**ホレブ**」は、神との「契約」の結ばれた場所として、申命記や申命記史書でシナイに代わって好んで用いられる地名（申 1:2, 6, 19; 5:2; 王上 19:8）。したがってこの部分は、申命記史家の一人による編集句であろう。

10–11節　雲と栄光の出現

契約の箱の安置が終わると、「**雲がヤハウェの神殿を満たし……ヤハウェの栄光がヤハウェの神殿に満ちた**」。この描写は、モーセの時代に会見の幕屋が完成された際の神の栄光の現臨についての祭司文書の描写（出 40:34–35）と酷似しており、したがって、4節に「会見の幕屋」等を付け加えたのと同じ祭司文書的な精神の加筆者の付加であろう。申命記や申命記史家たちにとって、神殿は「ヤハウェの名」が置かれる場所であるが（王上 5:16–20 への注解［193–194 頁］、および 291 頁の注解のまえがき参照）、祭司文書にとっては、聖所は「神の栄光（カーボード）」が現臨する場所なので

ある（レビ 9:6, 23; 民 14:10, 21–22 等参照）。4 節におけると同様、この場面を付け加えることによって、この加筆者は、ソロモンの神殿がモーセの時代の幕屋聖所の正統的な伝統を受け継ぐものであることを改めて強調すると同時に、ヤハウェによるその嘉納をも表現したのであろう。なお、祭司文書における神の栄光と「雲（アーナーン）」の結び付きについては、出エジプト記 24:17、民数記 17:7 等をも参照。

12–13 節　ソロモンによる神殿奉献の式辞

　前述のように、この部分のみ、韻律を持った詩文。マソラ本文では 12 節は（明らかに編集者による「**それから、ソロモンは言った**」を除き）1 行しかないが、七十人訳では 2 行詩となっており、この詩は、韻律的にも形式的にも、七十人訳に従って復元されねばならない（Burney 1903:110–111; Clements 1965:66; Noth 1968*; Gray 1977*; Würthwein 1977*; Levenson 1981:149; Hentschel 1984*; Fritz 1996*; Nentel 2000:188）。ただし、七十人訳ではこの二つの節は位置が異なり、ソロモンの神殿献堂の祈りの最初ではなく、最後の 53 節に当たる箇所の後ろに置かれている。

　12 節はおそらく独立して存在していた詩伝承であり、13 節を加えられることによって、それが神殿奉献の式辞として「引用」されているわけである。このことは、12 節が 3 人称でヤハウェについて客観的に語るのに対し、13 節が 1 人称（「私」）で 2 人称（「あなた」）のヤハウェに語りかける、という形式上の違いにも示されている。

　12 節では、「**天**」（シャーマイム）に置かれた「**太陽**」（シェメシュ）と、「**暗雲**」（アラーフェル）の中に「**宿**」る（動詞「シャーケーン」）ヤハウェが対比される。古代オリエント世界では、エジプトでも（ラー）メソポタミアでも（シャマシュ）、太陽は神格化されて崇拝の対象となっていた。しかし、この詩人は、太陽も創造主ヤハウェによって造られ、天に「置かれた」被造物にすぎないことを指摘する（創 1:16–17; 詩 136:8 等参照）。そのヤハウェは、可視的世界に姿を現すことを好まず、雲の暗がりの中に姿を隠す、「隠れたる神」なのである。ここに、光と闇の鮮烈なイメージの対比がある。「暗雲」は、神の臨在する雲や霧に覆われた暗く神秘的な場を表すヌミノーゼ的な観念である（出 20:21; 申 4:11; 5:22; サム下 22:10 ＝ 詩

18:10; 詩 97:2; ヨブ 22:13 等参照）。太陽神崇拝に対して、ヤハウェの嵐の神としての側面を象徴していると見ることもできる（サム下 22:11–12 ＝ 詩 18:11–12）。それが、ここでは、同じように暗く神秘的な、神殿の内奥の至聖所の空間（＝内陣）とイメージ上重ねられているのであろう（至聖所には窓がなかった）。なお「宿る」と訳された語（シャーケーン）は、天幕や異邦への一時的な「滞在」を意味し（創 9:27; 26:2; 35:22）、永続的な居住を意味する 13 節の「住む（ヤーシャブ）」とはやや異なるニュアンスを持つ。この点からも、12 節と 13 節の起源は区別されるべきであろう。

なお、マソラ本文に詩の 1 行目が欠けているのは、偶然の「事故」によるものかもしれないが、原詩の意図に反し、ヤハウェと太陽が並置されることに差し障りを感じた写本の写字生が、この 1 行を削除してしまったのかもしれない（Noth 1968*; Würthwein 1977*; Nentel 2000:192）。いずれにせよ、歴代誌の著者がこの部分を書き写した時には、すでにこの 1 行は書かれていない状態にあった（代下 6:1 参照）。

13 節は、ソロモンが建てた神殿がヤハウェのための「住まい」であることを明言する。「**私**」は当然ソロモンを指し、「**あなた**」はヤハウェを指す。「**崇高な神殿**」と訳した原語は「ベート　ゼブル」で、ゼブルの語はハバクク書 3:11 では太陽や月の高さを示し、イザヤ書 63:15 では神の住まいである天と等置されている。創世記 30:20 では「高く評価する」の意味で動詞として用いられ、部族名「ゼブルン」の語源とされている。ウガリトの神話ではバアルをはじめ神々の称号に用いられ、高貴な地位を表す。列王記下 1 章ではこれが「バアル　ゼブブ（蠅の主！）」に歪曲されている（同所への注解を参照）。ただし、最近では「ゼブル」の語を「住み場所（dwelling place）」の意味に解する見方もあり（DCH* 等）、この場合には、次行の「**あなたが永遠に住まわれるための場所**」（マコーン　レ・シブテカー　オーラミーム）との並行性はより顕著になる。

これがほんとうに、ソロモンによって神殿奉献の際に語られた言葉であると証明することはできないが、12–13 節が、少なくとも申命記史家たちよりも以前から存在した、かなり古い伝承であることは、そこでは単純素朴に、神殿は神が永遠に「住まわれる」（動詞「ヤーシャブ」）場所だという理解（サム下 7:5; 詩 132:13–14 参照）が前提にされていることからも

明らかである。このような神の居住場所としての神殿の観念は、これ以後14–53節で展開される、申命記史家たちの「名の神学」による神殿理解（後述）とは大きく異なるからである。逆にいえば、申命記史家たちは、この古い素朴な「神の住まい」としての神殿理解を伴う古い神殿奉献の式辞をまず引用し、それを自分たちの「名の神学」によって神学的に訂正していくのである（Janowski 1987:175–178）。

ちなみに、七十人訳によれば、12–13節の詩は、『歌の書』なる文書に収められていたものである。これは、ヨシュア記10:13やサムエル記下1:18に言及される『ヤシャルの書』と同一の歌集かもしれない。ヘブライ語で「歌（シール）」の語と「ヤシャル（「正しい者」？）」の語は見まちがいやすい（ヨッドとシンの二文字の入れ替わり：ישר ← שיר）。

【解説／考察】

ついにエルサレム神殿は完成し、そこに契約の箱が運び込まれた。それは、神殿の内奥の至聖所に安置され、一般人の目からは隠されて、申命記史書でも二度と再び言及されることはない（エレ3:16参照）。これとともに、イスラエルの宗教も、救済史伝承を中心とするものから、神殿とそこで行われる祭儀を中心とするものに大きく変わっていく。神殿の完成は、イスラエル宗教史上、さまざまな意味で画期的な出来事であった。それはまた、エルサレムの聖地化の始まりでもあった。

他方で、物語の伝承者たちは、そのような変化や断絶を超えて、新たに建てられた神殿が信仰上の伝統と連続性を持つものであることを示すことに心を砕いている。例えば、申命記史家たちによれば、「契約の箱」は、祭司が担ぐという、モーセの時代以来の伝統的な方法で運び上げられた（3–4節）。神殿は、契約の箱の中の「石板」を通じて、「モーセ」や「出エジプト」や、「ホレブ」での「契約」と結び付きを保っている（9節）。他方で、祭司文書的精神の加筆者によれば、神殿はモーセの時代の「会見の幕屋」の祭儀的伝統を受け継ぐものであり（4節）、後者と同じく、「雲」を通じた「ヤハウェの栄光」の現臨の場なのである（10–11節）。

古代オリエント世界においては、権力を確立した者はその権勢を誇示し、

その名声を永遠のものにするために、記念碑的な建築物を建てることを好んだ。こうして生まれたのが、古代エジプトのピラミッドであり、メソポタミアのジックラトであった（創 11:1–9 参照）。ソロモンもまた、権力の絶頂でエルサレム神殿を建てた。ただし、それが「永遠の」ものにならなかったことは、（第 2 の）申命記史家たち（王上 9:7–9; 王下 25:9 参照）も、われわれも知っている。エルサレム神殿は、前 587 年（バビロニア軍により）と後 70 年（ローマ軍により）に二度破壊され、前述のように、今ではそこにイスラームの黄金に輝く岩のドームが建っている。

　6 世紀中葉、帝都コンスタンティノープルに壮大な聖ソフィア大聖堂を建立したビザンツ帝国のユスティニアヌス大帝は、「ソロモンよ、我、汝に勝てり」と叫んだそうである。しかし 1453 年、コンスタンティノープルがオスマン・トルコのメフメト 2 世に征服された後、ソフィア大聖堂は改名された新都イスタンブールにおける最初のモスクに変えられた。16 世紀初頭、メディチ家出身のローマ教皇レオ 10 世は、カトリックの総本山、サン・ピエトロ（聖ペトロ）大聖堂をルネサンスの粋を集めた大伽藍に改築するため、いわゆる免罪符（贖宥状）を販売し、それが宗教改革のきっかけになり、結局カトリック教会はヨーロッパの約半分を失うことになった。壮大な大伽藍は、しばしば盛者必衰の理の証言者でもある。

　イエスも目に見える神殿の破壊を予告し、その見かけの壮大さに心を動かされることのないように戒めた（マタ 24:1–2; マコ 13:1–2; ルカ 21:5–6）。新約聖書では、目に見える建物ではなく、復活するイエスの身体（ヨハ 2:21–22）や、信仰の共同体（Ⅱコリ 6:16）が「神殿」と呼ばれている。

(6) ソロモンの演説と祈り（上 8:14–61）

【翻訳】

ソロモンによる民への祝福と演説――神殿建設の経緯
8 章

¹⁴ それから王は振り向いて^a、イスラエルの全集会を祝福した。イスラエルの全集会は起立したままであった。¹⁵ そして、彼は言った。「イスラエルの神、ヤハウェが誉め讃えられますように^b。彼は、わが父ダビデにご自身の口で約束され、また〔それを〕ご自身の手で成就された。彼はかつてこう言われていたのだ。¹⁶『わが民イスラエルをわたしがエジプトから導き出した日以来、わたしはイスラエルの諸部族のどの町も、わたしの名がそこにあるための神殿を建てるために選びはしなかった。しかし、わたしはダビデを選び、わが民イスラエルの上に立てた』、と。¹⁷ わが父ダビデは、イスラエルの神、ヤハウェの御名のために神殿を建てようと心掛けていた^c。¹⁸ しかし、ヤハウェはわが父ダビデにこう言われた。『あなたはわたしの名のために神殿を建てようと心掛けているが、あなたがそう心掛けているのはよいことだ。¹⁹ ただし、あなたはその神殿を建ててはならない^d。なぜなら、あなたの腰から出るあなたの息子こそがわたしの名のために神殿を建てることになるからだ』。²⁰ ヤハウェは、彼がかつて語られた彼のこの約束を実現してくださった。すなわち、私はわが父ダビデに代わって立ち、ヤハウェが約束されたように、イスラエルの王座に座し、イスラエルの神、ヤハウェの御名のために神殿を建てた。²¹ そして私は、そこにヤハウェの契約を納めた箱のための場所を設けた。それは彼がわれらの父祖たちをエジプトの地から導き出されたとき、彼らと結ばれたものである^e」。

ソロモンのヤハウェへの祈り――ダビデ王朝の永続の祈願

^{8:22} それからソロモンは、イスラエルの全集会と向かい合って、ヤハウェの祭壇の前に立ち、彼の両手^{f}を天に向かって広げた。²³ そして、彼は言った。「イスラエルの神、ヤハウェよ、上なる天にも、下なる地にも、あなたのような神はありません。あなたは、心を尽くして御前を歩むあなたの僕(しもべ)たちに対して、契約と慈愛を守ってくださいます。²⁴ あなたは、あなたの僕であるわが父

ダビデに対し、あなたが彼に約束されたことを守ってくださいました。あなたがご自身の口で約束されたことを、今日このように、あなたご自身の手で成就してくださいました。25〔ですから、〕イスラエルの神、ヤハウェよ、今や、あなたの僕であるわが父ダビデに対し、あなたが彼に約束されて、こう言われたことを〔も〕守ってください。『あなたにとって、イスラエルの王座につく男子がわたしの前から断たれることは決してない。ただし、もし、あなたの子孫たち^gが彼らの道を守り、あなたがわたしの前を歩んだように、彼らもわたしの前を歩むならば』。26 イスラエルの神〈、ヤハウェ〉^hよ、かつてあなたがあなたの僕であるわが父ダビデに語られたあなたの約束を、どうか今や確立してください。

27【それにしても、神はほんとうに地上にお住みになるでしょうか。ご覧ください、天も、天のそのまた天も、あなたをお納めすることなどできません。ましてや、私が建てたこの神殿などなおさらです。】

28 わが神、ヤハウェよ、どうか、あなたの僕の祈りとその嘆願を顧み、あなたの僕があなたの御前で今日祈る、叫びと祈りをお聞きください。29a どうかこの神殿に向け、すなわち『わたしの名がそこにある』とあなたが言われたこの場所に向けて、夜も昼も御目を開いていてくださいⁱ。

ソロモンのヤハウェへの祈り――イスラエルの嘆願の聞き届けへの祈願

8:29b そして、あなたの僕がこの場所に向けてささげる祈りを聞いてください。30 また、あなたの僕とあなたの民イスラエルが、この場所に向けて祈る嘆願をお聞きください。あなたのお住みになる場所である天にいまして、あなたが〔それを〕お聞きください。そして、あなたが〔それを〕聞かれたならば、あなたが〔罪を〕^j赦してください。

第1の執り成し（呪いの誓い）

8:31 ある男が彼の隣人に対して罪を犯し、〈相手が^k〉彼に呪いの誓いを立てさせようとして彼に呪いの誓いを課し^l、彼がやって来てこの神殿のあなたの祭壇の前で呪いの誓いを立てるのを^m、32 あなたが天にいまして聞かれたなら、あなたが行動に出て、あなたの僕たちを裁いてください。すなわち、罪人には有罪を宣告し、彼の行いⁿを彼自身の頭上に報い、義人は義認して、彼の義

に従って彼に報いてください。

第2の執り成し（敵への敗北）

⁸:³³ あなたの民イスラエルが、あなたに対して罪を犯したために敵に打ち負かされ、彼らがあなたに立ち帰ってあなたの御名を讃え、この神殿であなたに向けて祈り、憐れみを乞うた場合、³⁴ あなたが天にいまして〔それを〕聞き、あなたの民イスラエルの罪を赦し、あなたが彼らの父祖たちに与えられた土地に彼らを連れ戻してください。

第3の執り成し（旱魃）

⁸:³⁵ 彼らがあなたに対して罪を犯したため、天が閉ざされ、雨が降らなくなってしまったため、彼らがこの場所に向けて祈り、あなたの御名を讃え、あなたが〈彼らを苦しめられたために〉° 彼らが自分たちの罪から立ち帰った場合、³⁶ あなたが天にいまして〔それを〕聞き、あなたの僕たちであるあなたの民イスラエルの罪を赦し、彼らが歩むべき善い道を彼らにお教えください。そして、あなたがかつてあなたの民に相続地として与えられた、あなたの土地の上に、あなたが雨を降らしてください ᵖ。

第4の執り成し（農作物の災害など）

⁸:³⁷ もし、この地に飢饉が起こったり、疫病や黒穂病や赤さび病やさまざまな種類のバッタ ᑫ が発生したり、あるいはもし、敵が城門のある地を攻囲する ʳ ようなことがあったり、さらには、いかなる災害やいかなる難病〔があろうとも〕、³⁸ あなたの民である全イスラエルのどの人間であれ、各自が自分の心に痛みを覚え、この神殿に向けて自分の両手 ᶠ を広げてささげるすべての祈りとすべての嘆願を、³⁹ あなたのお住みになる場所である天にいまして、あなたが聞き、〔罪を〕ʲ 赦し、あなたが行動に出てください。そして、それぞれの者に対し、各自のすべての行い ⁿ にふさわしく、あなたが報いてください。あなたは各自の心を御存じだからです。まことに、ただあなただけが、すべての人の子らの心を御存じなのです。⁴⁰ そうすれば、彼らは、あなたがわれらの父祖たちに与えられたこの土地の上で生きる限り、いつの日もあなたを畏れることでしょう。

第 5 の執り成し（異邦人の祈り）

8:41 さらに、あなたの民イスラエルの出身ではない異邦人に対しても、彼があなたの御名を慕って遠くの土地からわざわざやって来て、42 ——それは彼らがあなたの偉大な御名と、あなたの強い手と、差し伸ばされたあなたの腕について聞くからです——彼がやって来て、この神殿に向けて祈るなら、43 あなたのお住みになる場所である天にいまして、あなたが〔それを〕聞き、その異邦人があなたに呼びかけるすべてのことをかなえて^s ください。【そうすれば、地のすべての諸民族があなたの御名を知り、あなたの民イスラエルと同じようにあなたを畏れ、私が建てたこの神殿の上であなたの御名が呼ばれていることを知るでしょう。】

第 6 の執り成し（敵との戦い）

8:44 もし、あなたの民が戦いのためにその敵に向けて出陣し、あなたが彼らを遣わされる道の途上で、あなたがお選びになったこの町と、私があなたの御名のために建てたこの神殿の方角^t に向けて彼らが〈あなたに〉^u 祈るなら、45 あなたが天にいまして彼らの祈りと彼らの嘆願を聞き取り、彼らの訴えをかなえてください^v 。

第 7 の執り成し（捕囚と悔い改め）

8:46 もし、彼らがあなたに対して罪を犯し——罪を犯さない人間など 1 人もいないのですから——、あなたが彼らに対して怒りを発されて、彼らを敵にお渡しになり、彼らを捕らえた者たちが彼らを遠くや近くの敵の地に捕虜として連れて行くとき、47 その捕虜として連れて行かれた地で彼らが心を改め、立ち帰ってあなたに憐れみを乞い、彼らが捕虜となった地で、『私たちは罪を犯しました。私たちはよこしまに振る舞いました。私たちは悪を行いました』と言い、48 彼らを捕虜として連れて行った彼らの敵の地で、心を尽くし、魂を尽くして彼らがあなたに立ち帰り、あなたが彼らの父祖たちに与えられた彼らの土地、あなたがお選びになったこの町、〈私が〉^w あなたの御名のために建てたこの神殿の方角^t に向けてあなたに祈るなら、49 あなたのお住みになる場所である天にいまして、あなたが彼らの祈りと彼らの嘆願を聞き取り、彼らの訴え

283

をかなえてください [v]。 [50] そして、あなたに対して罪を犯したあなたの民と、彼らがあなたに背いた彼らの背きのすべてを赦し、彼らを捕虜として連れて行った者たちの前であなたが彼らに憐れみをほどこし、それらの者たちも彼らを憐れむようにしてください。 [51] 何と言っても、彼らはあなたがエジプトという鉄の炉の只中から導き出された、あなたの民、あなたの相続財産だからです。
[52] どうか、あなたのこの僕の嘆願にも、あなたの民イスラエルの嘆願にも、あなたが御目を開いていてください [i]。そして、彼らがあなたに呼びかけるたびごとに、彼ら〔の言うこと〕を聞いてください。 [53] 【これは、あなたがわれらの父祖たちをエジプトから導き出されたとき、あなたの僕であるモーセを通じてあなたが告げられた通り、あなたが地上のすべての諸民族から彼らを区別し、あなたにとっての相続財産とされたからです。わが主なるヤハウェよ [x]。】

ソロモンによる民への祝福と演説 —— 律法遵守

8:[54] ソロモンは、ヤハウェへのこの祈りと嘆願のすべてをささげ終わると、それまで彼が両膝をつき、両手 [f] を天に向けて広げていたヤハウェの祭壇の前で立ち上がった。 [55] 彼は、立ったまま、イスラエルの全集会を祝福し、大声で言った。
[56] 「彼が約束されたとおり、彼の民であるイスラエルに安らぎを与えられたヤハウェが誉め讃えられますように [b]。彼の僕であるモーセを通じて彼が告げられた彼のすべてのよき約束のうち、落ちてしまったものは一言もなかった。 [57] われらの神、ヤハウェがわれらの父祖たちと共におられたように、われらと〔も〕共にいてくださるように。彼がわれらを見捨てることも、見放すこともなさらないように。 [58] 彼が、われらの心をご自分に向けさせ、彼のすべての道を歩むことができ、彼がわれらの父祖たちに命じられた、彼の命令と掟と法を守ることができるようにしてくださるように。【[59] どうか、ヤハウェの御前で私が〔それによって〕憐れみを乞うた私のこれらの言葉が、昼も夜も、われらの神ヤハウェのお近くにあって、彼が、その日その日の事柄について、彼の僕〔である私〕の訴えと彼の民イスラエルの訴えをかなえてくださるように [v]。 [60] そうすれば、地上のすべての諸民族が、ヤハウェこそ神であり、他にはいないことを知るであろう。】 [61] あなたたちの心が、今日のように、完全無欠な仕方でわれらの神、ヤハウェと共にあり、彼の掟に従って歩み、彼の命令を守ることが

できるように」。

a: 原文は文字通りには、「彼の顔を回して」。
b: 原文は文字通りには、「祝福されますように（バルーク）」。この語が冒頭に来る定型表現。56 節でも同様。
c: 原文は文字通りには、「建てることが……心と共にあった」。18 節（2 箇所）でも同様。
d: 原文は、十戒などにも見られる、厳しい調子の禁止命令文。しかも、文法的に必要のない「あ̇な̇た̇（アッター）」の語が冒頭に出て、強調されている。
e: 原文は文字通りには、「それは彼がわれらの父祖たちと、彼が彼らをエジプトの地から導き出されたとき、結んだものである」。日本語の語順の関係で、このように訳す。
f: 原語（カフ）は文字通りには、「（両）掌(てのひら)」。38, 54 節でも同様。
g: 原文は文字通りには、「あなたの息子たち」。
h: 七十人訳に従い、補う。本章 15, 20, 23, 25 節参照。なお、代下 6:17 をも参照。
i: 原文は文字通りには、（この家に対し）「あなたの目が開かれてありますように（リヒヨート　エーネカー　ペトゥホート）」。52 節でも同様。
j: 原文には、「赦す」を意味する動詞（サーラハ）の目的語が欠けている。39 節でも同様。なお、34, 36, 50 節を参照。
k: 原文では「彼が彼に呪いの誓い（アーラー）をナーシャーする」で、用いられている動詞（ナーシャー）の意味が不明（通常は「（金銭などを）貸す」を意味する）なため、主語と目的語の双方が、それぞれ直前に言及される「ある男」と「彼の隣人」のどちらなのかがよく分からない。七十人訳などを参考に、被害者（＝「隣人」）が加害者と疑われる人物（＝「ある男」）に対し、ある種の神明裁判を要求するケースと解する。注解本文参照。
l: 原文自体が同語反復的な二重表現。
m: 原文は、31 節の内容全体が次の 32 節に出る動詞「聞く（シャーマア）」の目的語であるという、非常に奇妙で不自然な文章。
n: 原語は文字通りには、「道」。39 節でも同様。
o: 原文は文字通りには、「あなたが彼らに答えられるために」。七十人訳に従っ

p: 原文は文字通りには、「(雨を) 与えてください」。
q: 原文では、いずれかの種類のバッタを表す二つの異なる単語「アルベー」と「ハーシール」が並んでいる。注解本文参照。
r: 原文は文字通りには、「彼の敵が彼の城門のある地で彼を包囲する」。「彼」が誰であるかは不明。38節に出る「全イスラエルのどの人間であれ」を指すか。
s: 原文は文字通りには、「行って」。
t: 原語は文字通りには、「道」。48節でも同様。
u: 原文では「ヤハウェに」。並行箇所である代下6:34に従って読み替える。ヤハウェに向けたソロモンの発言の中なので、3人称でヤハウェに言及されるのは不自然である。なお、七十人訳では「主の名によって(エン オノマティ キュリウー)」。
v: 原文は文字通りには、「彼らの裁きを行ってください」。注解本文参照。49, 59節でも同様。
w: ケレー(マソラ学者による読み替え指示)に従う。原文ケティーブ(書かれているままの子音字)では動詞が2人称単数形で、「あなたが(建てた)」。
x: 原文は、「アドナーイ ヤハウェ」。

【形態／構造／背景】

申命記史家たちは、彼らが描くイスラエルの歴史の節目となるような転換期の叙述で、しばしば、登場人物の演説や祈りの形をとったり、あるいは史家たち自身の言葉による解説の形で、一方では過去の経緯を回想し、他方では将来を展望し、歴史の流れの意味を解明するような歴史解釈を行っている。そのような申命記史家の歴史神学的叙述として、以下の例を挙げることができる(Noth 1943:5–6; McCarthy 1965; Talstra 1993:22–53; Nentel 2000; Römer 2005:115–124)。

時代	歴史神学的叙述	語り手
カナン征服	ヨシュア記23:2–16 (24:2–15)	ヨシュア

士師時代	士師記 2:10–23	史家たち自身
王制導入	サムエル記上 12:1–25	サムエル
ダビデ王朝	サムエル記下 7:18–29	ダビデ
神殿建設	列王記上 8:14–61	ソロモン
北王国滅亡	列王記下 17:7–23	史家たち自身

　このような申命記史家たちによる歴史神学的記述の中でも、ソロモンの演説と祈りが飛び抜けて大規模なものであることは、上記の表に示された節の範囲からも一見して明らかである。申命記運動は、もともとエルサレム神殿を唯一の正統的な聖所として祭儀集中を目指す運動であり（申 12:8–28; 王下 23:8–9 等、および「緒論」33–34 頁を参照）、その精神を受け継ぐ申命記史家たちが、ソロモンによるエルサレム神殿自体の建設をイスラエルの歴史上最も重要な出来事の一つとして描くことは、よく理解できる。

　同時にこの単元には、申命記史家たちのさまざまな歴史神学的諸観念が満載されており、この部分は、いわば申命記史家たちの歴史神学の要覧（コンペンディウム）のような性格を持っている。

　その長大さに対応して、この単元の構成は複雑であるが、その構造は比較的明快である。まず、ソロモンが民に対して語る祝福と演説が全体の外枠をなし、その間にヤハウェに対するソロモンの長い祈りが挟まるという、シンメトリカルな基本構造が確認できる。8 章全体の構造について分析した際の、C–D–C' の部分である（269 頁参照）。

　Ｃ　ソロモンによる民への祝福と演説（1）（14–21 節）
　　　　Ｄ　ソロモンのヤハウェへの祈り（22–53 節）
　Ｃ'　ソロモンによる民への祝福と演説（2）（54–61 節）

　前後の枠をなす二つの祝福と演説（C, C'）は、いずれも民の祝福（14, 55 節）と神讃美（15, 56 節：「ヤハウェが誉め讃えられますように」、訳注 *b* 参照）で始まるが、主題的には、第 1 の演説が神殿建設の経緯を説明するものであるのに対し、第 2 の演説は律法遵守を中心とするもので、強調

点の相違が目立っている。

　中央に挟まるソロモンの祈り（D）の部分も、二つに分かれ、第1の部分（22-29a 節）は、ダビデ王朝の永遠の存続を中心とする、ヤハウェのダビデへの約束の成就を祈願するものである。これに対し、第2の部分（29b-53 節）は、主として、ソロモンとヤハウェの民としてのイスラエルが神殿に向けて祈る嘆願を聞き届けてほしいとする執り成しの祈願で、最初と最後によく似た用語を用いた枠があり（下の構造図のE, E'。29b-30, 52-53 節）、それに挟まれる形で31-51節に、その祈りと嘆願の内容として、ソロモンが将来のさまざまな具体的な困苦に備えて代禱する、七つの執り成しの祈り（F）が置かれている。全体を図示すれば、次のようになろう。

(C)　14-21節　ソロモンによる民への祝福と演説——神殿建設の経緯
　(1) 導入：ソロモンによる民の祝福（14節）
　(2) ヤハウェへの讃美（15節）
　(3) ヤハウェによるダビデの選び（16節）
　(4) ダビデの神殿建設の志とヤハウェの予定（17-19節）
　(5) ヤハウェの予定の成就（20-21節）

　　(D) 22-53節　ソロモンのヤハウェへの祈り
　　(Ⅰ) 22-29a節　ダビデ王朝の永続の祈願
　　　(ⅰ) 導入（22節）
　　　(ⅱ) 神讃美：約束を守る神（23-24節）
　　　(ⅲ) 王朝永続への祈願（25-26節）
　　　(ⅳ) 神讃美：神の超越性（27節）
　　　(ⅴ) 嘆願の聞き届けへの祈願（28-29a節）
　　(Ⅱ) 29b-53節　イスラエルの嘆願の聞き届けへの祈願

(E)　神殿への注目と嘆願の聞き届けへの祈願（29b-30節）

　　(F) 七つの執り成しの祈り（31-51節）

　　　　（ⅰ）　第1の執り成し──呪いの誓い（31–32節）
　　　　（ⅱ）　第2の執り成し──敵への敗北（33–34節）
　　　　（ⅲ）　第3の執り成し──旱魃（35–36節）
　　　　（ⅳ）　第4の執り成し──農作物の災害など（37–40節）
　　　　（ⅴ）　第5の執り成し──異邦人の祈り（41–43節）
　　　　（ⅵ）　第6の執り成し──敵との戦い（44–45節）
　　　　（ⅶ）　第7の執り成し──捕囚と悔い改め（46–51節）

　　（E'）　神殿への注目と嘆願の聞き届けへの祈願（52–53節）

（C'）　54–61節　ソロモンによる民への祝福と演説──律法の遵守
　（1）　導入：ソロモンによる民の祝福（54–55節）
　（2）　ヤハウェへの讃美（56節）
　（3）　神の共在、加護への祈願（57節）
　（4）　律法が遵守できるようにという祈願（58節）
　（5）　祈りが神の近くにあるようにという祈願（59節）
　（6）　神の唯一性（60節）
　（7）　律法が遵守できるようにという祈願（61節）

　後半の焦点をなす七つの執り成しの祈り自体を観察すると、それらはいずれも、まず従属節の条件文（ないし目的文）でそこから祈り（ないし誓い）が発せられるような特定の困難な条件が設定され、続く文章でヤハウェがそれらの祈り（や誓い）を「聞いて」（動詞「シャーマア」）くれるようにという嘆願がソロモンによってなされるという、ほぼ共通した構文が認められる。さらに、用いられている前置詞や動詞の形に着眼すれば、七つの執り成しのうち、第2と第3、および第6と第7のものは形式的にはそれぞれペアをなしているようにも見える（Jepsen 1956:15–16; Levenson 1981:154–155; Talstra 1993:108–126; Nentel 2000:226–227）。

　　第1：「～するのを（エト・アシェル）」
　　　　　＋「あなたが聞き（アッター　ティシュマア）」

第2：「~した場合（前置詞「ベ」）」
　　　　＋「あなたが聞き（アッター　ティシュマア）」
第3：「~した場合（前置詞「ベ」）」
　　　　＋「あなたが聞き（アッター　ティシュマア）」
第4：「もし（前置詞「キー」）」
　　　　＋「あなたが聞き（アッター　ティシュマア）」
第5：「さらに（ウェガム）」
　　　　＋「あなたが聞き（アッター　ティシュマア）」
第6：「もし（前置詞「イム」）」
　　　　＋「あなたが聞き取り（ウェシャーマアター）」
第7：「もし（前置詞「イム」）」
　　　　＋「あなたが聞き取り（ウェシャーマアター）」

しかし、前提とされている状況と、執り成しの内容を加味した場合、そのようなペアの構成が認められるかどうかは疑問である。

前提とされている状況		執り成しの内容
第1：呪いの誓い	→	正しい裁きと報い
第2：敵への敗北	→	赦しと連れ戻し
第3：旱魃	→	罪の赦しと雨
第4：農作物の災害	→	赦しと正しい報い
第5：異邦人の祈り	→	祈りの聞き届けと願いのかなえ
第6：敵との戦い	→	祈りの聞き届け
第7：捕囚と悔い改め	→	罪の赦しと憐れみ

申命記史家たちとの関係について見れば、この単元では、全体として申命記史家的な思想や用語法が目立ち、後述する七つの執り成しの祈りの一部を除き、より古い資料が用いられているようには見えない。したがって、全体が申命記史家たちによる構成と見なすことができよう。ただし、かなり複雑な構成で、諸部分間の関心の所在も相当異なるので、複数の申命記史家たちの関与を可能な限り区別する必要がある。その際には、ダビデ王

朝やエルサレム神殿の存続が前提にされているかどうか、あるいは王国滅亡や捕囚、民族の離散（ディアスポラ）という状況が前提になっているかどうかが一定の手掛かりとなろう。

【注解】

　この単元では、ソロモンの口を借りて、申命記史家たちの神殿神学が大規模に展開されるが、そこで一貫して主張されるのは、エルサレム神殿がヤハウェの「名（シェーム）」のためのものだという、いわゆる「名の神学」である（16–20, 29, 43–44, 48 節）。これは、列王記上 5:19 への注解（193–194 頁）でもすでに述べたように、神殿がヤハウェの住む家であるという従来の素朴で擬人的な観念（サム下 7:5; 王上 8:13; 詩 46:5–6; 132:13–14）を訂正し、ヤハウェの超越性を確保するとともに、それにもかかわらず、ヤハウェが神殿の所有者であり、神殿がヤハウェとの緊密な結びつきの故に、重要な神学的機能を果たすことを強調しようとするものであり（von Rad 1947; Weinfeld 1972:193–197, 206; Mettinger 1982:38–79; Janowski 1987:173–180; Keller 1995）、申命記から申命記史家が受け継いだ最も重要な神学的観念の一つである（申 12:5; 11, 21; 14:23–24; 16:2, 6, 11; 26:2 等参照）。ソロモンによるヤハウェへの執り成しを描く中間部分（29–53 節）では、さらに、ヤハウェの本来の「住むところ」が天であり、神殿は祈りの向けられる目標であることが強調され、同時にイスラエルの民の罪のヤハウェによる「赦し」が繰り返し嘆願される。

14–21 節　ソロモンによる民への祝福と演説――神殿建設の経緯

　ここでソロモンは、ナタン預言（サム下 7:2–16）を想起しつつ、自分の神殿建設の意義を民に説明し、その正当性を強調する。用語的には、当然のことながら、名詞「**神殿**」（文字通りには「家（バイト）」）と動詞「**建てる**」（バーナー）がキーワードになっている。両者はいずれも、ナタン預言から取られている（サム下 7:5, 13 参照）。さらに、「名の神学」を表す「**名**」（シェーム）の語も、第 3 のキーワードと言えよう。この部分では、エルサレム神殿が現存していることが当然のこととして前提にされており、

王国時代末期の第 1 の申命記史家たちの一人の筆によるものと考えられる（Cross 1973:278–285; Levenson 1981:154; Knoppers 1993:99–103; Campbell/O'Brien 2000:351–352; Cogan 2001:292–293）。

14 節の冒頭には「**王は振り向いて**」（訳注 *a* 参照）とあるので、それまでソロモンは、直前にある神殿奉献の式辞（12–13 節）を唱えるに当たり、民の先頭に立ち、彼らに背を向けて神殿に向かって立っていたのであろう。今や彼は、「全会衆と向かい合」う形になった（22 節参照）。「**イスラエルの全集会**」も、ソロモン自身（22 節）も、「**起立したまま**」だったというのは、神への敬意を表す（サム上 1:26 参照。ただし、54 節と同所への注解をも参照）。王による民の「**祝福**」については、本章 55 節の他、サムエル記下 6:18 を参照。祝福は後に祭司の役割となるが（民 6:23–27）、犠牲の場合（本章 5, 62 節参照）にも見られるように、初期には王が祭司の役割も兼ねたとも考えられる。

ただし、15 節で実際に語られるのは、民への祝福ではなく、ヤハウェへの祝福讃美（「**ヤハウェが誉め讃えられますように**」、訳注 *b* 参照）である。続いてソロモンは、ヤハウェが、かつてダビデに語った「**約束**」（原文は文字通りには、「言葉（ダーバール）」）を「**成就**」してくれたことを確認する。その約束の内容が 16–19 節で、これは列王記上 5:17–19（同所への注解を参照）と同様、ナタン預言についての申命記史家流の解釈に当たる（Levenson 1981:154; Brettler 1993:22; Nentel 2000:201–206; Steiner 2017:260–283）。しかし、ナタン預言の原文と比較すると、かなりニュアンスが変えられていることが分かる。16 節前半の「**わが民イスラエルをわたしがエジプトから導き出した日以来、わたしはイスラエルの諸部族のどの町も、わたしの名がそこにあるための神殿を建てるために選びはしなかった**」という言葉は、明らかにナタン預言中のサムエル記下 7:6–7 を踏まえるが、そこでは「わたしはイスラエルの子らをエジプトから導き上った日から今日に至るまで、家には住まず、天幕、すなわち幕屋を住みかとして歩んできた。……その間、わたしの民イスラエルを牧するように命じたイスラエルの部族の一つにでも、なぜわたしのためにレバノン杉の家を建てないのか、と言ったことがあろうか」（新共同訳）という否定的なニュアンスの修辞疑問文で、宗教的伝統の違いにより、神殿建設に反対する内容

になっていた。しかも、サムエル記下 7:6–7 には「名の神学」のモチーフが見られず、そこではなお、神が家に「住む」かどうかが議論の的になっていたことも注目に値する（ただし、ナタン預言ではサムエル記下 7:13aに「名の神学」のモチーフが見られる。これは申命記史家の一人による挿入であろう）。なお、「イスラエルの諸部族のどの町も……選びはしなかった」というのは、当然ながら、エルサレムの神殿以外の聖所の正統性を排除する申命記主義の立場（申 12:5, 11, 14; 王上 9:3; 11:32, 36 等参照）を表現する。ちなみにエルサレム自体は、ダビデが征服するまで先住民エブス人の町であり（サム下 5:6–9）、イスラエルのどの部族にも属していなかった。

16 節後半の「わたしはダビデを選び、わが民イスラエルの上に立てた」は、ナタン預言中のサムエル記下 7:8「わたしは牧場の羊の群れの後ろからあなた（ダビデ）を取って、わたしの民イスラエルの指導者にした」を踏まえる。ダビデの「選び」（動詞「バーハル」）については、サムエル記下 6:21、列王記上 11:34 や詩編 78:70; 89:4, 20 等を参照。ここでは、出エジプト（本章 21, 51, 53 節をも参照）とダビデの選びという、イスラエルに対するヤハウェの二つの大きな救済行為が神殿建設と結び付けられることにより、あたかも神殿建設が救済史全体の目的であるかのように意味づけられている。なお、申命記史家たちの歴史観において、出エジプトがヤハウェとイスラエルの関係の歴史の原点であることについては、ヨシュア記 5:4–6、士師記 2:1、サムエル記上 8:8; 12:6、サムエル記下 7:6、列王記上 6:1; 9:9、列王記下 17:7 等参照。

17 節にあるように、ダビデが神殿を「建てようと心掛けていた」（訳注 c 参照）ことは事実である（サム下 7:3 のナタンの言葉、「心にあることは何でも実行なさるとよいでしょう」を参照）。しかし、18 節のこれに対するヤハウェの肯定的な評価、「あなたがそう心掛けているのはよいことだ」は、ナタン預言の原文にはどこにもない。後者でのヤハウェの反応（サム下 7:5）は、「あなたがわたしのために家を建てようというのか」という、やはり否定的なニュアンスの修辞疑問文であり、これに前述の神殿建設へのヤハウェの反対の言葉が続く。したがって申命記史家たちはある意味で、ナタン預言の内容をほぼ 180 度ひっくり返していることになる。

19 節の「あなたはその神殿を建ててはならない」と「あなたの腰から出

るあなたの息子こそがわたしの名のために神殿を建てることになる」は、申命記史家たちによるナタン預言解釈の真骨頂をなす。ナタン預言の原文では、ダビデの神殿建設に対するヤハウェの端的な反対（サム下 7:5–7）と、ダビデの息子（その時点ではまだ生まれていないソロモン）による神殿建設の予告（サム下 7:13a）が無媒介的に並存していた（おそらく文書層が異なる）。申命記史家たちはこれを論理的に整理し、神の摂理——この言葉は実際には用いられていないが——によれば、神殿建設者として予定されているのはダビデではなくソロモンだ、という意味に解釈した。したがって、ヤハウェは神殿建設自体に反対したわけではなく、問題はその時期と人だということになる。なぜ、ダビデではなくてソロモンなのか、という理由についてはここでは触れられていない。これについての申命記史家たちの理解は、列王記上 5:17–19 と同所への注解を参照。

したがって、ソロモンが行った神殿の建設は、20 節に示されているように、この神の予定——すなわちダビデに対する「約束」——の「実現」に他ならないのである（「私はわが父ダビデに代わって立ち、ヤハウェが約束されたように、イスラエルの王座に座し、イスラエルの神、ヤハウェの御名のために神殿を建てた」）。これによって、ソロモンによるダビデの王位の継承と、ソロモンによる神殿の建設の双方が、神意によるものとして強く正当化されるわけである。

21 節では、再び出エジプトとシナイ契約に言及され、ここでもまた、エルサレム神殿が救済史全体の目的であるかのように描かれている。なお、箱に納められた「**ヤハウェの契約**」（ベリート　ヤハウェ）とは、具体的には十戒を刻んだ 2 枚の石板のことである（王上 8:9 と同所への注解を参照）。

22–29a 節
ソロモンのヤハウェへの祈り（第一部）——ダビデ王朝の永続の祈願

ソロモン（ないし申命記史家たち）によれば、しかしながら、ダビデへのヤハウェの約束にはもう一つの要素があり、こちらの方はまだ確実には実現していない。それは、ナタン預言の最後にあるダビデ王朝の永遠の存続の約束（サム下 7:13b–16）であり、今やソロモンはこの要素の実現をヤハウェに切望する。ここでは「言葉」を意味する名詞「ダーバール」や、

「語る」を意味する同根の動詞「ディッベル」が繰り返され、キーワード的な役割を果たしているが、内容的にはいずれもヤハウェのダビデに対する「約束」を意味する。さらに、ヤハウェにその約束の履行を迫る動詞「守る（シャーマル）」の多用も目立っている。この段落もまた、ダビデ王朝の現存を前提としており、その永遠の存続を祈願するものであるから、全体としては王国時代末期の第1の申命記史家たちによって書かれたものと見ることができる。

22節で言及される「**祭壇**」とは、神殿の前庭にあった犠牲奉献用の祭壇（出27:1–8; 38:1–7; 王上8:64; 9:25; 王下16:14参照）であるが、なぜか神殿建設（王上6章）やその備品の製作（王上7章）についての記述の中にはこの祭壇への言及がなかった（7:13–47への注解の冒頭の説明、251–252頁を参照）。王はこの祭壇を背にして、神殿の前庭に集まった「**イスラエルの全集会**」と「**向かい合って**」立っていたことになる。「**両手**」（訳注f参照）を「**天に向かって広げ**」る動作は、古代イスラエルにおける基本的な祈りの姿であり（出9:29, 33; イザ1:15; ネヘ8:6）、特に困苦の状況にある者が助けを求めて行った（本章38節参照）。

23節の神讃美で、ソロモンはまず、ヤハウェの無比性（必ずしも唯一性ではない）を讃え（出15:11; 申4:39; 詩86:8等参照）、ヤハウェが「**契約**」（ベリート）と「**慈愛**」（ヘセド）を「**守って**」くれる神であることを称揚する（申7:9, 12参照）。もちろん、自分の嘆願を受け入れてもらえるように神に動機づけるためである。ただし、この節では突然、ヤハウェの「**僕たち**」（アバディーム）という複数形でイスラエルの民が言及される。このことは、直後の24節で、単数形で「僕（エベド）」ダビデに言及されることと調和しない。王朝の永続を主題とするこの祈りの第一部では、「僕」とされるのはもっぱらダビデ（25–26節）か、祈り手自身としてのソロモン（28–29節）であり、「僕たち」としてのイスラエルの民が問題にされるのは、後述するように第2の申命記史家たちの手によると思われる七つの執り成しの部分（32, 36節）においてである。イスラエルの民全体が問題になるのであれば、この節で言及される「契約」も、ダビデ王朝の永続を約束するいわゆるダビデ契約（サム下23:5; 詩89:4–5, 29–30）ではなく、シナイ／ホレブの契約（申5:2–3）ということになろう。この点でもこの

神讃美は、ダビデ王朝をめぐる文脈とはやや異質であり、捕囚時代の第2の申命記史家の一人による加筆と見なされてよいであろう。

24節は、再びダビデへの王朝永続の約束のテーマに戻るので、ダビデ王朝断絶以前の第1の申命記史家たちによる文脈の続きと考えられる。この節の言葉は、ダビデの王位の継承者が神殿を建設する、というナタン預言中の約束（サム下 7:13a）が成就したことを指摘するもので、15節と19–21節の内容を直接ヤハウェに向けて確認するものである。

このように周到な論理的準備をしたうえで、ソロモンは、25節でいよいよ本題に入る。ダビデへの約束のもう一つの要素をもヤハウェが「**守って**」ほしい、というのである。それは、ダビデ王朝の永遠の存続ということである（「**あなたにとって、イスラエルの王座につく男子がわたしの前から断たれることは決してない**」）。ただし、ここではそれに、列王記上 2:4におけると同様、倫理的、ないし宗教的な条件が付いている（「**もし、あなたの子孫たちが彼らの道を守り、あなたがわたしの前を歩んだように、彼らもわたしの前を歩むならば**」）。条件文が先置されている列王記上 2:4（および王上 9:4–5）とは異なり、ここではまず先に約束の言葉が引かれ、条件文は後付けされる形になっているが、趣旨は同じである。もちろん、ナタン預言にも、ダビデ王朝の永続についての約束はあった。サムエル記下 7:16 には、「あなたの家、あなたの王国は永遠に（アド・オーラム）続き、あなたの王座は永遠に（アド・オーラム）堅く据えられる」とある。ただし、重要なのは、ナタン預言ではダビデ王朝の「永遠の」存続が無条件で約束されることである（「緒論」36頁、および王上 2:4 への注解を参照）。これに反し、ここでは――列王記上 2:4（および王上 9:4–5）におけると同様――ダビデの「子孫たち」がヤハウェに忠実に歩むならば、という条件が付されているわけである（王上 3:14; 6:12–13 をも参照）。したがって、列王記の文脈上で見れば、ここでのソロモンの嘆願は、列王記上 2:4 のダビデの遺言を踏まえており、いわばその「引用」ということになる。他方で、列王記中3箇所に出る条件付きの王朝永続の約束（「緒論」36頁、および王上 2:4; 8:25b; 9:4–5）は、いずれも申命記史家的な文体や用語法で書かれており、したがって、編集史的にはそれらもまた、ナタン預言のダビデ王朝永続の約束に対する申命記史家流の解釈と見なすことができる。しかも、それらの3箇所が、いずれ

もソロモンの治世の記述の中（のみ！）に属することは極めて注目に値する。

列王記上 2:4 の釈義（95–96 頁参照）でも論じたように、王朝永続の約束に条件が付されているということは、その条件が守られなかった場合、この約束が無効になるという可能性が考えられている、ということである。ただし、同じく列王記上 2:4 の釈義でも論じたように、ここでも問題になるのは、それらの箇所で言われる「イスラエルの王座」が具体的に何を意味するのか、ということである。もしそれが、ダビデ王朝自体のことであるとすれば、ここではすでに王国滅亡とダビデ王朝の断絶が踏まえられていることになり、これらの部分は、15–21 節のように王国時代末期（ヨシヤ王時代）の第 1 の申命記史家たちではなく、捕囚時代の第 2 の申命記史家たちの筆による、ということになる（Cross 1973; Provan 1988; Knoppers 1993; Schniedewind 1999; Cogan 2001. 各文献の頁数については王上 2:4 への注解［96 頁］を参照）。しかし、それとは別の見方も可能である（Friedman1981; Nelson 1981; Halpern 1988; Oswald 2008; Steiner 2017. 各文献の頁数については王上 2:4 への注解を参照）。列王記の文脈から見て、ここで言われている「王座（キッセー）」が、全十二部族を包括するイスラエル統一王国（王上 11:30–31 参照）のそれであることは明白である（王上 8:20; 10:9 参照）。ただし、列王記の直後の文脈では、統一王国への支配はソロモンの晩年の罪により失われることになる。すなわち、ダビデの「子孫たち」の筆頭であるソロモン自身が早くもヤハウェの「前を歩む」ことを怠るので、この約束は事実上反故となるのである（王上 11:9–13, 30–33）。したがって、この箇所での約束の条件付けは、ソロモンの過ちと不忠実による統一王国の分裂を踏まえ、いわばその伏線の役割を果たしていると解することもできるわけである（「緒論」36 頁をも参照）。その場合には、この部分がヨシヤ時代の第 1 の申命記史家たちの手によるものであると見ることも十分可能である。ソロモンの罪による王国分裂は、第 1 の申命記史家たちにとっても既定の事実だったはずだからである（王下 23:13 参照）。

ただし、同じく列王記の文脈によれば、ソロモンの罪にもかかわらず、「ダビデに免じて」、一つの部族、すなわちユダだけはダビデの子孫の支配に残される（王上 11:13, 32）。しかも、「いつまでも」燃え続ける「ともし火」について語るアヒヤの預言により、ユダとエルサレムへの支配は、改

めて永遠に保証されるのである（王上 11:36; 15:4; 王下 8:19）。ソロモンの過ちの故に、ダビデ王家の「イスラエル」全体に対する王権は破綻するが、いわばそれに代わって、ユダとエルサレムのみを対象にする「ともし火」の約束（アヒヤ預言）が語られ、ダビデの子孫への約束（ナタン預言）は、範囲を縮減された形であくまで維持されるのである。もう一度、確認しておきたい。条件付きの「イスラエルの王座」の永続の約束は、3回ともソロモンの治世の記述の中だけに出てくる（王上 2:4; 8:25b; 9:4–5）。これに対して、「ユダ」ないし「エルサレム」についての永遠の「ともし火」の約束は、ソロモン死後の王国分裂以後の文脈の中だけに、同じく3回出てくるのである（王上 11:36; 15:4; 王下 8:19）。後者が前者に取って代わっていることは明らかである（「緒論」36頁をも参照）。

　条件付きの約束で、ユダ王国の滅亡とダビデ王朝自体の断絶が示唆されているわけではないことは、用語法の面からも裏付けられる。申命記史家たちは、ヤハウェが「イスラエル」の神であることや、モーセ以来の「イスラエル」がヤハウェの民であることについては繰り返し語るが、王国分裂以後は国家としての「イスラエル」の語をもっぱら北王国の意味で用いる（王上 12:16, 20; 王下 10:30; 15:12 等参照）。列王記では、北王国と南王国は一貫して「イスラエル」と「ユダ」として区別され、（歴代誌とは異なり！）ダビデ王朝が支配するユダ王国が「イスラエル」と呼ばれることは——列王記上 12:17 における「ユダの町々に住むイスラエル人」についての曖昧な言及を除き——皆無なのである。したがって、「イスラエルの王座につく男子が……断たれることは決してない」という条件付きの約束は、あくまで、ダビデ、ソロモン時代のイスラエル統一王国の支配を問題にしていると解されるべきである。

　なお、新共同訳ではなぜかこの箇所（王上 8:25b）でだけ、条件付きの約束がヤハウェを主語として、「わたしはイスラエルの王座につく者を断たず、わたしの前から消し去ることはない」と訳しているが、原文は他の2箇所（王上 2:4; 9:4–5）と全く同じく受動形（ニファル形）で「断たれることは決してない」の形である。「消し去ることはない」という文は原文にはない。意訳としても、やりすぎであろう。

　27節の「**神はほんとうに地上にお住みになるでしょうか。……天も、天**

のそのまた天も、あなたをお納めすることなどできません。ましてや、私が建てたこの神殿などなおさらです」という言葉は、ソロモンの謙遜な態度を示すものとも見られるが、内容的には王朝の永続をめぐる文脈を中断しており、神が地上に「住む」かどうかという、申命記史家たちのレベルではすでに「名の神学」によって解決済みであるはずの問題を蒸し返している。しかもこの一節は、「天」が神の「住まい」であるとするこの章の中間部分に頻出する観念（30, 32, 34, 36, 39, 43, 45, 49 の各節参照）と噛み合わない。それゆえこの一節は、後代のヤハウェの超越性と――第二神殿建設をめぐる（？）――神の地上への現臨の問題をめぐる論争（イザ 66:1–2 参照）を反映する加筆であろう（Burney 1903:114–115; Gray 1977*; Würthwein 1977*; Mulder 1998*; O'Brien 1989:154; Nentel 2000:208–209）。「天のそのまた天（シェメー　ハ・シャーマイム）」（申 10:14; 代下 2:5; ネヘ 9:6; 詩 148:4 参照）とは、ヘブライ語の最上級の表現で、「最も高いところにある天」の意味。古代オリエントでは、天は数層からなると考えられていた（Ⅱコリ 12:2 参照）。

28–29a 節は、本来のソロモンの祈りの結びで、王朝の永続を求めるソロモンの願いが、「**祈り**」（テフィッラー）、「**嘆願**」（テヒンナー）、「**叫び**」（リンナー）などのさまざまな概念で総括される。本章ではここでのみ、ヤハウェが（「われらの神」でも「イスラエルの神」でもなく）「**わが神**」とされ、ヤハウェとソロモンの関係が個人化されていることが人目を引く。

29b–53 節
ソロモンのヤハウェへの祈り（第二部）
――イスラエルの嘆願の聞き届けへの祈願

ソロモンの祈りのこの後半の部分（第二部）は、内容も性格も前半（第一部）とは全く異なっている。ここでは、前半の祈りの中心をなした、ソロモン自身の王位やダビデへのヤハウェの約束、ダビデ王朝の永続への関心は全く見られず、――異邦人を扱う 41–43 節を除き――関心の中心を占めるのはヤハウェの民（「あなたの民」。30, 33, 34, 36, 38, 41, 43, 52 の各節）としてのイスラエル全体の境涯である。しかも全体として、そのイスラエルが困難な状況に直面していることが前提とされ、「形態／構造／背

景」の項でも見たように、彼らがその困苦の中でささげる「祈り（テフィッラー）」と「嘆願」（テヒンナー。28節をも参照。ただしそこではいずれも王朝永続を求めるソロモンの祈願を意味した）をヤハウェが「聞き」届けて（動詞「シャーマア」）くれるように、ソロモンが執り成す形をとる。

その具体的な内容をなすのが、31–51節を占める七つの執り成しの祈りである。ただし、個々の執り成しは、前述のように内容的にはかなり多様であり、それぞれの執り成しで前提とされる状況も、相互に微妙に異なっている。さらに、個別的には既存の「素材」が応用されていたり、個々の執り成しが段階的に付け加えられていった可能性もある。他方で、それぞれの執り成しで前提にされている状況は、申命記（申28章）や神聖法典（レビ26章）の――イスラエルがヤハウェに背教した場合に下るとされる――呪いに対応していると見ることもできる。

ここでも神殿への関心と「名の神学」は維持される（43, 44, 48節）。ただし、ここでの神殿は、犠牲のささげられる場所としての本来の機能をもはや全く失っており、主として祈りの向けられる方角（ダニ6:11参照）、目標（イスラームで言う「キブラ」＝メッカのカアバ神殿の方角）として意味づけられている（「この場所に向けて」、29, 30, 35, 38, 42節／「この神殿の方角に向けて」、44, 48節）。しかも、そこでは多くの場合、イスラエルがエルサレムから遠く離れた場所にいることが前提にされている。歴史的には、全体として、すでに王国滅亡と捕囚、ないし離散（ディアスポラ）が踏まえられていよう。したがって、この部分は、少なくとも現在の形では、基本的に捕囚時代の第2の申命記史家たち（ないしそれ以降の同系統の編集者）の手によるものと考えられる（ただし、個々の「執り成し」への注解をも参照）。

他方で、神の本来の「住まい」が「天（シャーマイム）」であることが繰り返し強調される（30, 32, 34, 36, 39, 43, 45, 49の各節）。ただし、ヤハウェは常に神殿に対して「目を開」いており（29, 52節。訳注 i 参照）、神殿に向けてささげられる「祈り」と「嘆願」を「聞き」届けてくれるのである。

この段落で多用されるキーワードは、何よりもまず、それらの「祈り（テフィッラー）」と「嘆願（テヒンナー）」、ヤハウェによるそれらの聞き届け（動詞「シャーマア」＝「聞く」）であり、祈りが向かう方角としての神殿を表す「場所（マコーム）」であり、さらにはイスラエルの「帰還」と

「立ち帰り」の双方を意味する動詞「シューブ」、そして神による罪の「赦し」（動詞「サーラハ」）である。

　思想的に極めて注目に値することは、ここではイスラエルに下る災いが彼らの「罪」や「背き」の結果であると解釈されるとともに、他方でその罪の赦しが嘆願され、裁きを超えた神の恵みが求められていることである（30, 34, 36, 39, 50 の各節）。旧約聖書は、「旧い契約」に基づく神の義だけではなく、それを超えた救いの希望についてもすでに知っているのである（ネヘ 9:17; 詩 25:11; 86:5; 103:3; 130:4; エレ 31:31–34; 33:6–9 等参照）。他方において注目すべきことは、申命記や申命記史書では、ここ以外の箇所に「赦し」の観念があまり見られないという事実である（McKenzie 1991:139; Talstra 1993:196–201; O'Brien 1989:283）。両者で動詞「サーラハ」が出てくるのは、この章の 5 箇所以外では、申命記 29:19、列王記下 5:18; 24:4 のわずか 3 箇所のみであり、このうち申命記 29:19 と列王記下 24:4 では、明らかに王国滅亡を前提にした文脈で、ヤハウェが決して罪を「赦さない」ということが強調されているのである。したがって、ヤハウェによる積極的な赦しについて語られているのは、この段落以外では、シリアの将軍ナアマンについての比較的付随的な記述のみ（王下 5:18）ということになる。この所見から考えられるのは、この箇所に見られる「赦し」への希望は、申命記や申命記史書全体を代表する中心思想であるというよりも、この箇所を「担当」した第 2 の申命記史家（たち？）の固有の信念であったということである。おそらくそれは、単なる王国滅亡と捕囚という破局の原因の解明（王下 21:10–15; 23:26–27; 24:4 がそうである）を超えて、ヤハウェの赦しによる「新しい出発」が積極的に求められるようになった、申命記運動の最終段階に由来する観念であろう。

29b–30 節　神殿への注目と嘆願の聞き届けへの祈願

　この部分は、ダビデ王朝の永続を中心とする祈りの第一部と、ヤハウェの民イスラエルの境涯を中心とする祈りの第二部とを結ぶ、巧みな移行部をなしている。第一部の末尾の 28–29a 節では、「**あなたの僕**」（エベド）を自称するソロモン自身の「**祈り**」と「**嘆願**」の聞き届けが願われていた（ただし、そこでは前述のように、文脈上、その内容はダビデ王朝の永続の祈願

301

である)。29節の後半でも「あなたの僕」の「祈り」について繰り返される。しかしこの節の後半では、その祈りがあえて「**この場所に向けて**」(前置詞「エル」)ささげられるとされており、祈りの方向としての神殿という、七つの執り成しのテーマが巧みに準備されている。しかも30節では、「あなたの僕」(=ソロモン)と並んで「**あなたの民イスラエル**」の語が加えられているのと同時に、すでに〔罪の〕「**赦し**」(動詞「サーラハ」)が嘆願されていて、主としてイスラエルの民を関心の中心とし、しかもその罪の赦しを乞う31–51節の七つの執り成しの主題への切り替えが周到に準備されている。29b–30節は、七つの執り成しの祈りを挿入するための、第2の申命記史家たちの一人による移行部的な付加であろう(Campbell/O'Brien 2000:345–355)。

また、構造分析(288–289頁)の際にも指摘したことであるが、29b–30節は明らかに、52–53節と共に、七つの執り成しを両側から囲む枠を形成している。52節でも、「あなたの僕の嘆願」と「あなたの民イスラエルの嘆願」が併置されている。また、29a節と52節のいずれにおいても、ヤハウェの目が開かれてある(リヒヨート エーネカー ペトゥホート)という特徴的な表現(訳注i参照)が用いられている。ただし、その「開かれた目」が注がれる対象は、29a節ではソロモンの建てた神殿であるが、52節ではソロモンとイスラエルの嘆願である点がやや異なっていることは注意を要する。

なお、枠組みを伴う七つの執り成しの祈り(29b–53節)が捕囚期の第2の申命記史家たちによる付加であり、第1の申命記史家たちによる捕囚前の申命記史書にはまだそれが含まれていなかったことは、本章に続くヤハウェの啓示の言葉〔王上9:3–5〕からも裏付けられる。すなわち、そこでヤハウェは、本章におけるソロモンの「祈りと嘆願」に文字通り答え、その聞き届けを約束するのであるが、その答えの内容はもっぱらヤハウェがこの神殿を嘉納して「いつの日にも」それに「目」(と心)を向けるということ(8:29a参照)と、ダビデの子孫で「イスラエルの王座につく男子」が欠けることがない(8:25b参照)という約束だけであり、本章31–53節で展開される七つの執り成しの祈りは一顧だにされることがないのである(これに反し、遅い時代の並行箇所である代下7:11–15では、ソロモンの執り成しの祈りの存在がすでに前提とされている)。

31–53節　七つの執り成しの祈り
次に、七つの執り成しの祈りの個々の内容とその背景を検討していく。

31–32節　第1の執り成し——呪いの誓い　この部分は、明らかにテキストが破損しており、七つの執り成し中でも何が言われているのかが最も理解しづらい。訳注にも記したように、31節の「呪いの誓い」についての部分では、用いられている動詞（ナーシャー）の意味が曖昧なため、主語が加害者である「**ある男**」（Levenson 1981:150; DeVries 1985*; Talstra 1993:109–112; Wray Beal 2014*）なのか、それとも被害者である「**隣人**」（Noth 1968*; Halpern 1988:169; Mulder 1998*; Cogan 2001*）なのかがはっきりしないが、七十人訳などを参考に後者の意味に解する。「**呪いの誓い**」と訳された原語「アーラー」は、名詞でも動詞でも、呪い（申30:7; 士17:2; エレ23:10; 29:18; ホセ4:2）と宣誓（創26:28; エゼ17:13, 16; ホセ10:4）の双方を意味し得る。これは、古代イスラエルでは宣誓行為の際に、もし誓約を破ったなら自分にどんな罰や災いが下っても甘んじて受けるという、条件付きの自己呪詛が唱えられたことと関連する（申27:15–26; 29:11, 13, 18–20; サム上3:17; 14:44; 20:13; サム下3:9, 35; 王上2:23; 詩7:4–6等参照）。ここでは、「ある男」が「彼の隣人」に罪を犯したが、真相が十分明らかになっていない場合が前提にされているようである。そのような場合、被害者は嫌疑のある人物に対し、自分が下手人ではないという「呪いの誓い」を課し、ある種の神明裁判を要求することができた（出22:6–7, 10; レビ5:1; 民5:19–22等参照）。32節では、そのような場合に、ヤハウェが公正な裁きを行い（動詞「シャーファト」）、被疑者が「**罪人**」（ラシャーア）であればヤハウェ自身が彼の「**行い**」（文字通りには「道」）を彼自身の頭上に報い（王上2:32–33, 37, 44参照）、「**義人**」（ツァディーク）であれば「**義認**」する——すなわち、罪なき者と認める——ように願われている。「**あなたが行動に出て**」の語は、神の積極的な介入を促そうとするもの。したがって、ここでは「裁き」の語が、——45, 49, 59節（訳注v参照）とは異なり——明らかに狭義の司法的な意味で用いられている。裁き手としてのヤハウェについては、詩編7:9, 12; 9:5, 8, 20等

を参照。

　なお、ここでは、「神殿」も「祭壇」も無傷で現存しており、そこに容易に行くことができることが前提にされている。ことによると捕囚前の素材が応用されているのかもしれない（Knoppers 1993:105–106; Talstra 1993:208）。少なくとも、この第１の執り成しの祈りには、特徴的な申命記史家的用語法や観念は見受けられない。特に最初の四つの執り成しの祈り（31–40節）では、神殿や聖所にたびたび言及されるにもかかわらず、「御名のために」等の「名の神学」が（まだ？）そこに結び付けられていないことが人目を引く。したがって、そこに申命記主義が発展する以前の素材が取り入れられている可能性は排除できない。

　ただし、たとえ古い——捕囚前ないし申命記主義以前の——素材が応用されている可能性があっても、申命記史家たち以前の素材と申命記史家たち自身の関与を逐語的に区別することはもはや不可能であり、またこれらの執り成しの祈りが、古い素材の有無にかかわらず、捕囚時代（以降）の第２の申命記史家たちによってこの箇所に挿入されたことはいずれにせよ明白である。私訳で七つの執り成しの祈り全体に二重下線を付したのも、このことを顧慮したものである。

　33–34節　第２の執り成し——敵への敗北　ここでは、「**イスラエル**」が「**敵**」（オイェーブ）に敗北した場合が扱われる。第１の執り成しの祈りとは異なり、この段落には、かなり申命記史家的な用語法や観念が見られる。何よりもまず、申命記史家的思考では、戦いの敗北の原因はイスラエルがヤハウェに対して「**罪を犯した**」ことに求められる（ヨシュ７章参照）。契約の呪いとの関連では、申命記28:25、レビ記26:17等参照。この執り成しでは、34節で「**あなたが彼らの父祖たちに与えられた土地に彼らを連れ戻してください**」と祈られているので、多くの者が戦争捕虜として連れ去られたことが前提にされている。ただし、考慮すべきことは、これ以後の執り成しとは異なり、その直前の33節では、人々が——「**神殿に向けて**（前置詞「エル」。29, 30, 35, 38, 42節）」や「**神殿の方角に向けて**（デレク。44, 48節）」ではなく——「**この神殿で**」（前置詞「ベ」）「**あなたに向けて**」（前置詞「エル」）祈る、とされていることで、ここでも神殿がまだ存

在していることが前提にされているように見える。したがって、敗戦によって一部の人々は連れ去られたが、多くの者がなお故国に残っており、同地の神殿で同胞の生還を祈り求めているような状況が前提にされていることになろう。ここですでに前587年の王国滅亡とバビロン捕囚が踏まえられていると見る必要は必ずしもない。それ以前の前701年のアッシリア王センナケリブによる強制移住（王下 18:13–16 参照。センナケリブの碑文によれば、多数の人々がエルサレムから連れ去られた）や、前597年のいわゆる第一次捕囚（王下 24:10–16）のことが念頭に置かれているということも考え得る。前732年（王下 15:29）や前722年（王下 17:4–6）の北王国からのアッシリアへの捕囚民のことが念頭に置かれているという見方（Gray 1977[*]）や、北王国滅亡時にエルサレムに逃げてきた北からの難民たちが故郷への帰還を願っている、とする見方もある（Knoppers 1993:105）。第二神殿の存在が前提になっている（Würthwein 1[977*]; Nentel 2000:248, 259, 304）ようには思われない。

なお、この執り成しの祈りでは、以降の一連の執り成しでキーワードとなるイスラエルの「**立ち帰り**」（動詞「シューブ」）のテーマ（35, 47–48 の各節）が初めて提示され（33 節）、しかもそれがヤハウェによるイスラエルの「**連れ戻し**」（34 節。動詞「シューブ」の使役形）と対語をなしている。

35–36 節　第3の執り成し —— 旱魃　農業や牧畜を天水に依存していたパレスチナの住民にとって、雨が降らないことは死活問題であった（創 12:10; 26:1; 41:54–57; 王上 18:2–6; 王下 8:1; ルツ 1:1 等参照）。これもまた、しばしば「**罪**」の結果と解釈された（申 11:17; 王上 17:1; エレ 3:3; 5:24–25; 14:1–9; ヨエ 1:11–20; アモ 4:4–8 等参照）。「**天が閉ざされ**」るという特徴的な表現については、申命記 11:17、歴代誌下 7:13 をも参照。契約の呪いとの関連では、レビ記 26:19–20、申命記 28:23–24 等参照。ここでも、罪からの「立ち帰り」（動詞「シューブ」）を前提に、罪の「**赦し**」（動詞「サーラハ」）が執り成される。「**相続地**」（ナハラー）は、祖先から子孫に伝えられていくべき不動産（王上 12:16; 21:3）。カナンの地がヤハウェからイスラエルの民に与えられた「相続地」であることについては、申命記 4:21; 15:4; 19:10; 20:16; 21:23; 24:4; 25:19; 26:1、ヨシュア記 11:23;

13:6–7; 23:4 等参照。

　ここでは、人々が神殿に「**向けて**」（前置詞「エル」）祈るとされ、神殿からの一定の距離が前提にされているが、もし捕囚地にいるのであれば、ヤハウェがパレスチナの「**土地の上に……雨を降ら**」せることはあまり意味があるようには思えない。農業的背景から、捕囚以前の素材が応用されている可能性は捨てきれない（Gray 1977*; Knoppers 1993:105）。ただし、用語法的、観念的には非常に申命記史家的である。

　37–40節　第4の執り成し——農作物の災害など　農業的な主題を扱っている点で、第3の執り成しと共通し、やはりパレスチナでの生活を前提とする点で、捕囚前の素材が用いられている可能性がある。ただし、ここでは文章が非常にごちゃごちゃしており、意味が取りにくい。二重、三重の加筆が加わっている可能性があり、おまけに本文がかなり破損しているようである。「**飢饉**」（ラーアーブ）は直前の第3の執り成しの内容と重複する。「**疫病**」（デベル）はペストなどの伝染病（出 9:1–7; 民 17:11–15）。契約の呪いとの関連では、申命記 28:21、27、レビ記 26:25 等参照。「**黒穂病**」（シッダフォーン）、「**赤さび病**」（イェラコーン）といった具体的な病名は暫定的な訳語であるが、いずれも農作物、特に穀物に被害をもたらす病気、ないし災害（創 41:6 参照）であろう。この二つの病名は、しばしば対で出てくる（申 28:22; アモ 4:9; ハガ 2:17）。契約の呪いとの関連では、申命記 28:22 参照。「**さまざまな種類のバッタ**」（訳注 *q* 参照）の大発生も、農作物に大きな被害をもたらすものであった（出 10:12–15; ヨエ 1:2–4; アモ 7:1–2）。契約の呪いとの関連では、申命記 28:38–39 参照。旧約聖書には、バッタの類を指すと思われる異なる単語が八つもあるが（レビ 11:22; コヘ 12:5; ヨエ 1:4 等参照）、37節の原文で用いられている「アルベー」と「ハーシール」の二語は、そのうち比較的一般的なもの（出 10:12–19; 詩 78:46 等参照）。バッタ目（*Orthoptera*）には種類が多いだけでなく、分類学上同じ種類のものでも環境条件によって色や姿や行動が変わる相変異を起こすものがあるので、個々の単語でどの種類のものが言われているのかを正確に特定することは極めて難しい。群生相になって群飛行動（いわゆる「飛蝗（ひこう）」）によって大きな農業被害を引き起こすものとして、中近東で

はトノサマバッタ（*Locusta migratoria*）やサバクトビバッタ（*Schistocerca gregaria*）がよく知られている。なお、日本語訳聖書では伝統的に「いなご」と訳されてきた。ただし、イナゴ（*Oxyinae*）は同じバッタ目に属するが、文字通り稲を主食とし、基本的に水田のないパレスチナには生息しないし、群飛行動も起こさない。JBS 共同訳でようやく「バッタ」になった。

　37 節の「**敵**」による「**城門のある地**」の「**攻囲**」（テキストが不確か！訳注 r 参照）だけは天災というより戦災であり、文脈上場違いなので加筆かもしれない。

　38 節はやはりテキストが破損していて、意味が非常に取りにくい。「**心に痛みを覚え**」（原文は文字通りには、「彼の心の打撃を知り」）という表現は、良心の咎めを表現したものか。他の執り成しの祈りにおける、「立ち帰り（シューブ）」の語に対応するものともいえよう。いずれにせよ、ここでもまた、これらの災いが罪の結果であることが前提にされている。ここでもヤハウェが「**嘆願**」を「**聞き**」、（罪を）「**赦し**」（動詞「サーラハ」）、「**各自のすべての行い**」（文字通りには「道」）「**にふさわしく……報い**」を実現してくれるように、という執り成しがなされる（38–39 節）。神が「**すべての人の子らの心**」を知っているという観念については、内容的に、サムエル記上 2:3; 16:7、歴代誌上 28:9; 29:17、詩編 7:10、エレミヤ書 11:20; 17:10 等を参照（さらに使 1:24; 15:8 等をも参照）。注目すべきは、40 節では人々が、ヤハウェが「**父祖たちに与えられたこの土地の上で**」生きていることが前提にされていることで、ここでもまた、もともとは捕囚という状況は考えられていなかったように見える。

　41–43 節　第 5 の執り成し――異邦人の祈り　この部分は、極めて特異な内容と性格を持つ。何よりもまず、七つの執り成しのうち、これだけがイスラエルのための執り成しではなく、「**イスラエルの出身ではない異邦人**」のための執り成しなのである。ここでいう「異邦人（ノクリー）」とは、イスラエル内部に住む外国出身の寄留者（ゲール）ではなく、何らかの理由でイスラエルを訪問する外国人である（申 29:21 参照。なお、両者の区別については、申 14:21a も参照）。「ゲール」の場合は、保護の対象となり（レ

ビ 19:33–34)、割礼を受ければヤハウェ崇拝の祭儀にも参加することができた（出 12:48–49）。「ノクリー」は通常は、商用や外交などのために来訪するが、ここでは特に、ヤハウェの「**御名を慕って**」(文字通りには「あなたの名の故に」) わざわざやって来るとされている。すなわち、この人物はヤハウェ信仰への改宗者なのであり、エルサレム神殿への巡礼者なのである。この異邦人は、言わば「ゲールへの途上にあるノクリー」(Mulder 1998*) であるとも言える。彼が「**遠くの土地から**」来ることが強調されるのは、カナンの地の先住民ではないということであろう（ヨシュ 9:6, 9 参照）。後者であれば、申命記的発想では、聖絶（祭儀的な皆殺し）の対象となった（申 7:1–5）。申命記史書の枠内で見た場合、個々の外国人がヤハウェに信仰告白することが十分考えられるものであることは、ティルス王ヒラム（王上 5:21）、シェバの女王（王上 10:9）やシリアの将軍ナアマン（王下 5:17）の例に示されている。この執り成しでは、ヤハウェが異邦人の祈りも聞き届けるように祈られている。ただし、「**その異邦人があなたに呼びかけるすべてのこと**」で具体的に何が意味されているかについては、記述が抽象的すぎてよく分からない。

　なお、単数形で異邦人について語る基本的部分の文体は、申命記史家的ではない。その基本部分では、1 人の異邦人について単数形で語られているにすぎないが、42 節の複数形で語る、「**彼らがあなたの偉大な御名……について聞くからです**」の部分は、この文脈を中断しており、より一歩、普遍主義化を進めた後代の加筆であろう（Noth 1968*; Hentschel 1984*; Nentel 2000:237）。他方で「**あなたの強い手と、差し伸ばされたあなたの腕**」という表現は、申命記で主として出エジプトに関連して好んで用いられる定型句（申 4:34; 5:15; 7:19; 11:2; 26:8 等参照。さらに申 3:24; 6:21; 7:8 等をも参照）なので、あくまで申命記主義的サークル内で行われた加筆と思われる。この部分の前後で、単数形の「**彼がやって来て**」（ウー・バー）という表現が繰り返されているのは、長い二次的挿入がなされたための文脈再取（Wiederaufnahme）であろう。なお七十人訳ではこの挿入句的部分がすっぽり抜け落ちている。

　これに対し、43 節後半の、「**地のすべての諸民族があなたの御名を知り、あなたの民イスラエルと同じようにあなたを畏れ**」るようになるという待

望は、やはり加筆（Hentschel 1984*）であろうが、そこでは、全人類がヤハウェに帰依するという、終末論的ともいえる驚くべき普遍主義が表現されている（イザ 2:3–4; 19:18–25; 55:5; ゼカ 8:22–23 等参照）。ことによると、捕囚後の第二神殿における異邦人改宗者の存在が踏まえられているのかもしれない（イザ 56:3–7 参照）。いずれにせよ、このような極端な普遍主義は、申命記史家的というよりも、むしろ後期預言者的、黙示思想的である（イザ 19:16–24; 55:5; 56:6–8; 60:10–11; マラ 1:11 等参照）。なお、あるものの上で「**名が呼ばれ**」る（申 28:10; エレ 7:10–11, 14, 30; 32:34; 34:15 参照）とは、その名を持つ者がそれの所有者であること（オーナーシップ）を表している（サム下 6:2; 12:27–28; 詩 49:12 等参照）。

　44–45 節　第 6 の執り成し——敵との戦い　これはかなり奇妙な段落である。「**敵**」との「**戦い**」という主題に関しては、この段落は第 2 の執り成し（33–34 節）と重複する。他方で、ここでは主語が「**あなたの民**」とはされるが、それが「イスラエル」であるとは特定されていない（16, 30, 33, 34, 36, 38, 43, 52, 59 の各節を参照）。また、第 2 の執り成しとは異なり、戦いが罪に対する罰であることも、またそれが敗戦に終わることも前提にされてはおらず、むしろ「**あなたが彼らを遣わされる**」とされていて、この戦闘のイニシアチブが神自身にあることが示唆されている。それはいわば、神に命じられた戦い、聖戦なのである。「**出陣し**」（文字通りには「出て行く」）というのであるから、故郷での生活が前提にされている。したがって、素材としては、王国滅亡も捕囚も前提にされてはいない、ということになる。遠征中であれば、神殿から離れているのであるから、兵士たちが神殿の「**方角に向けて**」祈ることは、神殿がなお建っている時代でもむしろ当然である。ただし、用語法的には全体として、強度に申命記史家的である。一連の執り成しの祈りの中で、ここで初めて、「**私があなたの御名のために建てたこの神殿**」という形で「名の神学」の要素が見られることも注目に値する。

　執り成しの内容は、「**彼らの祈りと彼らの嘆願を聞き取り、彼らの訴えをかなえてください**」という一般的なもので、具体性に乏しい。「**道の途上**」での「**祈り**」について触れられているので、戦勝祈願か、正しい進路を知

るための神託伺いのことが考えられているのかもしれない（エゼ21:24–28参照）。それに応えてほしいということであろう。交戦はまだ行われていないようであり、ましてや第2や第7の執り成しとは異なり、敗北も捕囚も前提にされていない。なお、「彼らの訴えをかなえてください」と訳された原文は、訳注にも示したように「あなたが……彼らの裁き（ミシュパート）を行ってください」であるが、これは32節におけるように司法的な判断を行うということではなく、困難な状況に置かれている者の訴えを公正に取り上げる、というほどの意味であろう（申10:18; 詩9:5; ミカ7:9等参照）。49, 59節でも同様。

なお、この第6の執り成しと次の第7の執り成しは、他の執り成しに見られぬ用語的共通性があり（冒頭の「もし」（キー）、「方角に向けて（デレク）」、「私があなたの御名のために建てたこの神殿」、「**あなたがお選びになったこの町**」、「**あなたが……聞き取り**」（シャーマアター）、「彼らの訴えをかなえてください（アシーター　ミシュパターム）」等、二つがセットで形成された可能性がある。そもそも後続する46節の「彼らが……罪を犯し」の主語（彼ら）は、44節の「あなたの民」でしかあり得ない。したがって現在の文脈では、46節以下の第7の執り成しは、44節で問題にされた戦いが敗戦になった場合の特殊事例ということになる。ただし、後述するように第7の執り成しでは明らかに捕囚が前提にされているのに対し、第6の執り成しではそのように見えないことから、捕囚前に由来する第6の執り成しをもとに、後になってから第7の執り成しがその形式を応用して書かれた可能性が考えられてよい。なお、44節と48節で前提にされているエルサレム（シオン）の選びについては、列王記上11:13, 32, 36; 14:21、列王記下21:7; 23:27、詩編78:68; 132:13等を参照。

46–51節　第7の執り成し——捕囚と悔い改め　現在あるこの章の形では、明らかに全体のクライマックスをなす長大な執り成しの祈りで、他のものの数倍の語数からなる。この執り成しの祈りについても、全体、ないし少なくとも核となる部分が王国滅亡前の時代に由来するとする見方も一部にあるが（Burney 1903:113–114; Halpern 1988:168–174; Stipp 1998）、圧倒的多数の解釈者たちに従い、ここではやはり、すでに王国滅亡とバビ

ロン捕囚という状況が踏まえられていると見たい（Wolff 1961; Noth 1968:193; Würthwein 1977*; Levenson 1981; Hentschel 1984*; Long 1984*; DeVries 1985*; Janowski 1987:173–180; McConville 1992; Brettler 1993; Knoppers 1993:106–108; Talstra 1993:218–223; Campbell/O'Brien 2000:355–356; Nentel 2000:226–230）。おそらくここでは、捕囚時代（以降）の第2の申命記史家たちの一人が、王国滅亡と異郷への強制移住（捕囚）という破局的状況の苦難の中で、何をなすべきかについて、同時代の読者たちに神学的なメッセージを送っているのだと考えられる（「緒論」39–40頁参照）。

　ここでもまた、「敵」への敗北と敵の地への強制連行という事態が、人々がヤハウェに対して犯した「罪」と結び付けられ、さらにはそれに対するヤハウェの「怒り」から説明されている。ちなみに「怒る（アーナフ）」という動詞は、鼻（アフ）という語と関連すると言われている。怒って鼻を「ブンブン」鳴らすということであるらしい。したがってかなり擬人法的な表現ということになる。申命記史書では、イスラエルやユダの引き起こす神の怒りが王国滅亡や捕囚の原因とされている（王下 17:11, 17; 21:15; 22:17; 23:19, 26; 24:20 等参照）。

　46節の挿入句にある「罪を犯さない人間など1人もいない」という表現は、聖書全体に通底する人間観であるが（創 6:5; 8:21; 詩 130:3–4; コヘ 7:20 等参照。さらにロマ 3:23; 7:18–20 等をも参照）、旧約聖書でこれほど直截に語られることはめずらしい。申命記史書の文脈の中で見れば、かく言うソロモン自身もその例外ではないことが後に示される（王上 11:3–11！）ことは、何とも皮肉である。

　同じ節では、「遠くや近く」（レホーカー　オー　ケローバー）の「敵の地」について語られているので、バビロン捕囚のような特定の場所への集団的な強制移住だけではなく、より一般的なディアスポラ（離散）の状況が前提にされているのかもしれない。もしそうであれば、時代的にはかなり下ることになろう。契約の呪いとの関連では、申命記 28:36–37, 64–68、レビ記 26:33–39 を参照。

　語り手は、ソロモンの執り成しの祈りの形を借りて、そのような状況下でなすべきことは、「**心を改め、立ち帰って**」（いずれも動詞「シューブ」）神に「**憐れみを乞い**」、自分たちの「罪」と「悪」を告白し、全身全霊を

込めてヤハウェに帰依し、具体的にはカナンの地(「父祖たちに与えられた彼らの土地」)、エルサレム(「お選びになったこの町」)、エルサレム神殿(「御名のために建てたこの神殿」)の「方角」(デレク、文字通りには「道」)に向けて「祈る」ことだ、と勧告する(47-48節)。祈りが向けられる方向としてであれば、たとえ建物としての神殿がすでに破壊されていたとしても問題ないのである(ダニ 6:11 参照)。ただし、ここではすでに第二神殿の存在が前提にされているのかもしれない。

「罪を犯しました。……よこしまに振る舞いました。……悪を行いました」という三重の罪の告白については、詩編 106:6、ヨブ記 33:27、ダニエル書 9:5 等を参照。三重の懺悔の告白に対応するかのように、祈りの向けられる目標も、土地(カナンの地)→町(エルサレム)→神殿と、三重の同心円状に集中していく(Knauf 2016*)。

なお、この段落では、「捕虜として連れて行」くを意味する動詞「シャーバー」と、「立ち帰る」、「方向を変える」を意味する動詞「シューブ」が語呂合わせ的に頻用され、音の上でも効果をあげている(Noth 1968*; Levenson 1982; McConville 1992:76; Knoppers 1993:106; Walsh 1996*; Cogan 2001*)。ヤハウェへの立ち帰りは、王国滅亡を前提にしているように見える申命記や申命記史書の比較的遅い時期のものと思われる部分における重要なテーマ(Wolff 1961)の一つである(申 4:30; 30:2, 8, 10; サム上 7:3; 王下 17:13; 23:25)。「心を尽くし、魂を尽くして」は申命記主義的文書で愛用される定型句(申 4:29; 6:5; 30:10; ヨシュ 23:14; 王上 2:4; 王下 23:3, 25)。要するに、自分の人格のすべてを傾注して、ということであろう。

ここでもまた、人々が犯した「罪」と「背き」の「赦し」(動詞「サーラハ」。30, 34, 36, 39 の各節を参照)が執り成されるが(50節)、注目すべきことは、34節とは異なり、カナンの地への連れ戻しが全く祈願されていないという事実である(Noth 1943:107–109; Wolff 1961:185; MacConville 1992:76–79; Talstra 1993:220–221; Knoppers 1993:108)。ここで具体的に希求されるのは、単に、「彼らを捕虜として連れて行った者たち」(ショベーヘム)が「彼らを憐れむように」ということだけである(代下 30:9; 詩 106:46 参照)。この部分の著者は、(申 30:3–5; エレ 24:5–6; 29:10–14; エゼ 36:24, 28; 37:21, 25 等の箇所の著者たちとは異なり!)どうも、カナンの地への帰

還の希望をすでに断念しており、もっぱら異郷の地での周辺の異民族との良好な関係を維持することだけを望んでいるらしい。このことも、この段落冒頭で想定したディアスポラの状況を背景とすれば理解できることである（Nentel 2000:242–243, 248–249）。

　51 節は、そのようなヤハウェの「憐れみ（ラハミーム）」の根拠として、出エジプト以来のヤハウェとイスラエルの特別な関係を引き合いに出す。過酷な苦難の場所としてのエジプトを「鉄の炉」（すなわち鉄を精錬する溶鉱炉）に譬えるのは、申命記主義的伝統（申 4:20; エレ 11:4 参照。なおイザ 48:10 をも参照）。イスラエルの民をヤハウェの「相続財産」（ナハラー）と見なす（53 節をも参照）のも、申命記的、申命記史家的な発想（申 4:20; 9:26, 29; 32:9; サム上 10:1; 26:19; 王下 21:14 等参照）。もちろん、誰から相続するのかということは問題にされておらず、手放すことのできない（手放してはならない！）大切な資産（王上 21:3 参照）というニュアンスで言われているのであろう。なお、36 節では同じ「ナハラー」の語がイスラエルの相続地としてのカナンの地の意味で用いられていた。ここでイスラエル自身がヤハウェの相続財産であることが強調されているのは、語り手がすでにカナンの地への執着を失っているからなのかもしれない。

52–53 節　神殿への注目と嘆願の聞き届けへの祈願

　この二つの節が、29b–30 節と対応し合い、相まってソロモンの七つの執り成しの祈り（31–51 節）を囲む枠組みをなしていることについては、29b–30 節への注解（301–302 頁）を参照。ただし、同所で想定したように、28–29a 節が王国時代の第 1 の申命記史家の一人の手によるソロモンの祈りの最後の部分であるのに対して、29b–30 節が七つの執り成しの祈りを挿入した捕囚時代の第 2 の申命記史家たちの手によるものであるとすれば、それに対応する後方の枠に当たるこの箇所も、同じ第 2 の申命記史家たちによって、七つの執り成しの締め括りとして形成されたのであろう。52 節の「御目を開いていて」は、前後の枠の対応を補強するかのように、29a 節の特徴的な表現を「引用」したものである（なお、訳注 i 参照）。これには、七つの執り成しの祈りの挿入を挟んだ「文脈再取」の効果もある。ただし、前述のように（302 頁参照）、29a 節でヤハウェの目が注がれるの

はソロモンの建てた神殿であったのに対し、ここではそれが「**あなたの民イスラエルの嘆願**」に変わっている。29a 節とは異なり、申命記主義的な「名の神学」も 52 節には表明されていない。神殿自体への関心の後退には、著者の違いと著者の置かれた時代と状況の違いが反映しているように思われる。

　53 節にある、出エジプトを、神が他の諸民族からイスラエルを「**区別**」する行為（動詞「ヒブダル」）と見る理解については、レビ記 20:24, 26 を参照。後者の 2 箇所はいわゆる神聖法典に含まれ、出エジプトをヤハウェの「選び」と見なす申命記的観念（申 7:6-8 等参照）とはニュアンスを異にするから、この 53 節も申命記史家たちよりも後代の加筆かもしれない。

54-61 節　ソロモンによる民への祝福と演説——律法遵守

　この段落は、前述のように構造的には 14-21 節と対応し合い、七つの執り成しを含むヤハウェに対するソロモンの祈り（22-53 節）を挟んで、この単元全体の外枠を形成する（288-289 頁の構造分析を参照。C, C' に当たる）。形式的にも、14-15 節と同様、ソロモンによる民の「祝福」と、ヤハウェへの祝福讃美（「**ヤハウェが誉め讃えられますように**」。訳注 b 参照）で始まる。しかし、その内容は 14-21 節とは似て非なるものである。14-21 節では、すべての関心がヤハウェのダビデへの約束と、ソロモンによるエルサレム神殿の建設に向けられていた。ところが、ここではもはやダビデについても、王朝についても、それどころか本来のテーマであるはずの神殿についてすら全く触れられない。その代わりにそこで語られるのは、「モーセ」を通じた「約束」についてであり、ヤハウェの「命令と掟と法」についてなのである。

　列王記上 2:3 への注解（93-94 頁）でも詳しく述べたように、神の掟の遵守を強調する律法主義や、「命令（ミツワー）」、「掟（フッカー）」、「法（ミシュパート）」といった法的用語の同語反復的羅列を好む文体は、申命記や申命記史書の本質に属しており、申命記主義運動に当初からあった傾向と考えられる。それゆえ、一部の研究者が好んで行うように、律法主義的言説や法的用語の多用が見られただけで、その部分をほぼ自動的に捕囚時代以降の「二次的」な付加と見なすことは適切ではない。しかしながら、

14–21節とこの54–61節を比較してみると、その構造的対応性と形式的並行性（民への祝福＋神讃美＋民への演説）にもかかわらず、直前に記したような観察から見て、この二つの段落が同一の著者たちの手によるものとはとうてい思われない。ダビデへの約束と神殿に関心を集中させる14–21節が、王国時代末期の第1の申命記史家たちの手によるものであるのに対し、それらへの関心を全く欠き、もっぱら律法媒介者としてのモーセとその律法の遵守に関心を限定するこの箇所は、王国滅亡後の第2の申命記史家たちが付加したものと考えられるべきであろう。他の多くの神学観念や歴史神学と共に、第2の申命記史家たちが第1の申命記史家たちから律法主義とその用語法をも受け継いだことは言うまでもない。それどころか、王国という政治体制も、神殿という宗教生活の祭儀的中心も、民族の自己同一性（アイデンティティ）の基盤である自分たちの土地も、すべて失った捕囚時代に、そのような律法主義的傾向がいっそう強まったことも想像に難くない。すなわち、民族の同一性と信仰の存続を支えるものは、もはや王（朝）でも国家でも神殿でもなく、もっぱら神の掟を守り抜くことになったのである。一連の執り成しの祈りを文脈に挿入した第2の申命記史家たちは、第1の申命記史家たちが書いた14–15節を形の上で模倣しつつ、14–21節に対応する54–61節の段落を構成し、一連の執り成しの祈りの外枠としつつ、そこに自分たちの時代の律法主義的な思想を盛ったのであろう。このような所見からは、共時的に見れば見事な統一性を示すシンメトリー的構造も、通時的に見れば実は歴史の中で段階的に形成されたものであることが推測できる。

　54節ではソロモンが「**両膝をつき**」、跪いていたことが前提とされるが、これはソロモンが立ったまま語ったとする22節と矛盾する。おそらくは後代になって支配的になった祈りの姿勢（エズ9:5; 詩95:6; イザ45:23; ダニ6:11）を踏まえたものであろう。14–21節と54–61節が別の申命記史家たちの筆によるものであることを前提とすれば、これを個別的な加筆（Würthwein 1977*; Talstra 1993:247, 286–287; Mulder 1998*; Nentel 2000:239）と見る必要性はない。55節の王による民の祝福については、14節と同所への注解を参照。

　56節で言及されているヤハウェによる「**安らぎ**」（メヌハー）の約束に

ついては、申命記 12:9–10 等参照。なお、ソロモンに関連しての安らぎについては、列王記上 5:18 を参照。「安らぎ」が与えられることは、申命記主義的歴史観では神殿建設の前提である（王上 5:18 への注解［193 頁］を参照）。22–28 節では、ヤハウェの「僕（エベド）」と言えばまずダビデであり（24–26 節）、そしてソロモンであった（28 節）。ところがここ（56 節）では「モーセ」が「彼（＝ヤハウェ）の僕」と呼ばれている（53 節をも参照）。神の約束のうち、「**落ちてしまったものは一言もなかった**」（56 節）というのは、すべてがその通りに実現したということ（ヨシュ 21:45; 23:14; 王下 10:10; イザ 55:11 等参照）。ただし、ここで言う「**すべてのよき約束**」（文字通りには、「すべてのよき言葉」）ということで具体的に何が意味されているのかは、いまひとつ明確ではない（「モーセを通じ」た約束であるため、もはやダビデ王朝の永続の約束のことではありえない！）。あえて特定するなら、直前に言及されている（神殿建設の前提としての）「安らぎ」の付与のことか（申 12:10 参照）。

　57 節でソロモンは、ヤハウェが「**われらと〔も〕共に（インマヌー）いてくださるように**」と願い、また、ヤハウェが自分たちを「**見捨てる**」ことも「**見放す**」こともないようにと祈願する。神が誰かと「共にいる」という表現は、いわゆる「共在定式」で、加護と支えを表現するものとして旧約聖書で非常に好んで用いられる（創 28:15; 出 3:12; ヨシュ 1:5, 17; サム上 16:18; 20:13 等参照。なお、イザ 7:14; 8:10 の「インマヌエル」（「神はわれらと共にいる」）をも参照）。

　58 節では、律法の遵守が勧告されるが、そこでは同時に、ヤハウェが自分たちの「心」（レバーブ）をヤハウェ自身の方に「**向けさせ**」（動詞「ナーター」）、自分たちが律法を「**守ることができるように**」してほしいという祈願がなされており（61 節をも参照）、律法遵守も究極的には自力の努力によるものではないことが示唆されている（申 30:6; エゼ 36:26–27 参照）。これは、念仏もまた阿弥陀仏の本願によるという親鸞の他力的念仏論を想起させる。この部分の著者の律法観は、その意味で「絶対他力」的である。

　ただし、ここでもまた、今日ある列王記の文脈で皮肉なのは、このように祈ったソロモン自身の「心（レバーブ）」が、後には外国出身の妻たちによって他の神の方に「ねじ曲げ」（動詞「ナーター」）られ（王上 11:4, 9）、

神の怒りと王国分裂に繋がってしまうことである。

59–60 節は、56–58 節 + 61 節の律法主義的文脈を中断する非律法主義的なテキストなので、非申命記主義的な加筆の可能性がある（Noth 1968*; Braulik 1971; Würthwein 1977*）。

59 節は、「七つの執り成し」への枠組みをなす 29–30 節と 52–53 節に似た（「彼の僕〔である私〕の訴えと彼の民イスラエルの訴え」、「昼も夜も」）、ヤハウェの聞き届けを促す祈願であるが、ここでは祈りの方向、目標としての神殿にはもはや言及されず、自分たちの嘆願の「言葉」がヤハウェ自身の「近く」（ケロビーム）にあることが一般的に祈願されるだけであることが注意を引く。おそらくは、ここでも神殿への関心がもはや失われているのであろう。なお、「その日その日の事柄について」と訳した表現は、文字通りには「ある日の事柄をその日において」で、通常は日々の食糧に関わる表現のようである（出 16:4; 王下 25:30; ダニ 1:5）。

60 節（「地上のすべての諸民族が、ヤハウェこそ神であり、他にはいないことを知る」）は、文脈と論理を中断しており、43 節に似た普遍主義と、第二イザヤを彷彿とさせる唯一神観（イザ 43:10–12; 44:6, 8; 45:5–7, 22 等参照。キーワードは「他にはいない（エーン　オード）」）が見られるので、やはり後代の加筆と思われる。ただし、申命記や申命記史書の比較的後期のテキストと思われる何箇所かにも、同様の唯一神観が見られる（申 4:35, 39; サム上 2:2; サム下 7:22; 王下 5:15; 19:15, 19）。これらの箇所も、後代の加筆の可能性が検討されてよい（Pakkala 2007; 山我 2013:315–325, 336–338 参照）。

61 節は、56–58 節の律法主義的な文脈に戻る。「掟」や「命令」を「守ることができるように」という、他力主義的な律法遵守の祈願については、58 節への注解を参照。人々の心（レバーブ）が「完全無欠な仕方で」（シャーレーム）ヤハウェと共にあるように、という特徴的な表現については、列王記上 15:3, 14、列王記下 20:3（＝イザ 38:3）、歴代誌上 28:9; 29:9、歴代誌下 19:9; 25:2 等を参照。なお、これについてもまた、列王記上 11:4 におけるソロモン自身のこれとは正反対の振る舞いとの皮肉な対照をぜひとも参照。

【解説／考察】

　この単元の釈義からは、申命記史書が非常に複雑な成り立ちのものであり、かなり長期間にわたる経過を通じて形成されたことと、一口に申命記主義、申命記史家と言っても、その内部に細かい物の見方や関心の相違があり、おそらくはかなりの数の異なる人々の関与が想定されることが改めて裏付けられたように思う。ここで取り上げた単元で、おそらく最も古い部分は、ソロモンの最初の演説（14–21節）とソロモンの祈りの第一部（22–26, 28–29a節）で、そこではソロモンの王位継承と神殿建設が、ヤハウェの「ダビデへの約束」を引き合いに出すことによって正当化され、またダビデ王朝の永遠の存続が希求されていた。この部分が書かれたのは、繰り返し述べたように、エルサレム神殿もダビデ王朝もまだ存続していた王国時代末期、すなわちヨシヤ王の祭儀改革前後の時期であろう。したがって、この部分はいわゆる第1の申命記史家たちの筆になるものと考えられる。それは、エルサレム神殿をヤハウェ宗教の唯一の正統的な聖所とするというヨシヤ王の改革を支持し、また、そのヨシヤ王も属するダビデ王朝を擁護し、それに神学的基礎を与えようとする目的を持っていたと思われる（「緒論」33–35頁参照）。

　しかしながら、ダビデ王朝が断絶した後の捕囚期に生きた第2の申命記史家たちは、その体験と認識を踏まえ、ソロモンの一連の執り成しの祈りを構成し、神殿での祭儀が途絶え、神殿本体が廃墟となってしまっていたとしても、祈りの向けられる方向として、神殿がなお意義を持ち続けていることを訴えようとした（29b–53節）。その際に、執り成しの祈りのいくつかには、カナンの地にいることや神殿の存在を前提にした、より古い（申命記史家たち以前の）素材が応用されている可能性がある。しかし、それらも今日の文脈では、申命記史家たちの叙述意志に完全に組み込まれてそのメッセージの担い手として働かされている。ただし、第7の執り成しは、用語法的にも思想的にも申命記主義の枠組み内に留まりながら、時代的には捕囚時代よりももう少し後のディアスポラ時代（ペルシア時代後半からヘレニズム時代）に付け加えられた可能性がある。

　他方で、同じ捕囚時代以降の申命記史家的サークルの中には、祈りの方

向としての神殿の意義にすら関心を失い、もっぱら律法遵守に信仰と民族の存続の基盤を求めた人々もいたらしい（56–58, 61 節）。このような見方の相違は、捕囚時代の「第 2 の申命記史家」を単独個人とは見ずに、内部に見解の相違を含む学派的なグループであったと見れば説明できるであろう。

　いずれにせよ、王国の滅亡、ダビデ王朝の断絶、神殿の破壊、「約束の地」の喪失、異教の地への捕囚という前 587 年の一連の破局は、社会的な混乱や経済的打撃だけでなく、深刻な信仰の危機をもたらしたはずである。それらの事態は、あたかも約束を守り続けることができなかったヤハウェの無力、バビロンの神々への敗北を露呈しているようにも解釈できたからである（イザ 40:27; 50:2; エレ 44:16–18 等参照）。これに対し、捕囚期の申命記史家（たち）は、破局がイスラエルの「罪」の結果であり、彼らがなすべきことはヤハウェへの信仰を保ち、罪を悔い改め、ヤハウェに「立ち帰り」、祈り続けてあくまで罪の「赦し」を求めることだ、と勧告しようとしたのである（「緒論」37–40 頁参照）。

　なお、現在あるこの単元には、申命記史家たちの時代よりも後から、それとは異なる志向性や神学を持った個別的な加筆がいくつか加えられているように見える（27, 43b, 53, 59–60 の各節）。本章全体は、長期間にわたる、世代や個別的な神学的観念を超えた、多数の人々による創造的な伝承の継承発展経過の所産なのである。

(7)神殿奉献の祝祭（上 8:62–66）

【翻訳】

犠牲

8 章

62 王および彼と共にいた全イスラエルは、ヤハウェの前で犠牲をささげていた[a]。
63 【ソロモンは和解の供犠の犠牲[b]をささげたが、彼がヤハウェにささげたのは、牛が 2 万 2000 頭、羊が 12 万匹であった。】こうして、王とイスラエル

の子らすべては、ヤハウェの神殿を奉献した。⁶⁴【その日、王はヤハウェの神殿の前にある庭の中央部を聖別し、そこで全焼の供犠、穀物の供物、和解の供犠の脂肪をささげた。ヤハウェの前にある青銅の祭壇では小さすぎて、全焼の供犠、穀物の供物、和解の供犠の脂肪を受けきれなかったからである。】

巡礼祭

8:65 その時、ソロモンおよび彼と共にいた全イスラエル、すなわちレボ・ハマトからエジプトの川にまで至る大きな集会は、われらの神ヤハウェの前で、巡礼祭を行った。それは7日間【、さらに7日間、〔計〕14日間】に及んだ。

集会の解散と人々の帰還

8:66 8日目に、〈ソロモン〉[c] は民を送り出した。すると彼らは王を祝福し、ヤハウェが彼の僕であるダビデと彼の民イスラエルにほどこしたすべての恵みを喜びながら、上機嫌でそれぞれの天幕に帰って行った。

 a: 動詞の形（分詞形）は継続的、持続的な行為を表す。
 b: 原語は「ゼバハ　ハ・シェラミーム」という二重表現。注解本文を参照。
 c: 原文には主語がなく、動詞は3人称男性単数形（「彼は……送り出した」）。
  文脈からソロモンが主語と解する。

【形態／構造／背景】

列王記上 8:1–13 への釈義の冒頭（268–269 頁）でも見たように、祝祭と犠牲、および民の解散からなるこの部分は、列王記上 8:1–13 と共に、この章全体のいちばん外側の枠を形成している。前方の枠におけると同様、ここでも犠牲がささげられ、巡礼祭が祝われ、最後に民の解散が報告される。形態と構造は単純で、次の通りである。

 （ⅰ）62–64 節　犠牲
 （ⅱ）65 節　　　巡礼祭
 （ⅲ）66 節　　　集会の解散と人々の帰還

聖所や神殿の落成に際して犠牲がささげられるのは、通常のことであったので（レビ 9:1–21; エズ 6:17）、申命記史家たち以前の神殿建設をめぐる伝承に、ソロモンによる犠牲奉献の記事が含まれていたとしても何ら不思議ではない（Noth 1968*; Hentschel 1984*; Campbell/O'Brien 2000:358）。申命記史家たちは、その犠牲祭が国民的な集会であったことを強調し（62–63 節における「全イスラエル」、「イスラエルの子らすべて」の語、動詞の複数形）、ここで行われた祝祭が申命記的なエルサレムへの「巡礼祭」（後述）であったように手を加えながら（65 節）、より古い伝承を申命記史書に取り入れていると考えられる。

さらに、列王記上 8:1–13 におけると同様、神殿と犠牲に関わる祭儀的関心から、祭司文書的な精神による後代の加筆が加えられているようである。

【注解】

62–64 節　犠牲

62 節の「**犠牲**」（ゼバハ）の奉献は、5 節の繰り返しのようにも見えるが、5 節の犠牲が契約の箱のための供儀であったのに対し、ここでささげられる犠牲は神殿献堂のためのもの（Cogan 2001*）で、それは同時に神殿における通常の定例的な犠牲奉献祭儀の第 1 回目という意味をも持っていたことになろう。なお、（祭司ではなく）王やイスラエルの人々自身が犠牲をささげているように描かれていることについては、5 節への注解を参照。

63 節では、その犠牲が「**和解の供儀の犠牲**」（ゼバハ　ハ・シェラミーム、口語訳では「酬恩祭」、新共同訳では「和解の献げ物」、JBS 共同訳では「会食のいけにえ」）であったと、より詳しく特定されている。この部分は、祭儀に関心が強い後代の加筆者の補足かもしれない。申命記史家たちは唯一の正統的なヤハウェ聖所としてのエルサレム神殿に強い関心をいだくが、通常は、そこで行われる犠牲祭儀の種類や技術的細部にはほとんど拘泥しない。「和解の供儀の犠牲（「ゼバハ」＋「シェラミーム」）」という冗長な二重表現も、五書の祭司文書によく見られるものである（レビ 3:1; 4:10, 26, 31;

321

7:11, 18; 9:18 等)。この犠牲の特徴は、犠牲獣の脂肪（64 節参照）だけが祭壇で焼かれて神にささげられ（レビ 3:3-4, 9-11, 14-16)、その肉が祭儀参加者たちによって食べられることである（レビ 7:15-19)。すなわちある種の聖餐儀礼である（王上 3:15 と同所への注解を参照)。「牛が 2 万 2000 頭、羊が 12 万匹」というのは、現実離れした誇張であるが（エズ 6:17 のずっと慎ましやかな数字——それでも多すぎる！——と比較のこと)、65 節で全イスラエルからの「大きな集会」が集まったとされていることから発想されたものかもしれない。すなわち、それほど多くの人々が犠牲の肉を食べるのなら、膨大な数の犠牲獣が必要とされるであろう（！)。数字はいずれも人工的、象徴的な意味を持つ。ヘブライ語のアルファベットの字母の数が 22 であることや、イスラエルの部族の数や一年の月の数が 12 であることから、「22」や「12」はいずれもある種の完全数的な象徴的意味を持つ。それぞれに、千と万を掛けたものであろう。あるいは、祝祭の 14 日間（65 節参照）にわたって、平日には毎日羊が 1 万匹ずつ、安息日には牛が 1 万 1000 頭ずつ（Knauf 2016*)、ということであろうか。なお膨大な数字が明記されていることは、5 節で、犠牲の数が多すぎて数え切れなかったとされていることと厳密に言えば相容れない。

　63 節後半では、「王とイスラエルの子らすべて」により、神殿が「奉献」（動詞「ハーナク」）されたことが確認される。古代イスラエルでは、一般の住居の場合でも、新築後入居する前に奉献式が行われた（申 20:5)。はるか後の第二神殿時代、シリアのギリシア系支配者アンティオコス 4 世エピファネスにユダヤが占領された際に、エルサレム神殿にはギリシアの神ゼウスの像が立てられたが、マカバイのユダの率いるユダヤ人部隊は神殿を奪還して異教的要素から清め、イスラエルの神ヤハウェに再奉献した（Ⅰマカ 4:36-59; Ⅱマカ 10:1-8。前 164 年)。ユダヤ人は今日に至るまで、キスレウの月の 25 日から 8 日間、この快挙を記念して「奉献祭」である「ハヌカ」を祝うが、この名はこの動詞「ハーナク」に基づくものである。

　64 節では、さらに、この機会に「全焼の供儀」（オーラー）と「穀物の供物」（ミンハー）もささげられたことが記されている。これも、祭儀にこだわる加筆者の付加であろう（Noth 1968*; Würthwein 1977*; Hentschel 1984*; Nentel 2000:214)。「オーラー」（口語訳では「燔祭」、新共同訳では「焼き尽く

す献げ物」、JBS 共同訳では「焼き尽くすいけにえ」) はギリシア語式に言えばいわゆる「ホロコースト」で、最も重要性の高い犠牲であり、皮を除いて犠牲獣全体が祭壇で焼かれ、骨と灰しか残らない（レビ 1:3–13）。「ミンハー」は、小麦をそのままの状態やパンやケーキの形に調理してささげるもので、いわばオーラーの「付け合わせ」としてささげられた（レビ 2:1–10）。63 節の前半でも言及された「**和解の供儀**」（ここでは「シェラミーム」のみの形）については、ささげられたのは脂肪だけだったと正確に記されていて、芸が細かい（レビ 3:3–5, 9–11, 14–16 参照）。前述のように、この種類の犠牲では「**脂肪**」（ヘレブ）だけが祭壇で焼いて神にささげられ、肉は参会者たちによって食べられたからである（63 節への注解参照）。

　63 節で挙げられているほど膨大な犠牲がささげられたのであれば、「**ヤハウェの前にある青銅の祭壇では小さすぎ**」た、というのも無理からぬことである。緊急的な特別処置として、「**神殿の前にある庭の中央部**」が「**聖別**」されたうえで犠牲に用いられた。事実とすれば、ほとんど集団バーベキュー状態であったろう。神殿の前の庭（ハツィール）については、列王記上 7:8–9, 12 と同所への注解を参照。なお、犠牲用の青銅の祭壇については、7:13–47 への注解の冒頭の説明（251–252 頁）、および列王記上 9:25 への注解を参照。それが「青銅」の祭壇であったことは、列王記下 16:14–15 を参照。なお、モーセの時代の会見の幕屋の祭壇は、アカシア材の骨組みに青銅製のカバーを掛けたものであった（出 27:1–8; 38:1–8, 30; 39:39）。

65 節　巡礼祭

　ここで言う「**巡礼祭**」（冠詞付きの「ヘ・ハーグ」）とは、2 節で見たように秋の仮庵祭（ハグ　ハ・スッコート）のこと（レビ 23:34; 申 16:13 参照）。ただし、巡礼祭の際に神殿献堂のための集会が行われたとする 2 節と、献堂式の後にこの巡礼祭が催されたとするこの箇所の記述は、厳密に言えば必ずしも整合していない。なお、仮庵祭は、もともとは収穫の際に畑や果樹園のそばで仮小屋に泊まり込むことから始まった収穫祭であった（レビ 23:39–42）が、ヨシヤ王の祭儀改革による祭儀集中で、エルサレム神殿で行われる巡礼祭に変えられた（申 16:13–16）。ここでは、そのような申

命記的な仮庵祭理解が前提にされているので、この部分は申命記史家たちによる付加であろう。この献堂式と巡礼祭には、イスラエル全土から「**大きな集会**」（カハール　ガドール）が参加したことが確認される。北限の「**レボ・ハマト**」（ないしは「ハマトへの入り口」。民 13:21; 34:8; ヨシュ 13:5; 士 3:3; 王下 14:25; アモ 6:14 等参照）は、レバノン山地とアンチレバノン山脈の間にあるベカー高原北部のレブウェーに同定されている（ABD*; NIB*）。「**エジプトの川**」（創 15:18; 民 34:5; ヨシュ 15:4, 47; 王下 24:7 等参照）はナイルではなく、シナイ半島北部から地中海に注ぐワディ・エル・アリシュで（Noth 1968*; Cogan 2001*; NIB*）、これがエジプトとの国境と見なされていた（王上 5:1 とその注解参照）。その河口は、ガザの南西約 70 キロメートルに位置する。いずれにせよ、ここで考えられている範囲は、伝統的なイスラエルの領域を示す定型句「ダンからベエル・シェバまで」（王上 5:5 と同所への注解を参照）よりもはるかに広い。なお、語り手による客観的な叙述であるにもかかわらず、この節で「**われらの神**」（エロヘーヌー）とされているのは、筆のすべりか（直前の 57, 61 節の表現に引きずられたものか？）、あるいはテキスト破損であろう。七十人訳でもそうなっている（テウー　ヘモーン）が。

仮庵祭は「**7 日間**」催された（レビ 23:34–43; 申 16:13）。マソラ本文の 65 節ではその後ろに「**さらに 7 日間、〔計〕14 日間**」の文字があるが、これは七十人訳に欠けており、後代の加筆であろう。直後の 66 節の「**8 日目に**」の語は、この期間の倍増を前提にしていない（Burney 1903:129; Würthwein 1977*; Mulder 1998*; Nentel 2000:212–213）。これが加えられたのは、この節で、仮庵祭が神殿献堂式の後で祝われたように描かれていたからであろう。したがって、最初の 7 日間は神殿献堂祭、次の 7 日間は仮庵祭だったということなのであろう（代下 7:8–9 参照）。歴代誌の記述をもとに、この箇所にも追加の 7 日間が二次的に加えられたのかもしれない。

66 節　集会の解散と人々の帰還

祭司文書的な伝統によれば、仮庵祭の「**8 日目**」には「**聖なる集会**（ミクラー　コーデシュ）」が開かれるはずである（レビ 23:36。なお 民 29:35; 代下 7:9 をも参照）が、申命記的伝統はこの習慣を知らないようである（申

16:13–16)。ここでは、8 日目は集会の解散の日である。王が民を祝福する場合（14, 55 節参照）はともかく、「**民**」が「**王**」を「**祝福**」するというのは、旧約聖書ではめずらしい（サム下 14:22 参照）。神が主語の場合同様、「誉め讃えた」と訳すべきであろうか。いずれにせよ、ソロモンの神殿建設事業に対する全国民的な賛同を表現する。「**それぞれの天幕（オーヘール）に**」帰るというのは、故郷への帰還を意味する伝統的、定型句的表現（王上 12:16 と同所への注解を参照）。この節には、申命記史家たちに特徴的な用語法は特に見られず、やや文章が詰め込まれすぎているようにも見えるが、神殿奉献の祝いを全国民的な大行事として描いてきた申命記史家たちが、ソロモンによる集会の解散と民の送り出しについて語っていたとしても全く不思議はない。二次的な加筆があったとしても、それを正確に摘出することは不可能に思える。

【解説／考察】

　申命記史家たちによれば、神殿の完成と奉献は全国民的な喜びの機会であり、それは多くの犠牲と華やかな祝祭で祝われた。神殿完成は、ヤハウェがダビデとイスラエルにほどこした「恵み」（66 節。文字通りには「よきこと（トーバー）」）と解釈された。エルサレム神殿は、単に王宮のチャペルであるばかりではなく、国家的聖所であり、やがては国民の統合の象徴ともなった。他方で後に神殿は、神の現臨とその加護の目に見える象徴としていわば偶像化され、やがては現実的根拠のないエルサレム不可侵の神話を生み（詩 46:5–6; 48:2–3）、預言者たちの批判をまねくことになる。

　　「お前たちのゆえに、シオンは耕されて畑となり、
　　　エルサレムは石塚に変わり、
　　　神殿の山は木の生い茂る高台となる。」　　　　　　（ミカ 3:12）

　　「ヤハウェの神殿、ヤハウェの神殿、ヤハウェの神殿という
　　　むなしい言葉に依り頼んではならない。……
　　　それは救う力を持たない。」　　　　　　　　　　　（エレ 7:4, 8）

(8)ヤハウェの啓示――約束と警告（上 9:1–9）

【翻訳】

ヤハウェの顕現
9 章
[1]ソロモンがヤハウェの神殿と王宮の建設を完了し、造りたいと望んだものについてのソロモンのすべての念願〔を果たしたとき〕、[2]ヤハウェは、かつてギブオンで彼に顕現した際のように、ソロモンに二度目の顕現をした。

神殿への顧みの約束
9:3 ヤハウェは彼に言った。「わたしは、あなたがわたしの前で願い求めた、あなたの祈りとあなたの嘆願を聞いた。わたしはまた、わたしの名を永遠にそこに置くためにあなたが建てた、この神殿を聖別した。わたしの目と心は、いつの日にもそこにあるであろう。

ダビデ王朝の永続についての条件付きの約束
9:4 あなたについては、もし、あなたが、かつてあなたの父ダビデが歩んだように、まったき心と正しさをもってわたしの前を歩み、わたしがあなたに命じたすべてのことを行い、わたしの掟とわたしの法をあなたが守るなら、[5]わたしはイスラエルの上に立つあなたの王国の王座を永遠に堅く立てる。わたしがかつて、あなたの父ダビデに約束して、『あなたにとって、イスラエルの王座につく男子が断たれることは決してない』と言ったように。

背教への警告と災いの予告
9:6 ただし、もし、あなたたちとあなたたちの子孫たち[a]がわたしに背いて身を転じるようなことをし[b]、わたしがあなたたちの前に授けたわたしの命令、わたしの掟を守らず、あなたたちが出かけて行って他の神々に仕え、彼らにひれ伏すなら、[7]わたしはイスラエルを彼らに与えた土地の上から断ち、またわたしがわたしの名のために聖別したこの神殿をわたしの顔の前から退ける[c]。こうしてイスラエルは、すべての諸民族の間で格言となり、語り草となる。[8]こ

の神殿は廃墟*a*となり、そのそばを通りかかる者は皆、仰天して口笛を吹き、こう言うであろう。『なぜヤハウェは、この土地とこの神殿に対してこのようなことをなされたのか』。⁹ そして、彼らはこうも言うであろう。『これは彼らが、彼の父祖たちをエジプトの地から導き出された彼らの神、ヤハウェを捨て、他の神々にしがみつき、彼らにひれ伏し*e*、彼らに仕えたからなのだ。だから、ヤハウェは彼らの上にこれらのすべての災い*f*をもたらされたのだ』」。

- *a*: 原文は文字通りには、「（あなたたちの）息子たち」。
- *b*: 原文は、「向きを変える（シューブ）」という動詞を違う形で二重に用いる、ヘブライ語独特の強調表現で書かれている。
- *c*: 原文は文字通りには、「送り出す」。
- *d*: 原文は文字通りには、「いと高きもの（エルヨーン）」。注解本文を参照。
- *e*: 原文（ケティーブ）では、この動詞だけ単数形。ケレーに従い複数形に読む。
- *f*: 原文は文字通りには、「悪（ラアー）」。

【形態／構造／背景】

　第Ⅰ部へのまえがき（48 頁参照）でも述べたように、現在ある形態の列王記では、ソロモンへのヤハウェの顕現と彼の治世における統一王国の繁栄についての二つの記述（王上 3:1–5:14; 9:1–10:29）が、神殿建設についての記事（王上 5:15–8:66）を両側から囲む形になっている。しかも、この両枠をなす部分のそれぞれ冒頭に、ソロモンに対するヤハウェの顕現と約束の場面が置かれている（49 頁参照）。前方の枠の内容は、ギブオンにおけるヤハウェの啓示であり（王上 3:1–15）、そこで約束されるのは、ソロモン自身が乞うたイスラエルを統治するための知恵などであったが、後方の枠をなすこの箇所ではまず、先行するソロモンの神殿奉献の際の祈り（特に王上 8:22–29a）を踏まえて、エルサレム神殿へのヤハウェの顧み（3 節）と、「イスラエル」に対するダビデ王朝の永続（4–5 節）が約束される。ただし、後者については、列王記上 2:4 と同上 8:25b におけると同様、その約束が「もし……なら」と律法遵守に条件づけられた形になっており、神殿についても、イスラエルがヤハウェに背教した場合の破壊の可能性が

警告の形で述べられている（6–9 節）。したがって、ここまでのソロモンの治世についての記述（王上 3–8 章）がソロモンの知恵、繁栄と成功と富、神殿と王宮の建設という積極的で肯定的なテーマのものばかりであったのに対し、ここではソロモンやその子孫たちの堕落と背教の可能性が示唆され、ソロモンの治世の負の側面を含む記述への切り替えがなされていると見ることもできる（Noth 1968*:196; Parker 1993:42–43, 84–89; Sweeney 2007:138–139）。同時にここには、現にある形での列王記（および申命記史書全体）の大団円をなす、王国滅亡と神殿破壊（王下 25 章）の暗い予兆が示されている。

この単元全体の構成は以下のとおりである。

（ⅰ）1–2 節　導入——ヤハウェの顕現
（ⅱ）3 節　　神殿への顧みの約束
（ⅲ）4–5 節　ダビデ王朝の永続についての条件付きの約束
（ⅳ）6–9 節　背教への警告と災い（王国滅亡と神殿破壊）の予告

前半の約束（3–5 節）と後半の警告（6–9 節）の明と暗の対象が峻烈である。ここでも全体が思想的、用語法的に一貫して申命記史家的であるが、列王記上 8 章におけると同様、王国存続期の第 1 の申命記史家たちと、王国滅亡以後の第 2 の申命記史家たちが区別できそうである。

前半の約束と後半の警告の対照の峻烈さの背景には、それぞれの部分が書かれた時代の状況の相違があると見るべきであろう。

【注解】

1–2 節　導入——ヤハウェの顕現

「ソロモンがヤハウェの神殿と王宮の建設を完了」したのは、40 年におよぶソロモンの治世（王上 11:42 参照）の第 24 年頃（王上 6:1, 38; 7:1 参照）ということになる。ただし、この書き出しは、以下で描かれる神の啓示の場面の導入文としてはやや不調和である。なぜなら、現在の列王記の文脈では、7 年間をかけた神殿建設（王上 6:38）に 13 年もかかる王宮建

設が続いたことになっている（王上 7:1）。それゆえ、神殿完成直後のソロモンの祈りと嘆願にヤハウェが応答したのは、13 年近くも後ということになってしまうのである（Walsh 1996*; Duncker 2010:288）。おそらくは、この部分を書いた申命記史家の一人の筆の滑りであろう。内容的に見れば、後述するようにここでのヤハウェの啓示（特に 3–5 節）は、明らかに神殿奉献の際のソロモンの祈り（特に 8:25–29a）に直接応答するものなので、実際には神殿完成時のソロモンの祈りの直後のことであったと解すべきであろう。

　「造りたいと望んだものについてのソロモンのすべての念願」とは、文面の類似性から見れば、後に述べられる、ソロモンが神殿と王宮以外に建てる軍事施設を含むさまざまな建物（王上 9:19 参照）のこととも考えられるが、その場合には、神殿と宮殿の完成からさらにかなりの時間を要したことになろう。ただし、ここでは動詞が後者の箇所（「建てる（バーナー）」）とは異なり「造る（アーサー）」なので、神殿の備品や祭具（王上 7:13–50）の製作のことと解すこともできる。その場合には、やはり神殿の完成の直後の出来事と解せる。

　「かつてギブオンで彼に顕現した際」というのは、列王記上 3:4–15 に記された第 1 の顕現のこと。したがってここに描かれるのは、「二度目」の顕現ということになる。この「顕現」（文字通りには、「見られる」という受動形）がどのように行われたのかは明記されないが、「ギブオンで彼に顕現した際のように（カ・アシェル）」とあるので、夜の夢を通じた啓示と考えられているのであろう（王上 3:5 参照）。場所についての記述もないが、当然エルサレムであることが前提になっていよう。

3 節　神殿への顧みの約束

　ギブオンでの啓示（王上 3 章）とは異なり、ここでは問答形式ではなく、ヤハウェの一方的な約束の形を取るが、この節は内容的に、神殿の奉献の際にソロモンが祈った、「イスラエル」へのダビデ王朝の支配の永続の祈願（王上 8:25）、そして自分の建てた神殿を顧みてくれるようにというソロモンの要請（王上 8:28–29a）に応えるものとなっている。すなわち、ここでヤハウェは、ソロモンの「**祈り**」（テフィッラー）と「**嘆願**」（テヒンナ

ー。王上 8:28, 45, 49 参照）を「**聞いた**」（動詞「シャーマア」）と宣言する。ヤハウェが神殿を「**聖別した**」（ヒクダーシュ）とは、ソロモンが建てた神殿をヤハウェが嘉納した、すなわち受け入れ、その正統性を認めたということ。神殿が「**わたしの名を永遠にそこに置くため**」のものだというのは、申命記主義の大きな神学的特徴の一つである神殿に関する「名の神学」（5:16–19 への注解と 291 頁を参照）の表現であるが、ここではそれが特に「**永遠に**」（アド・オーラム）とされていることから見て、神殿がなお存続していることが前提にされているように思われる。もしそうだとすれば、この部分を書いたのは、王国滅亡以前の第 1 の申命記史家の一人だということになろう（Burney 1903:129–130; Knoppers 1993:110; Campbell/O'Brien 2000:359）。なお、神殿にヤハウェの「**目**」が注がれることについては、列王記上 8:29a, 52 を参照。ただし、同所にあった特徴的な「開く（ペトゥホート）」の語（両箇所への注解を参照）がここにはなく、その代わりに「**心**」（レーブ）の語が付け加えられている。目も心も、神殿へのヤハウェの特別の結び付きを表す擬人的表現。この密接な関係が「**いつの日にも**」（文字通りには、「すべての日々（コル　ハ・ヤミーム）」）維持されるという表現も、まだ神殿が存続していることを前提にしているように思われる。

　他方で、8:29b–30 への注解でも論じたように、ここでのヤハウェの応答には、列王記上 8 章でソロモンの神殿奉献の祈りに続いていた長大な七つの執り成しの祈りに関わる要素は全く含まれていない（この点で、代下 7:13–14 は異なっている）。王国時代の第 1 の申命記史家たちの段階では、それらの執り成しの祈りはソロモンの神殿奉献の祈りにはまだ取り入れられていなかったのである（302 頁参照）。

4–5 節　ダビデ王朝の永続についての条件付きの約束

　これも、ソロモンの神殿奉献の祈りのうち、列王記上 8:25b の「イスラエル」へのダビデ王朝の支配の永続の願いへの応答になっている。しかも同上 2:4; 8:25b におけるのと同様、ここでもこの約束が、律法の遵守を内容とする（「**もし**（イム）、……**なら**」という）条件付きの形になっている（両箇所への注解をも参照）。ダビデ王朝の「イスラエル」への支配は、無

条件で永続するものではなく、あくまでダビデの子孫である歴代の王のヤハウェへの忠実如何に掛かっているのである。しかも、列王記上 2:4 ではダビデが、また同上 8:25b ではソロモンがそれぞれこの約束を「引用」する形になっていたが、ここではヤハウェ自身が改めてこの約束を自分の言葉として確認する。したがって、この部分を書いた申命記史家たちにとっては、それはあくまでヤハウェ自身による真実の約束なのである。

　他方で、律法遵守の条件を課されるのは、列王記上 2:4 と同 8:25b ではいずれも一般的にダビデの「子孫たち」（複数形）であったが、ここではそれが単数形の「**あなた**」、すなわちソロモン個人に特定されている（ただし 6 節以下と同所への注解をも参照）。したがってこの箇所では、以前の 2:4; 8:25b におけるよりもさらに明瞭に、この「もし、……なら」という条件が、ソロモンの背教を通じた王国分裂（王上 11–12 章）を予告する伏線として読めるようになっている。すなわち、ここではソロモンがヤハウェの掟（フッキーム）と法（ミシュパティーム）を守るように要請されているが、ソロモンは老境に及ぶと、外国人の妻たちのために異教の神々の聖所を造り（王上 11:5–8）、掟（フッコート）と法（ミシュパティーム）を破ることになる（王上 11:33）。その結果として、王国分裂が起こるのである。

　以前の二つの箇所（王上 2:4 と王上 8:25b）への注解でも論じたことであるが、一部の研究者は、これらの条件付きの王朝永続の約束を前 587 年のダビデ王朝の断絶を踏まえたものと見て、記述を捕囚時代の申命記史家たちに帰す（96 頁参照）が、もしこの条件付きの約束がソロモンの罪の結果としての王国分裂を理由づけるものであれば、必ずしもそのように考える必要はない。捕囚前のヨシヤ時代の第 1 の申命記史家たちが、そのような理論でソロモン死後の王国分裂を説明していたということも十分可能だからである（王上 11 章への注解を参照）。ここで言われる「**イスラエルの王座**」（キッセー）とは、あくまで統一王国全体に対する支配である（王上 8:20; 10:9 参照）。しかし、これらの箇所を書いた（第 1 の）申命記史家たちによれば、その支配の存続には律法遵守の義務の条件が付されていた。そして、やがてソロモンは、その条件に違反し、王国分裂をもたらすことになる。しかし、「ダビデに免じた」ヤハウェの恩恵により、その後もダビデ王朝には「一つの部族」（ユダ）が残されることになる（王上 11:13,

32)。これに対するダビデ王朝の支配は、「いつまでも」燃え続ける「ともし火」として、無条件に永続することになるのである（「緒論」36 頁および王上 11:36; 15:4; 王下 8:19 と同所への注解を参照）。以上が、ダビデ王朝がまだ存続していた王国時代末期に書いた、第 1 の申命記史家たちの王朝神学の基本的見解であった。

6–9 節　背教への警告と災い（王国滅亡と神殿破壊）の予告

ところが、6 節にある二番目の「もし」（イム）以降、内容も表現も唐突に一変する。5 節までと異なり、そこで問題にされるのは、もはやソロモンでもダビデ王朝でもなく、イスラエルの民全体の運命である。6 節はそのための論理的移行部で、主語がそれまでの「あなた」（4 節参照！）から「**あなたたちとあなたたちの子孫たち**」と複数形に変わり、やがては「**イスラエル**」となる（7 節）。これは、ここで書き手が変わっていることを示唆する（Würthwein 1977*; Knoppers 1993:109–110; Campbell/O'Brien 2000:360; Nentel 2000:244–245）。これと同じような王個人や王朝の存続から民の境涯への関心の変化は、列王記上 8:24–26, 28–29a の王朝存続を祈るソロモンの言葉についての第 1 の申命記史家たちの記述と、列王記上 8:29b–53 の七つの執り成しの祈りを含む第 2 の申命記史家たちの記述の間にも観察されたものである（両箇所への注解を参照）。しかも、ここ（6 節以下）では、明らかに前 587 年におけるユダ王国の滅亡と神殿破壊が前提にされており、他方でイスラエルの人々が、「**他の神々に仕え、彼らにひれ伏す**」背教を行ったために、ヤハウェより与えられた「**土地**」から「**断**」たれることが予告されている。したがって 6 節以下では、明らかに、すでに王国滅亡と捕囚を体験した第 2 の申命記史家たちが語っているのであり、しかもその主たる意図が、その破局の理由の神学的な解明であることは明白である。すなわち王国滅亡と捕囚という破局は、（もはやダビデ王朝の王がではなく！）イスラエルの民がヤハウェの「**命令**」（ミツウォート）と「**掟**」（フッコート）を破り、異教の神々を崇拝したことの報いなのである（王下 22:17 参照）。「**神殿**」が「**廃墟**」となるのもまた同じ理由による。すなわち、「**ヤハウェは彼らの上にこれらのすべての災い**」を下したのである（「緒論」37–39 頁参照）。もちろん、そこには異教的な環境の中

で生きるバビロン捕囚民に対する、他の神々を崇拝してはならないという警告も含まれているはずである。

　6節の「**身を転じる**」と訳された表現の原語は動詞「シューブ」で、ソロモンの執り成しの祈りの列王記上 8:33, 47–48 でヤハウェへの「立ち帰り」を意味していたのと同じ語。ここでは逆方向の転回、すなわち背教の意味で用いられている（ヨシュ 22:16, 18, 29; サム上 15:11 等参照）。「他の神々（エロヒーム　アヘリーム）」に仕えることが申命記主義的神学において最悪の罪であることは、出エジプト記 20:2、申命記 5:7; 7:4; 11:16; 13:3, 7, 14; 17:3; 28:36、ヨシュア記 23:16 等を参照。

　7節の「**断ち**」（動詞「カーラト」）の語は、5節における「第1の申命記史家」による「イスラエル」へのダビデ王朝の支配が「断たれる」ことはない（ロー　イッカーレト）という否定形・受動形の記述を、（ヤハウェが主語の）能動形（正確には使役形で、「絶滅させる」）・肯定形に変えて民全体に当てはめたもの。すなわち、もはやダビデ王朝の支配の断絶如何ではなく、イスラエルそのものの絶滅の可能性が問題にされているわけである。他方で、ここでダビデ王朝の存続如何については何も言われていないことも注意を要する。すなわち、ダビデ王朝が永続するとも、断絶するとも明言されていないのである。第2の申命記史家たちは、他の箇所でも、王国滅亡や神殿破壊、土地の喪失については語っても、なぜかダビデ王朝の運命については沈黙を保つ傾向が強い（王下 21:12–14; 23:27; 24:3 と同所への注解を参照）。ことによると、そこにある種の希望が隠されているのかもしれない。

　神殿の「**聖別**」の語も、3節から取り入れられている。したがって、共時的に読めば、3節の神殿への「永遠の」加護の約束が今や撤回されたことになる。災いにあった者が「**格言**」（マーシャール）となり、「**語り草**」（セニナー）となるとは、惨めな者、裁きを受けた者の代名詞となり、自業自得の災いに見舞われた者の典型として人口に膾炙するようになる、ということ（申 29:22; イザ 1:9; アモ 4:11 におけるソドムとゴモラの例を参照。なお、エゼ 5:14–15 等をも参照）。申命記主義的表現の一つ（申 28:37; エレ 24:9 参照）。なお、「マーシャール」の語は、ことわざや慣用句（サム上 10:12; 24:14）から神託（民 23:7, 18; 24:3）や寓話（エゼ 17:2; 24:3）、嘲笑

歌（イザ 14:4; ミカ 2:4）までを含む多義的な観念だが、ここでは知恵文学によくある、短いが寸鉄人を刺すような箴言や警句のこと（王上 5:12; 箴 1:1, 6; 10:1; 25:1; 26:7, 9; コヘ 12:9 等参照）。

8節の「廃墟」はシリア語訳、古ラテン語訳、タルグムに従って「レ・イッイーン」（エレ 26:18; ミカ 3:12 等参照）と読み替えたもの（Burney 1903:132–133）で、訳注にも記したように、マソラ本文原文は、「いと高きもの（エルヨーン）」。単なる誤写（Noth 1968*; Gray 1977*; Cogan 2001*）か、あるいは——第二神殿時代の——写字生が、神殿が廃墟となるというあまりにも衝撃的で不吉な内容に差し障りを感じ、文字を入れ替えたもの（עליון → לעיין）であろう（Würthwein 1977*; Särkiö 1994:102）。いずれにせよ、歴代誌が書かれた時代には、ほぼこの「いと高きもの」という読みが定着していたようである（代下 7:21 参照）。「口笛」を吹くとは、驚嘆の表現か、あるいは嘲りの所作（エレ 19:8; 49:17; 50:13; エゼ 27:36; 哀 2:15 等参照）。同じような災いが自分に見舞わないようにという、まじない的な意味を持っていたという説もある（Noth 1968*）。なお、8–9節にあるような問答形式による災いの原因の説明としては、申命記 29:23–27、エレミヤ書 22:8–9 参照。9節に出る、ヤハウェを「捨て」（動詞アーザブ）も、申命記や申命記史書で背教行為を表す際に頻用される神学的用語（申 28:20; 29:24; 31:16; 32:15; ヨシュ 24:16, 20; 士 2:12–13; 10:6; サム上 12:10; 王下 21:22 等参照）。

前述のように、列王記では上3章以来、ソロモンの知恵と繁栄ぶりと神殿建設の記述を通じて、ソロモンの治世についての明るく肯定的な記述が続いてきたが、ここで初めて、イスラエルの歴史の将来に関して不吉な予兆が示される。しかも、ここで示唆されているヤハウェからの背反は、イスラエルの「子孫たち」（6節）の時代になってからではなく、早くもソロモン自身の時代に、しかもそのソロモン当人によって引き起こされることになるのである（王上 11:1–11 参照）。

【解説／考察】

人の手で建てられた神殿は、神の嘉納を受けて初めて、宗教的な意義と

権威を持つものとなる。それゆえ、エルサレム神殿を唯一の正統的な聖所として重視する第1の申命記史家たちが、ソロモンによる神殿奉献の記事の直後に、ヤハウェによるその嘉納と加護の約束を語っていたとしても全く不思議ではない。そこでは、ヤハウェがその神殿に「永遠に（アド・オーラム）」その名を置き、「いつの日にも（コル・ハ・ヤミーム）」目を注ぐことが約束されていた（3節）。

そして、列王記上8章への解説でも述べた通り、王国時代末期までには、神殿が神による無条件の加護の目に見える保証であるかのような迷信的とも言える信念も形成されていた（エレ7:4, 10参照）。それだけに、前587年にその神殿が破壊され「廃墟」となったことは、生き残ったユダの人々に大きな衝撃と絶望を与えたはずである。捕囚時代の第2の申命記史家たちの課題は、この事態を神学的に合理的に説明して、ヤハウェへの信仰を維持し、同世代の捕囚民に警告することであった。第2の申命記史家たちは、約束の地の喪失（ヨシュ23:14–16）や王国の滅亡（サム上12:13–25）同様、神殿の破壊もまた、決してヤハウェの無力や敗北を意味するのではなく、イスラエルの民がヤハウェの律法を破ったことへのヤハウェ自身の罰なのであり、むしろ歴史におけるヤハウェの力を示すものであることを強調した（「緒論」37–38頁参照）。そして彼らは、神殿なき時代における律法を通じたヤハウェへの服従と帰依を勧告したのである。

それにしても、現在ある形で列王記を共時的に読む場合、この段落の与える衝撃はまことに大きい。直前のソロモンの七つの執り成しの祈りで、ソロモンが神殿に向けての祈りを説き、神によるその聞き届けと「立ち帰り」に基づく「赦し」を繰り返し乞い求めたにもかかわらず、あたかもそれを全面的に拒絶するように、ここで神自身により、最終的な裁きと神殿そのものの壊滅が語られることになるからである。おそらくは、捕囚時代の第2の申命記史家たちも決して一枚岩ではなく、未来の希望の可能性については彼らの間でも微妙な見方の相違があったのであろう（「緒論」38–39頁参照）。絶望と諦念の中で自分たちの罪の大きさを厳粛に見つめる視線と、一抹の希望をもって赦しを求める立ち帰りの勧め（王上8:46–53）。そのどちらの見方が彼らの中でより優勢で支配的であったのであろうか。

4. ソロモンの知恵と統一王国の繁栄（外政）
（上 9:10–10:29）

（1）ソロモンの諸事績——その他の建築活動を中心に
（上 9:10–28）

【翻訳】

ソロモンとヒラム —— ヒラムへの町々の割譲
9 章

[10] ソロモンが二つの建物、すなわちヤハウェの神殿と王宮を建てた 20 年間の終わりに、[11] ティルスの王ヒラムがソロモンを支援し、すべて彼が望んだ通りに、杉の木やビャクシンの木や金を〔供給して〕くれていたので、その頃、ソロモン王はガリラヤの地にある 20 の町々をヒラムに割譲することにした[a]。[12] ヒラムは、ソロモンが彼に割譲した[b]町々を視察するためにティルスから出てきたが、それらは彼の目には適わなかった[c]。[13] そこで、彼は言った。「あなたが私に割譲してくれたこれらの町々は、いったい何ですか、わが兄弟よ」。そこで、それらは「カブルの地」と呼ばれるようになり[d]、今日に至っている。[14] ヒラムは王に 120 キカルの金を送っていたのである。

ソロモンの建築諸事業と労役

[9:15] ソロモン王がヤハウェの神殿、自分の宮殿、ミロ、エルサレムの城壁、ハツォル、メギド、ゲゼルを建設するために徴用した労役の事情は、次の通りである。

[16] エジプトの王、ファラオが攻め上って来て、ゲゼルを占領し、それを火で焼き、その町に住んでいたカナン人たちを殺した。彼は〔その町を〕[e]、ソロモンの妻となる自分の娘に結婚祝いとして与えた。

¹⁷ ソロモンは、〔以下の町々を〕建設した。すなわち、ゲゼル、下ベト・ホロン、¹⁸ バアラト、この地の荒れ野にあるタマル ᶠ、¹⁹ さらに、ソロモンに属するすべての倉庫の町々、戦車隊の町々、〔戦車を引く〕馬たちの町々である。ソロモンは、エルサレムとレバノンと彼の支配下にある全土に、彼が建てたいと望むものを望み通りに〔建設した〕ᵍ。
²⁰ イスラエルの子らの出身ではない、アモリ人、ヘト人、ペリジ人、ヒビ人、エブス人の出身で、残っているすべての民、²¹ すなわち、イスラエルの子らが聖絶することができず、彼らの後までこの地に残っていた彼らの子孫たちを、ソロモンは奴隷の労役に徴用した。それが今日に至っている。²² ただし、イスラエルの子らからは、ソロモンは誰も奴隷にしなかった ʰ。なぜなら、彼らは戦士たちであり、彼の臣下たち、彼の官僚たち、彼の副官たち、彼の戦車隊と〔それを引く〕馬たちを扱う隊長たちだったからである。
²³ 以下は、知事たちに属する、ソロモンのための仕事の監督者たちである。550 人が、仕事に従事する民を指揮した。
²⁴ ただし、ファラオの娘はダビデの町から、彼が彼女のために建てた彼女の宮殿に上って来た。その頃、彼はミロを建てた。
²⁵ ソロモンは年に三度、彼がヤハウェのために築いた祭壇で、全焼の供儀と和解の供儀をささげるのを常とした ⁱ。また、それと一緒に、ヤハウェの前での香焚き〔をも行った〕ʲ。こうして、彼は神殿を完全なものとした。

ソロモンとヒラムの航海貿易

⁹:²⁶ ソロモン王はまた、エツヨン・ゲベルで船団を編成した。〔それは、〕エドムの地で葦の海の岸辺にある ᵏ、エイラトの近くである。²⁷ ヒラムは、彼の家臣たちをこの船団に派遣してきた。彼らは海について精通していた船員たちで、ソロモンの家臣たちと共に〔働いた〕ˡ。²⁸ 彼らはオフィルに行き、そこから 420 キカルの金を手に入れてきて、〔それを〕ソロモン王のもとに運んだ。

  a: 原文は過去形（完了形）ではなく、まだ完結していない行為を表す未完了形。
  b: 前節とは異なり、ここでは動詞は完了形。
  c: 原文は文字通りには、「正しくは映らなかった（ロー＋ヤーシャル）」。
  d: 動詞は 3 人称男性単数形（「彼は呼んだ」）なので、ヒラムを主語と解するこ

ともできる。注解本文を参照。
e: 原文では、「それを」という代名詞であるが、女性形なので、「町」であることが分かる。なお、「町（イール）」は女性名詞。
f: ケティーブ（書かれた通りの子音文字）に従う。ケレーおよび代下 8:4 では「タドモル」。注解本文を参照。
g: 動詞を補う。原文では、この文も 17 節の動詞「建設した」の目的語。
h: 原文は文字通りには、「（奴隷を）与えなかった」。
i: この部分の動詞の形（ワウ＋継続完了形）は一回的な行為ではなく、習慣的、反復的に行われる行為を表す。
j: 原文では動詞が不定詞なので、行為を表す動詞を補う。
k: 「エドムの地」以下の場所の説明は、（「エツヨン・ゲベル」ではなく）「エイラト」に掛かる。
l: 原文は不完全なので、動詞を補う。

【形態／構造／背景】

　列王記上 9:10–10:29 を一つの大きなまとまりと見ると、そこにはソロモンの治世についての性格も長さも一様ではない多種多様な個別的情報や伝承が寄せ集められていることが分かる。このうち前半の 9:10–28 は主としてソロモンの建設活動に関わり、後半の 10:1–29 は主としてソロモンの外交活動とその結果としてのソロモンの富と繁栄に関わっている。目立つのは、ソロモンとティルスの王ヒラムの関係（王上 5:15–26 参照）についての情報が随所に散りばめられていることで、これらがいわば、雑多な内容を統一する「鎹(かすがい)」のような役割を果たしていると見ることもできる。

```
9:10–14    ソロモンとヒラム――ヒラムへの町々の割譲
    9:15–25    ソロモンの建築諸事業と労役
9:26–28    ソロモンとヒラムの航海貿易
    10:1–10, 13    シェバの女王の来訪
10:11–12   ヒラムの船団――オフィルからの白檀
    10:14–21    ソロモンの富
```

10:22　ヒラムの船団以外のソロモンの船団
10:23–29　ソロモンの知恵と富と海外交易

　また、これまでの記述が裁判（王上 3:16–28）、官僚体制と行政組織（王上 4:1–19）、宮廷生活（王上 5:1–8）、文化の発展（王上 5:9–14）、神殿と王宮の建設（王上 5:15–9:9）といった内政問題に関わるものが多かったのに対し、この部分ではヒラム以外にもエジプトのファラオとその娘（王上 9:16, 24）、シェバの女王（王上 10:1–13）とのソロモンの関わりや、外国との交易（王上 9:26–28; 10:22, 28–29）が扱われるので、ここにソロモンの外政についての諸伝承がまとめられていると見ることもできよう。

　この大きな単元の前半をなす列王記上 9:10–28 を一つの小単元として見た場合、両側にソロモンとヒラムの関係についての枠があり、その間にソロモンの建設活動と労役についての記述が挟まっていると見ることができる。

（X）ソロモンとヒラム——ヒラムへの町々の割譲（10–14 節）
　　（Y）ソロモンの建築諸事業と労役（15–25 節）
　　　（ⅰ）15 節　　労役についての序
　　　（ⅱ）16 節　　ファラオによるゲゼル征服
　　　（ⅲ）17–19 節　ゲゼル、下ベト・ホロン、バアラト、タマル等
　　　（ⅳ）20–23 節　労役について
　　　（ⅴ）24 節　　ファラオの娘の宮殿とミロ
　　　（ⅵ）25 節　　祭壇での犠牲
（X'）ソロモンとヒラムの航海貿易（26–28 節）

　中間部分（Y）の内容はかなり雑多で、いかにも「寄せ集め」という印象を受けるが、内容との関わりで「建てる（バーナー）」という動詞が多用され、キーワード的に全体をまとめる機能を果たしている。なお、15 節が内容的に 17–18 節や 20 節以下に続くなど、複雑な編集の痕跡が残るが、七十人訳では文章の順序がかなり入れ替わっている。

　また、ソロモンとヒラムの間のやり取りに、労役への動員についての記

事が続くことから見れば、構造的に 5:15–32 の段落と対応し、この二つの単元が神殿建設についての記述（王上 6:1–9:9）を枠付けていると見ることもできる。

内容と文言から、古い年代記的資料（王上 11:41 に言及された『ソロモンの事績の書』？）が部分的に応用されていると思われるが、申命記史家たちやその他の編集者による加筆と思われる部分も散見される。

【注解】

10–14 節　ソロモンとヒラム——ヒラムへの町々の割譲

ソロモンが、ティルス王ヒラムの支援に対する代償として、「ガリラヤの 20 の町々」を贈ったという奇妙なエピソード。

10 節の「**20 年間**」は、「**ヤハウェの神殿**」の建設のための 7 年間（王上 6:38 参照）と、「**王宮**」の建設のための 13 年間（王上 7:1）を合算したもの。それは、ソロモンの 40 年間に及ぶ治世（王上 11:42）のほぼ半分の期間に当たる。この導入句は、「**ヒラムがソロモンを支援し**」てくれていたことを後述される町の割譲の理由として説明する 11 節前半と共に、おそらくは申命記史家たちの一人が付け加えたものであろう。実際にはある程度、神殿の建設と王宮の建設が同時並行的に進んだのかもしれないが、申命記史家たちはあくまでソロモンが神殿建設を優先し、その完成後初めて自分用の世俗的な施設の建設に取り組んだと理解している。ヒラムによる「**杉の木**」と「**ビャクシンの木**」の供給、およびそれが「**彼が望んだ通りに**」行われたことについては、列王記上 5:22, 24 を参照。ただし、後者の文脈では、ソロモンは木材等の費用についてはオリーブ油や穀物などの現物で支払うことになっていた（王上 5:25）。20 の町々を割譲することになったのは、当初の目算に反し、現物では支払いきれなくなったということか。後の「栄華を極めた」ソロモンのイメージ（王上 10:14–21 参照）とはかけ離れた、情けない話である。あるいは、ここで新たに付け加えている「**金**」（ザーハーブ）のためかもしれない。金についての記述は、ソロモンとヒラムの交渉の場面（王上 5:17–26）では触れられていなかったが、14 節を顧慮して付け加えられたものであろう。

したがって、古い伝承に由来する記述は、11b 節の「その頃」（アーズ）という曖昧な時の指定で始まっていたと考えられる（Noth 1968*; Na'aman 1997:68）。そこでは、ソロモンが「**ガリラヤの地にある 20 の町々をヒラムに割譲する**（文字通りには、「与える」）**ことにした**」ことだけが、理由の説明もなく、端的に語られていたのであろう。「ガリラヤ」とは多くの場合、パレスチナ北部のガリラヤ湖（別名「キネレトの海」）の西側の地域（ヨシュ 20:7; 21:32; 王下 15:29; イザ 8:23 等参照）を一般的に意味する（後のイエスの主たる活動領域）が、ここでは文脈上、当然ながらイスラエルとフェニキアの境界地域が問題になっていると考えられるし、13 節に出る「カブル」は、パレスチナでも最北の地域に位置したアシェル部族の領土に数えられている（ヨシュ 19:27）ので、カルメル山やキション川よりも北側の地域が念頭に置かれていることは明らかである（429 頁の地図を参照）。現在の文脈で、「20 年間」（10 節）の建設期間に「20 の町」であったとすれば、1 年あたり町一つという計算になる。

　12–13 節は、これらの町をめぐるソロモンとヒラムのやり取りを描く。その割譲の実際の理由が何であれ、少なくとも後代のイスラエル人にとって、「知恵」に満ちた王であるはずのソロモンが、いやしくも「約束の地」の一部を異教徒に売り渡したとされることは、当惑や疑念を感じさせたはずである（レビ 25:23–24; 王上 21:3 等参照）。12–13 節の逸話風の断章は、そのような当惑や疑念を軽減するために——ただし申命記史家たち以前の段階で——付け加えられた可能性がある。このエピソードによれば、それらの町々はヒラムの「**目には適わなかった**」（訳注 c 参照）。すなわち、みすぼらしい辺境の町々なので、価値の乏しいものに思われた、というのである。そのため、この地は「**『カブルの地』と呼ばれるように**」なったという。現在でも、アッコの南東 15 キロメートルほどの場所に「カーブール」というアラブ人の村がある（ABD*; NIB*）。ただし、ここではそれが、単独の町や村ではなく、20 の町を擁する一地方の意味で理解されている。ここでは同じような命名譚（例えば創 11:9; 31:48; 32:31）に付き物の語呂合わせによる命名の説明がないし、「カブル」という地名の正確な意味もはっきりしないが、どうも「無のような（ケ・バル）」というような意味に解釈されているらしい。それほど価値のない土地であればくれてやって

もかまわない、ということなのであろう（Noth 1968*; Na'aman 1997:68）。ただし、実際には問題となる地域はパレスチナでもかなり肥沃で、交通上も重要性のあるものであった。おそらくこの部分を付け加えた加筆者は、当該地域の地理的実情に疎い人物（南王国のユダ人？）だったのであろう。

なお、訳注にも記したが、この町々を「カブルの地」と名付けたのは、ヒラムだったように読める（岩波訳、Würthwein 1977*; Cogan 2001*; Sweeney 2007*）。しかし、後続する「今日に至っている」という原因譚的注記から、「人は〜と呼んだ」という意味での非人称的な表現と解した（口語訳、新改訳、新共同訳、JBS共同訳、Noth 1968*; Gray 1977*; DeVries 1985*; Mulder 1998* 等参照）。なお、この「今日に至っている」という定型句と申命記史書の成立時期の問題については、列王記上 8:8 および同 12:19 への注解を参照。

なお、歴代誌の著者にとっては、それがいかに「価値のない」町々だったとされていようと、ソロモンが約束の土地の一部をヒラムに割譲したことは納得がいかなかったらしい。歴代誌では、端的に譲渡の方向が逆転されており、ヒラム（歴代誌では「フラム」）がソロモンに町々を「贈った」ことになっている（代下 8:1–2）。

「兄弟」とは、古代オリエント世界において、対等の立場の同盟関係にあった王たちが親密な関係を表現するのに用いた呼称であった（王上 20:32–33 等参照）。イスラエルとティルスの同盟関係については、列王記上 5:26、アモス書 1:9 を参照。

14 節　ヒラムからの金について

この節は、先行する文脈と文法的な因果関係はないが、どうも町の割譲の理由説明を意図しているらしい。もしそうであるとすれば、これは町の割譲より以前の出来事への言及として、大過去的に解釈するしかないであろう（「**送っていたのである**」）。14 節がもともと 11b 節の 20 の町の割譲の記事に続いていたという可能性もある（Noth 1968*）。いずれにせよ、神殿の内装とその祭具のための金（王上 6:20–22, 28, 30; 7:48–51）ということなのであろう。ただし、現在の文脈でそのまま読めば、あたかもヒラムがそれらの町々を気に入らなかったにもかかわらず、大量の「金」をも

ってそれらを買い取ったようにも読める。そのように読んだ場合、ヒラムの提供した金もソロモンの莫大な金の財産（王上 10:10–11, 18–21 参照）の一部となった、ということになろう。これもまた、ソロモンによる町々の割譲行為への問題性を軽減しているのかもしれない。すなわち、ソロモンはいかにも「価値のない」辺境の町々をまんまと膨大な黄金と交換したのである。

なお、「キカル」は古代イスラエルにおける最大の重量単位で、1 キカルが約 35 キログラムに相当すると考えられている。したがって、金「**120 キカル**」と言えば 4.2 トンほどということになる。この数字自体は、もちろん歴史的というよりも伝説的な誇張であろう。同じ数字が直後のソロモンとシェバの女王のエピソード（王上 10:10 参照）にも出てくるが、ことによると完全数である「十二」を 10 倍したものであるのかもしれない。

15–23 節　ソロモンの建築事業と強制労働
神殿と王宮以外にも、ソロモンはさまざまな建造物を建設したとされる。いわば建築マニアである。

15 節　労役についての序

「**労役（マス）の事情**」についての言及から見て、もともとは 20 節以下につながっていたものと思われる。ソロモンが建設したとされる「**ミロ**」なるものについては、正確な意味も、形状も、機能もよく分からない。語源が「満たす」、「埋める」であるので、窪んだ部分を埋めて造った構築物のようである。「城壁」と並んでいるので、防衛施設の一部か。建物を建てるためのテラスかプラットホームだったという解釈もある。少なくともこの部分の著者は、それが何であるかを読者たちが周知していることを前提にしている。ミロがあった正確な位置も不明であるが、エルサレムの南東の丘、すなわち「ダビデの町」にあったことは間違いない（サム下 5:9; 王上 9:24; 11:27; 代下 32:5 参照）。

なお、20 世紀のエルサレムの発掘調査では、ダビデの町の東側のキドロンの谷に下る斜面の北隅に、石を階段状に積み重ねた高さ約 18 メートルの擁壁状の構造物（「石造階段状構造物」Stepped Stone Structure）が発見

されたが（68 頁の地図を参照）、同じ場所から発見された土器などから、この構造物は前 10 世紀前後のものと考えられ、一部の研究者はこれが「ミロ」に当たるのではないかと考えている（Stager 1982:112–113; Na'aman 2012:26–30, 2014:61）。

ソロモンが「**エルサレムの城壁**」を建設したことについては、列王記上 3:1 を参照。ソロモンは神殿と王宮を建てるためにエルサレムを北側に大きく拡張したので、当然、新しい城壁を建てなければならなかったのであろう（68 頁の地図を参照）。

15 節後半と 17–18 節には、エルサレム以外のイスラエルの代表的な都市がほぼ北から南に並んでいるが、それらはいずれも戦略的に重要な位置にあり、いずれも堅固に要塞化されていた。

「**ハツォル**」は、士師時代のデボラの戦いでイスラエルと戦ったカナン諸都市の連合軍の盟主ヤビンの拠点であったパレスチナ北部の都市国家（士 4:2–3, 17 参照。ただし、ヨシュ 11:13 をも参照）。ガリラヤ湖北岸から北に約 15 キロメートルに位置するテル・エル・ケダー（別名テル・エル・ワッカス。ABD*; NIB*; Aharoni 1967:378）。パレスチナでも最大規模のテル（遺跡丘）が発掘されている（Yadin 1970）。シドンからベト・シェアンに至る道と、ダマスコとメギドを結ぶ 2 本の重要な通商路が交差する地域にある。「**メギド**」（テル・エル・ムテセリム）はイズレエル平原の南西端に位置する重要な都市。詳しくは列王記上 4:12 への注解を参照。「**ゲゼル**」はエルサレム西北西約 30 キロメートルの海岸平野沿いに位置するテル・エル・ジェゼルで（ABD*; NIB*; Aharoni 1967:377）、ペリシテ人の領土との境界をなした（サム下 5:25）。理論上はエフライム部族に属したが（ヨシュ 16:10）、事実上はカナン人の町に留まった（士 1:29）。この町からは、パレスチナ出土の最も有名な碑文の一つである「農事暦」（ゲゼル・カレンダー。前 10 世紀頃？）が発見されている。なお、ハツォル、メギド、ゲゼルからは、両側に三つずつの小部屋を持ったほぼ同じ構造、規模の特徴的な城門が発見されており、中央政府による計画的、組織的な防衛施設整備政策があったことを推測させる（Yadin 1970）が、それらの城門が実際にソロモン時代にまで遡るのかどうかについては、考古学者たちの間でもなお激しい論争が続いている。実際にはオムリ王朝時代のものだという見方

ミロと目されている、エルサレムの石造階段状構造物

が有力になっている（Finkelstein/Silberman 2001:138–142）。なお、以上の町々の位置については、429 頁の地図を参照。

16 節　ファラオによるゲゼル征服

　前節の終わりにゲゼルが言及されていることから、この町がいかにしてソロモンのものになったかを物語るエピソードがここに挿入されている。すなわち、「**エジプトの王、ファラオ**」が遠征してきて、ゲゼルを征服し、「**ソロモンの妻**」になる自分の娘に「**結婚祝い**」（シッルヒーム）として与えたというのである。ソロモンがエジプトの王の娘を娶ったことと、彼の舅にあたるこの匿名のファラオが歴史的に誰だったかという諸議論については、列王記上 3:1 と同所への注解を参照。ファラオの娘は、すでに神殿建設以前からソロモンの妻になっていたのであるから（王上 3:1 参照）、この部分の記述も大過去的な記述——しかもかなり以前の時期に遡る——と解さなければならないであろう。「結婚祝い」とは、要するに婚資、持参金替わりということ。ゲゼルについてのこの注記は、別の資料か民間伝承から取られてこの箇所に挿入されたものであろう。ちなみに「シッルヒーム」という単語は、ここ以外では、出エジプト記 18:2 とミカ書 1:14 で、それぞれかなり違った意味で用いられている。

Ⅰ・4・(1)　ソロモンの諸事績——その他の建築活動を中心に（上 9・10―28）注解　上 9・16

345

17–19節 ゲゼル、下ベト・ホロン、バアラト、タマルなど

ソロモンが建設したさらなる町々。これらの地名は、もともと15節に続いていた可能性がある。その場合には、16節のファラオによるゲゼル征服の記事が挿入されたので、文脈再取の意味で冒頭にゲゼル建設への言及が繰り返されたのであろう。「**下ベト・ホロン**」は当然ながら「上ベト・ホロン」と対になった町（ヨシュ16:3–5参照）で、エルサレム北西16キロメートルに位置するベート・ウール・エッタハターと目される（ABD*; NIB*）。エフライム部族とベニヤミン部族の境界に位置し、海岸平野からエルサレムの北に向かう重要な坂道（ヨシュ10:10–11参照）を防御する役割を果たした。「**バアラト**」という町は複数あり、どこが意味されているのかは確かではない。文脈からは、（北に移住する前の）ダン部族の領土にある町（ヨシュ19:44）が考えられているようである。その場合には、ペリシテ人の領土の北側に位置したことになる。他のバアラトについては、ヨシュア記15:9（ユダのキルヤト・エアリム）、同19:8（シメオンのバアラト・ベエル）を参照。「**タマル**」はケティーブ（ヘブライ語原文に書かれた子音文字）に従った読み。ケレー（マソラ学者による読み替え指示）と並行箇所の歴代誌下8:4は「タドモル」と読むが、その場合には、ダマスコの北東約200キロメートルに位置するシリアの隊商交易の重要な拠点のオアシス都市で、後のパルミラだということになるが、これではあまりに離れた場所となり、文脈に合わない。タマルであれば、ユダの南限でカデシュ近くの町ということになり（創14:7; エゼ47:19; 48:28）、文脈にもぴったりする。死海南端から南西約32キロメートルに位置するアイン・フシュブと同定されている（Cogan 2001*; ABD*; Aharoni 1967:384）。ネゲブ地方に向かう道を防備する役割を果たしたものと思われる。

19節はより一般的な記述で、資料によるものというより、編集者によるものと思われる。ソロモンによる建設活動の広範さを強調するためのもの。ソロモンが「**戦車隊**」や「**〔戦車を引く〕馬たち**」を充実させたことについては、本章22節や列王記上5:6; 10:26を参照。なお、「騎兵（隊）」とも訳し得る原語「パラシーム」を「戦車を引く馬たち」と解する理由については、列王記上1:5–10への注解（64–65頁）を参照。ソロモンが「レ

バノン」を支配したかのように書かれているのはおよそ歴史的ではない（王上 5:28 と同所への注解を参照）。「レバノン」の語は七十人訳に欠けており、列王記上 5:28 からアイデアを得た後代の加筆かもしれない。

20–23 節　労役について

これほど多くの建設事業が行われるためには、「労役（マス）」、すなわち強制労働が必要であった。21 節ではそれが、特に「**奴隷の労役**」（マス・オベド）と呼ばれている（創 49:15; ヨシュ 16:10 参照）。この部分の著者によれば、そのためにソロモンは、もっぱら「**イスラエルの子らの出身ではない**」、先住民の生き残りの人々を「**徴用した**」。カナンの地の先住民が多く生き残り、後にイスラエルのための強制労働に服したという申命記史家的な歴史観については、申命記 20:11、ヨシュア記 16:10; 17:13、士師記 1:27–35 等を参照。「**アモリ人、ヘト人、ペリジ人、ヒビ人、エブス人**」といった先住民のリストは、多少の内容的バリエーションを伴いながら、五書中の申命記主義的編集と考えられる部分（創 15:19–21; 出 3:8, 17; 13:5; 23:23; 33:2）や申命記（申 7:1; 20:17）、申命記史書（ヨシュ 3:10; 9:1; 11:3; 12:8; 24:11; 士 3:5 等）に頻出するので、この部分には申命記史家の手が加わっていると考えられる。ただし、この箇所に関して不思議なのは、これらの箇所のほとんどとは異なり、20 節の枚挙に肝心要の「カナン人」が含まれていないことで、その理由は不明である。

なお、このような諸民族の枚挙は、カナンの地の先住民が多様な民族からなっていたという観念を一般的に表す定型的な表現であり、個々の要素が厳密に区別されているわけではない。ちなみに、最後に挙げられているエブス人は、エルサレムの先住民である（サム下 5:6–8）。先住民としてのヘト人については、列王記上 10:28–29 への注解を参照。

イスラエルがそうした先住民を「**聖絶**」（ヘヘリーム）しなければならないという絶滅思想は、申命記、申命記主義的な観念である（申 7:1–5; 20:15–18; ヨシュ 6:18; 10:34–40 等）。聖絶（名詞では「ヘーレム」）とは、人間や家畜であれば皆殺しにし（サム上 15:3–9）、財産などであれば破壊したり、聖所に納めること（ヨシュ 6:18–19）。ただし、これは多分にイデオロギー的なものであり、歴史上実際にそのようなことがしばしば行われた

とは限らない。「今日に至っている」という定型句とそれに関わる問題については、列王記上 8:8 および同 12:19 への注解を参照。

「**イスラエルの子らからは、ソロモンは誰も奴隷にしなかった**」（22a 節）というのは、イスラエル人を優遇して、強制労働に徴用しなかったということであろうが、これはソロモンがイスラエル人を 3 か月に 1 回、労役に徴用したとする列王記上 5:27–28 と端的に矛盾する。もちろん、神殿建設にかかわる「労役（マス）」（王上 5:27）とこの箇所の「奴隷の労役（マス・オベド）」を区別し、神聖な事業である前者にはイスラエル人のみが関わり、神殿以外の世俗的な町や建物の建設には異民族出身の奴隷が動員されたという説明も可能である（Jones 1984*; Wray Beal 2014*; Knauf 2016*）。しかし、後続する部分ではイスラエル人はもっぱら軍務だけに関わったとされている（22b 節）。しかも、イスラエル人が労働に動員されなかったとしたら、ソロモンの死後、ユダ部族以外がソロモンの課した「過酷な労働」を理由に王国分裂に打って出ること（王上 12:4）が説明できなくなる。おそらくこの部分は、ソロモンの名誉を重んじようとする編集者（申命記史家の一人？）の非歴史的な捏造であろう。この編集者によれば、イスラエル人はもっぱら「**戦士**」や「**官僚**」などの軍務や政務に専念したとされるが、これもおよそ非歴史的である。高度な専門知識や技術を要求される官僚や戦車隊の司令官は、長い官僚文化や戦車戦術（士 1:19; 4:3 参照）の歴史を持つカナン人スペシャリストから人材供給されたことであろう。ダビデの軍人にヘト人ウリヤやガト人イタイがいたこと（サム下 11:6–17; 15:17–23）を参照。なお、「**副官**」と訳された語（シャリーシュ）は文字通りには「3 人目」の意味で、おそらくは 3 人乗りの戦車に御者と戦士と共に乗る 3 人目の盾持ち。エジプトの戦車は 2 人乗りであったが、ヒッタイトの戦車には 3 人乗りのものがあった。ただし、ここではこの語がより一般的な意味で用いられているのであろう。ちなみに、ソロモンを理想的な王とする歴代誌は、ソロモンに不利な列王記上 5:27–28 を削除して、この部分の方だけを取り入れている（代下 8:7–10）。

23 節の「**以下は**」（エッレー）という書き出しは、名簿の導入のように見える（王上 4:2, 8 等参照）。しかし予想された名簿は存在せず、それには数字を別にすれば、列王記上 5:30 にそっくりな文章が続いており、「**ソロ**

モンのための仕事の監督者たち」の人数だけが記されている。おそらく原資料の最初と最後だけが引用されているのであろう（Noth 1968*）。なお、「**知事たちに属する……監督者たち**」については、列王記上 5:30 への注解を参照。ここでは「**仕事**」に携わったのが「**民**」（アム）とされ、直前にある注記とは異なり、イスラエル人に労働が課されたことが前提にされているように見える。監督者たちの「**550 人**」という数字は、列王記上 5:30 の「3300 人」よりもだいぶ少ないが、どちらも「十一」の倍数であるのは、ことによるとソロモンの出身部族のユダが免除され、残りの 11 部族に強制労働が課されたということなのかもしれない。数が減ったということは、神殿や宮殿の完成以前と、その完成後では必要とされる労働者の数が変わったということも関連するのであろうか。

24 節　ファラオの娘の宮殿とミロ

24 節では、ソロモンの妻であった「**ファラオの娘**」が唐突にもう一度言及される（16 節と同所への注解を参照）。ソロモンが「**彼女のために建てた彼女の宮殿**」については、列王記上 7:8 を参照。この宮殿が完成するまで、彼女は「**ダビデの町**」、すなわちエブス人以来のエルサレムの南東の丘に 20 年以上も住んでいたことになる（王上 3:1 参照）。

これに続く「**ミロ**」（15 節への注解を参照）への再度の言及も唐突で孤立しているが、「ファラオの娘」への言及ともども、この段落（15–24 節）を囲む外枠をなしているということなのかもしれない。なお、この節でも「建てる（バーナー）」の語が二度用いられている。

25 節　祭壇での犠牲

この一節も、唐突であり、孤立しているが、やはり「バーナー」（「**築いた**」）という動詞が用いられている。なお、ソロモンの神殿の建設の記事（王上 6–7 章）に、なぜかこの犠牲用の祭壇の製作が触れられていないことについては、列王記上 7:13–47 への注解の冒頭の説明（251–252 頁）を参照。ちなみに、この犠牲用の祭壇を「**彼（ソロモン）がヤハウェのために築いた**」と明記してあるのも、列王記ではこの箇所のみである（代下 4:1 参照）。サムエル記でダビデがアラウナの麦打ち場を買い取って築いた

とされる祭壇（サム下 24:25）との関係については、よく分からない。

「**供儀をささげる**」という王の祭司的機能については、列王記上 8:5, 62–64 と同所への注解を参照。「**全焼の供儀**」（オーラー）と「**和解の供儀**」（シェラミーム）という犠牲の種類の区別については、列王記上 8:62–66 への注解を参照。列王記上 8 章で描かれた犠牲は、神殿奉献という特別の機会における犠牲であったが、ここで描かれているのは通常の犠牲祭儀ということになろう。犠牲が「**年に三度**」ささげられたというのは、過越祭、（七）週の祭り（ペンテコステ）、仮庵祭の三大巡礼祭に際して、ということであろう（出 23:14–17; 34:18, 22–23; 代下 8:13 参照）。なお、これらの三つの祭りは、もともとは各地の町や村の地方聖所で祝われていたものと考えられるが、エルサレムへの祭儀集中を要求する申命記においては、それらが「ヤハウェが名を置くことを選ぶ場所」、すなわちエルサレム神殿で行われるように「訂正」されている（申 16:1–17）。ここでも、そのような祭儀集中が前提とされているので、この箇所は申命記史家の一人の手によるものであろう。

ただし、同時にソロモンが「**ヤハウェの前での香焚き**」をも行ったとされていることは、やや問題である。祭司文書によれば、香を焚く儀礼はアロンの子孫である祭司のみの特権であり（民 17:1–5）、神殿の本堂奥にある香の祭壇（王上 6:20, 22 と同所への注解を参照）を用いるために王が神殿内に入ったことを前提とするからである（25 節の「ヤハウェの前」の語はその意味にとれる）。神殿本堂は祭司しか入れず、王といえども平信徒の身で入ることは許されないはずであった。歴代誌は、ウジヤ王が香を焚く祭司の特権を侵害しようとしたため、ツァーラアトという業病（こうびょう）に取りつかれる次第を描いている（代下 26:16–21）。当然のことながら、歴代誌はソロモンに関わる香焚きについてのこの箇所の記述も削除している（代下 8:12–16 参照）が、この箇所を書いた申命記史家は、このことをあまり気にしていないらしい。25 節末尾の「**彼は神殿を完全なものとした**」という記述は、神殿の完成を確認する列王記上 6:9, 14, 38 と重複するようにも見える（王上 7:40, 51 をも参照）。ただし、正統的な犠牲祭儀が始まったことをもって、神殿がほんとうの意味で「完全なもの」になったと解することも可能である。なお、原文は「ソロモン（シェロモー）」と「完全なもの

とした（シッラーム）」の語呂合わせとも解せる。

26–28節　ソロモンとヒラムの航海貿易

　ここでは建物ではなく、「**船団**」（文字通りには単数形の「船（オニー）」だが、集合名詞的に用いられている）の建造が語られる。「**エイラト**」については、現在、イスラエルの最南端、アカバ湾の北岸のエジプトとの国境沿いに、リゾート地としても知られる同名（エイラットとも表記する）の港町（1951年建設）があるが、必ずしも同じ場所とは限らない。旧約聖書で言うエイラトは、むしろ、同じアカバ湾北岸でも現在のヨルダン側のアカバの町の一部であった可能性が高いが、正確な位置は不明である。いずれにせよ、ここでは紅海の東側先端のアカバ湾が「**葦の海**」と呼ばれている（民14:25; 21:4; 申1:40; 2:1; エレ49:21等参照）。この語は通常、モーセの時代の位置不明の「海の奇跡」の場所を指す（出13:18; 15:4, 22; 申11:4; 詩106:7, 9, 22; 136:13, 15等参照）。「**エツヨン・ゲベル**」は、アカバ湾のイスラエル側の岸辺から275メートルのところに浮かぶ孤島ジェジラト・ファラウン（「ファラオの島」の意味）と同定される。そこが「**エドムの地**」とされているのは、イスラエルから見てこの地がエドムよりさらに南にあり、周囲に実際にエドム系の住民が多かったからであろう（王下16:6参照）。ここでもまた、ティルスの王「**ヒラム**」の「**家臣たち**」（王上5:20, 23）が顔を出すが、フェニキア人が海洋民族であったこと（エゼ27:8–9）を考えれば、彼らが「**海について精通していた**」ことはむしろ当然である。航海交易は、むしろ造船から航行まで、ティルス人の主導で行われたのであろう。前述（338–339頁）のように、ヒラムへの言及は、この単元全体を囲む枠をなしている（10–14節参照）。両者を合わせて見れば、10–14節に描かれた多少ぎくしゃくした出来事にもかかわらず、ソロモンとヒラムの間には良好な関係が保たれたということになろう。

　航行先の「**オフィル**」は金の産地として有名であるが（ヨブ22:24; 28:16; 詩45:10; イザ13:12）、正確な位置は不明である。アラビア半島南部のイエメンの辺り（創10:29参照）とする説（Gray 1977[*]; Hentschel 1984[*]; Jones 1984[*]）と、東アフリカのソマリランドとする説（Albright 1942:133–134; Würthwein 1977[*]; Mulder 1998[*]）が拮抗しているが、列王記

上 10:22（同所に「オフィル」への言及はないが）に金とともに挙げられている輸入品の品々から見ると、アフリカ側の可能性が高い。エジプトの碑文で、第 18 王朝の女王ハトシェプストなどが貿易を行ったという伝説的な金の産地「プント」と同一かもしれない。なお、パレスチナからは「オフィルの金」に言及する陶片碑文が発見されており、「オフィル」は金の産地として実際に有名であったらしい。ソロモンの航海交易については、他に列王記上 10:11–12, 22, 28–29 をも参照。「**金**」が「**420 キカル**」というのは 15 トン近いことになり（14 節への注解を参照）、まさにファンタスティックな数字である。この部分は、金への言及を通じて、ソロモンの富と栄華についての段落（王上 10:14–29）への伏線にもなっている。

【解説／考察】

申命記史家たちの手による神殿建設者、偉大なる執り成しの祈禱者である敬虔なソロモンの姿（王上 8:1–9:5）から、資料に基づいた記述に戻ると、古代の権力者を取り巻く冷厳な現実に直面させられる。各地に防衛施設を整備したり、強力な軍隊を編成、配置することは、国の統治者として当然のことであるかもしれない。しかし、ソロモンの治世が平和な時代（王上 5:1–5）であったとすれば、それはそれほど喫緊の課題であったとは思われず、むしろ威信の維持や誇示のためという要素が強かったとも思われる。しかし、そのための放漫とも言える乱費は、国土の一部の割譲という事態をもたらしたようである。

しかも、かつてエジプトで奴隷として強制労働に苦しんだイスラエル人（出 1:11–14）が、異民族を奴隷化し、強制労働に従事させることを当然至極と考えたことは、いかにも皮肉である。歴史的に見れば、この強制労働は明らかにイスラエル人自身をも含むものであった。そして、それは究極的には、ソロモンの死後の王国分裂に繋がっていくのである（王上 12:1–19 参照）。この単元で、ソロモンの妻である「ファラオの娘」に繰り返し触れられることも（16, 24 節）、ある意味で後の王国分裂に向かう不幸な展開（王上 11:1 参照）への不吉な予兆のようにも思われる。

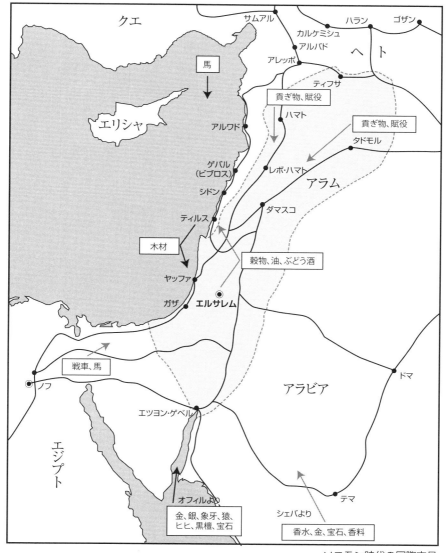

ソロモン時代の国際交易

(2) シェバの女王の来訪（上 10:1–13）

【翻訳】

シェバの女王の来訪
10 章

¹シェバの女王は<u>ヤハウェの名の故のソロモンの名声を何度も聞き</u> [a]、謎掛けをして彼を試すためにやって来た。²彼女は極めて多くの随員を率い [b]、香料とはなはだ多くの金、宝石を背負ったラクダたちを連れて、エルサレムに到着した。ソロモンのところに来ると、彼女は、心にあることすべてを彼に告げた。³ソロモンは、彼女の問い [c] すべてについて彼女に説明した。王に分からなくて [d]、彼女に説明できなかったことは一つもなかった。⁴シェバの女王は、ソロモンのすべての知恵と、彼が建てた宮殿を見た。⁵また、彼の食卓の料理、彼の家臣たちの着座する様、彼の給仕たち [e] の立ち姿と彼らの衣装、彼の献酌官たち、<u>彼がヤハウェの神殿でささげる彼の全焼の犠牲</u>〔を彼女は見て〕[f]、陶然としてしまった [g]。

⁶そこで彼女は王に言った。「私の国で、あなたの御事績 [h] とあなたの御知恵について私が聞いていたことは、やはりほんとうでした。⁷私は〔ここに〕来て、自分の目で見るまでそんなことは信じませんでした。でも、ご覧ください、私には事の半分も知らされては [i] いなかったのです。あなたの御知恵と繁栄 [j] は、私が聞いた噂をはるかに超えています。⁸あなたの国民 [k] は幸いです。また、絶えずあなたに仕えて [l] あなたの知恵を聞いている [m] あなたのこれらの家臣たちは幸いです。⁹<u>あなたを嘉（よみ）され、あなたをイスラエルの王座につけられたあなたの神、ヤハウェが誉め讃えられますように</u> [n]。<u>ヤハウェはイスラエルを永遠に愛されたので、あなたが公正と正義を実現されるように、あなたを王とされたのです</u>」。

¹⁰それから彼女は、120 キカルの金、非常に大量の香料、宝石を王に渡した。シェバの女王がソロモン王に渡したほど多くの香料が入って来ることは二度となかった。

¹¹また、オフィルから金を積んで来たヒラムの船団は、オフィルから極めて大量の黒檀の木や宝石を運んで来た。¹²王はその黒檀の木で、ヤハウェの神殿

と彼の王宮のための支柱や、歌手たちが用いる竪琴やリラを作った。これほど〔多くの〕黒檀の木が入って来ることも、見られることも、今日に至るまで二度となかった。

[13] ソロモン王はシェバの女王に、彼女が求める望みのものすべてを与えた。しかも、ソロモン王の権勢^{o}にふさわしく、彼が〔すでに〕彼女に与えたものとは別に、である。

それから彼女は出発し^p、彼女の国に帰っていった。【すなわち、彼女と彼女の家臣たちは。】

a: 動詞の形（分詞形）は一回的な出来事ではなく、継続的に繰り返される行為を表す。
b: 原文は文字通りには、「非常に重い軍団で」。
c: 原文は文字通りには、「(彼女の) 言葉」(複数形)。
d: 原文は文字通りには、「(王から) 隠されていて」。
e: ケレーに従い複数形（メシャルターウ）に読む。ケティーブでは単数形（メシャルトー）。
f: 原文では、これらはすべて、4節にある動詞「見る」の目的語。
g: 原文は文字通りには、「彼女の中にもはや霊（もしくは息）がなくなってしまった」。
h: 原文は文字通りには、「あなたの事柄」ないし「あなたの言葉」(複数形)。
i: 原文は文字通りには、「告げられては」。
j: 原語は文字通りには、「よきこと（トーブ）」。
k: 原文は文字通りには、「(あなたの) 男たち」。ただし、七十人訳等では「妻たち」になっている。
l: 原文は文字通りには、「(あなたの) 前に立って」。この表現（アーマド　リフネー）は神や王に「仕える」を意味する熟語である（創 41:46; 王上 1:2; 17:1; 18:15 等参照）。
m: 動詞の形（分詞形）は、一回的な行為ではなく、継続的な状態を表す。
n: 原文は文字通りには、「(ヤハウェに) 祝福がありますように」。
o: 原文は文字通りには、「(ソロモン王の) 手」。「手（ヤド）」の語は「権力」をも意味する。

p：原語は文字通りには、「引き返し」。

【形態／構造／背景】

シェバの女王のソロモン訪問を描くこの単元は、ソロモンとその治下でのイスラエルの繁栄を象徴するものとして、いわばソロモン物語のクライマックスをなす。ここでは、ソロモンの富（王上 5:1–8）と知恵（王上 5:9–14）という、ソロモンの物語の前半の中心テーマが再び取り上げられている。ソロモンをめぐる物語全体の文脈で見るなら、このエピソードは、かつてのギブオンにおけるヤハウェの知恵と富の約束（王上 3:12–13）の成就を改めて確認する役割をも果たしている。

この単元の構成は比較的単純で、次のような五つの部分からなる。このうち、別資料に由来すると思われる 11–12 節を除くと、残りの四つの部分は、物語上の起承転結の構造をなしていると見ることができる。

（ⅰ）1–2 節　　起：シェバの女王の来訪
（ⅱ）3–5 節　　承：ソロモンとの女王の問答とエルサレムでの女王の体験
（ⅲ）6–9 節　　転：女王の反応――賞賛と神讃美
［（ⅳ）10, 13 節　結：贈り物の交換と女王の帰還］
（ⅴ）11–12 節：ヒラムの船団と黒檀の木（別資料から？）

11–12 節には、ヒラムの船団とそれが運んで来た黒檀の木についての注記があり、女王の来訪のエピソードの流れを中断しているように見えるが、逆に、海洋交易についての記述（王上 9:26–28; 10:22, 28–29）を中心とした、ソロモンの交易活動とそれに基づく彼の富について語る別資料の文脈の中に、シェバの女王の来訪についてのこのエピソードが二次的に挿入されたと見ることもできる（Na'aman 1997:73–74; Särkiö 1994:181–182）。

形式的には、物語的な枠（1–5, 10, 13 節）の中心に女王の長大な賛嘆の語り（6–9 節）が据えられているが、なぜか、ソロモンは一言も発しない。

基本的部分は世俗的でメルヘン的な逸話であるが、一部に典型的な申命

記史家的加筆が見られるので、独立して伝えられていた逸話が、申命記史家の一人によってこの箇所に挿入されたと見ることができる。なお、一部の研究者（Scott 1955:267–269; Würthwein 1977*; Na'aman 1997:73 等）はこれをずっと遅い、申命記史家たち以降の付加と見なすが、これはありそうにない（Särkiö 1994:182; Wälchli 1999:98–99）。

【注解】

1–2 節　シェバの女王の来訪

　「**シェバ**」は「**香料**」、特にオリエントの宮廷で珍重された乳香の産地（イザ 60:6; エレ 6:20; エゼ 27:22 参照）として知られるアラビア半島の南西部、現在のイエメンあたりにあった国（創 10:28; 詩 72:10, 15; イザ 60; 6; エレ 6:20 等参照）。旧約聖書の世界観では、最果ての地の一つということになる。列王記上 5:14 では、ソロモンの知恵の噂を聞いてさまざまな国の多くの人々がソロモンの知恵を聞きに彼のもとを訪れたことが記されていたが、ソロモンの知恵の噂が地の果ての南アラビアにまで届いたということなのであろう。ただし、歴史的、考古学的に南西アラビアに「王国」が存在したことが確認できるのは、前 8 世紀後半以降であり、その王国を「女王」が治めていたという記録も今のところ発見されていない。この物語でも「**女王**」は匿名で、このエピソードの歴史性は確かめることができない。新アッシリア帝国（やはり前 8 世紀後半以降）の朝貢記録からは、アラビアの諸部族（ただし主として北アラビア）に複数の「女王」がいたことが知られているので、そのイメージが重ねられているのかもしれない。しかも、イスラエルから見て東方の北アラビアの遊牧系の集団の中には「シェバ」と呼ばれる部族がいた（創 25:3; ヨブ 1:15; 6:19; エゼ 27:22–23; 38:13）。北アラビアのシェバ部族の女性族長に関する伝承が、物語が語り継がれるうちに、後の時代に香料交易で有名になった南アラビアのシェバと混同されて現在あるような形なった、というのはありそうな想定である（Särkiö 1994:188–190; Wälchli 1999:99–100）。

　南西アラビア産の香料は、隊商交易でオリエント各地に輸出され珍重された（創 37:25 参照）。「**ラクダ**」（ゲマリーム）が家畜化された時期につい

ては考古学者の間に論争があるが、シリア・パレスチナでも前10世紀前後にはすでに家畜化されていたと考えられている。アラビアなどではそれ以前から家畜化されていた可能性がある。

女王が「**はなはだ多くの金、宝石**」を携えて来たとされるのは、この女王も富裕だったことを示すためと、彼女のソロモンへの表敬の意志を示すためである。「**謎掛け**」（ヒードート）は、一見不可解なイメージの隠された意味を言い当てさせて、相手の機知や当意即妙の連想能力、頭の回転の速さを試す競技的なもの（士14:12–19）。古代オリエントの宮廷では、機知に富んだ謎掛けとそれへの答えが「教養」の一部として重視された。外交に際しても、そのような「知恵的」なコミュニケーション能力が重視されたのであろう。当然ながら、女王自身も相当の知者であることが前提とされている。したがって、同じ「知恵（ホクマー）」（4節）と言っても、優れた統治能力（王上3:9）や正しい裁判の能力（王上3:28）、百科全書的な学問的知見（王上5:9–14）とはやや趣を異にする。「**試す**」（動詞「ナーサー」）の語は、神による人間への試練の意味でも用いられる（創22:1; 出16:4; 申8:2, 16）。なお、「**ヤハウェの名の故の**」の一句は、申命記史家の一人による神学的加筆であろう（Noth 1968[*]; Särkiö 1994:183）。並行箇所の歴代誌下9:1にはこの句が欠けている。もとの物語では、女王はソロモンの知恵と富による「**名声**」の真偽を確かめる（6–7節）という、純粋に世俗的な知的関心からやって来たのである。しかし、申命記史家たちから見れば、人間としてのソロモンの知恵や栄光をあまりに強調することは適切とは思われなかったのであろう。申命記史家たちにとっては、ソロモンの知恵も栄光も、究極的にはヤハウェの恵みの所産なのである（王上3:3–14参照）。

3–5節　ソロモンとの女王の問答とエルサレムでの女王の体験

「問答」と記したが、前述のように女王の方が一方的に賛嘆の思いを語るのみで、ソロモンの答えは書かれていないので、残念ながら、女王とソロモンの知恵比べで具体的にどんな機知に富んだ問答が交わされたのかは不明である。しかし、結果は、ソロモンの圧勝であったようである（「**王に分からなくて、彼女に説明できなかったことは一つもなかった**」）。それだ

けではない。女王はエルサレムの宮廷の絢爛豪華さと、廷臣たちの優雅な作法に圧倒されてしまう。新興国であるにもかかわらず、イスラエルの宮廷が洗練を極めていたということなのであろう。

4節の「**宮殿**」の原語は単に「家（バイト）」であるが、ここでは神殿ではなく（5節参照）、王宮のことであろう。5節のソロモンの「**食卓**」の豪勢さについては、列王記上 5:2–3, 7 を参照。「**家臣たち**」（アバディーム）とは王の側近の高官たちで、王の食卓に――おそらくは位に応じた席順で――「**着座**」して食事を共にする特権があった（サム下 9:10–11; 王上 2:7; 18:19）。

些細な点だが、人によっては重要に思えるかもしれないテキスト上の問題についても触れておく。5節でのヘブライ語本文における「**彼らの衣装**」の語は、3人称男性複数形の接尾辞から明らかなように、直前の「**給仕たち**」（ケレー［マソラ学者による読み替え指示］に従う読み。訳注 e 参照）の衣装についての言及である。ところが七十人訳ではこれが単数形で「**彼の衣装**」となっている。これは、「給仕」の語のケティーブ（書かれているままの子音字）がなぜか単数形であることに関連しよう。しかし、それは読み方によってはあたかもソロモンの衣装についての言及にも読める。福音書における、ソロモンが栄華を極めた豪華な衣装をまとっていたというイメージ（マタ 6:29; ルカ 12:27）は、この読みに由来するらしい。イエス――もしくは少なくとも Q 資料の著者――は、ギリシア語訳の旧約聖書を読み慣れていたのであろうか？

同じ5節に出てくる「**献酌官**」（マシュキーム）は王に飲み物をささげる役目で、単なる給仕役ではなく、毒見をかねた最側近（創 40:21; ネヘ 2:1 参照）。訳注にも記したように、これらを見た女王の心持ちを表す「ルーアハ」の語は、「霊」と「息」の双方を意味し得る。前者であれば「生きた心地もしなかった」、後者であれば「息を呑んだ」、「息もできないほどであった」（新共同訳、新改訳、JBS 共同訳参照）といったところか。

なお、5節の「**彼がヤハウェの神殿でささげる彼の全焼の犠牲**」の語は、このエピソードを直前の神殿奉献の記事と有機的に結び付けるための申命記史家の一人による付加と思われる（Särkiö 1994:184）。この犠牲の種類（オーラー）については、列王記上 8:64 への注解を参照。王による犠牲に

ついては、列王記上 8:5, 62–63; 9:25 と同所への注解を参照。女王の驚嘆は、単に物質的な豪華さだけでなく、――申命記史家たちにとっては唯一の正統的な聖所である――エルサレムの神殿での犠牲祭儀の宗教的な荘厳さに対するものであった、ということなのである。ちなみに、この付加によって、本来聖域に立ち入ってはならないはずの外国人（使 21:29 参照）――しかも女性！――が神殿の境内に入ったことになってしまうことに、この申命記史家は気付かなかったのであろうか。歴代誌の著者もこの点を気にしたらしく、並行箇所（代下 9:4）で「全焼の犠牲（オーラー）」の語を「二階部屋（アリッヤー）」に訂正している（新共同訳、JBS 共同訳の歴代誌ではこの「訂正」が反映されていない！　新改訳、岩波訳を参照）。

6–9 節　女王の反応――賞賛と神讃美

圧倒された女王には、ソロモンの富と知恵の大いさを認め、それを賞賛することしかできなかった。「**私には事の半分も知らされてはいなかったのです。あなたの御知恵と繁栄は、私が聞いた噂をはるかに超えています**」。彼女は、ソロモンのような賢王を持つ「**国民**」（訳注 *k* 参照）や、その王に直接「**仕え**」て（訳注 *l* 参照）常にその知恵に接することができる「**家臣**」たちが「**幸い**」（アシュレー）であると言う。最大級の賛辞である（申 33:29; イザ 30:18; 32:20）。

9 節で、女王はさらに一歩を進め、そのようなソロモンを「**イスラエルの王座につけ**」た彼の神を讃美する（「**あなたの神、ヤハウェが誉め讃えられますように**」。訳注 *n* 参照）。ただし、この節は申命記主義的な用語法やモチーフに富んでいるので、申命記史家の一人による付加と思われる（Noth 1943*; Särkiö 1994:183; Wälchli 1999:96）。この申命記史家は、ここでもまた、ソロモンの偉大な知恵があくまでヤハウェの約束の所産（王上 3:12; 5:9 参照）であることを思い起こさせようとしているのであろう。ヤハウェがソロモンを「イスラエルの王座」につけたとされることについては、列王記上 1:48; 5:19, 21; 8:20 を参照。イスラエルに対するヤハウェの特別の「**愛**」（アハバー）については、申命記 4:37; 7:8, 13; 10:15; 23:6 等を参照。ただし、申命記史書の方では、ヤハウェのイスラエルへの愛についてはなぜかここ以外に言及がない。王が「**公正（ミシュパート）と正義**（ツェダカ

ー)」を実現すべきことについては、サムエル記下 8:15、詩編 72:2、イザヤ書 9:6、エレミヤ書 22:3; 23:5; 33:15 等を参照。なお、申命記史書における、異邦人によるヤハウェへの讃美や信仰告白については、さらにヨシュア記 2:9–11（ラハブ）、列王記上 5:21（ヒラム）、同 17:24（サレプタのやもめ）、列王記下 5:18（シリア人ナアマン）とそれぞれの箇所への注解を参照。

10, 13 節　贈り物の交換と女王の帰還

女王がソロモンに渡す「**120 キカルの金**」については、列王記上 9:14 と同所への注解を参照。同所でヒラムがソロモンに渡す金と全く同じ量である。「シェバの女王がソロモン王に渡したほど多くの香料が入って来る・・・・・・・・・・・・ことは二度となかった・・・・・・・・」という語り手の注記には、この物語がソロモン時代に起源するものではなく、ずっと後代のものであることが示唆されている。それは史実というよりも、むしろ、太古についての理想化された伝説なのである。13 節によれば、ソロモンも女王に、「**彼女が求める望みのものすべてを与えた**」という。おそらく、もらった以上に与えるという、ソロモンの気前のよさを表現するのであろう。エチオピアの伝説によれば、女王はこのときソロモンの子種をももらったことになっている（この単元の末尾の「解説／考察」を参照）。その直後の文章は、正確な意味がよくわからない。いずれにせよ、「〜とは別に」（ミ・レバド）とあるので、ソロモンが女王に与えたものの総量の大きさを強調しているのであろう。したがって、13 節の二番目の「**与えた**」（ナータン）の語は大過去的に解する。

贈り物の交換の後に、女王は「**彼女の国に帰っていった**」。最後の「**彼女と彼女の家臣たち**」の語は、いかにも後付け的で不格好である。女王の出発と帰還が、女性単数形の動詞で書かれているため、「極めて多くの随員」を率いて来た（2 節）はずの女王があたかも単身で帰っていったかのように誤解されないように、写字生が念のために追記したのであろう。

11–12 節　ヒラムの船団と黒檀の木

女王の帰還を描く 13 節の直前の 11–12 節には、シェバの女王とは直接関係のない、ティルス王ヒラムの船団が運んで来た木材についての注記が挿入されている。「**ヒラム**」が関わる「**船団**」による「**オフィル**」との交

易については、列王記上 9:26–28 と同所への注解を参照。ただし、同所ではソロモンの船団とヒラムの船団が協力し合ったかのように描かれているが、ここではヒラムが単独でオフィル行きの船団を運行しているように読める。対外交易に関するこれらの情報は、おそらく同じ資料に属していたものと思われる（Na'aman 1997:73–74）。素材を組み合わせる際に誤った位置に入ったか、あるいは前述のように、シェバの女王のエピソードを別資料の文脈中に挿入した申命記史家の一人が、二つの素材をより緊密に結び合わせるために、あえて嚙み合わせるようにしたのであろう。

ここで言及される木材を表す「アルムッギーム」（複数形）という語（代下 2:7; 9:10–11 では「アルグッミーム」という形になっている）の正確な意味は不明だが、古くから白檀（ビャクダン、英語で言う「サンダル・ウッド」。*Santalum album*）ではないかと考えられてきた（文語訳、口語訳、新改訳、新共同訳、JBS 共同訳参照）。これは堅く、しかも芳香性がある香木で、工芸品の材料や香料にされる。ただし、この木材で楽器が作られた（12 節）とされることから、むしろカキノキ科の黒檀（コクタン、英語で言う「エボニー」。*Diospyros ebenum*）の可能性が高い（勝村弘也氏のご教示による）。アフリカ、特にマダガスカル産のものが有名で、希少なので極めて高価であり、現代でもヴァイオリンやギター、中国の擦弦楽器二胡などに使われている。白檀は楽器にはあまり用いられない。

この木材で作られる品物を指す「ミスアード」という語は、「**ヤハウェの神殿**」や「**王宮**」に用いられるというのであるから、建築関係の専門用語であろうが、ここだけにしか出てこないので、やはり正確な意味は不明である。語源が「支える」という動詞（サーアド）であるように見えるので「**支柱**」と訳したが、その用途や機能は不明である。二種の撥弦楽器である「**竪琴**」（キンノール）や「**リラ**」（ネーベル）については、サムエル記下 6:5、詩編 57:9; 71:22; 81:3; 92:4; 108:3; 150:3、イザヤ書 5:12 等参照。ケール（Keel 1972:324–326）によれば、ネーベルはより大型で甕状の共鳴胴を持つもので、キンノールの方はより小型で共鳴胴の小さいものである。

なお、「**ヒラムの船団**」が「**オフィル**」から「**金**」を運んで来たことについては、列王記上 9:26–28 と同所への注解を参照。もしオフィルがアラビア南端にあるとすれば、それは女王の国シェバと近いことになる。た

だし、11 節の二番目の「オフィルから」の語は七十人訳にも並行箇所の歴代誌下 9:10 にもなく、重複誤写とも考えられる。その場合は、黒檀の産地は別の場所という可能性も出てくる。フェニキアであろうか（代下 2:7 参照）。

黒檀の木の量についての「今日に至るまで二度となかった」という表現は、直前の 10 節にある、シェバの女王の持参した香料の量の空前絶後さを述べた文章とよく似ている。ことによると、申命記史家の一人が、二つの素材を同化するために付加したのかもしれない。あるいは逆に、たまたまよく似た表現がどちらにもあったので、起源を異にするこれらの二つの段落が並べて置かれることになったのかもしれない。

【解説／考察】

旧約聖書には、並行箇所である歴代誌下 9:1–12 を除けば、シェバの女王についての言及は他にない。その意味では、まことにささやかで周辺的なエピソードにすぎないが、女王のソロモン訪問のこの記事は、いたく後世の人々の好奇心と想像力を刺激したらしい。彼女をめぐって実にさまざまな伝説が創作され、語り伝えられるようになった。

後のユダヤ教のエステル記のタルグム（旧約聖書のアラム語敷衍訳）の一つでは、ソロモンはガラスの間に座して彼女を迎えたが、女王はガラスの床を水と勘違いして裾をたくし上げ、足が毛深いのを露わにしてしまったという。アラビアの伝説によれば、彼女は「ビルキース」という名であり、ここからヨーロッパでも「バルキス」、「ベルキス」の名でも知られるようになった。ちなみに、イタリアの作曲家レスピーギには、『シバの女王ベルキス』というバレエ曲がある。このバレエ自体は今ではほとんど上演されないが、それから抜粋された組曲の吹奏楽版は、ブラスバンドのスタンダード・ナンバーとしてわが国でも定着している。

新約聖書では、イエスが「南の女王」を悔い改めた異邦人の代表として、ヨナの説教を聞いて悔い改めたニネベの人々と並べている。

「南の国の女王は裁きの時、今の時代の者たちと共に立ち上がり、彼

らを罪に定めるであろう。この女王はソロモンの知恵を聞くために、地の果てから来たからである。」　　　　　　　　　（マタ 12:42; ルカ 11:31)

『コーラン』でも、女王はもともと太陽崇拝の信仰を持っていたが、ソロモン（スライマーン）の教えを聞いて神（アッラー）に帰依したとされている（第 27 章「蟻の章」）。

なお、1 世紀のユダヤ人歴史家ヨセフスは、女王の名が「ニカウレー」で、「エジプトとエチオピアを支配する女王」だったと記している（『ユダヤ古代史』8 巻 158–159）が、このことからヨーロッパなどでは女王がアフリカ人だったという信念も広がった。南西アラビアの「シェバ」と、エジプトの南にあった「セバ」（創 10:7; 代上 1:94; 詩 72:10; イザ 43:3; 45:1)が混同されたのかもしれない（どちらも、七十人訳のギリシア語では「サバ」である）。

このことから、エチオピアでは、女王はマケダという名のエチオピアの女王で、エルサレムからエチオピアに帰った時、ソロモンの子種を宿しており、後のエチオピア王メネリク 1 世を産んだと信じられるようになった。前 5 世紀にエチオピアで興ったアクスム王国や、1270 年に興ったエチオピア帝国の支配者たちは、いずれも自分たちはその血を引く子孫だと自称し、特にエチオピアの帝家は「ソロモン朝」を称した。「ソロモン朝」は最後のエチオピア皇帝ハイレ・セラシェ 1 世が 1974 年、軍部のクーデターによって廃位されるまで続いた。なお、レゲエ等で有名なラスタファリ教徒は、この王朝の末裔からメシア的な救済者が出ると信じている。

ソロモンとシェバの女王については、ピエロ・デラ・フランチェスカ、ホルバイン、ティントレットなどの手による名画でもよく知られている。いずれもあまり上演されないが、グノーとコルンゴルトの手によるオペラもある。ヘンデルのオラトリオ『ソロモン』の第三部の前奏曲「シバの女王の入城」は、機会音楽として人気があり、2012 年のロンドン・オリンピックの開会式でも、エリザベス女王の登場のシーンに用いられた。ポピュラー曲では、フランスのシンガーソングライター、ミッシェル・ローラン作詞作曲のシャンソンを管弦楽用に編曲したレイモン・ルフェーヴル・グランド・オーケストラの「シバの女王」が 1970 年代に世界的な大ヒッ

トとなり、わが国でも人気ラジオ番組のエンディングテーマ曲として用いられるなど、親しまれた。

映画では、(髪のある!) ユル・ブリンナーがソロモンを、写真家としても知られているイタリアの美人女優ジーナ・ロロブリジーダが女王を演じた、『ソロモンとシバの女王』(1959 年、キング・ヴィダー監督) がよく知られている。他に、もともとテレビ映画として製作されたが、わが国では映画として公開されたものに、アカデミー賞主演女優賞受賞者のアフリカ系女優ハル・ベリーが女王を、ラテン系の男優ジミー・スミッツがソロモンを演じた邦題『クイーン・オブ・エジプト』(原題 Solomon & Sheba, 1995 年、ロバート・M. ヤング監督) なんていうのもあった。ほんとうは「エジプトの女王」じゃないんだけど……。

(3)ソロモンの富 (上 10:14–29)

【翻訳】

金の品々
10 章

[14] さて、1 年間にソロモンのもとに入って来た金の〔総〕重量は、金 666 キカルであった。[15] それは、貿易業者たち[a] や、商人たちの営業利益、およびアラビア[b] のすべての王たち、この地の代官たちからの税収[c] とは別である。
[16] ソロモン王は、打ち延ばした金で 200 の大盾を造った。一つの大盾に用いられた金は 600〔シェケル〕にのぼった。[17] 彼はまた、打ち延ばした金で 300 の小盾を造った。一つの小盾に用いられた金は 3 マネにのぼった。王はそれらを「レバノンの森の家」に置いた。
[18] 王は大きな象牙の王座を造り、それを精錬された金で覆った。[19] その王座には 6 段の階段があり、王座の背もたれは先端が丸くなっていた[d]。座面[e] の両側にはひじ掛け[f] があり、ひじ掛けの横には 2 匹の雌獅子[g] が立っていた。
[20] また、6 段の階段のそれぞれの両側には、〔計〕12 匹の雄獅子[h] が立って

いた。このようなものは、どの王国でもかつて造られたことがなかった。
²¹ ソロモン王の飲み物用の杯はすべて金製であり、「レバノンの森の家」の杯もすべて純金製であった。銀製のものなどなかった。〔銀は、〕ソロモンの時代には価値あるものとは見なされなかった ⁱ のである。²² 海には、王のために、ヒラムの船団と並んでタルシシュの船団があったからである。タルシシュの船団は、3年に一度、金、銀、象牙、猿、ヒヒを積んで入港するのを常とした ʲ。

ソロモンの知恵と交易

²³ ソロモン王は、富と知恵において地上のどの王たちよりも偉大であった。²⁴ 全地〔の人々〕が、神が彼の心に授けた彼の知恵を聞くために、ソロモンの拝謁 ᵏ を求めるのを常とした ˡ。²⁵ 彼らは、各自、自分の贈答品として、銀の品々 ᵐ、金の品々 ⁿ、衣類 ᵒ、武器、香料、馬、ラバを毎年持参するのを常とした。

²⁶ ソロモンは戦車と〔それを引く〕馬を集めたが、彼には1400台の戦車と、〔それを引く〕馬1万2000頭があった。彼はそれらを戦車隊の町々と、エルサレムの王 ᵖ のもとに配置した。²⁷ 王はエルサレムで、銀をまるで石のように投入し ᵠ、また杉材をまるでシェフェラーのいちじく桑のように大量に投入した。²⁸ ソロモンのための馬たちの輸入 ʳ は、エジプトとクエからであった。クエからは、王の商人たちが代価を支払って〔それらを〕 ˢ 受け取って来るのを常とした ᵗ。²⁹ エジプトからの戦車は、〔1台が〕銀600〔シェケル〕で取り引きされた ᵘ。馬は〔1頭が銀〕150〔シェケル〕であった。同じように、彼ら ᵛ は自分たちの手で〔それらを〕ヘト人のすべての王たちやアラムの王たちに輸出するのを常とした ʷ。

   a：原語（タリーム）は通常は「偵察員」、「斥候」を意味するが、語根に「外に出て行く」という意味があると解し、このように訳す。

   b：原文は文字通りには、「夕方（の方角）」＝「西方（エレブ）」。代下9:14、シリア語訳やウルガータに従い「アラブ」に読み替える。イスラエルの西方は地中海である。

   c：ここでは意味をなさない「男たちから（メ・アンシェー）」の語の代わりに、七十人訳に従い、アレフ（א）をアイン（ע）に入れ替えて読む。ただし、

ヘブライ語の「オーネシュ」の文字通りの意味は、「罰金」、「賠償金」。

d：原文は文字通りには、「王座には後ろに丸い頭〔があった〕」。

e：原文は文字通りには、「座る場所」。

f：原語は文字通りには、「手」の複数形（ヤドート）。

g：原語（アラヨート）は、ライオンを意味する「アリー」の派生語「アルイェー」の複数形で、この語は文法的には男性名詞であるが、形の上では女性形に見える。

h：原語（アライーム）は、ライオンを意味する「アリー」の男性複数形。

i：原文は文字通りには、「何物かと評価されなかった」、「何とも思われなかった」。

j：動詞の形（未完了形）は一回的な出来事でなく、継続的に繰り返される行為を表す。

k：原文は文字通りには、「（ソロモンの）顔を」。

l：動詞の形（分詞形）は一回的な出来事でなく、持続的に継続する行為を表す。次節でも同様。

m：注解本文該当箇所参照。

n：注解本文該当箇所参照。

o：原語（セラモート）は文字通りには、「外套」の複数形。王上 11:29–30 参照。

p：注解本文該当箇所参照。

q：原文は文字通りには、「与えた」。次の文でも同様。

r：原語（モーツァー）は文字通りには「出てくること」で、むしろ「輸出」。

s：原文には目的語がない。29 節でも同様。

t：動詞の形（未完了形）は一回的な出来事でなく、継続的に繰り返される行為を表す。

u：原文は文字通りには、（戦車が）「上がって来て（輸入を表す）、出て行った（輸出を表す）」。

v：動詞が 3 人称男性複数形。主語は、前節の「王の商人たち」と解する。

w：原文は文字通りには、「彼らは出す」（注 u 参照）。動詞の形（未完了形）は一回的な出来事でなく、継続的に繰り返される行為を表す。

【形態／構造／背景】

この単元には、列王記上 5:1–8; 9:10–28; 10:11–12 におけると同様、神殿と王宮の建設以外のソロモンのさまざまな事績についての個別的情報が集められている。その目的は、上述の箇所でもほぼそうであったように、ソロモンの時代の未曾有の栄華と繁栄を強調することにある。列王記上 5:1–8 では、ソロモンの宮廷の豪奢な生活ぶりがそこで消費される膨大な食材の量を通じて表現されていたが、ここでは、宮廷を飾った絢爛豪華な貴金属の品々が列挙される。部分的には、上述の箇所で用いられたものと共通の資料が用いられている可能性もあるが、ここでもまた、後代の理想化されたイメージがその上に重ねられていると見なければならない。

全体は、大きく見て、宮廷内の「金の品々」に関わる前半（14–22 節）と、「ソロモンの知恵と交易」に関わる後半（23–29 節）に分かれ、それがさらにそれぞれいくつかの小部分に分かれているが、体系性や構造上の対称性はほとんど見られず、雑然とした寄せ集めという印象を受ける。ただし、「金（ザーハーブ）」と「銀（ケセフ）」の語が、キーワードとして全体をゆるやかにまとめていると見ることもできる。

（ⅰ）金の品々（14–22 節）
  (a) 14–15 節 金の歳入
  (b) 16–17 節 金の盾
  (c) 18–20 節 象牙と金の王座
  (d) 21 節   金の杯
  (e) 22 節   タルシシュの船団
（ⅱ）ソロモンの知恵と交易（23–29 節）
  (a) 23 節   ソロモンの富と知恵
  (b) 24–25 節 ソロモンへの贈答品
  (c) 26 節   戦車と馬
  (d) 27 節   銀と杉材の供給
  (e) 28–29 節 戦車と馬の輸入と交易

一部に申命記史家たちの手が加わっていると思われるが（下線部）、特に申命記・申命記主義的な用語法や観念はほとんど見られない。

【注解】

14–22 節　金の品々

14–15 節　金の歳入

14 節で、ソロモンのもとに「1 年間」に入って来た「金」の総量とされる「666」キカルは、ヨハネ黙示録の悪名高い「悪魔の数字」（黙 13:18）と同じだが、これは全くの偶然であろう（エズ 2:13 をも参照）。おそらくは、ヒラムからの 120 キカル（王上 9:14）とオフィルからの 420 キカル（王上 9:28）とシェバの女王からの 120 キカル（王上 10:10）を合算し（計 660 キカル）、三連数字にしたもの。重量単位の「**キカル**」については、列王記上 9:14 への注解を参照。1 キカルを約 35 キログラムとして、666 キカルで約 23.3 トンという幻想的な数字になる。もちろん、史実ではありえまい。しかも、直前に挙げた金の収入についての 3 箇所のそれぞれの文脈では、それがその都度の「特別収入」であるように描かれていたが、ここではそれが年ごとの定期的な収入であるかのように描かれている。

15 節は本文がやや崩れており、用いられている用語もかなり特殊なもので、そこに列挙されるのが具体的にどんな人々なのか、確かなことが分からない。最初の二つの語（「タリーム」と「ロクリーム」）は、便宜的に「**貿易業者たち**」（訳注 *a* 参照）、「**商人たち**」等と訳した。「**アラビアのすべての王たち**」とは、キャラバン交易に従事する部族共同体の首長たちというほどの意味であろう。ここで言われているのは、要するに、貢納や関税、通行税を通じた通常の収入以外に、後述される交易などを通じて膨大な収入があったということなのであろう。エジプトやアラビアとシリアやメソポタミアを結ぶ通商路のほとんどすべては、パレスチナを通っていた（173, 353 頁の地図を参照）。したがって、もしソロモンがこの地域全域を支配したとすれば、関税や通行税を通じて莫大な利益があったとしてもおかしくない。「**代官たち**」とは、列王記上 4:7–19 に言及された「知事たち（ニッツァビーム）」のことかもしれないが、ここではアッカド語に由来す

る別の語（パホート）が用いられている。

16–17節　金の盾

盾には大きく見て、二種類があった。「**大盾**」（ツィンナー）は長方形の一種の持ち運び可能な個人的防壁で（詩 5:13; エゼ 26:8 等参照）、弓を射るのに両手を使う戦士自身とは別の専門の盾持ちが扱い（サム上 17:7, 41）、地面に立てて戦士のほぼ全身を覆った。「**小盾**」（マーゲーン）は丸い軽量のもので、左手で持つか左腕に固定し、上半身だけを護った（士 5:8; 王下 19:32 等参照）。「**打ち延ばした金**」（ザーハーブ　シャーフート）で作られたとされるが、盾全体が金だけで作られたということはありえず、革や木で造られた盾本体の中央部や縁に金箔を張って装飾したものということであろう。現実的にはあり得ないが、直後に出てくる金の重さから、盾全体が金箔で覆われていたと考えられているのかもしれない。もちろん、実戦に用いられたということはありえず、装飾用、儀典用（王上 14:27–28; 王下 11:10 参照）であろう。大盾に用いられた金の重量単位は書かれていないが、数字から見て「**シェケル**」と思われる。1 シェケルが約 11.4 グラムに相当すると考えられるので、「**600**」で大盾 1 枚が約 6.8 キログラムということになる。金箔の重さだったとすればあまりにも重すぎるようにも思われるが、それが「**200**」枚もあったというのであるから、史実であればさぞ壮観だったことであろう。小盾の方は 1 枚につき「**3 マネ**」の金が用いられたとされているが、1 マネは 50 シェケルであるので、シェケル換算で 150 シェケル（約 1.7 キログラム）ということになる。したがって、小盾用の金の量は大盾用の 4 分の 1 であった。大盾と小盾でなぜ、異なる重量単位が用いられているのかは不明である。「**レバノンの森の家**」については、列王記上 7:2–5 と同所への注解を参照。これらの盾のその後の運命については、同上 14:25–28 を参照。

18–20節　象牙と金の王座

これまで正統的な王位、王権の意味で「**王座**」（キッセー）への言及は何度もあったが（王上 1:35, 37; 2:4; 8:20, 25 等）、王座の実物が描写されるのはここが初めてである（ただし、王上 7:7 における「王座の広間」への言及を

参照。この王座はおそらく、その部屋に置かれていたのであろう)。王座は「**象牙**」(シェーン)製であったとされるが、この場合も全体がまるまる象牙だけで作られたということではなく、木製の本体に象牙の装飾や象牙細工がほどこされたということであろう。サマリアの宮廷の遺構からは、数多くの象牙の装飾板が発見されている(王上 22:39; 詩 45:9; アモ 6:4 参照)。それにしても、せっかく象牙で装飾された王座が、さらに「**精錬された金**」(ザーハーブ ムーファーズ)で覆われていた、というのは考え難い。象牙の装飾以外の部分に金箔が張られたということか。神殿内装の描写にも見られた(王上 6:21–22 参照)、金ぴか趣味の一編集者の加筆かもしれない。王座に上る「**6 段の階段**」があったとされるので、王座自体は 7 段目にあったことになる。「七」は旧約聖書における完全数の一つであり、確立した秩序と、全体が完璧、完全な状態にあることを表す(創 2:1–3 参照)。古代オリエントで神々が第 7 の天にいると信じられたように、王が君臨することによって国家の秩序を維持することを象徴しているのであろう(Gray 1977*; Würthwein 1977*)。「**背もたれは先端が丸くなっていた**」(訳注 d 参照)と説明されているが、この部分は七十人訳では「背もたれの先端には若い雄牛の頭がついていた」となっており、相当に異教的な印象を受ける。どちらの読みが元来のものなのであろうか。両側のひじ掛け(訳注 f 参照)の横には、それぞれ「**雌獅子**」(訳注 g 参照)の像が「**立っていた**」という。シリア・パレスチナからは、ライオンの胴体を持つスフィンクス(ケルビム?)そのものがひじ掛けを形造っているような図像が複数発見されている(224 頁の図を参照)が、この箇所の本文を読む限り、ひじ掛けとは別に、その外側に雌獅子の像が独立して「立っていた」ように読める(Cogan 2001*)。獅子(ライオン)はもちろん、「百獣の王」であり、力と強さと威厳を象徴する。6 段の階段の両脇にも、それぞれ「**雄獅子**」(訳注 h 参照)の像があったという。他のネコ科の猛獣とは異なり、ライオンの場合は鬣(たてがみ)の有無で容易に雌雄の区別がついたであろう。「**このようなものは、どの王国でもかつて造られたことがなかった**」という付記は、ソロモン時代の空前絶後性を強調しようとする編集者の加筆かもしれない(王上 10:10, 12 参照)。たしかに、獅子の像で取り巻かれたような王座は、今のところ古代オリエントのどこからも発見されてはいない。

21節　金の杯

ソロモンの「**杯**」（ケリーム）はすべて「**金製**」もしくは「**純金（ザーハーブ　サーグール）製**」であり、「**銀製**」のものはなかったという。「「**レバノンの森の家**」**の杯**」への言及は、この施設（王上 7:2–5 と同所への注解を参照）で宴会等が行われたことを示唆する。それにしても、銀が「**ソロモンの時代には価値あるものとは見なされなかった**」という説明は、「言ってくれるじゃないの」と思う。銀は豪奢な威信財の装飾には用いられず、もっぱら交易などの支払い手段（29節参照）に用いられたということか（ただし、22, 25節をも参照）。

このような絢爛豪華な金ぴか趣味には、――現実には一度たりとも存在しなかった？――理想化された「古き良き時代」への憧憬がみなぎっている。「栄華を極めたソロモン」（マタ 6:29; ルカ 12:27）のイメージも、このあたりから生まれて来たのであろう。

22節　タルシシュの船団

この節の原文の冒頭には、理由を説明する文章を導入する「キー」（「〜だからである」）の語があり、直前の文の理由を述べる形になっている。すなわち、ソロモンの時代に銀が軽視されたのは、船団が金や銀を含む大量の物資を運んで来たからなのである。「**船団**」（オニー）を用いたソロモンの航海交易、およびそれにティルス王ヒラムが重要な役割を果たしたことについては、列王記上 9:26–28; 10:11–12 と同所への注解を参照。ここで言われる「**海**」が地中海のことなのか紅海のことなのかは明記されていないが、「**タルシシュの船（団）**」は、フェニキア人の地中海交易に関連してよく言及される（イザ 23:1, 14; エゼ 27:25）。「タルシシュ」の語源は不明であるが、船の目的地とすれば（イザ 23:6; エレ 10:9; ヨナ 1:3 参照）、スペイン南西海岸にあるタルテッソスが古くから考えられて来た（Noth 1968[*]; Gray 1977[*]）。たしかにイベリアにはフェニキア人（カルタゴ人）の植民地が置かれるが、それは早くとも前 8 世紀以降のことで、ソロモン時代には合わない。アナトリアの東南のタルソス（後のパウロの故郷）のことと解する見方（Cogan 2001[*]）もある（創 10:4 参照）。ただし、この節に言及

される輸入品（「金」、「銀」に加え「象牙」、「猿」、「ヒヒ」）からして、ここでは地中海交易ではなく、アフリカとの交易が問題になっているようである。エツヨン・ゲベル（王上 9:26 と同所への注解を参照）を母港とする紅海を通じたアフリカとの交易のことが念頭に置かれているのであろう。もしそうであれば、ここでは「タルシシュ」の語は本来の地名としての意味をもはや失い、特定のタイプの船舶を指す技術用語になっていると考えられる（王上 22:49; 詩 48:8; イザ 2:16; 60:9 参照）。おそらく、大きな積載能力を持つ大型の帆船を意味しているのであろう（Noth 1968*; Gray 1977*; Würthwein 1977*; Cogan 2001*）。地名としての意味が残っているのであれば（代下 9:21 参照）、アフリカ大陸を周航してスペインまで行ったことになるが、これは古代世界においてはあり得ないことである。この船団が「3 年に一度」帰港したとされていることは、航海が 3 年がかり（片道 1 年半）で行われたことを必ずしも意味しない。3 年に 1 回の頻度で行われたという意味にも解せるからである。したがって、この記述から航海の目的地を推測することはできない。

　なお、最後の「ヒヒ」と訳した語「トゥッキイーム」は、ここと並行箇所である歴代誌下 9:21 にしか出てこない特殊用語（鳴き声からきているのか？）で、正確な意味がはっきりしない。「孔雀」と解する説もある（Cogan 2001*; Sweeney 2007*）。その場合には、行き先が孔雀の原産地インドであった可能性が出てくる（Mulder 1998*; Knauf 2016*）。すると、直前の「象牙」（シェンハビーム。18 節のものとは別の語で、ここだけに出てくる）は、アフリカ象ではなくインド象のものということになる。バビロニアやアッシリアの大都市には、古くから動物園があった。いずれにせよ、エキゾチックで希少な珍獣は高く売れたのであろう。

23–29 節　ソロモンの知恵と交易
23–25 節　ソロモンの知恵と彼への贈答品
　ソロモンが「**富と知恵**」において「**どの王たちよりも偉大**」であり、「**全地〔の人々〕が……彼の知恵を聞くために、ソロモンの拝謁を求め**」（訳注 *k* 参照）た、というのは、列王記上 5:9–14 で取り上げられたテーマを別の言葉で繰り返したものにすぎない（特に、王上 5:10, 14 を参照）。列王記上

373

5:9–14とこの段落が、神殿建設を含むソロモンの諸事績についての一連の記述を外枠（インクルジオ）として囲んでいると見ることもできる。その際にソロモンの知恵が、「神が彼の心に授けた」ものとされていることは、ギブオンでのヤハウェの約束（王上 3:12–13）が踏まえられていることを意味する。この部分は、列王記上 3 章を念頭に置いた申命記史家の一人の付加であろう。ソロモンの「富と知恵」は、ここでもまた、あくまでヤハウェの約束の成就なのである。なお、金や銀の「品々」と訳した語（ケリーム）は、21 節の「杯」と同じ語であるが、ここではより一般的に、器や小型の備品などを指していると考えられる。「贈答品」に「衣類」（訳注 o 参照）と「武器」が加わっているのが注意を引くが、歴史的にはよくあることである。最後に挙げられている「ラバ」（ペラディーム）については、列王記上 1:33 への注解を参照。

26 節　戦車と馬

治世が平和であったにもかかわらず、ソロモンが「戦車と〔それを引く〕馬を集め」、軍備の増強に努めたことについては、列王記上 5:6 と同所への注解を参照。ソロモンの「戦車隊の町々」については、同 9:19 参照。「1400 台の戦車」と「馬 1 万 2000 頭」という数字は、ここでもかなりの誇張であろう。戦車 1 台に 2 頭の馬であったとすれば、何とも数が合わない。原語「パラシーム」を（「騎兵」ではなく）「（戦車を引く）馬」と解すべきことについては、列王記上 1:5 への注解を参照。なお、ソロモン自身が戦車や馬を「エルサレムの王」（すなわち彼自身）のもとに配置したとされていることは、文章として少しおかしいが、原文通りであり、ここは原文自体が何とも不自然な文章なのである。

27 節　銀と杉材の供給

この一節は、戦車や馬についての記述を中断するので、編集者（申命記史家の一人？）による加筆かもしれない。21 節でソロモン時代には銀に価値が置かれなかったとされていたにもかかわらず、ここではソロモンが「銀」（ケセフ）を大量に供給したことが確認される。逆に、あまりにも多量にあったから軽んじられた、ということなのだろうか。「まるで石のよ

うに」という表現を、銀が石ころ同然に扱われたという意味に解せば、両者は必ずしも矛盾しない（マタ 3:8; ルカ 3:8 参照）。銀に関するこの一節があえてこの箇所に挿入されたのは、直後の戦車と馬の商取引に関する記述（28–29 節）で銀が支払い手段として言及されるからであろう。なお、七十人訳では、王が「金と銀を石のように投入した」となっている。

　フェニキア産の貴重で高価な建材である「**杉材**」（アバニーム。王上 5:20–23 参照。実際にはマツ科のレバノンスギの木材）も、貧しい農夫が栽培する（アモ 7:14）平凡な果樹である「**いちじく桑**」（シクミーム）同様に扱われた（イザ 9:9; 詩 78:47 参照）。それだけ気前よく、豪勢な使われ方をしたということであろう。イチジクグワないしエジプトイチジク（*Ficus sycomorus*）は、クワ科イチジク属の常緑樹で、大きなものでは高さ 15 メートル、幹の太さが 2 メートルほどの大木にまで成長する。ルカ福音書で背の低い徴税人ザアカイがイエスを一目見ようとして登ったのがこの木である（ルカ 19:4）。果実は数が多いが、味は美味ではなく、蜂の一種が実に産卵することが多いので、食用にはあまり適さない。むしろ、廉価で材質が軟らかく加工しやすく、防腐性もあるので、建材用に栽培された（大槻 1992*:29–31; 廣部 1999:56–57）。この木が多く生えているとされるシェフェラー（代上 27:28 参照）はユダ山地とペリシテ人の拠点である南部の海岸平野の間に横たわる丘陵地帯（申 11:7; ヨシュ 9:1; 10:40; 11:2, 16; 士 1:9; エレ 17:26; 32:44 等参照）で、穀物が豊富。

28–29 節　戦車と馬の輸入と交易

　馬の輸入元の一つとされる「**クエ**」は、小アジア南東のキリキア地方を指し、古来、名馬の産地として有名であった。なお、同じ 28 節にある「**エジプト**」（ミツライム）の語を同じ小アジアのカッパドキアにあり、やはり馬の産地として知られる「ムツリ」に読み替えるべきだという提案もある（Noth 1968*; Gray 1977*; DeVries 1985*）。アッシリアの遠征碑文に、この地がクエと並んで言及されるからである。ただし、エジプトの馬もイスラエルでは有名であった（申 17:16; イザ 30:16; 31:1–3）。2 頭の馬が引く二輪車の「**戦車**」（メルカバー）はヒクソス時代（前 17–16 世紀）以来、エジプトの軍事力の基盤であり（出 14:6–7 参照）、その製造技術も突出して

375

いた。戦車1台が「**銀600**」シェケル（約6.8キログラム）、馬1頭が銀「**150**」シェケル（約1.7キログラム）という価格も、誇張を含むものであろう。ただし、現在の文脈で読むと、直前に27節があるので、そのような出費もソロモンの王国にとってはほとんど負担にならなかった、ということになる。しかも、馬と戦車はイスラエル自体に輸入されただけでなく、他の国にも「**輸出**」された。前述のようにイスラエルは、エジプトやアラビアとシリア、メソポタミアを結ぶ地峡地帯にある。ソロモンは、そのような地の利を活かして積極的に諸国間の仲介交易に取り組み、そこからも大きな利益を得たということなのであろう（353頁の地図を参照）。ただし、この記述をユートピア的なものととらえ、仲介交易の史実性を疑う見方もある（Würthwein 1977*; Hentschel 1984*; Fritz 1996*; Gertz 2004:22–23; Knauf 2016*; Schipper 2018:30–31）。

「**ヘト人**」の概念は、旧約聖書で多義的な意味を持つ（王上11:1への注解を参照）。その名は前16世紀から前13世紀にかけてアナトリア（小アジア）で栄えたハッティ（いわゆるヒッタイト）に由来するが、この王国は前12世紀の前半に「海の民」の侵入などによって滅びた。しかし、その生き残りの諸集団がアナトリア東部から北シリアにかけてカルケミシュやアレッポなど数多くの後継小王国を建てた。ここではそれらのいわゆる「新ヒッタイト系」諸王国の王たちのことが考えられているのであろう。新アッシリアの文書では、シリア・パレスチナ全体がしばしば「ハッティの地」と呼ばれている。「**アラム**」人は前11世紀ごろまでにユーフラテス川上流からシリアにかけて定着したセム系遊牧民で、統一国家は形成せず、多くの都市国家を建設した。その代表的なものがツォバ、ハマト、ダマスコで（サム下8:3–10等参照）、特にダマスコのアラム王国は後のイスラエルの歴史、特に北王国の政治的運命にも大きな影響を与えることになる（王上15:18–21; 20:1–34; 22:29–35; 王下6:8–7:16; 8:28–29; 12:18–19; 13:3–7, 22–25; 15:37; 16:5）。

残念ながら、29節の最後の部分は本文が不完全で、本来の意味がよく分からない。例えば、「**同じように**」（ケーン）という表現が何にかかるのかが不明である。戦車や馬の価格のことだったとすれば、「儲け」が全く出なかったことになってしまう（Noth 1968*; Knauf 2016*）。28節の「エ

ジプト」を削除するか「ムツリ」に読み替えれば、「**王の商人たち**」は馬を小アジアからエジプトに運び、逆に戦車をエジプトからシリアや小アジアに運ぶ双方向的な仲介貿易で活躍したということになろう。それは国家にとってますます大きな収入になったはずである。

【解説／考察】

　この単元は、すっかり伝説的なものとなったソロモンの富と栄華に、歴史的、現実的な経済的基盤があった可能性を示している。すなわち、オリエント世界の諸文明を結ぶ陸橋地帯にあったイスラエルの地政学的、経済地理学的位置をフル活用した関税政策や、仲介交易政策である。もしこれが多少なりとも史実であったとすれば、軍隊指揮官、戦術家として天才的であった父ダビデとは異なり、ソロモンはビジネスマン、国家的な規模での企業家としての天賦の才能を持っていたことになる。

　他方において、ここに神話的ともいえる後代の理想化が加えられていることも疑いない。ソロモンの時代とされる前 10 世紀中葉のパレスチナに、周囲の諸地域にまで政治的、経済的、文化的な影響を与えるような有力な統一国家が実在した証拠はどこにも存在しない。列王記に描かれたような豪華絢爛たる宮廷がエルサレムに実在した考古学的痕跡は全くなく、前 10 世紀のエルサレムは、丘の上の小規模で質素な城塞都市以上のものではなかったと言われる（Fritz 1996*; Finkelstein/Silberman 2001:123–145; Gertz 2004:340–344）。ダビデの歴史的実在は今では間接的に証明されているが（117–119 頁のトピック 2 を参照）、ソロモンについてはまだただの一つの聖書外史料も発見されていないのである。もし、列王記が描くように、ソロモンが大規模な対外交易や国際交流を積極的に行ったのが事実であれば、これは何とも不思議なことである。それゆえ、「ソロモンの王国の史実性は、アーサー王のそれと同じ程度」とうそぶく懐疑的な歴史学者たち（Lemche 1998; Thompson 1992; Davies 1992）がいること（「緒論」38–39 頁参照）も怪しむに足りない。そのような極論は別としても、ソロモン時代についての列王記の記述が、やはり後のイスラエルの人々が思い描いた空想上の黄金時代という性格が強いことは事実である。

しかし、後のイスラエルでも、すべての人々がソロモン時代の繁栄と栄華をひたすら懐かしみ、その栄光を讃えるばかりだったわけではない。申命記の「王の法」が次のように王の任務と役割について規定するとき、そこにはおそらくソロモンについてのこれらの伝承が批判的に踏まえられている。

>「王は馬を増やしてはならない。馬を増やすために、民をエジプトに返すことがあってはならない。……王は大勢の妻をめとって、心を迷わしてはならない。銀や金を大量に蓄えてはならない。彼が王位についたならば、レビ人である祭司のもとにある原本からこの律法（＝申命記法）の写しを作り、それを自分の傍らに置き、生きている限り読み返し、神であるヤハウェを畏れることを学び、この律法のすべての言葉とこれらの掟を忠実に守らねばならない。そうすれば王は同胞を見下して高ぶることなく、この戒めから右にも左にもそれることなく、王もその子らもイスラエルの中で王位を長く保つことができる。」
>
>（申 17:16–20）

たとえ、もとの伝承がソロモンの栄華をひたすら称揚しようとするものであったとしても、現在ある列王記の文脈では、ソロモンの事績がやや異なるニュアンスで見られているように思われる。例えば、馬を——しかもエジプトとの関わりで！——集めたソロモンは、申命記の「王の法」の規定に正面から抵触していることになる。大量の銀や金についても同様である。しかも、少なくとも前半の記述によれば、ソロモンの繁栄と富は国民にも広く安泰と福利をもたらした（王上 5:4–5）。しかし、この章では国民の姿はどこにも見えず、膨大な金銀財宝は、ひたすら王自身の権勢と威信の誇示のためのものに見える（Provan 1995*; Walsh 1996*; Wray Beal 2014*）。しかも、列王記（申命記史家たち）の直後の記述によれば、ダビデからソロモンが受け継ぎ、ソロモンが大いに繁栄させたイスラエル統一王国がソロモンの死後崩壊する原因は、まさに彼が「大勢の妻をめとって、心を迷わし」（上記の引用参照）た結果なのである。このことが、次の章で詳らかにされる。

もし、申命記史家たちがほんとうに「申命記主義者」であり、この申命記の「王の法」をも踏まえているとしたら、ソロモンの比類のない経済的繁栄と交易の成功を描くこの単元を、王国分裂へと繋がるソロモンの堕落について物語る列王記上 11 章の直前に置いた現在の配列には、ソロモン——ないし彼が代表する王の在り方——への批判を込めた神学的な意図が秘められていることになろう。

5. ソロモンの過ちと統一王国分裂の予告
（上 11:1–43）

(1) ソロモンの妻たちとソロモンの過ち（上 11:1–13）

【翻訳】

ソロモンの堕落と罪
11 章
[1] ソロモン王は数多くの外国人の女たちを愛した。【そしてファラオの娘も。】[a] すなわち、モアブの女たち、アンモンの女たち、エドムの女たち、シドンの女たち、ヘトの女たちである。[2] 〔彼女たちは、〕かつてヤハウェがイスラエルの子らに、「あなたたちは彼らのところに入ってはならない。彼らがあなたたちのところに入ってもならない。〔そんな事にでもなれば、〕彼らは必ずやあなたたちの心をねじ曲げ、彼らの神々に従わせるだろう」と言った諸国民の出身である。〔しかし、〕ソロモンは〈彼女たちへ〉[b] の愛に固執した。[3] 彼には王妃である妻が 700 人、側室が 300 人もいた。これらの彼の妻たちが、彼の心をねじ曲げた[c]。

[4] すなわち、ソロモンが年老いたとき、彼の妻たちは彼の心をねじ曲げ、他の神々に従わせた。それゆえ彼の心は、彼の父ダビデの心のようには、彼の神ヤハウェに対して完全無欠ではなかった。[5] ソロモンは、シドン人の神アシュトレト、およびアンモン人の唾棄すべきものミルコムに従って歩んだ。[6] こうしてソロモンは、ヤハウェの目に悪と映ることを行った。彼は、彼の父ダビデのようには、ヤハウェに全面的に従いはしなかった。

[7] その頃ソロモンは、エルサレムに向かい合った山に高台聖所を建設した。モアブの唾棄すべきものケモシュ、およびアンモンの子らの唾棄すべきものモレクのためである。[8] 彼がそのようなことを行ったのは、彼のすべての外国人の

妻たちのためである。〈彼女たちは^d、〉自分たちの神々のために香を焚き続け、また犠牲をささげ続けた。

神の裁きの告知

11:9 ヤハウェはソロモンに対して怒りを発した。彼の心が、二度も彼に顕現したイスラエルの神ヤハウェから転じてしまったからである。10 〈ヤハウェが^e〉この事について彼に、他の神々に従って歩んではならないと命じたのに、彼はヤハウェが命じたことを守らなかったのである。11 ヤハウェはソロモンに言った。「あなたがこんな有様で^f、わたしの契約とわたしがあなたに命じたわたしの掟を守らなかったので、わたしは王国をあなたから必ずや裂き取り^g、それをあなたの家臣に与えるであろう。12 ただし、あなたの父ダビデに免じて、わたしはあなたの治世^hには〔この事を〕行わないが、あなたの息子の手からそれを裂き取るであろう。13 しかも、わたしは決して王国全体を裂き取りはしない。わが僕(しもべ)ダビデに免じ、また、わたしが選んだエルサレムに免じて、わたしは一つの部族をあなたの息子に与えることにする」。

a: 注解本文参照。

b: 原文では目的語が3人称男性複数形で、「彼らへ」。文脈上は「他の神々」に掛かることになる。

c: 原文でも女性名詞の複数形「彼の妻たち(ナシャーウ)」が主語であるが、「ねじ曲げる」に当たる動詞がなぜか男性複数形(ワッヤットゥー)で、文法的に不整合である。

d: 原文に主語はないが、動詞が女性形の3人称複数形。ソロモンの妻たちの行為ということになる。注解本文の該当箇所をも参照。なお、この節の二つの動詞の形(分詞形)は、いずれも一回的な行為ではなく、持続的、継続的に続く行為を表す。

e: 原文に主語はないが、動詞が男性形の3人称単数形。文脈からヤハウェが主語と解する。

f: 原文は文字通りには、「それ(女性形)があなたと共にある」。主語が何かは書かれていない。

g: 原文では、「裂く」を意味する動詞(カーラア)を別の形で二重に用いる、

ヘブライ語独特の強調法が用いられている。

h: 原文では文字通りには、「あなたの日々」。

【形態／構造／背景】

　列王記上 11 章前半（1–13 節）は、ソロモンの晩年の宗教的な過ちと、それに対する神の裁きの告知、およびその裁きの部分的な軽減について物語る。この部分全体は、ソロモンの堕落と罪について客観的に報告する前半（1–8 節）と、それに対する神の裁きについて、神の言葉を直接引用する形で語る後半（9–13 節）の二つの部分に分かれ、それがさらにそれぞれ二つないし三つの小部分に分かれるという構成になっている。

（ⅰ）ソロモンの堕落と罪（1–8 節）
　　（a）1–3 節　　　ソロモンの外国人の妻たち
　　（b）4–8 節　　　ソロモンの背教行為
（ⅱ）神の裁きの告知（9–13 節）
　　（c）9–10 節　　 神の怒り
　　（d）11 節　　　 裁きの告知
　　（e）12–13 節　 ダビデに免じての裁きの部分的軽減

　この部分は大半が申命記史家たちによる事後予言的性格の神学的歴史解釈であるが、3 節のソロモンの妻たちについての情報と、7 節のソロモンによる高台聖所建設についての記事には、古い伝承が用いられている可能性がある（Noth 1968*; Würthwein 1977*; DeVries 1985*; O'Brien 1989:161）。ただし、それらの古い伝承では、元来は事実が客観的に報告されるだけで、特に批判などの価値評価が行われてはいなかったのに対し、申命記史家たちは、それを統一王国というイスラエルにとっての黄金時代の終焉と、王国分裂という歴史的破局を招来するソロモンの根本的な罪と解釈し、ソロモンに徹底的な批判を加える。

　前半では（心を）「転じる／ねじ曲げる（ナーター／ヒッター）」（2, 3, 4, 9 節）、後半の裁きの告知では「裂き取る（カーラア）」（11, 12, 13 節）とい

う動詞が繰り返し用いられており、それぞれキーワード的な役割を果たしている。

【注解】

1–8 節　ソロモンの堕落と罪

　ソロモンの堕落の原因となったのは、ソロモンが「**数多くの外国人の女たち**（ナシーム　ノクリッヨート）**を愛した**（動詞「アーハブ」）」ことである（1 節）。すなわち、彼女たちがソロモンの心を異教の神々に「**ねじ曲げた**」（動詞「ナーター」の使役形）のである（3 節）。ソロモンの物語の冒頭では、ソロモンが「ヤハウェを愛した（動詞「アーハブ」）」ことが強調されていた（王上 3:3 と同所への注解を参照）。その愛が、今では別のところに向かうようになってしまった、というわけである（Provan 1995*; Viviano 1997:347; Wray Beal 2014*）。列王記上 8 章の注解（316–317 頁）でも触れたが、かつてソロモンが祈った、ヤハウェ自身が自分たちの心をヤハウェに向けさせ（動詞「ナーター」の使役形）、自分たちが律法を守れるようにしてほしい、という嘆願（王上 8:58）とは正反対のことが起きてしまったのである。

　古代オリエント世界では、王家同士の政略結婚が盛んであった。条約締結に際しても通常、いわば人質代わりに、王家の子女が宮廷間でやり取りされた。イスラエルにおいてもこれが例外でなかったことは、アハブがフェニキアとの同盟のためにシドンの王女イゼベルを娶ったこと（王上 16:31）や、南北王国時代のイスラエルとユダの同盟に際して、イスラエルの王アハブの娘アタルヤがユダ王のヨラムに嫁いだこと（王下 8:18, 26–27）に示されている。ソロモンは周辺諸国と手広く交易を行ったが（王上 10:22, 28–29）、これには修好条約や通商条約の締結が前提となる。そのような条約締結に伴い、政略結婚が行われたのであろう。したがって、ソロモンのハレムに多くの外国人の女性がいたということは、ある程度歴史的事実を反映するであろう。繰り返し見てきたように、ソロモンの第一夫人はエジプトの「**ファラオの娘**」（1a 節後半）であり（王上 3:1 と同所への注解を参照）、ソロモンを継いでユダの王となるレハブアムの母はアンモン

人であった（王上 14:21）。

なお、原文では 1a 節後半の「ファラオの娘」の語は後から取ってつけたような不自然な位置にあり、後代の付加かもしれない（Burney 1903:154; Noth 1968*; Würthwein 1977*; DeVries 1985*）。すなわち、ファラオの娘がソロモンの第一夫人であったことを思い出した誰かが付け加えたものである可能性がある。しかし、少なくとも後続する部分からは、「ファラオの娘」が直接ソロモンを背教行為に誘惑したようには読み取れないし、シドン人やアンモン人の神々への言及はあっても、エジプトの神々への言及もない（Cogan 2001*）。

他方で、このファラオの娘への言及が申命記史家たちよりも後の加筆であったとしても、それを現在ある列王記全体の文脈の中で共時的に読むとき、その印象は少なからず強烈である。ソロモンの妻としてのファラオの娘については、これまでも列王記中で折に触れて言及されてきた（王上 3:1; 7:8; 9:16, 24）。そして最後のこの箇所で、「彼（ソロモン）の心をねじ曲げ」た「外国人の女たち」の枚挙の冒頭に、「ファラオの娘」の語がまたしても現れるのである。この箇所から過去の文脈を振り返る場合、「ファラオの娘」へのそれらの頻繁な言及が、この章で描かれる出来事への予兆的、伏線的な意味で読めることもまた否定できないであろう（王上 3:1 への注解を参照）。

3a 節の、ソロモンの妻と側室の数多さを強調する「**王妃である妻が 700 人、側室が 300 人もいた**」という数字は、足して 1000 人になることから見ても、現実的な数字というよりも象徴的な数字であり、明らかに極端な誇張であろう（雅 6:8 のよりささやかな数字を参照）。ただし、前述のように、ソロモンが大きなハレムを持っていたという情報自体は、古い伝承（41 節に引用される『ソロモンの事績の書』？）に由来する可能性が高い。ここで注意すべきは、3a 節で言われているのは、ソロモンには数多くの「妻（ナシーム）」と「側室（ピルゲシーム）」がいたということだけであり、それが「外国人」（1 節）の妻たちであるとは特記されてはおらず、多くの妻を持つこと自体が批判的に描かれてもいないということである。おそらく元来の伝承では、ソロモンが多くの妻を持ったことは、金（王上 10:14）や戦車と馬（王上 10:26）の場合と同様、単純素朴にソロモンの大

いなる繁栄ぶりを象徴するものとして肯定的に語られていたのであろう（Noth 1968*; Würthwein 1977*; DeVries 1985*）。しかし申命記史家たちは、それをソロモンの不敬虔の表現と見た。王が多くの妻を持つことは、前述のように申命記の「王の法」でも禁じられており、それが「心を迷わす」（申 17:17）ことに通じるとされているからであろう（378 頁参照）。しかも、申命記史家たちは、それを敢えて「外国人の女たち」（1 節）と解釈することで、異国出身の異教徒の妻たちがソロモンの異教容認のきっかけとなり、「彼の心をねじ曲げた」という論理を造り上げたのである。

　なお、本注解では、このような基本的な神学的歴史観を確立したのは、ヨシヤ王が申命記主義的祭儀改革（王下 22–23 章参照）に取り組んだ王国時代末期に著作した、第 1 の申命記史家たちであったことを前提としている（「緒論」33–37 頁参照）。まだ王国が存在していた時代の申命記史家たちにとっても、ソロモンの死後に王国が分裂してしまったことは動かしがたい事実であり、何らかの形でその理由を神学的に説明しなければならなかったはずである。他方で、申命記史家たちが拠って立つ基盤である申命記には、他の民族との結婚による宗教混淆の危険性が警告され（申 7:1–5）、しかも前述のように、王が多くの妻を持つことが「心を迷わすこと」（申 17:17）として戒められていた。これらのことから、すでにヨシヤ王時代の第 1 の申命記史家たちが、ソロモンの死後の王国分裂という厳粛な事実を、外国人の妻たちの影響によるこの王の晩年の変節ということで説明したということは十分可能であるように思われる（Knoppers 1993:145; Campbell/O'Brien 2000:366–368; Sweeney 2007*）。すでに見てきたように、第 1 の申命記史家たちは、おそらくはそのための伏線として、これに先立つソロモンの治世についての記述の随所に、ダビデ王朝の「イスラエル」に対する支配の前提として、ダビデの子孫たちによるヤハウェへの忠誠という条件が満たされねばならないことを強調してきた（王上 2:4; 8:25b; 9:5–6 と同所への注解を参照）。いまや、ダビデの息子であるソロモン自身により、その条件が破られてしまったわけである。

　1 節後半で挙げられている民族のうち、「**モアブ……アンモン……エドム**」は、いずれもイスラエルに隣接して、ヨルダン東岸や死海の南側に住んだ諸民族。創世記の系図では、モアブ人とアンモン人はアブラハムの甥

のロトの子孫（創 19:30–38）、エドム人はイサクの兄エサウの子孫（創 25:30; 36 章）とされる。このうちモアブ人とアンモン人は、士師時代にはイスラエルの宿敵であった（士 3:12–30; 11 章；サム上 11 章。なお、申 23:4 をも参照）。三つの民族はいずれも、ダビデによってイスラエルの支配下に組み入れられていた（サム下 8:2, 13–14; 12:26–31）。「**シドン**」は、フェニキアの都市国家の一つで、後のアハブの妻イゼベルの出身民族（王上 16:31）であるが、広義ではフェニキア人全体をも指す（王上 5:20 と同所への注解を参照）。なお、ソロモンと特に密接な関係であったはずのフェニキアのティルス（王上 5:15–26; 9:10–14, 27–28; 10:11–12）については、なぜか触れられていない。前述の広義の「シドン」に含め入れられているのかもしれない。旧約聖書で「**ヘト**」の概念は、二つの異なる民族集団を表す（王上 10:29 への注解をも参照）。一方はカナンの地の先住民の一つであり（創 15:20; 23:2–20）、これは後述する聖絶命令の対象となる（申 7:1）。他方はアナトリアに栄えたヒッタイト王国が前 12 世紀前半に滅亡した後、その政治的、文化的伝統を継承する形で北シリアに存続した非セム系の新ヒッタイト系諸王国（王上 10:29; 王下 7:6）である。ここでは、ソロモン時代の国際交流が背景になっているので、おそらく後者の意味と思われる。

　2 節に言及されている、「**あなたたちは彼らのところに入ってはならない**」という異民族との通婚禁止命令は、おそらく申命記 7:1–4 の聖絶命令を踏まえたものであろう（出 34:11–16; ヨシュ 23:12–13 をも参照）。異性のところに「入る」というのは、性的な関係を表現する定型句（創 38:2, 9, 16, 18 等参照）で、おそらくは相手の個人の天幕に入って同衾することを意味する。ただし、厳密に言えば、申命記におけるこの聖絶命令は、申命記 7:1 で特定されているカナンの地の先住民である七つの民のみを対象にするもので、ここに挙げられている——前述の意味でのヘト人を含む——カナンの地の周辺民族は対象とならないはずである（ヨシュ 9:3–15 をも参照）。この箇所を担当した申命記史家の一人は、周辺諸民族とのソロモンの結婚の問題を語る文脈に、先住民族との混交を禁じる申命記の規定を適用してしまったので、内容的なずれが生じてしまった。なお、2 節に挙げられている周辺諸民族のうち、申命記 7:1–4 の聖絶命令で列挙されている七つの民と重複するのは、上述のように両義的な意味を持った「ヘト人」

だけ（！）である。

　4節で、ソロモンが過ちを犯したのが、「**年老いたとき**」だとされるのは、判断能力の衰えということを前提としたものであろう（サム下 19:36 参照）。ソロモンは、ダビデ同様（王上 1:1–37 参照）、いわば「晩節を汚した」のである。ここには、ソロモンの治世全体への基本的な肯定的評価を部分的に保持しようという申命記史家たちの配慮が示されているようにも思える。すなわち、申命記史家たちにとっても、ソロモンは全体としてはあくまで優れた王であり、彼の治世は基本的にはイスラエルで理想的な状況が実現した黄金時代であった。彼の晩年の過ちは、いわば「老いらくの恋」による老王の乱心のなせる業なのであり、王の意志や理性の衰えに起因するあくまで「例外的事態」なのである。しかし、それが王国分裂という甚大な歴史的結果を引き起こすものであることには変わりはないし、それによってソロモンがいささかなりとも免罪されるわけでもないことはもちろんである。いずれにしても、ソロモンの心はヤハウェに対して「**完全無欠**」（シャレーム）ではなくなっていたのである。これについてもまた、ソロモン自身のかつてのイスラエルに対するはなはだ建徳的な勧告（王上 8:61）と正反対の事態が起きていることになる。

　5–7節に挙げられている異教の神々のうち、「**アシュトレト**」はフェニキアやシリアで広く崇拝された豊穣母神で、ウガリトの神話にも登場する。メソポタミアの愛の女神イシュタルに当たる。旧約聖書では、アシェラと並び、異教の女神の代表としてしばしば言及される（士 2:13; 10:6; サム上 7:3–4; 12:10; 王下 23:13）。元来の発音は「アシュタルト」であったと考えられるが、旧約聖書ではしばしば意図的に発音が崩されて、「恥（ボシェト）」の語に由来する母音が付けられている。「**ミルコム**」がアンモン人の神（王下 23:13; エレ 49:1, 3 参照）、「**ケモシュ**」がモアブ人の神（民 21:29;、エレ 48:7, 13, 46 参照。なお、士 11:24 では「ケモシュ」が誤ってアンモン人の神とされている）であることは、それぞれの民族の碑文などからも確認されている。なお、7節に言及される「**モレク**」は、もともと子供の犠牲に関わる異教の神（レビ 18:21; 20:2–5; エレ 32:35）であったらしいが、ここでは「**アンモン人**」の神とされているので、「ミルコム」の書き誤りかもしれない（5, 33 節参照）。なお、これらの神々が「**唾棄すべきもの**」（シク

ッ）とされているのは、それらを「神」(33 節) と呼ぶことさえ避けようとした写字生の二次的な「改訂」かもしれない（Noth 1968*; DeVries 1985*）。ただし、それにしてはいかにも不徹底であるが。

　7 節の、ソロモンが「**高台聖所（バーマー）を建設した**」という記事にも、ソロモンについての古い年代記的伝承が取り入れられているように思われる。ことによるとそれは、ソロモンの建設活動についての一連の記事（王上 3:1; 9:17–19, 24 等）の一環だったのかもしれない。なお、「**エルサレムに向かい合った山**」（王下 23:13 参照）とは、エルサレムの東側に位置する現在のオリーブ山（標高約 800 メートル）のことである（サム下 15:30; ゼカ 14:4）。「向かい合った」（文字通りには「顔を向けた」）という表現は、「東側の」とも訳せる（新共同訳を参照）。ただし、この伝承もまた、元来は批判的なニュアンスを含まぬ客観的な情報であったと考えられる。高台聖所（ここでは単数形）自体は以前からあちこちに存在した地方祭儀所であり、エルサレム神殿の建設以前には、そこでヤハウェへの祭儀が行われていた（サム上 9:12–20; 10:5–13; 王上 3:2 参照）。申命記的な祭儀集中思想の確立よりも何百年も前の歴史上のソロモンが、伝統に従い、エルサレム近郊にそのような高台聖所を建立したとしても何の不思議もない。それはまだ、何ら異教的でも異端的でもなかったのである。それはむしろ、国民のために祭儀の場所を整備するという、為政者としての「善政」だったとさえ言えるかもしれない。なお、オリーブ山の上には、すでにダビデの時代にも祭儀のための場所があったようである（サム下 15:32 参照）。

　ただし、申命記主義に立つ申命記史家たちの立場から見れば、高台聖所は、唯一の正統的聖所であるエルサレム神殿に対抗する異端的聖所（王上 12:31–33 と同所への注解を参照）であり、さらには異教崇拝の場に他ならなかった（「**モアブの唾棄すべきものケモシュ、およびアンモンの子らの唾棄すべきものモレク（ミルコム）のため**」）。もちろん、かつてはソロモンもギブオンの高台聖所でヤハウェに犠牲をささげた（王上 3:4）。しかし、それはあくまでエルサレム神殿建設前のはなしである。神殿が建設された今、当の神殿建設者本人がエルサレム神殿以外の祭儀所を建設したことは、「**ヤハウェの目に悪と映ること**」(6 節) に他ならないのである。これによってソロモンは、「唯一の聖所における礼拝」（祭儀集中）と「唯一の神の

崇敬」（一神崇拝）という申命記主義神学の二大原則（「緒論」34–35 頁参照）を二つながらに犯したことになる。高台聖所の存在は、これ以降も申命記史書の大きな持続的関心の対象となる（王上 14:23; 15:14; 22:44; 王下 12:4; 14:4; 15:4, 35; 16:4; 17:11; 18:4; 21:3; 23:8–9, 13–15 等参照）。なお、申命記史書における「高台聖所」については、列王記上 3:2–3 への注解をも参照。ちなみに、「ヤハウェの目に悪と映ること」を行うという表現は、これ以降、申命記史家たちがイスラエルやユダの邪悪な王たちを否定的に評定する際の定型句となる（王上 15:26, 34; 16:7, 19, 25, 30; 21:20, 25; 22:53; 王下 3:2; 8:18, 27; 13:2, 11; 14:24 等参照）。

ただし、ソロモンが高台聖所を建設したのは、あくまで「**外国人の妻たちのため**」（8a 節）である。ソロモン自身がそれらの異教祭儀に直接参加したとは書かれていない。そこで異教の神々に「**香を焚き……犠牲をささげ続けた**」（訳注 d 参照）のは、あくまでソロモンの妻たちなのである（8 節。ただし、七十人訳の写本の中には動詞を男性単数形に読み、あたかもソロモン自身が異教祭儀を行ったかのように描くものがある）。彼は彼女たちのために、高台聖所を造ってやり、彼女たちの故郷の神々の礼拝を許容してやったにすぎない。申命記史家たちは、あくまでソロモンに「最後の一線」は守らせているということなのであろう。ただし、それによってもソロモンの責任はいささかなりとも軽減されるわけではないが。

なお、王国分裂の理由をソロモンの背教的行為に求めた申命記史家たちが、前述のようにヨシヤ王の祭儀改革の時代の人物たちであったとすれば、ここでソロモンの堕落と罪を強調しておくことには、大いに神学的な重要性があったはずである。なぜなら、ここでソロモンが異教の神々のためにオリーブ山に築いた「高台聖所」は、まさにヨシヤ王の祭儀改革によって撤去されることになるからである（王下 23:13 と同所への注解を参照）。ここでの背教者ソロモンの姿は、いわば、祭儀改革者としてのヨシヤ王の功績をより鮮やかに浮き出させて見せる暗い背景の役割を果たしているのである（Knoppers 1993:159; :619–620）。

9–13 節　神の裁きの告知

ここでは神が直接、ソロモンの罪に対する裁きを告知するが、その際に

は「ダビデに免じて」、下るべき災いの時期と範囲に関して特徴的な制限が加えられている。この部分では後のシロ人アヒヤの預言（31–39節）が先取りされる形になるが、後者同様、用語的にも思想的にも明らかに申命記史家たちの筆によるものである。ただし、後者が、一部により古い伝承を含み、第1の申命記史家たちによって今の形に編集されたと考えられる（31–39節への注解を参照）のに対し、この部分では、ソロモンがヤハウェの「**命じたこと**」（10節）や「**契約**」と「**掟**」（11節）を守らなかったことが強調されており、全体が申命記史家たちのオリジナルであることは明白である。ここにこの神の言葉が挿入されたのは、アヒヤの預言はあくまでヤロブアム個人に向けられたものなので、張本人であるソロモン本人にも裁きの告知が必要と考えられたからであろうが、アヒヤの預言の内容がほとんどそのまま先取りされることによって、後者の衝撃と重みが結果的に弱められてしまっているという印象は否めない。なお、10節ではかつてヤハウェがソロモンに、「**他の神々に従って歩んではならない**」とあらかじめ警告したことが引き合いに出されるが、それに当たる部分は、本注解では捕囚時代の第2の申命記史家たちの筆によるものと見なされた列王記上 9:6–9（文言は多少異なる）以外にないので、この部分（9–13節）自体も捕囚時代の後期の申命記史家たちによる挿入である可能性が高い（Würthwein 1977*; Jones 1984*; Provan 1995*）。

　悪を行った者に対し、ヤハウェが「**怒りを発**」する（9節）のは、申命記主義的文学では当然のことである（申 1:34, 37; 4:21; 9:8, 20; 王上 8:46; 王下 17:18 等参照。なお、王上 8:46 への注解［311頁］をも参照）。ヤハウェが「**二度も**」ソロモンに顕現したというのは、列王記上 3:5–14 と同 9:2–9 における二度にわたる顕現と啓示を踏まえたものである（これに対し、王上 6:11–13 の神の語りかけは前提にされていないように見える。同所への注解を参照）。神からそのような破格の厚遇を受けたにもかかわらず、ソロモンはヤハウェへの著しい忘恩行為を行ったことになる。

　11節の神の言葉は、災いを告げる預言者の告知にしばしば見られる、裁きの理由となる罪を告発する「叱責の言葉（Scheltwort）」と、来るべき災いの内容を告げる「威嚇の言葉（Drohwort）」の二部構成（Westermann 1962）になっている。ソロモンの罪の内容としては、「**契約（ベリート）**」

と「掟（フッコート）」を守らなかったことが挙げられている（11a 節）。ここで言われている「契約」とは、当然ながら十戒の第一戒を含むシナイ／ホレブの契約（王上 8:9, 21 参照）のことであろう。具体的には、高台聖所を造り、外国人の妻たちの異教礼拝を許容したことが念頭に置かれていよう。ソロモンは、かつて条件付きの王朝永続の約束（王上 2:4; 8:25b; 9:4–5 と同所への注解を参照）で課された条件を自分で破ってしまったのである（特に、王上 9:4 の「わたしの掟とわたしの法をあなたが守るなら」を参照）。

ソロモンの罪への罰として、ヤハウェが「**王国をあなたから必ずや裂き取り**」（訳注 g 参照）、ソロモンの「**家臣**」に「**与える**」という告知がなされる（11b 節）。すなわち、国家分裂という事態である。この「裂き取る」（動詞「カーラア」）という表現も、後述するようにより古い伝承を含むと思われるシロ人アヒヤの託宣（30–31 節）から取られたのであろう。いずれにせよ、これによって、ダビデの子孫に「イスラエルの王座につく者が断たれることはない」というヤハウェの約束（王上 2:4; 8:25b; 9:5）は、事実上撤回されたことになる。

このソロモンに対する災いの告知が、いかなる方法でソロモンに行われたのか——すなわち夢告によるのか（王上 3:5, 15）、あるいは預言者的人物の媒介によるのか（王上 11:29–39）——は不明である（王上 6:11–13; 9:2–9 をも参照）。このような文脈上の不自然さも、この段落の二次的性格を裏付ける。8 節は、自然に 14 節に続くのである。なお、ここで言われる「家臣」（原語「エベド」は文字通りには「僕」、「下僕」を意味する）が誰かは、本章の後半、16–35 節で初めて明らかにされる。

ただし、これに直接続けて、罰の執行に二つの点で猶予と緩和が加えられる。内容的に見れば、それらはいずれも、やはり第 1 の申命記史家たちの手によるヤロブアムへのアヒヤの託宣（王上 11:32, 34–36）に依拠しており、それを先取りする形になっている。このヤハウェの温情は、いずれも、ソロモンの「**父**」（12 節）でありヤハウェの「**僕**」（13 節）である「**ダビデに免じて**」のことであるとされる。「……に免じて」と訳される原語の「レマアン」は（ダビデの）「ために」とも、（ダビデの）「故に」とも訳し得る。後者の場合は、ダビデへの約束の故に、ということであろう。ただし、前述のように、条件付きのダビデ王朝の永続の約束（王上 2:4;

391

8:25b; 9:4–5）は、ソロモンの罪により事実上撤回されてしまったので、ここで前提にされているのは、無条件で、しかも個々の王の罪によっても左右されることのない（王上 2:4 への注解を参照）、ナタン預言の約束（サム下 7:12–16）ということになろう。条件付きの「イスラエルの王座」についての約束が撤回されても、ナタン預言そのものの効力は維持されるのである（「緒論」36 頁参照）。いずれにせよ、ここには、ダビデに対する神の恵みが、ダビデ個人の生涯を超えて永続的に維持されるということが示唆されている。

　一方の罰の猶予は、ソロモンの「治世」（訳注 h 参照）、すなわち彼の存命中にはそのことが起こらず、ソロモンの息子（すなわち後継ぎのレハブアム）の代になってから初めて王国分裂が起こるというものである（12 節）。これでは、「親の因果が子に報う」ことになり、後述のように神学的には不条理を含む（Sweeney 2007*）が、善意に解釈すれば、神の恵みと救いの意志が、裁きの意志を凌駕していることの示唆と見ることもできよう。なお、申命記史書では、このように罰が世代を超えて先延ばしにされることは当然のことと見なされ、問題視されることはない（王上 21:27–29 参照）。

　もう一方の罰の部分的緩和ないし軽減は、ソロモンの死後もダビデ王朝からすべてが失われるのではなく、一つの部族（すなわちユダ）だけはソロモンの息子に残されるというものである（13 節）。ここでもまた、神の恵みの領域の方が裁きの意志の範囲よりも集合論的に大きいことになる。そのような寛大な措置の理由として、再び「ダビデに免じて」ということが引き合いに出されるが、ここではそれに加えて、「**わたしが選んだエルサレムに免じて**」ということが強調されていることが特徴的である（13b 節。なお、32 節と 36 節をも参照）。ヤハウェによるエルサレムの「選び」については、列王記上 8:44, 48; 11:32, 36; 14:21、列王記下 21:7、詩編 78:68–69 等を参照。ただし、後のアヒヤの預言とは異なり、ダビデの子孫に与えられる一つの部族が「ともし火」として「いつまでも」続くという約束（36 節と同所への注解を参照）がここには見られないことは注意を要する。もし、この部分が捕囚期の第 2 の申命記史家の一人の筆によるものであるとすれば、著者は当然、ユダ王国もエルサレムも決して「いつまでも」続くというわけではないことを知っているはずである。

列王記上 9:6–9 でもそうであったが、これほど重要かつ衝撃的な内容の神の告知があったにもかかわらず、ソロモンがどのように反応したのかについては何も記されていない。第 2 の申命記史家たちにとっては、歴史解釈の鍵となる神学的メッセージを提示することだけが重要であり、物語をドラマチックに語り進めるということにはほとんど関心がなかったらしい（王下 21:11–15 をも参照）。ソロモンは、結果的に、神からのこのような警告がなされたにもかかわらず、かつて彼自身が民のために執り成しした（王上 8:33–34, 46–50）ように、罪を告白して悔い改め、ヤハウェに立ち帰ろうとはしなかったことになる。

【解説／考察】

　前半のソロモンの過ちの描写は、たとえこれまで列王記で理想的な知者、名君として描かれ続けてきたあのソロモンでさえ、人間的な罪と決して無縁でなかったことを印象づける。かつてのソロモン自身の言葉通り、まさに「罪を犯さない人間など 1 人もいない」（王上 8:46）わけである。サムエル記におけるダビデ自身も同様であった。しかも、彼らの罪がいずれもいわば「女性問題」（サム下 11–12 章参照）に関わるとされていることは特徴的である。「英雄、色を好む」とも言うが、女性との関係が、偉大な人物の弱点が出やすい領域であることには古今東西変わりがないのであろう。他方でそのような女性観が、現代から見れば、旧約聖書の思考法の一つの限界を含んでいることも見逃してはならない。問題は、アダムとエバの物語にも重なる（創 3:1–6 参照）。

　後半の裁きの告知は、典型的な事後予言、すなわちすでに起こった事態を説明するために後から「予言」の形で書かれた文章である。したがって、それらすべてが後に「的中」することはむしろ当然なのである。ここ（および 30–36 節）で申命記史家たちは、なぜ理想的な王であるはずのソロモンの死の直後に王国分裂が起こったのか、しかもその後もなぜユダ王国だけはダビデ王朝の支配に残されるかを、何とか論理的、神学的に合理化して説明しようと苦闘しているのであり、そのための解として、一方ではソロモンの罪とそれへの罰、他方ではダビデとエルサレムへの神の恵みとい

う、「裁きと恵みの弁証法」を展開しているのである。そしてそこでは、恵みが裁きを一歩だけ凌駕している。

　ソロモンの罪は、ダビデの過ちの場合（サム下 12:10a）同様、彼自身というよりもその子孫の諸世代に甚大な影響を及ぼすものであった。前の世代の罪が後の世代に継承、ないし延期されるというのは、申命記史書に特徴的な歴史観であるが（王上 21:27-29; 王下 17:21-23; 23:26-27; 24:3-4）、前述のように、「親の因果が子に報う」という神学的不条理を含む（エレ 31:29; エゼ 18:2 参照）。後の歴代誌の著者は、この問題点を解消するために大幅な「改訂」を行った。すなわち、ソロモンの罪についての記述はすべて削除され、王国分裂はもっぱら次代のレハブアムの未熟さと、反逆者ヤロブアムの邪悪さに帰されることになったのである（代下 13:6-7）。しかし、そこで描かれるソロモン像は、「罪を犯すソロモン」を仮借なく描く列王記のこの箇所よりも、かなり平板で浅薄なものになってしまっている。

　なお、異民族の妻たちによるソロモンの背教は、少なくとも現在の形のネヘミヤ記では、ほぼ現在ある列王記通りの形で前提とされており（ネヘ 13:26）、そこでは同時代（ペルシア時代）の異邦人との結婚の弊害の悪しき先例として引き合いに出されている。

(2)ソロモンへの敵対と反逆（上 11:14–40）

【翻訳】

　エドム人ハダドの敵対
　11 章
¹⁴ そこでヤハウェは、ソロモンに対して敵対者、エドム人ハダドを立ち上がらせた。彼は、エドムの王の子孫の一人であった。¹⁵ かつてダビデがエドムを〈攻撃し〉[a]、軍隊の司令官ヨアブが切り殺された者たちを埋葬するために上って行ったとき、彼はエドムで男たち全員を打ち殺した。¹⁶ すなわち、ヨアブ

と全イスラエルはエドムで男たち全員を切り殺すまで、6か月の間そこに駐留した。 17 〈ハダド〉[b]と、彼の父の家臣であった何人かのエドム人の男たちは彼と一緒に逃げ、エジプトに行った。ハダドはまだ幼子であった。 18 すなわち、彼らはミディアンから出発し[c]、まずパランに行き、パランから自分たちと一緒に行く何人かの男たちを加えてエジプトに、すなわちエジプトの王ファラオのところに行ったのである。〈ファラオ〉[d]は彼に家を与え、彼に食べ物を手配し[e]、また、彼に土地を与えた。

19 ハダドはファラオに大いに気に入られた[f]。そこで〈ファラオ〉[g]は彼に、自分の妻の姉妹[h]、すなわち王妃タフペネスの姉妹を妻として与えた。 20 タフペネスの姉妹は彼に彼の息子ゲヌバトを産んだ。タフペネスはファラオの宮廷の中で〈その子の〉[i]乳離れの祝いを催した。ゲヌバトはファラオの王子たちと一緒にファラオの宮廷で暮らした[j]。 21 ハダドはエジプトで、ダビデが彼の父祖たちと共に眠りにつき、軍隊の司令官ヨアブも死んだことを伝え聞いた。するとハダドはファラオに言った。「私を送り出してください。私は故郷に帰りたいのです[k]」。 22 ファラオは彼に尋ねた。「あなたにとって、私のところで何が不足だと言うのか、自分の故郷に帰りたいなどと望むとは」。すると、彼は答えた、「〈不足するものなど〉ありません[l]。でも、どうしても私を送り出してください[m]」。

アラム人レゾンの敵対

11:23 神は〔また〕〈ソロモンに対して〉[n]敵対者、エルヤダの息子レゾンを立ち上がらせた。彼はかつて、自分の主君であったツォバの王ハダドエゼルのもとから逃亡した人物である。 24 彼はその後、自分の周囲に男たちを集め、私兵団の首領となった。ダビデが彼らを殺害したときのことである[o]。彼らはダマスコに行き、そこに住み着いた。彼は[p]、ダマスコで王となった。 25 彼は、ソロモンの治世全体を通じて、イスラエルに対する敵対者になった。ハダド〔の行った〕害悪〈のように〉[q]。彼はイスラエルを忌み嫌い、アラムを王として治めた。

ヤロブアムの乱

11:26 ネバトの息子ヤロブアムは、ツェレダ出身のエフライム[r]人で、彼の母

の名はツェルアといい、彼女は寡婦であった。彼はソロモンの家臣であったが、やがて王に背いた ˢ。²⁷ 彼が王に背くに至った事情は次の通りである。ソロモンはミロを建設した。彼はまた、彼の父ダビデの町の破損部を修復した。²⁸ ヤロブアムという男は有能な人物で、ソロモンはその若者が働き者なのを ᵗ 見て、彼にヨセフの家の賦役全体を監督させた。

²⁹ その頃のことである。ヤロブアムがエルサレムから出てくると、預言者のシロ人アヒヤが道で彼に出会った。彼は真新しい外套を着ていた。彼らは野原で２人だけであった。

³⁰ アヒヤは彼が着ていた真新しい外套をつかみ、それを１２切れに引き裂いた。³¹ そして彼は、ヤロブアムに言った。「あなたのために、１０切れを取るがよい。イスラエルの神ヤハウェがこう言われたからだ。『見よ、わたしはソロモンの手から王国を裂き取ろうとしている。わたしはあなたに１０の部族を与えるであろう。

【³² しかし、わが僕ダビデに免じて、また、わたしがイスラエルのすべての部族の中から選んだ町エルサレムに免じて、一つの部族だけは彼のもとにあるようにする。】³³ これは、彼らがわたしを捨て、シドン人の神アシュトレト、モアブの神ケモシュ、およびアンモンの子らの神ミルコムを伏し拝み、わたしの道を歩まず、彼の父ダビデのようには、わたしの目に正しく映ることや、わたしの掟とわたしの法を行わなかったからである。³⁴〔しかし、〕わたしは、彼の手から王国全体を取り上げはしない。わたしは、彼が生きている限り、彼を首長としておくからだ。これは、わたしが選び、わたしの命令と掟を守ったわが僕ダビデに免じてのことである。³⁵ しかし、わたしは彼の息子の手から王権を取り上げ、それを１０の部族と共にあなたに与える。³⁶ ただし、彼の息子には、わたしは一つの部族を与える。これは、そこにわが名を置くためにわたしが選んだ町エルサレムで、わが僕ダビデのためのともし火がいつまでも ᵘ わたしの前にあるようにするためである。

³⁷ あなたをこそ ᵛ、わたしは抜擢する ʷ。だから、あなたの思うがままに ˣ 王として支配するがよい。あなたはイスラエルの上に立つ王となるのだ。³⁸ もし、わたしがあなたに命ずることすべてにあなたが聞き従い、わたしの道を歩み、わたしの目に正しく映ることを行い、わが僕ダビデが行ったように、わたしの掟とわたしの命令を守るなら、わたしはあなたと共にあり、かつてダビデ

に建ててやったように、あなたのために堅固な家を建ててやろう。わたしはあなたにイスラエルを与える。³⁹ このことの故に、わたしはダビデの子孫を苦しめる。ただし、いつまでもというわけではない^y』、と」。

⁴⁰ ソロモンはヤロブアムを殺そうとした。しかしヤロブアムは立ち上がってエジプトに逃げ、エジプトの王シシャクのもとに行った。彼は、ソロモンが死ぬまでエジプトに留まった。

 a: 原文では文字通りには、「（エドムに）いたとき」。ただし、この節の「エドム」は対格目的語であり、何らかの他動詞的行為の対象となっている。七十人訳に従い訂正する。

 b: 原文ではなぜかここだけ「アダド」。「ハダド」も「アダド」も本来は同じメソポタミア、アラムの神の名。

 c: 原文は文字通りには、「立ち上がり」。

 d: 原文には主語がなく、動詞が3人称男性単数形。文脈から、ファラオが主語と解する。

 e: 原文は文字通りには、「（パンについて）話し」。

 f: 原文は文字通りには、「ファラオの目に恵み／好意を見出した」。

 g: 原文には主語がなく、動詞が3人称男性単数形。文脈から、ファラオが主語と解する。

 h: ヘブライ語では、英語等と同様、兄弟、姉妹は歳の上下を区別しない。

 i: 原文は文字通りには、「彼を（乳離れさせた）」。

 j: 原文は文字通りには、「（王子たちの）只中にいた」。

 k: 原文は文字通りには、「私の地に行く」。次節でも同様。

 l: 原文は文字通りには、ただ、「いいえ」。

 m: 原文では、「送り出す（シャーラハ）」という動詞を別の形で二重に用いる、ヘブライ語独特の強調法が用いられている。

 n: 原文では、「彼に対して」。14節を参照。

 o: 意味のよく分からない一文。「彼ら」が誰を指すのかも不明。ハダドエゼルとその兵士たちのことか。七十人訳の写本の多くにはこの一文が欠けている。

 p: 原文では動詞が複数形で、「彼らは……王となった」。使役形に解して、「彼らは……彼（レゾン）を王とした」と読む見解もある（Würthwein 1977[*]等）。

q: 原文は「ハダドである悪を」で、意味不明。本文破損か。注解本文該当箇所参照。

r: 原語「エフラティー」は、「エフライム人」（士 12:5; サム上 1:1）と「エフラタ人」（ルツ 1:2; サム上 17:12）の双方を意味し得る（JBS 共同訳訳注を参照）。エフラタはベツレヘムの別名であり（ルツ 4:11; ミカ 5:1）、後者の意味であればヤロブアムはダビデと同郷のユダ人だったことになる。しかし、ヤロブアムが同時に「ツェレダ出身」とされていることや、彼が後の北王国の初代の王になることから見て、ヤロブアムがエフライム人であることは明らかである。

s: 原文は文字通りには、（王に対して）「手を挙げた」。次節でも同様。

t: 原文は文字通りには、「仕事のやり手（オーセー　メラーカー）」（なのを見て）。

u: 原文は文字通りには、「すべての日々（コル・ハ・ヤミーム）」。

v: 原文では、「あなたを（オテカー）」の語が文頭に出され、強調されている

w: 原文は文字通りには、「取る（ラーカハ）」。この段落のキーワードの一つ。

x: 原文は文字通りには、「あなたの魂（ネフェシュ）が欲するがままに」。

y: 原文は文字通りには、「すべての日々ではない（ロー　コル・ハ・ヤミーム）」。

【形態／構造／背景】

　列王記上 11 章の後半では、この章の前半におけるソロモンの罪とそれに対する神の裁きの告知を受け、一連の内憂外患という形でソロモンへの神の裁きが始まる次第が描かれる。単元全体は、二つの「外患」について語る 14–25 節の第 1 の部分（ⅰ）と、「内憂」であるヤロブアムの乱とそれへの預言者的人物アヒヤの関与について語る 26–40 節の第 2 の部分（ⅱ）に分かれ、前者はさらにエドム人ハダドについて扱う第 1 の段落（a）と、アラム人レゾンについて扱う第 2 の段落（b）に分かれる。後者では、ソロモンとヤロブアムの関係についての物語的記述（c, c'）が枠組みをなし、その間に預言者アヒヤのヤロブアムに決起を促す象徴行動と、神の言葉の告知（d）が挟まる形をとる。

　（ⅰ）ソロモンの支配への外患（14–25 節）

　　　　（a）14–22 節　エドム人ハダドの敵対
　　　　（b）23–25 節　アラム人レゾンの敵対
　（ii）ソロモンの支配への内憂——ヤロブアムの乱（26–40 節）
　　　　（c）26–28 節　ソロモンとヤロブアム——両者の関係
　　　　　（d）29–39 節　預言者アヒヤの託宣
　　　　　　（1）29–30 節　アヒヤによる象徴行動
　　　　　　（2）31–36 節　ソロモンへの裁きとその軽減の告知
　　　　　　（3）37–39 節　ヤロブアムの選任と訓告
　　　　（c'）40 節　ソロモンとヤロブアム——ソロモンの反応とヤロブ
　　　　　　アムの逃亡

　この部分では、申命記史家たちが既存のさまざまな伝承や資料を組み合わせながら全体を構成しているが、第 1 の部分（14–25 節）には歴史的出来事についての古い断片的伝承が取り入れられているように見える（Noth 1968[*]; Gray 1977[*]）。第 2 の部分（26–40 節）には、後に王国分裂後の最初の（北）イスラエル王となるヤロブアムの経歴についての（北王国に由来する）年代記的な資料（26–28, 40 節）と、もともとヤロブアムの王位に正当性を付与する機能を持っていたと思われる、預言者アヒヤの象徴行動と託宣についてのおそらくは北王国起源の伝承（29–31, 37 節）が取り入れられている。

　現在の形での預言者アヒヤの託宣（31–39 節）は、ソロモンの罪への罰としての王国分裂と、その罰の二重の緩和を内容とする点で、この章の前半のソロモンへの裁きの告知（11–13 節）ときれいに対応する内容を持っており、両者がソロモン治下のイスラエルに対する一連の敵対のエピソード（14–28 節）を囲む枠をなしているとも見ることができる。ただし、11–13 節が申命記史書の発展内部で捕囚時代になってから二次的に付加された可能性については、同所への注解を参照。

　また、ハダド、レゾン、ヤロブアムについての三つのエピソードは、いずれも主人公が何らかの事情で故郷を捨てて逃亡せねばならず、逃亡先で実力を蓄え、やがてはソロモンの支配への敵対をなすようになるという、奇妙に並行する構造を備えている（Knoppers 1993:164; Na'aman 1997:62）。

【注解】

14–25 節　ソロモンの支配への外患

　王国分裂という決定的な神の裁きの執行は、ソロモンの死後まで猶予された（12 節）が、ここでは、すでにその生前から版図の南北の辺境地帯で騒乱が起こり、ソロモンの支配を動揺させた次第が報告される。申命記史家たちは、二つの古い断片的な歴史伝承を取り入れながら、それぞれ冒頭でヤハウェ（ないし「神」）がソロモンに対して「**敵対者**」としてある人物を「**立ち上がらせた**」と注記することによって、そのような「外患」が神の裁きの一部であることを明確化する（14, 23 節）。なお、「敵対者」の原語はいずれの箇所でも「サタン」で、この語はもともと敵や反対者である人間を指す（サム上 29:4; サム下 19:23; 王上 5:18 等を参照）。旧約聖書では、たとえ天上の超自然的な「サタン」について語られる場合（代上 21:1; ヨブ 1:6–12; 2:1–7; ゼカ 3:1–2）でも、それはあくまでやや天の邪鬼な天使のような存在であって、まだ「悪魔」というイメージにはなっていない（らしい）。

　ただし、この部分の騒乱についての記事は、ソロモンの治世には「国境はどこを見回しても平和であった」（王上 5:4）とする申命記史家たち自身の記述や、ヤハウェから与えられた安らぎにより、もはやいかなる「敵対者（サタン）」もいないというソロモン自身のヒラムに対する発言（王上 5:18）とは調和しない。さらに 25 節でイスラエルへの敵対が「**ソロモンの治世全体を通じて**」行われたとされていることや、二つのエピソードではいずれの出来事もダビデからソロモンへの王位継承期に起こったことが前提とされているため、ソロモンが堕落して罪を犯したのは「ソロモンが年老いたとき」（王上 11:4a）とする申命記史家たち自身の記述とも矛盾する。それゆえ、これらのエピソードを挿入したのが申命記史家たち自身ではなく、もっと後の第三者であったとする見方もある（Würthwein 1977*; Jones 1984*; Campbell/O'Brien 2000:368–369）。その場合は、申命記史書でソロモン自身には神罰が何一つ下されないことを応報論的に不満に思った後代の人物が、これらのエピソードを付け加えたのかもしれない（Edelman 1995）。しかし、いずれにせよ、取り入れられたエピソード自体は、その

内容の奇妙な細部へのこだわりや、それとは対照的な情報不足で断片的な性格から、この挿入のために特に創作されたものではなく（もしそうであったら、もう少し「まともな」ものになったであろう！）、古い伝承や資料に基づくものと考えられる。

14–22 節　エドム人ハダドの敵対

この段落は、エドムの王族に属するハダドのエジプト亡命について物語る。この物語では、このエドムの王子のエジプトでの体験に特別の関心が寄せられており、この主人公への明らかな共感さえ感じられるので、エドム人の間に伝わっていた伝承が取り入れられているのかもしれない（Gray 1977*; Würthwein 1977*）。「**エドム**」人はパレスチナの南から南東に広がるセイル地方の民族（王上 11:1 への注解を参照）で、「**ダビデ**」によって征服され、イスラエルの支配下に置かれた（サム下 8:13–14）。したがって、この地方はイスラエル統一王国の版図の南端をなす。「**ヨアブ**」は、ダビデの懐刀とでも呼ぶべき「**軍隊の司令官**」であった（サム下 12:26–29 等を参照。なお、王上 1:7; 2:5 への注解をも参照）。ヨアブがエドム征服でも重要な役割を果たしたことについては、詩編 60:2 にも示唆されている。ただし、ヨアブが「**切り殺された者たちを埋葬する**」ことを企てたとされていることの事情は全く不明である。おそらくエドムとの戦闘で倒れた自軍の兵士を葬るためだったのであろう。彼がエドムの「**男たち全員を打ち殺した**」というのはもちろん誇張であろうが、ダビデのエドム遠征が大きな殺戮を伴うものであったことは、サムエル記下 8:13（「1 万 8000 人」）や、前述の詩編 60:2 の記述（「1 万 2000 人」）にも示唆されている（なお、この殺戮をヨアブの兄弟アブシャイに帰す、代上 18:12 をも参照）。

エドムの「**王の子孫**」（すなわち王族、必ずしも王太子とは限らない）であった「**ハダド**」は、からくもこの惨劇を逃れ、「**父の家臣**」であった高官たちの一部とともにエジプトに亡命する（17–18 節）。「**ミディアン**」は、地名としては、通常はアラビア半島の北西部、アカバ湾の東側の地域を指す（イザ 60:6; ハバ 3:7 等参照）。かつてモーセが殺人事件を引き起こしてエジプトから逃げた地方である（出 2:15; 4:19）。モーセの義父は、ミディアン人の祭司であった（出 2:16–21; 18:1）。「**パラン**」は、シナイ半島南西

部の荒野で、イスラエルが出エジプト後に荒野放浪した地域（民 10:12; 12:16; 13:3, 26 等参照）。おそらくワディ・フェーラーンの辺りと思われる。したがってハダドの一行は、——おそらくは紅海を（船で？）渡って——ちょうど出エジプト集団と逆の道をたどってエジプトに至ったことになる。なお、「ハダド」というのは本来メソポタミアやアラムの嵐の神の名であり、アラム人の名前によく取り入れられた（ハダドエゼル、ベン・ハダド等）。エドム人（主神はクォースないしカウス）がこの神を崇拝したことを示す碑文資料は見つかっていないが、創世記 36:35–36, 39 には「ハダド」という名のエドム王が複数いたことが記録されている。

エジプトでハダドは、時の「**ファラオ**」（後のヤロブアムの場合［40 節］とは異なり、名前は不詳）にたいへんな厚遇を受けたらしい。ソロモンの時代のファラオはイスラエルと友好的な関係にあり、ソロモンの姻戚でさえあったので（王上 3:1; 9:16 等参照）、イスラエルに敵対することになるこのエドムの王族を保護したエジプトの王は、それとは別の（ソロモンの義父であるファラオ以前の？／以後の？）ファラオであろう。この時期のエジプトは、第 21 王朝（前 1070 年頃 – 前 945 年頃）から第 22 王朝（前 945 年頃 – 前 736 年頃）への移行期であったので、歴史的位置づけが難しい。いずれにせよ、ハダドはファラオから「**家**」と「**食べ物**」と「**土地**」を与えられただけでなく、「**王妃……の姉妹**」（訳注 h 参照）を妻にもらい、「**ゲヌバト**」という息子まで得た。ちなみに、王妃の名とされる「**タフペネス**」は、実は固有名詞ではなく、エジプト語で「王の妻（タァ・ヘムト・ネスウト）」を意味する普通名詞の称号である（Noth 1968*; Cogan 2001*; Knauf 2016*）。よく似た名前のエジプトの町（エレ 2:16; 43:7–8; 44:1; 46:14; エゼ 30:18）があるが、直接的な言語的、歴史的連関性はないようである。また、ここで「王妃」と訳された原語（ゲビーラー）は、通常は「王母」、すなわち王太后を指すヘブライ語である（王上 15:13; 王下 10:13 参照）。いずれにせよ、ハダドの息子は「**王子たちと一緒にファラオの宮廷で暮らした**」（訳注 j 参照）とされる。子供の乳離れは、3 歳になった頃行われた（Ⅱマカ 7:27 参照）。乳児死亡率の高かった古代においては、新生児が最初の危機的な時期を乗り切り、順調に成長していく可能性が確立したことを祝う一種の通過儀礼として、盛大な祝宴が催された（創 21:8 参照）。

ここでのエジプトにおけるハダドの厚遇ぶりには、創世記のヨセフの立身出世ぶり（創 41:45–52）を彷彿させるものがある。ことによるとエドムでは、このハダドについて、ヨセフ物語に似た物語が語り伝えられていたのかもしれない。17 節で「**幼子**」（ナアル　カタン）だったとされるハダドが、結婚して子供まで得るのであるから、古代オリエントの宮廷に一般的に早婚の傾向があったことを顧慮しても、かなり長期間にわたってエジプトで暮らしていたことが前提にされていよう。

　しかし、ダビデとヨアブの死（王上 2:10, 34 参照）の報せが届くと、ハダドはファラオに故郷への帰還を願い出る（「**私を送り出してください**」）。これに対し、ファラオは彼を去らせたくなさそうな様子である。しかし、ハダドはあくまで帰還の許可を嘆願する。ここで、ハダドについての情報は唐突に中断する。その後ハダドが実際に帰郷したのかどうかは明記されていない。しかし、最初にハダドがソロモンの「敵対者」だったとされていること（14 節）や、25 節でハダドがイスラエルに「害悪（ラーアー）」を行ったことが示唆されていること（訳注 q 参照）から見て、当然、ハダドは故郷に戻り、王家の血を引くことを利用してエドム人を糾合し、イスラエルへの抵抗運動を繰り広げたと推測できる。当然ながら、（14 節の記述に反し！）ソロモンの即位直後の頃のことであろう。ただし、ソロモンがエドムの地にあるエツヨン・ゲベルの港を維持し、それを対外交易の拠点にし続けることができた（王上 9:26–28）のであれば、この抵抗運動は、ソロモンの時代のイスラエルに決定的な打撃を与えたわけではないようである。いずれにせよエドムは、ヨシャファト王やヨラム王の時代に至るまでユダ王国の支配下にあった（王上 22:48; 王下 8:20 参照）。

23–25 節　アラム人レゾンの敵対

　この段落は、アラム人レゾンのソロモンへの敵対について物語るが、これはハダドについての記事よりさらに断片的で、不明の点が多い。しかも、七十人訳にはこの断落全体が欠けており、その代わりに 14 節にハダドの名と並んでレゾンとハダドエゼルについての短い言及がある。「**アラム**」（25b 節）はエドムとは逆にパレスチナの北側、シリアから北メソポタミアにかけて住んだ民族である（王上 10:29 への注解を参照）。創世記によれ

ば、ヤコブの義父に当たるラバン一族がアラム人であった（創 31:20, 24）。エドム同様、「**ダマスコ**」のアラム人もダビデに征服され、イスラエルの支配下に置かれた（サム下 8:6）。「**レゾン**」の素情については、「**エルヤダ（何者？）の息子**」という以外に何ら情報がないが、ハダドの場合とは異なり、王族など高貴な血筋ではなかったらしい。彼の「**主君**」（アドーン）であったとされる「**ツォバの王ハダドエゼル**」は、レバノン山脈の東のベッカー高原辺りにあったアラム系の王国の王で、かつてはユーフラテス川上流地域をも支配したが、ダビデによって二度にわたって打ち破られた（サム下 8:3–10; 10:16–19）。24b 節の「**ダビデが彼らを殺害したときのことである**」という（「彼ら」に当たる先行詞を持たない）断片的な文章（訳注 *o* 参照）も、もともとこの戦闘のいずれかに関連したものであろう。レゾンが主君であった「**ハダドエゼルのもとから逃亡した**」というのは、ダビデとの戦いで敵前逃亡を図ったということか。彼はその後、周囲に手兵を集め、「**私兵団（ゲドゥード）の首領**」となった（24 節）。このあたりは、若い頃のダビデの経歴を思い起こさせる（サム上 22:1–2; 25:13）。彼が配下の軍勢を率いて行き、「**そこに住み着いた**」とされる「**ダマスコ**」は、アラム人の中心都市で、現在のシリアの首都ダマスカス。ダマスコもダビデが征服して知事を置いたはずなので（サム下 8:5–6）、レゾンがそこで「**王となった**」（訳注 *p* 参照）とすれば、それはやはりダビデ没後の事態であろう。彼は（14 節の記述に反し！）「**ソロモンの治世全体を通じて**」イスラエルの「**敵対者**」（サタン）となり、「**イスラエルを忌み嫌**」ったという（25 節）。レゾンが「**アラムを王として治めた**」ということは、アラムが事実上イスラエルから独立したことを意味する。こうしてソロモンの治世には、統一王国の南（エドム）と北（アラム）の辺境で、領土が切り取られ始めたことになる。

　なお、25 節後半のハダドへの言及があまりにも唐突なので、七十人訳を参考にこの節の最後の語「アラム（אֲרָם）」を「エドム（אֱדֹם）」と読み、ハダドがエドムの王となったことを記したものとして 22 節に続けて読むという見方がある（Burney 1903:162; Gray 1977*; Knoppers 1993:160–161; Na'aman 1997:62）。すなわち、「エドム」が間違って「アラム」と読まれたため二次的にここに移されたと考えるのである。ヘブライ語では、たし

かにダレト（ד）とレーシュ（ר）は見間違えやすく、特に「アラム（ארם）」と「エドム（אדם）」は取り違えられやすい（王下 16:6 と同所への注解を参照）。しかし、それにしてもこの最後の文章はあまりにも断片的で、内容的にも不可解である。

26–40 節　ソロモンの支配への内憂──ヤロブアムの乱

　この段落では、預言者アヒヤの教唆により、「**ソロモンの家臣**」（11 節参照）であったヤロブアムがソロモンに反旗を翻す次第が物語られる。現在の列王記の文脈で見れば、アヒヤの託宣はソロモンへの神の裁きの予告（11–13 節）を受け、それを実現に向けて動かすものである。ただし、この反乱の企てはソロモンの反撃によって差し当たっては失敗し、ヤロブアムはエジプトへの逃亡を余儀なくされる（40 節）。ソロモンの治世ではなく、彼の息子の治世になってから「王国を裂き取る」（31 節）というのも、ヤハウェの摂理に含まれたことなのである（12、34–35 節）。その意味で、ヤロブアムの乱は時期尚早であったということになる。

　この段落では、全体として「取る（ラーカハ）」と「（引き）裂く（カーラア）」という動詞や、「手（ヤド）」という名詞がキーワードをなしており、それらがさまざまに異なる意味で繰り返し用いられている。

26–28 節　ソロモンとヤロブアム──両者の関係

　ここでは、ヤロブアムの素情と、謀反に至るまでの彼の略歴が記される。26 節はおそらく、後に北王国の最初の王となるこの人物について記した年代記的な資料に由来する。ことによると、「**彼が王に背くに至った**」（＝「手を挙げた」、訳注 s 参照）「**事情**」（ダーバール）を説明すると称する 27–28 節も同じ資料から直接取られたものかもしれない。ただし、その「事情」の説明はその後唐突に中断され、それに代わって預言者アヒヤのヤロブアムへの託宣（29–39 節）が語られる。このような構成は、後述するように、申命記史家たちの手によるものであろう。その結果、現在の形では、まさにアヒヤの象徴行動と託宣こそが、ヤロブアムがソロモンに反逆するに至る「事情」であったかのように読めるようになっている。ソロモンの反撃とヤロブアムのエジプト逃亡について語る 40 節も、同じ年代

記的資料から取られたものであろう。この資料ではさらに、次の列王記上12章におけるヤロブアムのエジプトからの帰還（王上 12:2 と同所への注解を参照）、彼の即位（12:20）、彼の首都建設（12:25）、および彼の宗教政策（12:28–29 の基層、同所への注解を参照）について報告されていたものと思われる（Jepsen 1956:21; Plein 1966:18–21; Debus 1967:3–7; Weippert 1983: 346–355; Campbell/O'Brien 2000:370–375）。この資料を、以下では「ヤロブアム資料」と仮称することにする。

「**ヤロブアム**」の出身部族「**エフライム**」（26 節。訳注 r 参照）は、後の北王国の中心的な部族（ホセ 5:3, 9, 11–14; 7:8–11 等参照）で、後に北王国最初の首都となるシケム（王上 12:25 と同所への注解を参照）はこの部族の領内にあった。父の「**ネバト**」については名前以外不明であるが、列王記でこれ以後、ヤロブアムの名や、特に「ヤロブアムの罪」に言及される場合に常に枕詞のように名前が出される（王上 12:2, 15; 15:1; 16:3, 26, 31; 22:53; 王下 3:3; 9:9 等）。イスラエル北王国には、後にもう一人同じ名前の王、ヨアシュの息子ヤロブアムが出るので（王下 14:23–29）、それと区別するために父の名が添えられるという意味もあるのであろう。古代イスラエル史研究では、イスラエル王としての 2 人のヤロブアムを「1 世」、「2 世」と区別することがある。なお、ヤロブアムの名はおそらく、「民が増し加わる（ように）」を意味する。内容的に見て、生来の名前というより、王としての即位名であろう。

このヤロブアムの「**母の名**」（「**ツェルア**」——穢れをもたらすとされる皮膚病「ツァーラアト」に由来？）と、彼女が「**寡婦**」であったことが特記されているので、父ネバトはヤロブアムが生まれる前に死んだのであろう。ヤロブアムの出身地とされる「**ツェレダ**」は、現在のテルアビブの東約 25 キロメートル、シケム（ナブルス）南西約 25 キロメートルに位置する泉、アイン・サリダーの辺りと考えられている（Cogan 2001[*]; Debus 1967:5; ABD[*]; NIB[*]）。

ソロモンが建設した「**ミロ**」（27 節）については、列王記上 9:15 とその注解（343–345 頁）を参照。なお、同 9:24 によれば、ソロモンが「ミロ」を建てたのは、20 年にわたる（王上 9:10 参照）神殿と王宮の建設の完了後なので、これから描かれるヤロブアムの反乱が企てられたのは、ソロモ

ンの治世の後半ということになる。ソロモンが「**ダビデの町の破損部を修復した**」事情は不明。ダビデ時代から 60 年以上を経過していたはずなので、城壁などに瑕疵が生じていたということか。

28 節で言われているのは、要するに、エルサレムでの建築工事の際に労働者の中に若者ヤロブアムがいて、彼が「**有能な人物**」（ギッボール ハイル。「勇士」、「資産家」とも訳せる。士 6:12; 11:1; サム上 9:1; サム下 5:1 等を参照）で「**働き者**」（訳注 t 参照）なことにソロモンが目を付け、彼を抜擢して要職につけた、ということであろう。「**ヨセフの家**」（28 節）は通常、エフライム部族とマナセ部族を一組にした呼称（創 48:5–20; ヨシュ 17:17; 士 1:22–23, 35 参照）だが、（ユダを除く）北の諸部族の総称、ないし北王国の別称としても用いられる（ヨシュ 18:5; サム下 19:21; エゼ 37:16, 19; アモ 5:6, 15; ゼカ 10:6; オバ 18 等参照）。要するに、ヤロブアムは自分の出身部族を含む人々の「**賦役**」の監督をさせられたわけである。ことによると、このあたりにヤロブアムが「王に背くに至った事情」の核心があるのかもしれない。例えば、ユダ部族出身の王による自分の出身部族への過酷な扱い（王上 12:4 参照）の故に、彼が義憤に駆られ、また自分がその「監督」役であることに自家撞着を感じたということは十分考えられる。しかし、その詳しい真相は、その「事情」について述べる続きの部分が今では欠落しているために、残念ながら不明である。なお、ソロモンがイスラエルの人々に課した強制的な労役（マス）については、列王記上 5:27–32 と同所への注解を参照。ただし、用いられている用語は異なり、ここで「賦役」と訳された原語「セーベル」は、重いものを持ち運ぶ動作に関わる（詩 81:7; ネヘ 4:11 参照）。

29–39 節　預言者アヒヤの託宣

元来の「ヤロブアム資料」におけるヤロブアムがソロモンに反逆するに至る「事情」の説明に取って代わっている、ヤロブアムと預言者アヒヤの出会いを描くこの場面は、全体として申命記史家たちの構成と見ることができる。ただし、そこに預言者アヒヤによるヤロブアムの北の諸部族の王国の王への任命を描くより古い伝承（29–31, 37 節）が取り入れられているということは十分考えられる（Plein 1966:18–22; Debus 1967:8–10, 17;

Weippert 1983:346-357; Campbell/O'Brien 2000:369-371)。そもそもここでは、ヤロブアムの姿がかなり好意的に描かれている。ヤロブアムが、預言者の言葉を通じて示された神の意志を実行する人物と見なされているからである。これに対し、申命記史書全体におけるヤロブアムの位置づけは、イスラエルの唯一の神ヤハウェと唯一の正統的な聖所エルサレム神殿に背を向けた極悪な背教者であり、北王国の王たちを貫く「ヤロブアムの罪」という「原罪」(Debus 1967:95)の元凶に他ならないのである（王上 12:28-30; 14:16; 15:3, 26, 30, 34; 16:2, 7, 26, 31; 22:53; 王下 3:3; 10:29, 31; 13:2, 6, 11; 14:24; 15:9, 18, 24, 28; 17:21-22 参照）。

もしここに、申命記史家たち以前にあったヤロブアムに好意的な伝承が取り入れられているとすれば、それはもともと、ヤロブアムによるイスラエルのダビデ王朝からの分離と彼の王位の正当性を主張するために、北王国で作られ、伝えられていた伝承だったのであろう（Weippert 1983:360; Debus 1967:17; Cogan 2001:342-344）。本注解ではこの伝承を「アヒヤ伝承」と仮称することにする。それは、あらかじめ存在していたヤロブアムの即位と事績について年代記的に語るヤロブアム資料（405-406 頁参照）に対する、申命記史家たち以前の預言者的な拡張層であったと考えられてよかろう。

このような伝承が形成される背景には当然ながら、後のエリヤやエリシャの物語の場合と同様、北王国の預言者的なサークルがいたと考えられる。ダビデ王朝の世襲的支配が貫かれたユダ王国とは異なり、北王国では、先王の在任時に預言者的人物が神の名において廃位を宣言したり、別の人物を王に指名し、その結果クーデターや王朝交代が起きるということが何度も起きている（サム上 13:14; 王上 16:1-4; 21:21-24; 王下 9:1-3）。ユダ王国では、ナタン預言（サム下 7 章）やイザヤのメシア預言（イザ 9:5-6; 11:1-5）に見られるように、預言者は王朝の存続を補完する役割を果たしたが、北王国では、預言者はむしろ、ふさわしくない王朝を打倒する革命の唱導者としてしばしば振る舞ったのである。

「形態／構造／背景」の項（398-399 頁参照）でも見たように、この場面は、(1)アヒヤによる象徴行動（29-30 節）、(2)ソロモンへの裁きとその軽減の告知（31-36 節）、(3)ヤロブアムの選任と訓告（37-39 節）の三つの要素からなる。

29–30 節　アヒヤによる象徴行動　「**預言者**」（ナービー）である「**アヒヤ**」の出身地とされる「**シロ**」（29 節）は、エフライム地方にある古い聖所（サム上 1:3）で、エルサレム北方約 31 キロメートル、シケム（ナブルス）南方約 20 キロメートルに位置する現在のヒルベト・セイルーンに当たる（ABD*; NIB*; Aharoni 1967:384）。かつては契約の箱がそこに置かれ（サム上 4:3）、若きサムエルもそこで仕えた（サム上 3:21）。したがって、ダビデ王朝やエルサレム神殿が重要な役割を果たす以前の古いヤハウェ宗教の伝統のあった聖所であると考えられる。ただし、すでにダビデ以前の時代にペリシテ人によって破壊されたらしく、後には捨てられた聖所の代名詞のようになる（エレ 7:14; 26:6）。2 人の出会いの舞台は「**エルサレム**」の城外（29a 節）であるから、アヒヤはこの託宣を語るためにわざわざシロから出て来て、ヤロブアムを待ち受けていたということになる。なお、預言者アヒヤについては、列王記上 14:1–18 をも参照。

　預言者が象徴的な行動を自分で行ったり、他人に行わせて、自分の告げる託宣の内容を強調するということは、旧約聖書でしばしば見られる（王上 22:11–12; 王下 13:15–19; イザ 20:2–6; エレ 27:2–11; エゼ 4:1–17; 37:15–28; ホセ 1:2–8）。ここでは、「**外套**」（サルマー）を「**引き裂**」く（動詞「カーラア」）ことが王権の喪失を象徴しており（30 節）、サウルがサムエルの上着を意図せずに裂いたことが彼の王権喪失の象徴とされる場面（サム上 15:27–28）を強く想起させる。ちなみに、この「サルマー」の語と「ソロモン（シェロモー）」の名は、ヘブライ語で書くと全く同じ子音字（שלמה）なので、ある種の象徴的な文字合わせが意図されていると考えられる。

　ただし、この箇所（29b 節）の原文では、その外套を着ていたのがヤロブアムなのかアヒヤなのかが分かりにくい。ヤロブアムの外套であったという見方もあるが（Cogan 2001*; Wray Beal 2014*）、一般的には、七十人訳に従いアヒヤの外套という意味に解される（口語訳、新改訳、新共同訳、JBS 共同訳参照）。「**彼**」（フー）の語の直前に出てくる人物は「預言者アヒヤ」なので、妥当な解釈であろう。用いられている用語は異なるが、サムエルがマントを纏っていたことはサムエル記上 28:14 にも触れられているし、エリヤがマントを羽織っていたことは有名である（王上 19:19; 王下 2:13–14）。

特徴的な外套やマントは、預言者であることの象徴的な姿であった可能性がある。その外套が「**真新しい**」(ハダシャー)というのは、神の意志や力を示す象徴行動で用いられるものは俗用されたものであってはならない、という意識が反映しているのであろう(サム上 6:7; 王下 2:20 等参照)。

なお、もともとは、このような預言者の象徴行動においては、預言者が行う行為自体が類感呪術的に、それによって表現される事態をいわば自動的に引き起こすと考えられていたのかもしれない。しかし、現在の文脈では、全体が神の歴史支配に完全に従属せしめられており(31–36 節)、預言者によって行われる行為は、神がこれから行おうとしていることを予告する、あくまで「象徴」にすぎないのである。

ヤロブアムとアヒヤが「**野原で 2 人だけであった**」(29b 節)ことが特記されるのは、この事実上の王の指名が誰も証人のいない場所で行われたことを強調するためであろう。実際に、預言者による次の王の指名は、しばしば秘密裏に行われた(サム上 9:27–10:1; 王下 9:2–3)。もし、この伝承が実際に(ある種の政治的プロパガンダとして)ヤロブアムの王権の正当性の根拠づけに利用されていた(Debus 1967:17; Weippert 1983:360; Cogan 2001:342)とすれば、(預言者の指名に)誰も証人がいないという要素は、戦術的にある意味で必須のものであったと考えられる。それはおそらく、フィクションだったのであろう。

外套の切れ端が「**12 切れ**」であったこと(30b 節)はイスラエル十二部族の全体性を表し、そのうちの「**10 切れを取る**」(動詞「ラーカハ」)ようにヤロブアムが命じられること(31a 節)は、そのうちの 10 部族(エフライム、マナセ、ルベン、ガド、ダン、ナフタリ、イサカル、ゼブルン、アシェル、ベニヤミン)がやがてダビデ王朝の支配を拒否し、北王国として独立することを象徴する(王上 12:16 参照)。

31–36 節　ソロモンへの裁きとその軽減の告知　前述のように、この部分は内容的に 11–13 節における神自身によるソロモンへの裁きの告知と重なるが、物語の劇的な性格と内容からして、こちらの方が本来の第 1 の申命記史家たちの手による部分であり、11–13 節は捕囚期の第 2 の申命記史家たちがこの部分を踏まえて作り、先置したものであろう(11–13

節への注解を参照）。「ヤハウェがこう言われた」（コー　アーマル　ヤハウェ。31節）という表現は、列王記ではここが初出だが、預言者的人物が神の言葉を（多くは1人称で）直接引用する際にしばしば用いられる「使者定式」である（出 4:22; 王上 12:24; 13:2, 21; イザ 7:7; 8:11; エレ 2:2, 5; 4:3, 27 等参照）。この表現の起源（「生活の座」）は、古代オリエント世界で伝令などが王の勅令などを布告する際の導入文的定型句（王上 2:30; 王下 18:19; エズ 1:2 参照）。

　ここでの裁きの告知（31節）は、同時に先行する象徴行動の意味の解き明かしにもなっている。そこでは、外套を引き裂く（動詞「カーラア」）ことが、ヤハウェがソロモンの王国を「**裂き取**」る（動詞「カーラア」）こととして説明される。ヤロブアムには、「**10 の部族**」（サム下 19:44 参照）が与えられる。おそらくここまでは、申命記史家たち以前の古い伝承（アヒヤ伝承）であろう。前述のように、この伝承は、預言者の言葉による北王国の分離とヤロブアムの王位の正当化に用いられたと考えられる。

　他方で、今日の形の物語では、11–13 節のソロモンへの裁きの告知の場合同様、この破局的事態には直ちに二つの留保、ないし軽減措置が講じられる。一つは、「**ダビデ**」と「**エルサレムに免じて、一つの部族だけは**」ソロモンの子孫（すなわちダビデ王朝）に残されるというものである。これはいわば、領域的、空間的な緩和である（32, 36a 節）。この「一つの部族」は、少なくとも現在の文脈では、13 節におけると同様、明らかにユダ部族を意味している（王上 12:17, 20b 参照）。なお、32 節と 36 節で強調されているエルサレムの選びについては、列王記上 8:44–45 と同所への注解（310 頁）を参照。

　なお、33 節は裁きの理由づけであるが、罰の緩和を物語る文脈（32, 34–36 節）を分断しており、論理的には 32 節と 33 節を逆にしたほうが通りがよい（Noth 1968*）。そこでは、王国分裂に至る理由が、異教の神々（33 節に列挙される異教の神々については、5 節への注解を参照）の崇拝と、ヤハウェの「**掟**」（フッコート）と「**法**」（ミシュパティーム）が守られなかったことにあるとされている。したがって、この部分に、王国分裂という決定的な破局的事態の究極的原因に関する申命記史家たちの解釈が示されていることは明らかである。古い伝承によれば、王国分裂は、北の聖所シ

ロの預言者アヒヤが神の名においてヤロブアムを鼓舞し、10部族の王となるよう激励したことをきっかけとするものであった。しかし、申命記史家たちによれば、それはあくまでソロモンの宗教的な背教の罪に対するヤハウェの神罰なのである。このような律法主義的な思想や用語法自体は、申命記や申命記史書の本質に属し、一部の研究者が行っているように、そのような特徴がみられたからといって自動的に、その部分を捕囚期以降の「律法主義的編集」に帰す必要のないことは、列王記上 2:3–4 への注解（93–94 頁）で記したとおりである。しかしこの 33 節では、「**彼ら**」と訳したように、動詞がすべて男性複数形になっており、あたかも（ソロモンだけではなく！）民衆全体がヤハウェを「**捨て**」、異教の神々を「**伏し拝**」んだかのように読める（JBS 共同訳を参照）。ただし、七十人訳やウルガータ（ラテン語訳）はこの箇所で動詞を男性単数形に読み、あたかもソロモン自身が個人で異教礼拝を行ったかのように読む（口語訳、新改訳、新共同訳、岩波訳を参照）。なお、王たちの罪だけではなく、民衆全体の罪を問題にしようとする傾向は、捕囚期の第 2 の申命記史家たちの手によると思われる箇所にしばしば見られる特徴の一つである（王上 8:33–51; 9:6–9; 14:22–24; 王下 17:15–16 等と同所への注解を参照）。したがって、現在ある形での 33 節は捕囚期の加筆と見るべきであろう。

　ただし、すでに捕囚時代以前の第 1 の申命記史家たちの段階で、33 節に当たる内容が、——七十人訳やウルガータに示されるように単数形の動詞で——ソロモンの行為として語られていたという可能性も十分に考えられる。その際には、当然、33 節は 31 節に続けて読むべきであろう。この場合、（31 節と 33 節の繋がりを分断しているので）32 節の方が 36 節の内容を先取りする二次的加筆だという可能性も出てくる（Provan 1988:101, 105; Knoppers 1993:186–187; Campbell/O'Brien 2000:370–371）。特に、列王記上 2:4; 8:25b; 9:4–5 における律法主義的な条件を伴うダビデ王朝の「イスラエル」の支配の永続の約束との関連を考えるなら、すでに第 1 の申命記史家たちの段階でも、ソロモンへの断罪の言葉がこの文脈にあったと想定されるべきであろう。すなわち、ソロモンがヤハウェの「掟」や「法」を守らなかったために、ダビデの子孫で「イスラエル（すなわち統一王国）の王座につく男子」が今や「断たれる」ことになるわけである（上

記の 3 箇所への注解を参照）。ただし、それがダビデ王朝自体の断絶と終焉を決して意味するわけではないことは、すでに 32 節で述べられたし、36 節でも強調されることになる。もし、32 節が前述のように加筆であるとすれば、それがこの不自然な箇所に加えられたのも、この点を大いに強調するためなのであろう。

　一つの部族だけは残すという領域的、空間的な緩和と並ぶもう一つの留保ないし軽減措置は、34 節で、やはり「**ダビデに免じて**」、ソロモンの存命中（「**彼が生きている限り**」）は王国を「**取り上げ**」る（動詞「ラーカハ」）ことはせず、「**彼の息子の手から王権を取り上げ**」る（動詞「ラーカハ」）という、罰の一時的執行猶予である（34–35 節）。したがってこれは時間的な緩和ということになる。なお、34 節で問題にされているのは（一部族は残すという）罰の空間的な緩和ではなく、（ソロモンの息子の代になってから罰を下すという）罰の時間的な執行延期であるので、「**王国全体を取り上げはしない**」という表現は論理的には適切でない（Gray 1977*; Noth 1968*; Weippert 1983:359; Knoppers 1993:189; Campbell/O'Brien 2000:372）。この部分を書いた申命記史家は、無意識的にもう一つの（一部族は残すという）留保に引きずられて、「全体（コル）」の語を加えてしまったのであろう（13a 節参照）。

　なお、34 節で特徴的なのは、「ダビデに免じて」とされる際に、ダビデがヤハウェの「**命令（ミツウォート）と掟（フッコート）を守った**」という律法主義的「功績」が強調されていることと、ソロモンを「生きている限り」「**首長（ナーシー）としておく**」という、「王（メレク）」や「統治者（ナギード）」の語を敢えて用いない表現である。前者（原文ではこの節の最後にある）は七十人訳の写本の多くに欠けており、二次的な加筆と思われる。原文では、「**わが僕ダビデ**」の語に関係詞「アシェル」に導かれる従属節が二つ（「わたしが選んだ」、「わたしの命令と掟を守った」）もぶらさがっており、いかにも不格好である（DeVries 1985*; Knoppers 1993:189）。後者の「首長（ナーシー）」の語は、通常は王国成立以前のイスラエルの部族指導者を指す（出 22:27; 34:31; 35:27 等参照）。しかし、エゼキエル書ではメシア的君主の称号としても用いられる（エゼ 34:24; 37:25）。ここでこの語がどのようなニュアンスで用いられているのかは、残念ながらいま一つ

413

はっきりとしない。「王（メレク）」という語の場合には、その地位が通常は世襲により王朝内で代々引き継がれていくということが前提になる。この文脈で敢えてこの語が避けられていることには、統一王国の支配者としてのソロモンの地位は今や一代限りのものになった、ということが示唆されているのかもしれない。なお、34節で強調されているダビデの選びについては、列王記上 8:16 と同所への注解（293 頁）を参照。

もともとの北王国起源のアヒヤ伝承においては、ヤロブアムが十二部族中の 10 部族（すなわち後のイスラエル北王国。サム下 19:44 を参照）を取る、ということだけが問題になっていた（31 節）。しかし、後に申命記史家たちが、ダビデの王朝に「一つの部族」が残ることを強調した（32 節）ことから、$10 + 1 = 12$ という、有名な「算術的不整合」が生じた。すなわち、数が合わないのである。ちなみに、七十人訳では 32 節でも 36 節でも「二つの部族」になっているが、これは明らかに二次的な辻褄合わせである（その場合には、ダビデ王朝のもとに残る部族としては、ユダとベニヤミンが考えられているのであろう。王上 12:21-24 参照）。

周知のように、イスラエル民族は 12 部族から構成されていたが、その数え方は必ずしも一様ではない。ある場合には、祭司部族のレビが一つの部族と数えられ、エフライムとマナセが「ヨセフ」として単独で数えられる（創 35:23-26; 出 1:2-5 等）。別の場合には、土地を持たないレビが除かれ、エフライムとマナセが別々に二つの部族として数えられる（民 1:5-15, 20-43; 26:5-62 等）。さらには、シメオンを欠き、レビとエフライム、マナセを三つに数える場合もある（申 33:6-25）。ここでは、どのような 12 部族の数え方が前提とされているのであろうか。

この「算術的不整合」については、主として三つの説明が可能である。

（ⅰ）南王国をユダ部族が構成することを自明の前提として、ユダは最初から除外されており、ダビデ王朝に「一つの部族」が与えられるというのは、ベニヤミンの一部が王国分裂後も南王国に帰順すること（王上 12:21-24 参照）を指すと解する見方（Noth 1943:72; Gray 1977*; DeVries 1985*; Nelson 1987*; Fretheim 1999*; Knauf 2016*）。ただし、この理解では、「一部族」への言及は申命記史家たち以前の伝承にもあったことが前提になる。

（ⅱ）「一つの部族」はユダと解し、祭司部族のレビを除外していると解

する見方（Gordon 1963［Debus 1967:13 の引用による］; Noth 1968*; Jones 1984*; Werlitz 2002*; Sweeney 2007*）。レビ人は独自の土地を持たず（民 18:20–24; 申 10:8–9）、レビ人が寄留した「レビ人の町」は、北王国にも南王国にも散在した（ヨシュ 21:4–41）。

（ⅲ）「一つの部族」はユダと解し、ヨシュア記 19:1–9 によれば、ユダの南西に住み、早い時期にユダに吸収された（ヨシュ 19:9 を参照）シメオンを除外していると解する見方（Plein 1966:19; Weippert 1983:356–357; Cogan 2001*）。

「10 の部族」が北王国であるとすれば、これらのうち、第 3 の説明が最も適切だということになろう。シメオンは、歴史的に決して北王国の構成要素には含まれなかったからである。ただし、この「算術的不整合」が申命記史家たちの二次的編集の結果生じたのだとすれば、これについて詮索してもあまり大きな意味はなかろう（Plein 1966:19; Debus 1967:12–19; Weippert 1983:355–357; Würthwein 1977*; Mulder 1998; Wray Beal 2014*; Campbell 1986:28–29）。

36 節でも、ソロモンの息子（すなわちダビデ王朝）に「**一つの部族**」だけが残されることが強調される。しかもそこでは、ダビデ王朝の存続が、「**エルサレム**」で「**ダビデのためのともし火がいつまでもわたしの前にあるようにするためである**」とされる。「ともし火」と訳した語（ニール）の正確な意味は不明である。それを「ともし火」ないし「ランプ」とする伝統的な訳は、これが「ネール」（サム上 3:3; 王上 7:49）という語と同義であることを前提としたものである。希望の光ということであろうか。家にともし火が灯っているのは、そこで住人が生活している証拠なので、ダビデ王家の存続が象徴されているという見方もある（Noth 1968*; Würthwein 1977*）。なお、サムエル記下 21:17 では、ダビデ自身が「ともし火（ネール）」に譬えられている。「ニール」の語については、「統治」、「領土」という訳も提唱されている（Hanson 1987; Knoppers 1993:187, 190; Sweeney 2007*）。

いずれにせよ、この「ニール」の隠喩は、列王記中で後にも、悪しきユダ王の登場でエルサレムとダビデ王朝の存続が脅かされるような場合にあと 2 回言及される（王上 15:4; 王下 8:19）。そしてそのいずれの箇所におい

ても、その「ニール」が「エルサレム」(王上 15:4) ないし「ユダ」(王下 8:19) の存続に関わるものとされるのである。ソロモンの罪の結果、ダビデ王朝の支配する領域は、かつて条件付きの王朝永続の約束で告げられていた全「イスラエル」(王上 2:4; 8:25b; 9:5 と同所への注解を参照) から、エルサレムを首都とするユダ王国に縮減されてしまった (王上 12:17, 20b)。しかし、この領域においては、ダビデ王朝の支配という「ともし火」はあくまで「いつまでも」燃え続けるのである (「緒論」36 頁参照)。アヒヤを通じて新たに告げられたこの「ともし火」の約束は、言わば、事実上撤回されてしまった条件付きの王朝永続の約束に代わるものなのである。ここには、言うまでもなく、ナタン預言 (サム下 7:12–16) の精神が引き継がれている。「イスラエル」全体への支配権が失われたとしても、ダビデ王朝の永続の約束はあくまでその効力を失っていない。その意味でこの「アヒヤ預言」は、ナタン預言に取って代わるもの (Lohfink1990) ではなく、あくまでそれをユダとエルサレムに関して更新するものなのである。

　このようなダビデ王朝の永続の希望は、ダビデ王朝がなお存続している時期 (すなわち捕囚前) に書かれたと解するのが最も自然であろう (Gray 1977*; Weippert 1983:369–370; Nelson 1987:108–113; Provan1988:94–105; McKenzie 1991:46, 123, 133; Schniedewind 1999:91–93; Steiner 2017:324–325, 368–371)。したがって、それは第 1 の申命記史家の一人の筆によるものと考えられる。なお、エルサレム (神殿) がヤハウェの「名を置くために」選ばれた場所 (36 節) であるという、いわゆる「名の神学」については、193–194 頁と 291 頁の説明を参照。また、エルサレムの選びについては、8:44 と同所への注解を参照。

37–39 節　ヤロブアムの選任と訓告　今やヤハウェはアヒヤを通じて、ヤロブアムに「**イスラエル**(ここではもちろん北王国の意味)**の上に立つ王となる**」ことを命じ、「**思うがままに……支配する**」(サム下 3:21 参照) ように勧める (37 節)。ヤロブアムは、ヤハウェが「**抜擢**」(動詞「ラーカハ」) した王なのである。この部分も、極めて親ヤロブアム的な筆致から見て、ヤロブアムの王国分離と北王国の王への即位を正当化しようとする、申命記史家たち以前の北王国の伝承 (アヒヤ伝承) に由来しよう。また、

それを引用した申命記史家たちも、差し当たっては——罪を犯す前の——ヤロブアムの王位と北王国の存在の正統性を認めている。申命記史家たちは、王国分裂をヤハウェの意志に基づくものと解しているのであるから、これは神学的にも当然のことである（王上 12:15, 24 をも参照）。

ただし、ヤロブアムの王朝の存続には、厳しい条件が付けられる。すなわち、ヤロブアムがダビデ同様（34 節参照）、ヤハウェの「**道を歩み、……目に正しく映ることを行**」うなら、というのである（38a 節）。条件付きの約束という点に関して見れば、一見しただけでは、これはダビデの子孫たちに要求された「ヤハウェの道を歩むなら」という「イスラエルの王座」の永続の約束の条件（王上 2:4; 8:25b; 9:4–5）を想起させる。そしてその約束は、まさにソロモンが条件を破ったが故に事実上撤回され、王国分裂という事態が生じようとしているのである。ただし、その場合でも、「ともし火」の約束の形でダビデ王朝への約束は維持されることは直前に見たとおりである（36 節と同所への注解を参照）。

これに反し、ヤロブアムへの条件付きの約束は、ヤロブアムの王朝の存否そのものに関わるものなのである。ヤロブアムがこの条件を満たした場合、ヤハウェはヤロブアムのために、「**堅固な家**」（バイト・ネエマン）を建ててやるという（38b 節）。これは、「**かつてダビデに建ててやったように**」と言われているように、ヤハウェがナタン預言でダビデに約束したもの（サム下 7:16a）であり、要するに王朝の永続を表す。したがって、ここでヤロブアムには、いわばダビデと同格の破格の可能性が約束されたことになる。

ただし、ナタン預言の場合は、王朝永続の約束自体は無条件であり、ダビデの子孫たちが罪を犯せば「人間の杖、人の子らの鞭」で罰せられるが、ダビデ王朝全体へのヤハウェの加護はそのことによっては左右されないということが強調されていた（サム下 7:14b–16）。この点で、ナタン預言における無条件のダビデの家への約束と、この箇所での条件付きのヤロブアムの家への約束の間には大きな神学的違いがある。ナタン預言の表現を借りれば、王国分裂とは、ダビデの子孫の罪に対する「人間の杖、人の子らの鞭による懲らしめ」（サム下 7:14）以上のものではなく、ダビデ王朝へのヤハウェの「慈しみ（ヘセド）」を無効にするものではないのである（サム下 7:15 ！）。

これに反し、ヤロブアムが条件を破れば、王朝自体の絶滅をもたらす。そして申命記史家たちは、そのような条件が満たされず、ヤロブアムの王朝が短期で断絶することをすでに知っているはずである。「見よ、わたしはヤロブアムの家に災いをもたらす。すなわち、わたしはイスラエルでヤロブアムに属する壁に放尿する者を、捕縛された者や遺棄された者まで断ち滅ぼす。わたしは、ヤロブアムの家を一掃する。ちょうど、人が糞便を余すところなく一掃するように。それゆえ、ヤロブアムに属する者で、町で死ぬ者は犬たちが〔その死体を〕食らい、野で死ぬ者は空の鳥が〔それを〕食らうであろう」（王上 14:10-11）。したがって、このヤロブアムの選任と条件付きの約束の言葉は、申命記史書の文脈内においては、実質的にヤロブアム王朝の滅亡（王上 15:29 参照）の「事後予言」なのである。

同じことは、これに続く北王国の諸王朝についても言える。次のバシャの王朝（王上 16:1-4）も、さらにそれに代わるアハブの王朝（王上 21:21-24）も、王の罪の故に同じような言葉で王朝の滅亡が予告され、またその預言の成就が確認される（王上 16:13; 王下 9 章）。バアル崇拝を除き去ったイエフの王朝には、褒美として 5 代の王朝存続が約束されるが（王下 10:30）、そのことも逆に言えば、最長の王朝でも 5 代しか続かない、ということなのである。北王国に関しては、王の罪に対する神罰は常に王朝の滅亡である。これに反し、南王国に関しては、ダビデ王朝の王が罪を犯しても、前述のように、「ともし火」が燃え続けるように、ユダとエルサレムにダビデの子孫の王位が存続するのである。このように、南北の王朝に対する申命記史家たちの見方は、露骨なまでにも非対称である。このような北と南を対照的に見る「王朝神学」の存在は、ダビデ王朝が滅びた捕囚期以後では説明できない。これが、本注解が申命記史書の最初の稿の成立を、まだダビデ王朝が存続していた王国時代末期のヨシヤ時代に置く、最大の理由の一つである。

ヤハウェが「堅固な家」としてダビデ王朝を「ダビデに建ててやった」とする 38b 節の言明も、ダビデ王朝がなお存続していた時点で書かれたとしか考えられない（Nelson 1981:108-113; Provan 1988:94-105; Weippert 1983:369-370; McKenzie 1991:46, 123, 133; Schniedewind 1999:91-93）。ここでは、一見しただけでは「ヤロブアムの家」と「ダビデの家」が同格的

に並べられているように見えるが、実は明らかに、（2代で滅びてしまうことを申命記史家たちが知っている）短命のヤロブアムの王朝と、「堅固な家」であるダビデ王朝が対比的に扱われている。そのような対比は、ダビデ王朝が同じように滅びてしまった後の捕囚時代では意味をなさないであろう。捕囚時代の視点から見れば、ヤロブアムの家とダビデの家は、存続期間の長さに関してはかなりの違いがあっても、「堅固な家」でなかったことに変わりはないからである。

　ただし、その前に位置する 38a 節は、内容的に異様にごちゃごちゃしている。「掟」（フッコート）と「命令」（ミツウォート）への言及は文脈を乱しており、33 節や 34b 節におけると同様、捕囚期の第 2 の申命記史家たちによる付加と見るべきであろう。

　39 節も問題の多い箇所である。まず、この節は七十人訳に欠けている。しかも、「このことの故に」ということが何を意味しているのかが、文脈から明確ではない（Cogan 2001*）。内容的に見れば、「わたしはダビデの子孫（文字通りには「種」）を苦しめる。ただし、いつまでもというわけではない」という言葉は、ダビデ王朝の復興の希望を惹起するもののように思われる。それゆえこの箇所は、申命記史家たちよりも後の非常に遅い、ダビデ王朝の再興を願うメシア思想的な加筆と見られることが多い（Noth 1968*; Würthwein 1977*; Hentschel 1984*; Plein 1964:20; Debus 1967:11, 19; Weippert 1983:374; Provan 1988:104–105）。しかし、もし第 1 の申命記史家たちをヨシヤ王の時代、すなわちダビデ王朝がまだ健在な時代に置くとすれば、この災いの威嚇と慰めに満ちた希望の混在するヤハウェの言葉を、ヨシヤ王の時代の第 1 の申命記史家たち自身の歴史解釈の表現と解することは不可能ではない（Cross 1973:279; Nelson 1981:115–116; Cogan 2001*; Steiner 2017 :307–308, 369, 389–390）。すなわち、ヨシヤ時代には、ダビデ王朝の「苦しみ」の時代はもはや終わりつつあるように思われたのである。実際にヨシヤ王は、旧北王国領のベテルやサマリアに遠征し、統一王国の再建を図ったらしい（王下 23:15–20）。第 1 の申命記史家たちは、今や南北イスラエルのダビデ王朝の手による再統一の時が近づいたと見ているのではなかろうか。しかし、後にヨシヤの非業の死によってそのような希望が頓挫し、さらにはユダ王国が滅亡してダビデ王朝が実際に断絶して

しまえば、このような約束は「成就しない神託」となってしまう。そこで、この一句が（七十人訳の原本を含む）一部の写本から二次的に削除されてしまったとしても、それは理解できることである。

40節　ソロモンとヤロブアム――ソロモンの反応とヤロブアムの逃亡
　40節は、再び古い「ヤロブアム資料」から取られたヤロブアムの乱の顚末である。現在はアヒヤ伝承のアヒヤの預言に押し退けられてしまっているので、ヤロブアムがどのようにソロモンに背き（26–27節、「手を挙げ」）、その反逆がどのように失敗したのかはもはや不明である。分かることはただ、「**ソロモンはヤロブアムを殺そうとした**」ことと、ヤロブアムがからくもこれを逃れ、「**エジプトの王シシャク**」のところに逃れたことである。「**ソロモンが死ぬまで**」そこに留まったというヤロブアムの境涯は、先のエドム人ハダドのそれ（17–22節）によく似ている。シシャクとは、エジプト第22王朝（リビア系）のシェションク1世（在位前946/45–925/24年頃）のことで、彼は旧約聖書で名前を挙げられている最初のエジプト王（創世記や出エジプト記の「ファラオ」はすべて匿名である）であり、旧約聖書に描かれた歴史の年代決定をするうえで定点の一つになる情報である。なお、シェションクは第22王朝の開祖であるので、エドムの王子ハダドをエジプトに迎え入れた匿名のファラオ（18–22節）とは別人であろうし、ソロモンと姻戚関係にあったファラオとも別人であろう。第21王朝の匿名のファラオがソロモンと友好的で、自分の娘をソロモンに娶らせていたのに対し、シェションクはイスラエルに対する前王朝の政策を変更し、ソロモンの政敵を保護したということか。実際にシェションクは、後にイスラエルの王国分裂後、イスラエルとユダへの軍事遠征を行う（王上14:25–26と同所への「注解」「解説／考察」を参照）。
　ヤロブアムの乱は結局挫折した。しかし、彼がエジプトに逃れ、そこに留まったことは、ソロモンの死後の大きな政治的変動の伏線となる。列王記の文脈で見るなら、神の歴史的摂理は決して「挫折」することなく、むしろ人間たちの思いを超えたところで、予告された（12–13, 34–35節）通りに着々と進んでいくのである。

【解説／考察】

　この単元には、もともと世俗的な性格のものであった資料や伝承が、申命記史家たちの手によって巧みに神学化されていく次第が典型的に示されている。ここでは、統一王国の版図の南北の辺境をなすエドムやアラムにおけるイスラエルの支配の動揺が、ヤハウェないし神がソロモンに対して「敵対者を立ち上がらせた」というそれぞれわずか一文（14, 23 節）によって、ソロモンの犯した宗教的な過ちに対する神の裁きに変えられている。同時にそこには、ヤハウェは単にイスラエル・ユダの神であるばかりでなく、自分の目的のために世界の諸民族を自在に道具として用いるのだという、普遍主義的な神観が示されている。それはまさに、偉大な記述預言者たちの神観と歴史観に通じるものである（イザ 7:18–20; 10:5–6; ホセ 9:3–6; エレ 5:15–17 等参照）。

　ヤロブアムの乱も、本来は自分の部族に対する政治的圧迫への反発に基づく世俗的抵抗運動だったのであろう。しかし申命記史家たちは、それが具体的にどのように勃発し、どのように鎮圧されたのかには（残念なことに）全く関心を払わない。彼ら以前から存在したアヒヤ伝承を発展させつつ彼らが強調するのは、神が人間の悪しき行為に直ちに反応するということであり、また、その反応が歴史上の出来事として実現するということである。このことを表現するために申命記史家たちは、ここでもまた事後預言という方法を用いている。

　申命記史書では、これ以前（ヨシュ 6:26; 士 2:1–3 等参照）においても、これ以降（王上 13:2; 14:10–14 等参照）においても、いたるところに張りめぐらされた「預言とその成就」という図式が歴史記述の進行の推進力となり、またその意味づけの手がかりとなっている（「緒論」35–36 頁参照）。旧約聖書において歴史は、人間の行為の帰結であるとともに、それらの行為に対する神の反応の具現化であり、神の意志の表現なのである。申命記史家たちの神は、まことに、「僕なる預言者に示さずには何事もなされない神」（アモ 3:7）なのである。

　ただし、申命記史書の歴史記述は、単なる応報原理に支配されたものではない。一つ前の単元（王上 11:12–13）におけると同様、ここでもまた、

「ダビデに免じた」ダビデ王朝とエルサレムへの加護への言及（34–36節）や、特にいつまでも燃え続ける「ともし火」への言及（36節）には、神の恵みと約束が、個々の人間の罪悪を凌駕するものであることが示唆されている。神の恵みは、人間の罪をも超えるのである。おそらくこの部分を書いた申命記史家たちは、まだダビデ王朝の断絶もエルサレム神殿の破壊も知らずにいる。

ただし、そのような破局が実現したとき、この歴史家の歴史観を信じた人々にとって、深刻な神学的問題が提起されたはずである。神の約束が反故になってしまったように見えたからである。そのような神学的危機を克服しようとした人々の一部が、捕囚期の第2の申命記史家たちであった（「緒論」37–40頁参照）。彼らは、支配する王家も国家も土地も失った絶望的な状況の中で、ヤハウェの「掟」や「命令」や「法」を守り抜くことのうちに、「ヤハウェの民」としての同一性の根拠とこの民の存続の可能性を見出したのである（33, 34b, 38節）。

(3)ソロモンについての治世結尾定式（上 11:41–43）

【翻訳】

ソロモンについての治世結尾定式
11章
[41] ソロモンの事績についての残りのこと、すなわち彼の行ったことすべてと彼の知恵については、『ソロモンの事績の書』に記されてはいないだろうか。[42] ソロモンがエルサレムで全イスラエルを王として治めた期間[a]は、40年間であった。[43] ソロモンは彼の父祖たちと共に眠りにつき、彼の父ダビデの町に葬られた。彼の息子レハブアムが彼に代わって王となった。

   [a] 原文は文字通りには、「日々」。

【形態／構造／背景】

これ以降、列王記でイスラエル、ユダそれぞれの王の治世についての記述の結びに繰り返し現れる、申命記史家たちによる「治世結尾定式」の、正式の形では最初のもの（ダビデについてのより自由な形の王上 2:10–11 をも参照）。

治世結尾定式は、通常は「治世導入定式」と一組をなし、個々の王の治世についての記述を前後から囲む「治世の枠」をなす（「緒論」19 頁参照）。しかし、ソロモンの場合には導入定式の代わりに、ソロモンの即位の複雑な事情を物語る詳細な「ダビデ王位継承史」が置かれているために、治世導入定式は省略されている。王国分裂に際して北王国の初代の王になる経過が詳しく物語の形で語られるヤロブアム（1 世）の場合（王上 14:19–20）と、クーデターによる王位簒奪の経過が物語の形で詳細に描かれるイエフの場合（王下 10:34–36）にも、同じような現象が見られる。

【注解】

標準的な「治世結尾定式」は、通常は以下の四つの要素からなるが、個々の場合にいくつかの追加やバリエーションも認められる。

（i）史料への言及

通常は、イスラエルの王の場合には『イスラエルの王たちの年代記』（王上 14:19; 15:31; 16:5, 14, 20 等）、ユダの王の場合には『ユダの王たちの年代記』（王上 14:29; 15:7, 23; 22:46 等）が名指しされる。翻訳の際には平叙文に意訳されることが多いが、原文は多くの場合、文字通りには、その王の事績についての「**残りのこと**」（イェテル）が、名を挙げられる年代記に「**記されてはいないだろうか**」（ハロー……ケトゥビーム）、という修辞疑問文（41 節）である。読者が原史料を容易に直接参照できることを前提にしているように見える文言ではあるが、実際には、記述がしっかりとした史料に基づくことを強調して、読者たちに対し、記述の信憑性を高めようという、著者たちの工夫なのであろう。

(ⅱ) 王の死去の報告

文言は、「彼の父祖たちと共に眠りにつき……」（ワッイシュカブ……イム・アボターウ）（43a節）。この表現は、原則として、天寿を全うして平穏な死に方をした王についてだけ用いられる（Alfrink 1943; Hutzli 2015）。暗殺された王（王上 15:31; 16:11; 王下 12:20–22; 15:11, 26; 21:25 等参照）や戦死した王（王上 16:20; 王下 23:28–30 等参照）の場合には、通常はこの定型句は用いられない。なお、例外をなすアハブ王（王上 22:29–40）とアマツヤ王（王下 14:22）の場合については、それぞれ該当箇所への注解を参照。「先祖と共に眠る」という表現は、先祖代々が眠る一族の墓に加えられた、という印象を与えるが、ダビデの場合（王上 2:10–11 と同所への注解を参照）でもそうであったように、ダビデの征服によって初めてイスラエルの町になったエルサレムにソロモンにとっての先祖代々の墓があったはずはないので、ここでもこの文言は、天寿を全うしたことを示す定型的な表現として極めて形式的に用いられているにすぎないのであろう。

(ⅲ) 埋葬の報告

王国分裂後の南北いずれの王国の王の場合も、葬られる場所は原則としてそれぞれの国の首都である。ただし、王国分裂後の北王国（イスラエル）の王たちの場合、埋葬の報告が欠けることも少なくない。ソロモンの場合は、「**彼の父**」ダビデ同様、「**ダビデの町に葬られた**」とされる。ダビデについての「アブ」の語は、ソロモンの場合はもちろん文字通り「父」と訳せるが、それ以降のユダの王については、「父祖」と訳されるべきである。なお、ソロモンが葬られた場所が「ダビデの町」（すなわちエルサレムの南東の丘）のどこに当たるのかは定かでない（王上 2:10–11 への注解を参照）。

(ⅳ) 後継者による王位継承

文言は、ほぼ常に、「彼の息子（ベノー）〇〇〇が彼に代わって（タハターウ）王となった（イムローク）」（43b節）。この定式で「代わって」王になったのが「彼の息子」であることが明記されることにより、王朝の支配

が安定期に継承されたことが確認されている（Suriano 2010; Hutzli 2015）。

　なお、ソロモンの場合には、彼の治世の特殊事情により、以下の点で、標準的な定式からの逸脱が見られる。

　第一に、引用される史料は、『イスラエルの王たちの年代記』でも『ユダの王たちの年代記』でもなく、「**ソロモンの事績の書**」である（41a 節）。ソロモンが南北を併せた「統一王国」の王だったことを考えれば、これも理解できる。実際にそのような書名の文書が実在したかどうかは確言できないが、ソロモンについての多様で膨大な伝承（王上 3–11 章）の一部が、そのような文書から取られたということはあり得ないことではない（「第Ⅰ部へのまえがき」参照）。

　第二に、ソロモンの「**知恵**」（ホクマー）に特に触れられている（41 節）。これは、ソロモンが知者として有名であったからであろう（王上 3:9–12; 5:9–14; 10:6–9, 23–25）。

　第三に、ソロモンの治世が「**40 年間**」であったことが特記されている（42 節）。ある王の治世が計何年であったかは、通常は「治世導入定式」で記されるが（王上 14:21b; 15:2, 10, 25, 33 等参照）、ソロモンについては前述のように治世導入定式がないので、治世結尾定式の中で触れられたもの（ダビデについてのサム下 5:4–5; 王上 2:11 をも参照）。前述のヤロブアム（王上 14:20）とイエフ（王下 10:36）の場合にもやはり同じような現象が見られる。

　ダビデの場合にも治世が 40 年であったとされるが（王上 2:11）、いずれの場合も正確な数字というより、長い治世を表す概数、理念数であろう。荒野放浪伝承にも示されているように、「40 年」は、まるまる一つの世代が入れ替わる期間であった（民 14:26–35 等参照）。ただし、ソロモンの息子「レハブアム」が即位したときすでに 41 歳だったとされるので（王上 14:21）、ソロモンがかなり長い治世を享受したことは間違いないであろう。

　申命記史書の文脈内で捉えなおすと、列王記上 3:14 でヤハウェは、恵みとして無条件で与えられる知恵と富と栄光に加えて、もしソロモンがヤハウェの道を歩み、ヤハウェの「掟（フッコート）と命令（ミツウォート）」を守るなら、長寿をも与えると約束した（王上 3:14 参照）。ソロモンが何歳で即位したかは列王記のマソラ本文には記されていないが、彼の治世約

40年間の大半は、知恵と富と栄光に満ちた幸福な時代であったことであろう（ただし、王上11:14–25をも参照）。こうしてソロモンは、一定の長寿と言ってよい高齢に達したものと思われる。ところが、彼が晩年になって外国人の妻たちの誘惑に屈して堕落し、ヤハウェの「掟（フッコート）と法（ミシュパート）」を破ったことが記された（33節）直後に、彼の死が報告されていることは、いささか不気味な印象を与える。ソロモンの罪により、長寿の約束が撤回されてしまった、ということなのであろうか。前述のように、「父祖たちと共に眠りに」ついたとされているので、天寿を全うした自然死であったのだろうが、ソロモンがどのような死に方をしたのかは具体的に記されていない。

なお、377頁でも述べたように、ソロモンの歴史的実在を裏付けるような聖書外史料や考古学的遺物は今のところ一つも発見されていない。しかし、「証拠がないことは、それがなかったことの証拠ではない」ことは常に銘記されねばならないであろう。ソロモンの治世は、少なくとも、前920年代の中頃に行われたと考えられるシシャク（すなわちエジプト第22王朝のシェションク1世）のパレスチナ遠征（王上14:25–26と同所への注解を参照）以前に終わっていたはずである（王上14:21–30への「解説／考察」をも参照）。現代の古代イスラエル史研究では、ソロモンの治世は前965–926年頃に位置づけられている。

【解説／考察】

サウルから数えればイスラエルの王として3代目、ダビデ王朝では2代目の王であるソロモンの死去の報告をもって、列王記の第I部をなす統一王国時代の記述は終わる。申命記史書全体の流れの中で見れば、この部分は、カナンに定着し、王国を建設したイスラエル民族の歴史中、統一王国が知恵ある王のもとで平和と安定と繁栄を謳歌した黄金時代をなし、いわば歴史の絶頂に当たる。それは、ヤハウェのイスラエルに対する恵みと祝福が目に見える形で実現したような時代である。しかし、頂点というものは、同時に下降、没落の始まりであることも常である。ソロモンの物語が全体として示すのは、神に与えられた「知恵」といえども、決して絶対

的なものでも完全無欠で万能なものでもありえず、結局は、人間の弱さと罪への傾斜を補正することができない、ということである。あの叡王ソロモンでさえ、最終的には人間的な誘惑に引きずられ、ヤハウェの道から外れてしまったのである。ソロモン自身の口から出たように、「罪を犯さない人間など一人もいない」（王上 8:46）ことを改めて思い知らされる。

ソロモンの死後の王国分裂は、この罪に対するヤハウェの罰である。しかし、そのような罪と罰にもかかわらず、「ダビデに免じて」（王上 11:12, 32, 34）、ヤハウェの約束と慈しみ（ヘセド）はなお維持される。ソロモンの 40 年（王上 11:42）を最後に、ダビデの子孫が「全イスラエル」の王座につくことはなくなった（王上 2:4; 8:25; 9:4–5 参照）。しかし、「一つの部族」ないしヤハウェの選んだ「エルサレム」には、それでもなお、ダビデのための「ともし火（ニール）」がいつまでも燃え続ける（王上 11:36）。少なくとも第 1 の申命記史家たちの段階では、「彼が罪を犯すときは、人間の杖、人の子らの鞭をもって彼を懲らしめよう。（しかし、）わたしは彼から慈しみを取り去りはしない」（サム下 7:14b–15a）というナタン預言の約束は、あくまで有効性を保っているように見える。ここには、人間的な罪とそれに対する神自身の罰をも超えて維持される、神の恵みが示唆されているように思われる。

後世の人々は、ソロモンの人物像に何よりも知恵と富のイメージを結び付けた。5 章への注解でも触れたように、後に『箴言』（箴 1:1; 10:1; 23:1）や『コヘレト』（コヘ 1:1, 12）などの旧約聖書中の知恵文学がソロモンの著作とされた（182–183 頁）だけでなく、ソロモンが歌を作った（王上 5:12）とされることから、『雅歌』（雅 1:1, 5; 3:7, 9–11）や詩編 72、127 編がソロモンの作とされるようになった。ヘブライ語正典に取り入れられなかったものでも、旧約聖書続編中の『知恵の書』（別名「ソロモンの知恵」）や、ギリシア語で伝わる 18 編からなる『ソロモンの詩編』、シリア語で伝わる『ソロモンの頌歌』、キリスト教徒により手を加えられたユダヤ起源の伝説集『ソロモンの遺訓』などの作品がソロモンに帰された。

ソロモンの富をめぐっては、新約聖書では、イエスにより「栄華を極めた」ソロモンが野の花と比較されている（マタ 6:29; ルカ 12:27）。また、アフリカでのソロモンの宝探しを主題とする H. ライダー・ハガードの小

I・5・⑶ ソロモンについての治世結尾定式（上11・41―43）解説／考察

説『ソロモン王の洞窟』は、4回も映画化された（直近のものは、リチャード・チェンバレン、シャロン・ストーン主演の『ロマンシング・アドベンチャー／キング・ソロモンの秘宝』、1985年）。南太平洋のメラネシアに、太平洋戦争で激戦地となったガダルカナル島を含む「ソロモン諸島」と呼ばれる島々（現在では同名の独立国）があるが、これは、これらの島々をヨーロッパ人として最初に訪れたスペイン人の探検家、アルバロ・デ・メンダーニャ・デ・ネイラが、ガダルカナル島で砂金を発見し、ソロモンの黄金の原産地（王上 9:28; 10:22 参照）だと勝手に思い込んでそう命名したのだという。もしこれが当たっているとしたら、船の行き来が「3年に一度」であったというのも腑に落ちるが、アカバ湾から紅海、インド洋を経由し、マラッカ海峡を通ってここまで、どうやって辿り着いたのであろうか。羅針盤もなかった時代に。

巻末地図

参考文献

〔文献関係略語表〕

AB	Anchor Bible
ABD	Anchor Bible Dictionary
AOTC	Apollos Old Testament Commentary
ATD	Alte Testament Deutsch
AThANT	Abhandlungen zur Theologie des Alten und Neuen Testaments
ATSAT	*Arbeiten zu Text und Sprache im Alten Testament*
BAR	*Biblical Archaeology Review*
BASOR	*Bulletin of the American Schools of Oriental Research*
BBB	Bonner Biblische Beiträge
BE	Biblische Enzyklopädie
BHS	Biblia Hebraica Stuttgartensia
Bib	*Biblica*
BJS	Brown Judaic Studies
BKAT	Biblischer Kommentar: Altes Testament
BN	*Biblische Notizen*
BThZ	*Berliner Theologische Zeitschrift*
BWANT	Beiträge zur Wissenschaft von Alten und Neuen Testament
BZAW	Beihefte zur Zeitschrift für die Alttestamentliche Wissenschaft
CB.OT	Coniectanea Biblica. Old Testament Series
CBQ	*Catholic Biblical Quarterly*
CBQMS	Catholic Biblical Quarterly Monograph Series
DCH	Dictionary of Classical Hebrew
EdF	Erträge der Forschung
EThL	*Ephemerides Theologicae Lovanienses*
EvTh	*Evangelische Theologie*
FAT	Forschungen zur Alten Testament
FOTL	Forms of Old Testament Literature Series
FRLANT	Forschungen zur Religion und Literatur des Alten und Neuen

431

	Testaments
HAR	*Hebrew Annual Review*
HAT	Handbuch zum Alten Testament
HCOT	Historical Commentary on the Old Testament
HSM	Harvard Semitic Monograph
HSS	Harvard Semitic Studies
HTR	*Harvard Theological Review*
HThKAT	Herders Theologischer Kommentar zum Alten Testament
ICC	International Critical Commentary
JBL	*Journal of Biblical Literature*
JNES	*Journal of Near Eastern Studies*
JNSL	*Journal of Northwest Semitic Languages*
JSOT	*Journal for the Study of the Old Testament*
JSOTS	Journal for the Study of the Old Testament. Supplement Series
JSS	*Journal of Semitic Studies*
LB	*Linguistica Biblica*
NCBC	New Century Bible Commentary
NEB	Neue Echter Bibel
NIB	New Interpreter's Dictionary of the Bible
NIBC	New International Biblical Commentary on the Old Testament
NSKAT	Neuer Stuttgarter Kommentar. Altes Testament
OBO	Orbis Biblicus et Orientalis
OTL	Old Testament Library Commentary Series
OTS	Oudtestamentische Studiën
RB	*Révue Biblique*
SBL	Society of Biblical Literature
SBT	Studies in Biblical Theology
SFEG	Schriften der Finnischen Exegetischen Gesellschaft
SHANE	Studies in the History of Ancient Near East
SJOT	*Scandinavian Journal of the Old Testament*
STAT.AASF	Suomalaisen Tiedeakatemian Toimituksia. Annales Academiae

432

	Scientiarum Fennicae
ThSt	Theologische Studien
ThWAT	Theologisches Wörterbuch zum Alten Testament
UF	*Ugarit-Forschungen*
UTB	Uni-Taschenbücher
VT	*Vetus Testamentum*
VTS	*Vetus Testamentum, Supplements*
WBC	Word Biblical Commentary
WMANT	Wissenschaftliche Monographien zum Alten und Neuen Testament
ZAW	*Zeitschrift für die alttestamentliche Wissenschaft*
ZBK AT	Zürcher Bibelkommentare. Altes Testament

（聖書テキストの略号については、参考文献表の「聖書テキスト」の項参照）

〔聖書テキスト〕

『聖書 口語訳』日本聖書協会、旧約 1955、新約 1954。（略号：口語訳）

『聖書 新共同訳 旧約続編つき』日本聖書協会、1987。（略号：新共同訳）

『聖書 新改訳』日本聖書刊行会（第 3 版）、2004。（略号：新改訳）

『聖書 聖書協会共同訳』日本聖書協会、2018。（略号：JBS 共同訳）

池田裕（訳）『列王記』岩波書店、1999。（略号：岩波訳）

ヘブライ語底本：*Biblia Hebraica Stuttgartensia.* Stuttgart: Deutsche Bibelgesellschaft, 1967/77.（略号：BHS. 列王記担当：A. Jepsen）

七十人訳（ギリシア語訳）：*Septuaginta: id est Vetus Testamentum graece iuxta LXX interpretes.* Stuttgart: Deutsche Bibelgesellschaft, 1935/79.

ウルガータ（ラテン語訳）：*Biblia Sacra: iuxta Vulgatam Versionem.* Stuttgart: Württembergische Bibelanstalt, 1969/75.

〔列王記注解〕

木田献一・和田幹夫・雨宮慧 1996.「列王記上下」『新共同訳 旧約聖書注解Ⅰ』日本キリスト教団出版局、581–664。

田淵結 2001.「列王記上下」木田献一編『新共同訳 旧約聖書略解』日本キリス

ト教団出版局、381–426。

Brueggemann, W 2000. *1 & 2 Kings*. (Smyth & Helwys Bible Commentary 8) Macon: Smyth & Helwys.

Cogan, M 2001. *1 Kings*. (AB 10) New York: Doubleday.

DeVries, S J 1985. *1 Kings*. (WBC 12) Waco: Word Books.

Fretheim, T C 1999. *First and Second Kings*. (Westminster Bible Companion) Louisville: Westminster John Knox Press.

Fritz, V 1996. *Das erste Buch der Könige*. (ZBK AT 10.1) Zürich: Theologischer Verlag.

Gray, J [1964] ³1977. *I & II Kings. Third, Fully Revised Edition* (OTL) Philadelphia: Westminster John Knox Press.

Hentschel, G 1984. *1 Könige*. (NEB 10) Würzburg: Echter-Verlag.

Jones, G H 1984. *1 and 2 Kings: Vol 1*. (NCBC) London: Marshall Morgan & Scott.

Knauf, E A 2016. *1 Könige*. (HThKAT) Freiburg: Verlag Herder.

Konkel, A H 2006. *1 & 2 Kings*. (The NIV Application Commentary) Grand Rapids: Zondervan.

Long, B O 1984. *1 Kings, with an Introduction to Historical Literature*. (FOTL 9) Grand Rapids: W. B. Eerdmans.

Montgomery, J A 1951. *A Critical and Exegetical Commentary on the Books of Kings*. (ICC) Edinburgh: T & T Clark.

Mulder, M J 1998. *1 Kings. Vol 1. 1 Kings 1–11*. (HCOT I/I) Leuven: Peeters.

Nelson, R D 1987. *First and Second Kings*. (Interpretation) Louisville: John Knox Press.（『列王記　上・下』現代聖書注解、田淵結訳、日本キリスト教団出版局、1998。）

Noth, M 1968. *Könige I. 1–16*. (BKAT IX/1) Neukirchen-Vluyn: Neukirchener Verlag.

Provan, I W 1995. *1 & 2 Kings*. (NIBCOT 7) Peabody: Hendrickson.

Stade, B & Schwally, F 1904. *The Books of Kings*. (The Sacred Books of the Old Testament) Leipzig: Hinrichs.

Walsh, J T 1996. *1 Kings*. (Berit Olam), Collegeville: Liturgical Press.

Werlitz, J 2002. *Die Bücher der Könige.*（NSKAT 8）Stuttgart: Verlag Katholisches Bibelwerk.

Wray Beal, L M 2014. *1 & 2 Kings.*（AOTC 9）Nottingham: Apollos.

Würthwein, E [1977] ²1985. *Die Bücher der Könige. 1. Könige 1–16.*（ATD 11.1）Göttingen: Vandenhoeck & Ruprecht.（『列王記　私訳と註解　上』ATD 旧約聖書註解 8、頓所正・山吉智久訳、ATD・NTD 聖書註解刊行会、2013。）

〔研究書・論文等〕

大槻虎男 1992.『カラー版　聖書植物図鑑』教文館。

勝村弘也 1988.「ソロモンの知恵、その歴史的実態に関する一考察」高井悌三郎先生喜寿記念事業会編『歴史学と考古学』（高井悌三郎先生喜寿記念論集）真陽社、1–26。

鈴木佳秀 1987.『申命記の文献学的研究』日本キリスト教団出版局。

月本昭男 1994.『目で見る聖書の時代』日本キリスト教団出版局。

長谷川修一 2011.『旧約聖書の世界と時代』日本キリスト教団出版局。

長谷川修一 2013.『聖書考古学――遺跡が語る史実』（中公新書 2205）中央公論新社。

廣部千恵子 1999.『新聖書植物図鑑』教文館。

山我哲雄 1988.「申命記史書研究小史」M. ノート『旧約聖書の歴史文学――伝承史的研究』山我哲雄訳、日本キリスト教団出版局、437–482。

山我哲雄 2003.『聖書時代史――旧約篇』（岩波現代文庫　学術 98）岩波書店。

山我哲雄 2009.「ナタン預言の成立」佐藤研・月本昭男編『経験としての聖書』（『聖書学論集』41　大貫隆教授献呈論文集、日本聖書学研究所）リトン、13–32。

山我哲雄 2012.『海の奇蹟――モーセ五書論集』聖公会出版。

山我哲雄 2013.『一神教の起源――旧約聖書の「神」はどこから来たのか』（筑摩選書 0071）筑摩書房。

山我哲雄 2017.「申命記史家（たち）の王朝神学」『旧約学研究』13、日本旧約学会、1–36。

山我哲雄 2018.「歴史文学としての『列王記』」『北星論集』58(1)、北星学園大

学経済学部、1–19。

Aharoni, Y 1967. *The Land of Bible: A Historical Geography.* Philadelphia: The Westminster Press.

Ahlström, G 1993. *The History of Ancient Palestine.* Sheffield: Sheffield Academic Press.

Albertz, R 2001. *Die Exilszeit: 6. Jahrhundert v. Chr.* (BE 7) Stuttgart: Kohlhammer.

Albright, W F [1942] 1956. *Archaeology and the Religion of Israel.* Baltimore: The Johns Hopkins Press.(『考古学とイスラエルの宗教』小野寺幸也訳、日本キリスト教団出版局、1973。)

Alfrink, B 1943. L'Expression שכב עם אבותיו. *OTS* 5, 106–118.

Alt, A 1913. Israels Gaue unter Salomo, in Alt, *Kleine Schriften zur Geschichte des Volkes Israel II*, 76–89. München: Beck.

Alt, A 1950. Menschen ohne Namen, in Alt, *Kleine Schriften zur Geschichte des Volkes Israel III*, 198–213. München: Beck.

Alt, A 1951. Die Weisheit Salomons, in Alt, *Kleine Schriften zur Geschichte des Volkes Israel II*, 90–99. München: Beck.

Auld, A G 1994. *Kings Without Privilege: David and Moses in the Story of the Bible's Kings.* Edinburgh: T & T Clark.

Bartelmus, R 2001. Sachverhalt und Zeitbezug. Pragmatisch-exegetische Anwendung eines moetischen Theorems in Kön 1, in Bartelmus, R & Nebes, N (Hgg), *Sachverhalt und Zeitbezug. Semitistische und alttestamentliche Studien. Adolf Denz Zum 65. Geburtstag.* (Jenaer Beiträge zum Vorderen Orient Bd4), 1–20. Wiesbaden: Otto Harrassowitz.

Barton, J 2004. Dating the 'Succession Narrative', in Day, J (ed), *In Search of Pre-Exilic Israel.* (JSOTS 406), 95–106. London/New York: T & T Clark.

Block-Smith, E 1994. "Who is the King of Glory?" Solomon's Temple and Its Symbolism, in Coogan, M D & Exum, J C & Stager, L E (eds), *Scripture and Other Artifacts: Essays on the Bible and Archaeology in Honor of Philip J. King*, 18–31. Louisville: Westminster John Knox Press.

Blum, E 1984. *Komposition der Vätergeschichte.* (WMANT 57) Neukirchen-Vluyn: Neukirchener Verlag.

Blum, E 2000. Ein Anfang der Geschichtsschreibung?: Anmerkungen zu sog. Thronforgegeschichte und zum Umgang mit der Geschichte im alten Israel, in Pury & Römer 2000:4–37.

Bodner, K 2012. *Jeroboam's Royal Drama.* Oxford: Oxford University Press.

Braulik, G 1971. Spuren einer Neubearbeitung des deuteronomistischen Geschichtswerkes in 1 Kön 8, 52–53, 59–60. *Bib* 52(1), 20–53.

Braulik, G 1985. Zur deuteronomistischen Konzeption von Freiheit und Frieden, in Emarton, J A (ed), *Congress Volume: Salamanca 1983.* (VTS 36), 29–39.

Brettler, M Z 1991. The Structure of 1 Kings 1–11. *JSOT* 16(49), 87–97.

Brettler, M Z 1993. Interpretation and Prayer: Notes on the Composition of 1 Kings 8:15–53, in Brettler, M Z & Fishbane, M A (eds), *Minha le-Nahum: Biblical and Other Studies Presented to Nahum M. Sarna in Honor of his 70th Birthday.* (JSOTS 154), 17–35. Sheffield: Sheffield Academic Press.

Burney, C F 1903. *Notes on the Hebrew Text of the Books of Kings.* Oxford: Clarendon Press.

Busink, Th A 1970. *Der Tempel von Jerusalem von Salomo bis Herodes: Eine Archäologisch-Historische Studie unter Berücksichtigung des Westsemitischen Tempelbaus, 1: Der Tempel Salomos.* Leiden: Brill.

Campbell, A F 1986. *Of Prophets and Kings: A Late Ninth-Century Document (1 Samuel 1–2 Kings 10).* (CBQMS 17) Washington DC: The Catholic Biblical Association of America.

Campbell, A F & O'Brien, M A 2000. *Unfolding the Deuteronomistic History: Origins, Upgrades, Present Text.* Minneapolis: Fortress Press.

Carr, D M 1996. *Reading the Fracture of Genesis: Historical and Literary Approaches.* Louisville: Westminster John Knox Press.

Carr, D M 2010. *An Introduction to the Old Testament. Sacred Literature and Imperial Context of the Hebrew Bible.* West Sussex: Wiley-Blackwell.

Clements, R E 1965. *God and Tempel*. Oxford: Basil Blackwell. (『旧約聖書における神の臨在思想』船水衛司訳、教文館、1982。)

Cross, F M 1973. The Themes of the Books of Kings and the Structure of the Deuteronomistic History, in Cross, *Canaanite Myth and Hebrew Epic*, 274–289. Cambridge: Harvard University Press. (『カナン神話とヘブライ叙事詩』輿石勇訳、日本キリスト教団出版局、1997。)

Crüsemann, F 1978. *Widerstand gegen Königtum: Die Antiköniglichen Texte des Alten Testaments und Kampf um den frühen israelitischen Staat*. (WMANT 49) Neukirchen-Vluyn: Neukirchener Verlag.

Davies, P R 1992. *In Search of 'Ancient Israel'*. (JSOTS 148) Sheffield: Sheffield Academic Press.

Debus, J 1967. *Sünde Jerobeams: Studien zur Darstellung Jerobeams und der Geschichte des Nordreichs in der deuteronomistischen Geschichtsschreibung*. (FRLANT 93) Göttingen: Vandenhoeck & Ruprecht.

Delekat, L 1967. Tendenz und Theologie der David-Salomo-Erzählung, in Maass, F (Hg), *Das ferne und nahe Wort*. (FS. L. Rost) (BZAW 105), 26–36. Berlin: Alfred Töpelmann.

Dietrich, W 1972. *Prophetie und Geschichte: Eine redaktionsgeschichtliche Untersuchung zum deuteronomistischen Geschichtswerk*. (FRLANT 108) Göttingen: Vandenhoeck & Ruprecht.

Dietrich, W ^{2}1992. *David, Saul und die Propheten: Das Verhältnis von Religion und Politik nach den prophetischen Überlieferungen von frühesten Königtum in Israel*. (BWANT 122) Stuttgart: Kohlhammer.

Dietrich, W 1997. *Die frühe Königszeit in Israel: 10. Jahrhundert v. Chr.* (BE 3) Stuttgart: Kohlhammer.

Dietrich, W & Naumann, T 1995. *Die Samuelbücher*. (EdF 287) Darmstadt: Wissenschaftliche Buchgesellschaft.

Duncker, Ch 2010. *Der andere Salomo: Eine synchrone Untersuchung zur Ironie in der Salomo-Komposition 1 Könige 1–11*. Frankfurt a M: Peter Lang.

Edelman, D V 1995. Solomon's Adversaries Hadad, Rezon and Jeroboam: A Trio of 'Bad Guy'. Characters Illustrating the Theology of Immediate Retribution, in Holloway, S W & Handy, L K (eds), *The Pitcher is Broken: Memorial Essays for Gösta W. Ahlström.* (JSOTS 190), 166–191. Sheffield: Sheffield Academic Press.

Ehrlich, E L 1953. *Der Traum im Alten Testament.* (BZAW 73) Berlin: Alfred Töpelmann.

Eissfeldt, O 1934. *Einleitung in das Alte Testament: unter Einschluss der Apokryphen und Pseudepigraphen. Entstehungsgeschichte des Alten Testaments.* Tübingen: J. C. B. Mohr.

Finkelstein, I & Silberman, N A 2001. *The Bible Unearthed: Archaeology's New Vision of Ancient Israel and the Origin of its Sacred Texts.* New York: Free Press.(『発掘された聖書――最新の考古学が明かす聖書の真実』越後屋朗訳、教文館、2009。)

Finkelstein, I 2010. A Great United Monarchy?: Archaeological and Historical Perspectives, in Kratz & Spieckermann 2010:3–28.

Frevel, Ch 2016. *Geschichte Israels.* Stuttgart: Kohlhammer.

Friedman, R E 1981. *The Exile and Biblical Narrative: The Formation of the Deuteronomistic and Priestly Works.* (HSM 22) Chico: Scholars Press.

Friedman, R E 1987. *Who Wrote the Bible?* New York: Summit Books.(『旧約聖書を推理する――本当は誰が書いたか』松本英昭訳、海青社、1989。)

Frisch, A 1991. Structure and Significance: The Narrative of Solomon's Reign (1 Kings 1–12. 24). *JSOT* 16(51), 3–14.

Fritz, F 1987. Temple Architecture: What can Archaeology tell us about Solomon's Temple? *BAR* July/Aug 1987, 38–49.

Galling, K 1937. *Biblisches Reallexikon.* (HAT 1) Tübingen: J. C. B. Mohr.

Garbini, G 1988. *History & Ideology in Ancient Israel.* New York: Crossroad.

Geoghegan, J C 2006. *The Time, Place and Purpose of the Deuteronomistic History: The Evidence of "Until This Day".* (BJS 347) Providence: Brown University.

Gertz, J Ch 2004. Konstruierte Erinnerung. Alttestamentliche

Historiographie im Spiegel von Archäologie und literarhistorischer Kritik am Fallbeispiel des salomonischen Königtums. *BThZ* 21, 3–29.

Gordon, C H 1963. Review of *"The History of Israel"* by Martin Noth. *JSS* 8, 88–95.

Grabbe, L L 2007. *Ancient Israel: What Do We Know and How Do We Know it?* London/New York: Bloomsbury T & T Clark.

Grabbe, L L 2017. *1 & 2 Kings: History and Story in Ancient Israel.* London/New York: Bloomsbury T & T Clark.

Greenberg, M 1957. The Hebrew Oath Particle Hay/He. *JBL* 76(1), 34–39.

Greßmann, H 1907. Das Salomonische Urteil. *Deutche Rundschau* 130, 212–238.

Gunn, D M 1978. *The Story of King David: Genre and Interpretation.* (JSOTS 6) Sheffield: Sheffield Academic Press.

Halpern, B 1988. *The First Historians: The Hebrew Bible and History.* San Francisco: Harper & Row.

Handy, L K (ed) 1997. *The Age of Solomon: Scholarship at the Turn of the Millennium.* (SHANE 11), Leiden: Brill.

Hanson, P D 1987. The Song of Heshbon and David's Nîr. *HTR* 61(3), 297–320.

Haran, M 1985. *Temples and Temple-Service in Ancient Israel: An Inquiry into Biblical Cult Phenomena and the Historical Setting of the Priestly School.* Winona Lake: Eisenbrauns.

Harrison, T P 2014. Recent Discovery at Tayinat (Ancient Kunulua/Calno) and Their Biblical Implications, in Maier 2014:396–342.

Herrmann, S 1953–4. Die Königsnovelle in Ägypten und Israel, *Wissenschaftliche Zeitschrift der Karl-Marx-Unversität Leipzig* 3, 51–62.

Hoffmann, H-D 1980. *Reform und Reformen: Untersuchungen zu einem Grundthema der deuteronomistischen Geschichtsschreibung.* (AThANT 66) Zürich: Theologischer Verlag.

Houtman, C 1996. Der Alter als Asylstätte im Alten Testament. *RB* 103(3), 343–366.

Hurowitz, V A 1994. Inside Solomon's Temple, *Bible Review* Apr. 1994, 24–37, 50.

Hurowitz, V A 2007. YHWH's Exalted House. Aspects of the Design and Symbolism of Solomon's Temple, in Day, J (ed), *Temple and Worship in Biblical Israel*, 63–110. New York: T & T Clark.

Hurowitz, V A 2011. Solomon's Temple in Context. *BAR* Mar/Apr 2011, 46–57, 77.

Hutzli, J 2015. Observations and Considerations on the Epilogue Formulae in the Books of Kings, in Oeming & Sláma 2015:175–192.

Ishida, T 1977. *The Royal Dynasties in Ancient Israel: A Study on the Formation and Development of Royal Ideology.* (BZAW 142) Berlin/New York: Walter de Gruyter.

Ishida, T (ed) 1982. *Studies in the Period of David and Solomon and other Essays: Papers Read at the International Symposium for Biblical Studies, Tokyo, 5–7 December, 1979.* Tokyo: Yamakawa-Shuppansha.

Janowski, B 1987. "Ich will in eurer Mitte wohnen": Struktur und Genese der exlischen *Schekina*-Theologie, in *Jahrbuch für Biblische Theologie 2*, 165–193. Neukirchen-Vluyn: Neukirchener Verlag.

Jepsen, A 1956. *Die Quellen des Königsbuches.* Halle: Veb Max Niemeyer Verlag.

Joseph, A L 2015. *Portrait of the Kings: The Davidic Prototype in Deuteronomistic Poetics.* Minneapolis: Fortress Press.

Kaiser, O 1988. Betrachtungen zur sogenannten Thronnachfolgeerzählung Davids. *EThL 64*, 5–20.

Kamlah, J 2001. Die Liste der Regionalfürsten in 1 Kön 4, 7–19 als historische Quelle für die Zeit Salomos. *BN* 106, 57–78.

Kang, J K 2003. *The Persuasive Portrayal of Solomon in 1 Kings 1–11.* (Europian University Studies 760) Bern: Peter Lang.

Keel, O [1972] [5]1996. *Welt der altorientalischen Bildsymbolik und das Alte Testament: Am Beispiel der Psalmen.* Göttingen: Vandenhoeck & Ruprecht.（『旧約聖書の象徴世界　古代オリエントの美術と「詩編」』山我

哲雄訳、教文館、2010。)

Keller, M 1995. *Untersuchungen zur deuteronomisch-deuteronomistischen Namentheologie.* (BBB 105) Weinheim: Beltz Athenäum Verlag.

Kenik, H A 1983. *Design for Kingship: The Deuteronomistic Narrative Technique in 1 Kings 3:4–15.* (SBL Dissertation Series 69) Chico: Scholars Press.

Knoppers, G N 1992. "There was None Like Him": Incomparability in the Books of Kings. *CBQ* 54(3). 411–431.

Knoppers, G N 1993. *Two Nations under God: The Deuteronomistic History of Solomon and the Dual Monarchies. Vol 1: The Reign of Solomon and Rise of Jeroboam.* (HSM 52) Atlanta: Scholars Press.

Knoppers, G N 1994. *Two Nations under God: The Deuteronomistic History of Solomon and the Dual Monarchies. Vol 2: The Reign of Jeroboam, the Fall of Israel, and the Reign of Josiah.* (HSM 53) Atlanta: Scholars Press.

Köckert, M 1988. *Vätergott und Väterverheißungen. Eine Auseinandersetzung mit Albrecht Alt und seinen Erben.* (FRLANT 142) Göttingen: Vandenhoeck & Ruprecht.

Kratz, R G & Spieckermann, H (Hgg) 2010. *One God–One Cult–One Nation.* (BZAW 405) Berlin/New York: Walter de Gruyter.

Kraus, H J 1967. Der lebendige Gott. Ein Kapitel biblischer Theologie. *EvTh* 27(4), 169–200.

Kreuzer, S 1983. *Der lebendige Gott: Bedeutung, Herkunft und Entwicklung einer alttestamentlichen Gottesbezeichnung.* (BWANT 116) Stuttgart: Kohlhammer.

Langlamet, F 1976. Pour ou Contre Salomon?: La rédaction prosalomonienne de Rois I–II$_9$. *RB* 83, 481–528.

Langlamet, F 1982. De 'David, Fils de Jessé': une édition prédeutéronomiste de l'"Histoire de la Succession'. *RB* 89, 5–47.

Lasine, S 1989. The Riddle of Solomon's Judgment and the Riddle of Human Nature in the Hebrew Bible. *JSOT* 45, 61–86.

Lehnart, B 2003. *Prophet & König im Nordreich Israel: Studien zur sogenannten vorklassischen Prophetie im Nordreich Israel anhand der Samuel-, Elija- & Elischa- Überlieferungen.* (VTS 96) Leiden: Brill.

Lemaire A & Halpern, B 2010. *The Books of Kings: Sources, Composition, Historiography and Reception.* (VTS 129) Leiden: Brill.

Lemche, N P 1998. *The Israelites in History and Tradition.* London: SPCK.

Levenson, J D 1981. From Temple to Synagogue: 1 Kings 8, in Halpern, B & Levenson, J D (eds), *Traditions in Transformation: Turning Points in Biblical Faith*, 143–166. Winona Lake: Eisenbrauns.

Levenson, J D 1982. The Paronomasia of Solomon's Seventh Petition. *HAR* 6, 135–138.

Liver, J 1967. The Book of the Acts of Solomon. *Bib* 48(1), 75–101.

Lohfink, N 1981. Kerygmata des Deuteronomistischen Geschichtswerkes, in Jeremias, J & Perlitt, L (Hgg), *Die Botschaft und die Boten: Festschrift für Hans Walter Wolff zum 70. Geburtstag*, 87–100. Neukirchen-Vluyn: Neukirchener Verlag.

Lohfink, N 1990. Welches Orakel gab den Davididen Dauer?: Ein Textproblem in 2 Kön 8,19 und das Funktionieren der dynastischen Orakel im deuteronomistischen Geschichtswerk, in Abusch, T & Huehnergard, J & Steinkeller, P (eds), *Lingering over words: Studies in Ancient Near Eastern Literature in Honor of William L. Moran.* (HSS 37), 349–370. Atlanta: Scholars Press.

Maier, Ch M (ed) 2014. *Congress Volume: Munich 2013.* (VTS 163) Leiden: Brill.

Mazar, A 1992. *Archaeology of the Land of the Bible: 10,000–586 B.C.E..* New York: Doubleday.

Mazar, A 2010. Archaeology and the Biblical Narrative: The Case of the United Monarchy, in Kratz & Spieckermann 2010:29–58.

Mazar, A 2014. Archaeology and the Bible: Reflections on Historical Memory in the Deuteronomistic History, in Maier 2014.

McCarter, P K Jr 1984. *II Samuel: A New Translation with Introduction,*

Notes and Commentary. (AB 9) New York: Doubleday.

McCarthy, D J 1965. II Sam 7 and the Structure of the Deuteronomic History, *JBL* 84(2), 131–138.

McConville, J G 1992. 1 Kings VIII 46–53 and the Deuteronomic Hope. *VT* 42(1), 67–79.

McKenzie, St L 1991. *The Trouble with Kings: The Composition of the Books of Kings in the Deuteronomistic History.* (VTS 42) Leiden: Brill.

Mettinger, T N D 1976. *King and Messiah: The Civil and Sacral Legitimation of the Israelite Kings.* (CB.OT 8) Lund: CWK Gleerup.

Mettinger, T N D 1982. *The Dethronement of Sabaoth: Studies in the Shem aud Kabod Theologies.* (CB.OT 18) Lund: CWK Gleerup.

Millard, A 1997. King Solomon in His Ancient Context, in Handy 1997:30–53.

Miller, J M 1997. Solomon and the Historical Endeavor: Separating the Solomon of Legend, in Handy 1997:1–24.

Miller, J M & Hayes, J H [1986] ²2006. *A History of Ancient Israel and Judah.* London: SCM Press.

Monson, J 2011. ʿAin Dara Temple: Closest Solomonic Parallel. *BAR* May/Jun 2011, 20–33.

Müller, R & Pakkala, J & Pomeney, B B 2014. *Evidence of Edition: Growth and Change of Texts in the Hebrew Bible.* Atlanta: Society of Biblical Literature.

Na'aman, N 1997. Sources and Composition in the History of Solomon, in Handy, 1997:57–80.

Na'aman, N 2001. Solomon's District List (1 Kings 4:7–19) and the Assyrian Province System in Palestine. *UF* 33, 419–435.

Na'aman, N 2006. The Temple Library of Jerusalem and the Composition of the Book of Kings, in Lemaire, A (ed), *Congress Volume: Leiden 2004.* (VTS 109), 129–152. Leiden: Brill.

Na'aman, N 2012. Biblical and Historical Jerusalem in the Tenth and Fifth-Fourth Centuries BCE. *Bib* 93, 21–42.

Na'aman, N 2013. ניר for David in Jerusalem. *JNSL* 39(1), 29–38.

Na'aman, N 2014. The Interchange Between Bible and Archaeology: The Case of David's Palace and the Millo. *BAR* Jan/Feb 2014, 57–61, 68–69.

Nelson, R D 1981. *The Double Redactions of the Deuteronomistic History*. (JSOTS 18) Sheffield: JSOT Press.

Nentel, J 2000. *Trägerschaft und Intentionen des deuteronomistischen Geschichtswerks. Untersuchungen zu den Reflexionsreden Jos 1; 23; 24; 1 Sam 12 und 1 Kön 8*. (BZAW 297) Berlin/New York: Walter de Gruyter.

Niemann, H M 1993. *Herrschaft, Königtum und Staat. Skizzen zur soziokulturellen Entwicklung in monarchischen Israel*. (FAT 2/6) Tübingen: Mohr Siebeck.

Niemann, H M 1997. The Socio-Political Shadow Cast by the Biblical Solomon, in Handy 1997:252–295.

Noth, M [1943] ³1967. *Überlieferungsgeschichtliche Studien I. Die sammelnden und bearbeitenden Geschichtswerke im Alten Testament*. (Schriften der Königsberger Gelehrten Gesellschaft. Geisteswissenschaftliche Klasse 18) Halle/Tübingen: Max Niemeyer Verlag.（『旧約聖書の歴史文学――伝承史的研究』山我哲雄訳、日本キリスト教団出版局、1988。）

O'Brien, M A 1989. *The Deuteronomistic History Hypothesis: A Reassessment*. (OBO 92) Göttingen: Vandenhoeck & Ruprecht.

Oeming, M & Sláma, P (eds) 2015. *A King like All the Nations?: Kingdoms of Israel and Judah in the Bible and History*. Zürich: LIT Verlag.

Oswald, W 2008. *Nathan der Prophet. Eine Untersuchung zu 2. Samuel 7 und 12 und 1. Könige 1*. (AThANT 94) Zürich: Theologischer Verlag Zürich.

Oswald, W & Tilly, M 2016. *Geschichte Israels. Von den Anfängen bis zum 3. Jahrhundert n. Chr*. Darmstadt: Wissenschaftliche Buchgesellschaft.

Otto, S 2001. *Jehu, Elia und Elisa. Die Erzählung von der Jehu-Revolution und die Komposition der Elia-Elisa-Erzählungen*. (BWANT 152) Stuttgart: Kohlhammer.

Pakkala, J 2007. The Monotheism of the Deuteronomistic History. *SJOT* 21, 159–178.

Parker, K I 1993. *Wisdom and Law in the Reign of Solomon*. New York: Edwin Mellen Press.

Parrot, A 1954. *Le Temple de Jérusalem*. (Cahiers d'archéologie biblique 5). Neuchâtel-Paris: Delachaux et Niestlé.(『エルサレム』聖書の考古学 3、波木居斉二・辻佐保子訳、みすず書房、1977。)

Peckham, B 1993. *History and Prophecy: The Development of Late Judean Literary Tradition*. New York: Doubleday.

Person, Jr R F 2002. *The Deuteronomic School: History, Social Setting, and Literature*. (SBL Studies of Biblical Literature 2) Leiden: Brill.

Pietsch, M 2003. *"Dieser ist der Sproß Davids…": Studien zur Rezeptionsgeschichte der Nathanverheißung im alttestamentlichen, zwischentestamentlichen und neutestamentlichen Schrifttum*. (WMANT 100) Neukirchen-Vluyn: Neukirchener Verlag.

Plein, I 1966. Erwägungen zur Überlieferung von 1 Reg 11,26–14,20. *ZAW* 78, 8–24.

Preuss, H D 1982. *Deuteronomium*. (EdF 164) Darmstadt: Wissenschaftliche Buchgesellschaft.

Provan, I W 1988. *Hezekiah and the Books of Kings: A Contribution to the Debate about the Composition of the Deuteronomistic History*. (BZAW 172) Berlin/New York: Walter de Gruyter.

Pury, A de & Römer, Th (Hgg) 2000. *Die Sogenannte Thronfolgegeschichte Davids. Neue Einsichten und Anfragen*. (OBO 176) Göttingen: Vandenhoeck & Ruprecht.

Pury, A de & Römer, Th & Macchi (eds) 2000. *Israel Constructs its History: Deuteronomistic Historiography in Recent Research*. (JSOTS 306) Sheffield: Sheffield Academic Press.

Rad, G von 1947. Die deuteronomistische Geschichtstheologie in den Königsbüchern, in von Rad, *Deuteronomium-Studien Teil B* (FRLANT 40), 52–64. Göttingen: Vandenhoeck & Ruprecht.

Rad, G von 1957. *Theologie des Alten Testament I: Die Theologie der geschichtlichen Überlieferungen Israels.* München: Chr. Kaiser.(『旧約聖書神学Ⅰ　イスラエルの歴史伝承の神学』荒井章三訳、日本キリスト教団出版局、1980。)

Radday, Y T 1974. Chiasm in Kings. *LB* 31, 52–67.

Rendtorff, R 1976. *Das Überlieferungsgeschichtliche Problem des Pentateuch.* (BZAW 147) Berlin/New York: Walter de Gruyter.(『モーセ五書の伝承史的問題』山我哲雄訳、教文館、1987。)

Reuter, E 1993. *Kultzentralisation: Entstehung und Theologie von Dtn 12.* (BBB 87)

Ringgren, H 1977. היה hajah, in ThWAT 2 (1977), Sp. 874–898.

Rofé, A 2009. *Introduction to the Literature of the Hebrew Bible.* (Jerusalem Biblical Studies 9) Jerusalem: Simor Ltd.

Römer, Th & Pury, A de 2000. Deuteronomistic Historiography (DH), History of Research and Debated Issues, in Pury & Römer & Macchi 2000: 24–141.

Römer, Th 2005. *The So-Called Deuteronomistic History: A Sociological, Historical and Literary Introduction.* London: T & T Clark.(『申命記史書──旧約聖書の歴史書の成立』山我哲雄訳、日本キリスト教団出版局、2008。)

Rost, L 1926. *Die Überlieferung von der Thronnachfolge Davids.* (BWANT 3/6) Stuttgart: Kohlhammer.

Rowley, H H 1967. *Worship in Ancient Israel: Its Forms and Meaning.* London: SPCK.

Rudnig, T A 2006. *Davids Thron: Redaktionskritische Studien zur Geschichte von der Thronfolge Davids.* (BZAW 358) Berlin/New York: Walter de Gruyter.

Rupprecht, K 1977. *Der Tempel von Jerusalem: Gründung Salomos oder jebusitisches Erbe?* (BZAW 144) Berlin/New York: Walter de Gruyter.

Särkiö, P 1994. *Die Weisheit und Macht Salomos in der israelitischen Historiographie: Eine Traditions- und redaktionskritische Untersuchung über*

1 Kön 3–5 und 9–11. (SFEG 60) Göttingen: Vandenhoeck & Ruprecht.

Schäfer-Lichtenberger, Ch 1995. *Josua & Salomo: Eine Studie zu Autorität & Legitimität des Nachfolgers im Alten Testament.* (VTS 58) Leiden: Brill.

Schipper, B U 2018. *Geschichte Israels in der Antike.* München: C. H. Beck.

Schmid, K 2008. *Literaturgeschichte des Alten Testament: Eine Einfürung.* Darmstadt: Wissenschaftliche Buchgesellschaft.（『旧約聖書文学史入門』山我哲雄訳、教文館、2013。）

Schmitz, B 2011. *Geschichte Israels.* (UTB 3547) Paderborn: Ferdinand Schöningh.

Schniedewind, W M 1999. *Society and the Promise to David: The Reception History of 2 Samuel 7:1–17.* New York: Oxford University Press.

Scott, R B Y 1939. The Pillars Jachin and Boaz. *JBL* 58, 143–149.

Scott, R B Y 1955. Solomon and the Beginnings of Wisdom in Israel, in Noth, M & Thomas, D W (eds), *Wisdom in Israel and in the Ancient Near East: Presented to Harold Henry Rowley.* (VTS 3), 262–279. Leiden: Brill.

Seiler, S 1998. *Die Geschichte von der Thronfolge Davids (2 Sam 9–20; 1 Kön 1–2): Untersuchungen zur Literarkritik und Tendenz.* (BZAW 267) Berlin/New York: Walter de Gruyter.

Seters, J van 1975. *Abraham in History and Tradition.* New Haven/London: Yale University Press.

Seters, J van 1983. *In Search of History: Historiography in the Ancient World and the Origins of Biblical History.* New Haven: Yale University Press.

Seters, J van 1997. Solomon's Temple: Fact and Ideology in Biblical and Near Eastern Historiography. *CBQ* 59(1), 45–57.

Smend, R 1971. Das Gesetz und die Völker: Ein Beitrag zur deuteronomischen Redaktionsgeschichte, in Wolff, H W (Hg), *Probleme biblischer Theologie: G. von Rad zum 70. Geburtstag,* 494–509. München: Chr. Kaiser.

Smend, R 1978. Das deuteronomistische Geschichtswerk, in Smend, *Die Entstehung des Alten Testament.* (Theologische Wissenschaft 1), 111–125.

Stuttgart: Kohlhammer.

Stager, L E 1982. The Archaeology of the East Slope of Jerusalem and the Terraces of Kidron. *JNES* 41, 112–113, 121.

Steiner, R C 1989. New Light on Biblical Millo from Hatran Inscriptions. *BASOR* 276, 15–23.

Steiner, T M 2017. *Salomo als Nachfolger Davids: Die Dynastieverheißung in 2 Sam 7,11b–16 und ihre Rezeption in 1 Kön 1–11.* (BBB 181) Bonn: V & R Press.

Stipp, H-J 1987. *Elischa-Propheten-Gottesmänner: Die Kompositions-geschichte des Elischazyklus und verwandter Texte, rekonstruiert auf der Basis von Text- und Literaturkritik zu 1 Kön 20.22 und 2 Kön 2–7.* (ATSAT 24) St Ottilien: EOS-Verlag.

Stipp, H-J 1998. Die sechste und siebte Fürbitte des Tempelweihegebets (1 Kön 8, 44–51) in der Diskussion um das deuteronomistische Geschichts-werk. *JNSL* 24/1, 193–216.

Strange, J 2015. Solomon and His Empire: Fact or Fiction? *SJOT* 29, 11–21.

Suriano, J M 2010. *The Politics of Dead Kings: Dynastic Ancestors in the Book of Kings and Ancient Israel.* (FAT 2/48) Tübingen: Mohr Siebeck.

Sweeney, M A 1995. The Critique of Solomon in the Josianic Edition of the Deuteronomistic History. *JBL* 114, 607–622.

Sweeney, M A 2007. *I and II Kings*. (OTL) Louisville/London:Westminster John Knox Press.

Talstra, E 1993. *Solomon's Prayer: Synchrony and Diachrony in the Compo-sition of I Kings 8,14–61.* Kampen: Kok Pharos Publishing House.

Thompson, Th L 1992. *Early History of the Israelite People: From the Written & Archaeological Sources.* (SHANE 4) Leiden: Brill.

Tomes, R 1996. Our Holy and Beautiful House: When and Why was I Kings 6–8 Written? *JSOT* 70, 33–50.

Ussishkin, D 2003. Solomon's Jerusalem: The Text and the Facts on the Ground, in Vaughn & Killebrew 2003:103–115.

Vaughn, A G & Killebrew (eds) 2003. *Jerusalem in Bible and Archaeology:*

参考文献

The First Temple Period. (SBL Symposium Series 18) Atlanta: Society of Biblical Literature.

Veijola, T 1975. *Die Ewige Dynastie: David und die Entstehung seiner Dynastie nach der deuteronomistischen Darstellung.* (STAT.AASF SARJA-SER. B 193) Helsinki: Suomalainen Tiedeakatemia.

Veijola, T 1977. *Das Königtum in der Beurteilung der deuteronomistischen Historiographie: Eine redaktions- geschichtliche Untersuchung.* (STAT. AASF SARJA-SER. B 198) Helsinki: Suomalainen Tiedeakatemia.

Vaux, R de 1961. *Ancient Israel: Its Life and Institutions.* London: Darton, Longman & Todd LTD.

Vincent, H 1907. La description du Temple de Salomon: Notes exégétiques sur I Rois VI. *RB* 4, 515–542.

Viviano, P A 1997. Glory Lost: The Reign of Solomon in the Deuteronomistic History, in Handy 1997:336–347.

Wälchli, S 1999. *Der weise König Salomo: Eine Studie zu den Erzählungen von der Weisheit Salomos in ihrem alttestamentlichen und altorientalischen Kontext.* (BWANT 141) Stuttgart: Kohlhammer.

Wallace, H N 1986. The Oracles against the Israelite Dynasties in 1 and 2 Kings. *Bib* 67(1), 21–40.

Watzinger, C 1933. *Denkmäler Palästinas. I: Eine Einführung in die Archäologie des Heiligen Landes.* Leipzig : J. C. Hinrichs'sche Buchhandlung.

Weinfeld, M 1972. *Deuteronomy and the Deuteronomic School.* Oxford: Oxford University Press.

Weippert, H 1983. Die Ätiologie des Nordreiches und seines Königshauses (1 Reg 11,29–40). *ZAW* 95(3), 344–375.

Weippert, H 1991. Geschichten und Geschichte: Verheißung und Erfüllung im deuteronomistischen Geschichtswerk, in Emarton, J A (ed), *Congress Volume: Leuven 1989* (VTS 43), 116–131. Leiden: Brill.

Wellhausen, J [1876] ³1899. *Die Composition des Hexateuchs und der historischen Bücher des Alten Testaments.* Berlin: G. Reimer.

Westermann, C 1962. *Grundformen prophetischer Rede.* München: Chr.

Kaiser.

Whitelam, K W 1996. *The Invention of Ancient Israel: The Silencing of Palestinian History*. London/New York: Routledge.

Whybray, R N 1968. *The Succession Narrative*. (SBT, 2nd Series 9) London: SCM Press.

Williams, D S 1999. Once Again: The Structure of the Narrative of Solomon's Reign. *JSOT* 24(86), 49–66.

Wolde, E van 1995. Who Guides Whom: Embeddedness and Perspective in Biblical Hebrew and in 1 Kings 3:16–28. *JBL* 114, 623–642.

Wolff, H W 1961. Das Kerygma des deuteronomistischen Geschichtswerkes. *ZAW* 73, 171–185.

Würthwein, E 1974. *Die Erzählung von der Thronfolge Davids. Theologische oder politische Geschichtsschreibung?* (ThSt 115) Zürich: Theologischer Verlag.

Würthwein, E 1994. *Studien zum Deuteronomistischen Geschichtswerk*. (BZAW 227) Berlin/New York: Walter de Gruyter.

Yadin, Y 1970. *Hazor*. (The Schweich Lectures) The British Academy. Oxford: Oxford University Press.

Zevit, Z 2001. *The Religions of Ancient Israel: A Synthesis of Parallactic Approaches*. London/New York: Continuum.

Zwickel, W 2011. *Der salomonische Tempel*. Kamen: Hartmut Spenner.

山我　哲雄（やまが・てつお）

1951 年、東京都生まれ。早稲田大学大学院文学研究科博士課程修了。現在、北星学園大学教授。2015–2018 年、日本旧約学会会長。

著書：『聖書時代史——旧約篇』（岩波書店、2003 年）、『総説旧約聖書』（監修、日本キリスト教団出版局、2007 年）、『一神教の起源——旧約聖書の「神」はどこから来たのか』（筑摩書房、2013 年）、『キリスト教入門』（岩波書店、2014 年）他。岩波版『旧約聖書』では「出エジプト記」「レビ記」「民数記」を担当。『新共同訳旧約聖書注解』（日本キリスト教団出版局、1996 年）では「サムエル記 上・下」、「歴代誌 上・下」を担当。

訳書：M. ノート『モーセ五書伝承史』（日本キリスト教団出版局、1986 年）、M. ノート『レビ記』（ATD・NTD 聖書註解刊行会、2005 年）、Th. レーマー『申命記史書——旧約聖書の歴史書の成立』（日本キリスト教団出版局、2008 年）、O. ケール『旧約聖書の象徴世界——古代オリエントの美術と「詩編」』（教文館、2010 年）他。

VTJ 旧約聖書注解
列王記上 1 〜 11 章

2019 年 3 月 25 日　初版発行　　　　　Ⓒ 山我哲雄　2019

著 者　山　我　哲　雄
発 行　日本キリスト教団出版局
〒 169-0051　東京都新宿区西早稲田 2-3-18
電話・営業 03(3204)0422、編集 03(3204)0424
http://bp-uccj.jp

印刷・製本　精興社

ISBN 978-4-8184-1022-0　C1316　日キ販
Printed in Japan

日本語で書き下ろす聖書注解シリーズ

VTJ 旧約聖書注解
Vetus Testamentum Japonicum

NTJ 新約聖書注解
Novum Testamentum Japonicum

2017年、マルティン・ルターの宗教改革が始まって**500年**という節目を迎えた。
キリスト教が拠って立つ聖書を一般信徒の手に返したという意味で、
宗教改革はまさに画期的な出来事であった。
それによって、プロテスタント教会のみならず、カトリック教会においても
幾多の新しい流れが生まれ、新しい時代が準備されていった。
聖書には新しい時代を拓く力が宿っている。
私たちはそう信じ、宗教改革から500年を経た今日、
日本語で書き下ろされた聖書注解シリーズの刊行という旅路へ踏み出す。

5つの特長
1. 日本語で書き下ろされており、読みやすい
2. 原典の文書・文体・文法・語彙の特徴がわかる
3. 聖書各書の歴史的・文化的・社会的背景がわかる
4. 先入観に支配されず、聖書が提起している問題を理解できる
5. 聖書の理解を通して、現代社会への深い洞察を得ることができる

2017年 日本キリスト教団出版局より 刊行開始！

VTJ 旧約聖書注解

監修者
月本昭男／山我哲雄／大島 力／小友 聡

五書
創世記	月本昭男
出エジプト記	鈴木佳秀
レビ記	山森みか
民数記	竹内 裕
申命記	大住雄一

歴史書
ヨシュア記	魯恩碩
士師記	山吉智久
サムエル記	勝村弘也
列王記	山我哲雄
歴代誌	山我哲雄
エズラ記・ネヘミヤ記	守屋彰夫

預言書
イザヤ書	大島 力
エレミヤ書	大串 肇
エゼキエル書	北 博
ホセア書	大島 力
ヨエル書	金井美彦
アモス書	小林 進
オバデヤ書	左近 豊
ヨナ書	水野隆一
ミカ書	金井美彦
ナホム書	左近 豊
ハバクク書	左近 豊
ゼファニヤ書	左近 豊
ハガイ書	樋口 進
ゼカリヤ書	樋口 進
マラキ書	樋口 進

諸書
ルツ記	加藤久美子
エステル記	高橋優子
ヨブ記	月本昭男
詩編1～72編	飯 謙
詩編73～150編	石川 立
箴言	加藤久美子
コヘレト書	小友 聡
雅歌	小友 聡
哀歌	左近 豊
ダニエル書	守屋彰夫

NTJ 新約聖書注解

監修者
須藤伊知郎／伊東寿泰／浅野淳博／廣石 望／中野 実／辻 学

マタイ福音書	須藤伊知郎
マルコ福音書	挽地茂男
ルカ福音書	嶺重 淑
ヨハネ福音書	伊東寿泰
使徒言行録	今井誠二
ローマ書簡	浅野淳博
第1コリント書簡	村山盛葦
第2コリント書簡	廣石 望
ガラテヤ書簡	浅野淳博
フィリピ書簡	伊藤明生
第1、第2テサロニケ書簡	
フィレモン書簡	
エフェソ書簡	山田耕太
コロサイ書簡	保坂高殿
第1、第2テモテ書簡・テトス書簡	
ヘブライ書簡	中野 実
ヤコブ書簡	東よしみ
第1、第2ペトロ書簡・ユダ書簡	辻 学
第1、第2、第3ヨハネ書簡	三浦 望
ヨハネ黙示録	遠藤勝信

VTJ／NTJの特設ホームページをぜひごらんください！
http://bp-uccj.jp/publications/tokusetsu/
本注解シリーズの特長や監修者のコメント、『VTJ 旧約聖書注解』『NTJ 新約聖書注解』の見本原稿など、豊富な内容を掲載。

日本キリスト教団出版局
〒169-0051 東京都新宿区西早稲田2-3-18　TEL 03-3204-0422　FAX 03-3204-0457
■ホームページ http://bp-uccj.jp　■Eメール eigyou@bp.uccj.or.jp